内隐学习探微

卢张龙 著

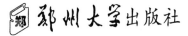郑州大学出版社

图书在版编目(CIP)数据

内隐学习探微 / 卢张龙著. -- 郑州 ：郑州大学出版社，2023. 12
ISBN 978-7-5645-9904-1

Ⅰ. ①内… Ⅱ. ①卢… Ⅲ. ①学习心理学 Ⅳ. ①G442

中国国家版本馆 CIP 数据核字（2023）第 173004 号

内隐学习探微
NEIYIN XUEXI TANWEI

策划编辑	刘金兰	封面设计	苏永生
责任编辑	席静雅	版式设计	苏永生
责任校对	郜　静	责任监制	李瑞卿

出版发行	郑州大学出版社	地　　址	郑州市大学路 40 号（450052）
出 版 人	孙保营	网　　址	http://www.zzup.cn
经　　销	全国新华书店	发行电话	0371-66966070
印　　刷	郑州市今日文教印制有限公司		
开　　本	710 mm×1 010 mm　1 / 16		
印　　张	25	字　　数	450 千字
版　　次	2023 年 12 月第 1 版	印　　次	2023 年 12 月第 1 次印刷

书　　号	ISBN 978-7-5645-9904-1	定　　价	79.00 元

目　录

第一章 | 内隐学习概述

人的学习发展历程包含三个阶段：内隐学习阶段、外显学习阶段和自动化阶段。人的行为从快速的、基于习惯的、自动化的直觉加工（内隐学习），到缓慢的、目标导向的、受意识控制的理性加工（外显学习），形成一个连续体（Daw，Niv & Dayan，2005）。该连续体的两端分别被定义为反射性系统（reflexive system）和反思性系统（reflective system）。反射性系统，又叫习惯系统，建立在刺激与反应的联结。它的特点是自动化的，反应快速，不需要消耗太多认知资源，有利于节省精力应对其他复杂的环境，因此也是一种适应性的学习系统，类似内隐学习。反思性系统，又叫认知系统，建立在行为与结果的关联，需要个体外显地思考即将采取的行动所可能产生的结果。与反射性系统不同，它反应较为缓慢，需要消耗更多认知资源，但更加灵活，可以有效应对外界环境的变化，类似外显学习（程一智、吴寅、李红，2019）。

Reber（1993）汲取了生物进化论的思想，认为意识和无意识存在发生、进化早晚的问题。具体来说，内隐学习系统或功能的产生要比外显学习系统的出现早得多，外显系统或功能是在内隐系统发展稳定后才逐渐进化而成的。相对于外显学习，内隐学习主要依赖于在进化上更为原始和久远的某些结构和特征，如 Karmiloff-Smith 所指的先天反应倾向或限制；也正因为进化的久远，内隐学习的加工过程对中枢能量的需求才远远低于外显学习，表现出更经济、更有效、更具适应性的特点。

内隐学习是一项重要认知能力，人们生活很多方面离不开内隐学习。比如日常生活中的打字。人们虽然不能清楚说出字母在键盘上如何排列，但却可以既快又准地打字。语言也是内隐学习一个很好的例证。婴幼儿时期开始学习语言，开始学语言时，婴幼儿没有目的性，甚至不知道自己学会了语言。即使是成年人，虽然可以正确运用语言，但绝大多数人不知道他们使用了什么语法规则。驾驶行为、弹琴等都是内隐学习在生活中的典型例子。

第一节 内隐学习概念

一、内隐学习概念

1967 年,Reber 在《人工语法的内隐学习》(*Implicit learning of Artificial Grammar*)一文中首次提出内隐学习这个概念,该文也是第一篇以"内隐学习"为题目的论文。早在 1920 年,Clark Hull 在博士论文中就对内隐学习现象进行过描述,但没有使用内隐学习这个概念。Reber 在 Miller(1958)限定语法研究基础上,创造性地设计出限定状态人工语法(Definite State Artificial Grammar),并研究发现在没有主动寻求语法规则条件下,被试也能利用规则结构做出反应,甚至超过了主动学习规则的被试。由此提出了内隐学习概念。虽然 20 世纪 60 年代提出了内隐学习概念,但是直到 80 年代,内隐学习才引起越来越多研究者的关注。据查美国权威心理学光盘 PsycNIFO,发现在"内隐学习"正式提出后很长一段时间内,除了 Reber 及其同事始终没有放弃,几乎无其他人问津以此为题的研究。90 年代,内隐学习受到广泛重视,国际上涌现出上百篇文章,从行为、神经心理学和神经影像学的角度探讨内隐学习的各种问题。我国学者也在这个时期加入了讨论的队伍,连淑芳(1990)、张翔(1992)、杨治良(1993)、刘永芳(1998)、张卫(2000)、郭秀艳(2001)开始研究内隐学习与外显学习的分离、内隐学习的特征等问题。内隐学习研究成为当今认知心理学的研究热点与前沿。

内隐学习指人们能在无意识的情况下对复杂规则知识进行把握(Reber,1967)。当然,内隐学习还有很多种定义,Frensch(1998)关于内隐学习的定义有 11 种。Reber 提出的内隐学习概念,使人们对学习有了新的认识,进一步深化了对学习的理解。内隐学习所获得的这种不被意识觉察的知识被称为内隐知识(implicit knowledge)或缄默知识(tacit knowledge)(Reber,1993)。当然还有许多内隐学习的代表性定义,Frensch(1998)指出内隐学习的不同定义主要在以下几个方面存在分歧:"内隐"是指学习过程还是指学习和提取两个过程;"内隐"是与"无意识"(unconscious)或"无觉察"(unaware)同义还是与"无目的"(nonintentional)或"自动化"(automatic)同义。它们的主要区别体现在两个维度:学习的阶段特征和意识作用的形式。

在学习阶段特征维度上,内隐学习和外显学习一样,可以分为学习和提取两个阶段。Reber(1967)在内隐学习的经典定义中,将内隐学习的学习和提取阶段都界定为无意识加工过程,尽管在人工语法相关研究中,意识性的测定都局限于知识提取阶段(Reber,1967;张卫,2000;郭秀艳,2001,唐菁华,2010)。有人认为内隐学习只有学习阶段具有"内隐"特征,例如 Frensch(1998)将内隐学习定义为无目的地(unintentional)、自动地(automatic)获得事件或客体间结构关系的过程。Mathews 等(1989)也认为内隐学习是自动化的、无意识的(unconscious)。另外有学者认为,内隐学习应该更侧重于知识提取阶段"内隐"特征。如 Seger(1998)认为内隐学习是一种无须使用假设检测策略的偶发过程,个体成绩的提高不依赖于有意识知识的获得。这些侧重于学习阶段或侧重于提取阶段的概念界定,在一定时期内具有代表性,有助于实证研究的具体实施,但随着研究深入和理论的发展,都不同程度上受到了挑战。

对于内隐学习的概念界定侧重于学习阶段或提取阶段,某种程度上有助于加强内隐学习概念的可区别性,这个可区别性是针对内隐记忆研究而言的(林颖,2003)。但是学习和记忆本身就是高度重叠的两个认知领域,学习活动包含了记忆行为,记忆本身也可看作学习,现如今内隐记忆和内隐学习研究有日趋融合的趋势(Bucher,1994)。Shanks 和 John(1994)曾指出,内隐学习和内隐记忆操作上越来越难以区分,内隐记忆可以看作内隐学习的一部分。Kindler(2004)、Scott 和 Dienes(2008)证实熟悉性是内隐学习的核心心理体验,它对应于记忆双加工模型(Yonelinas,1994)中的无意识成分。内隐学习和内隐记忆确实存在着相当紧密的关联。后来研究者兼顾学习和提取两个阶段,结合意识的不同表现形式,对内隐学习给出了更高解释力的定义。Cleeremans 和 Jiménez(1998)提出,学习和提取阶段各有内隐和外显两种形式,外显的学习和外显的提取属于规则学习行为,内隐的学习和外显的提取是条件化行为,外显的学习和内隐的提取是自动化学习,学习和提取阶段都是内隐的,才属于内隐学习。后来 Poznanski 和 Tzelgov(2010),Tzelgov(1997)提出了更为细致的划分,他们认为学习和提取阶段各包括三种具体形式:有目的的(intentional)、附加的(incidental)和自动化的(automatic)。由此划分出九种学习形式。其中有目的等同于 Cleeremans 提出的外显形式;附加的指加工过程未被意识,但有助于并行的外显任务,如人工语法学习中无意识的规则学习,有利于外显的记忆任务;自动化的指加工过程未被意识监控,并且与并行的外显任务无关,如无意识成分对加工分离法中排除任务的影响。

在意识作用形式维度上,着重探讨了"内隐"概念在意识角度的表达形式,即内隐学习是无意识的(unconscious)、无觉察的(unaware)、无目的的

(unintentional)、自动化的(automatic)。如果内隐等同于无意识的和无觉察的,意味着学习是独立于意识之外的;如果内隐等同于无目的和自动化的,内隐学习是不受注意支配的、自动化的过程。需要注意的是,知觉启动研究中,无觉察指的是刺激呈现在意识阈限以下(Merikle,Daneman,2000),而内隐学习中的无觉察指的是刺激要素间不易察觉的公变关系(Li,Guo,Zhu,Yang,Dienes,2013),刺激是直接呈现在感知范围内的。由于意识现象的复杂性和无意识成分在测量上的困难,大多数学者倾向于接收无目的和自动化的概念;强调有别于外显学习的研究者倾向于以无意识来界定。郭秀艳(2003)指出,注意和意识是不同但关系紧密的心理现象,注意是一种心理活动或"心理动作",意识是一种心理内容或体验,注意提供了一种机制,决定什么东西可以成为意识的内容。虽然盲视、前瞻性遗忘等体现了两者差别,但总体而言,注意提供了意识的动力机制,无意识成分在注意焦点之外。Cleeremans,Jiménez(2002)对自动化学习和内隐学习进行了严格区分。意识连续体理论(Hobson,1997)的提出和完善,传统的意识和无意识二分逻辑受到越来越多的质疑(Mangan,1993;Price,2002)。内隐学习和外显学习区别可能在于两者在意识连续体(consciousness continuum)上的位置偏向不同,当两个区间距离达到一定程度时,就可以观察到经典的分离现象。总体来说,内隐学习研究领域逐渐淡化内隐学习的"无意识"色彩,更加强调"无目的"。随着理论进展和实证研究的深入,对内隐学习概念有了新的认识,内隐学习与外显学习的界限越来越模糊,特别是基于表征重述的发展理论(Karmiloff-Smith,1991)以及渐进意识(graded consciousness)的提出(Price,2002;Norman,2010)。

Reber(1993)总结他人的研究并结合自己的研究结果,基于进化论的观点认为内隐学习具有以下特征:①抗干扰性,即心理异常或脑损伤会影响有意识的学习和记忆,却不会干扰无意识的学习和记忆;②智商独立性,与外显任务学习不同,智力测验的得分与内隐学习测验的得分二者并不具有一致性;③共同性,即内隐学习具有跨物种的普遍性;④稳定性,即不同个体或群体的内隐学习变异很小。Wierzchoń 和 Derda(2019)具有类似观点,认为内隐学习的特征有:①认知加工的无意识性;②对内隐知识的抽象表征;③学习的无目的性;④抗干扰性强。时间、缺乏注意资源、心理异常等对意识性加工产生损伤,对内隐学习没有影响。我国学者杨治良等(1993)认为内隐学习的特征有:①能够无意识的自动发生;②可以对刺激信息进行抽象概括;③不受智商及脑损伤的影响;④知识的储存密度高等。

当然,也有人质疑内隐学习的存在。有研究发现序列反应时任务的信度(reliability)存在问题(Conway,Arciuli,Lum & Ullman,2019;West,Vadillo,Shanks & Hulme,2018)。West,Vadillo,Shanks 和 Hulme(2018)以 7~8 岁儿童为被试,考察了内隐学习和外显学习与语言、读写能力和算术成绩的关系。结果发现外显学习与语言、读写能力和算术成绩存在相关,但是内隐学习与语言、读写能力和算术成绩不存在相关。可能是由于内隐学习测量信度低,并且对个体差异性不敏感。信度低会减弱效应大小(Baugh,2002),导致没有显著性差异。效应偏低、没有显著性差异可能是由于测验方法信度低造成的。信度低时可以调整效应大小(Muchinsky,1996),对信度低进行纠正后的效应增大。但是在元分析研究结果表明序列反应时任务的信度没有问题 (Clark & Lum, 2017; Lum, Conti-Ramsden, Morgan & Ullman, 2014; Conway,Arciuli,Lum & Ullman,2019;Lum,Ullman & Conti-Ramsden,2013)。

被试不能再认或自信心水平低,但成绩高于随机水平时,认为发生了内隐序列学习。但是,这些测验都是在任务最后施测,适应效应仍旧存在(adaptation effects)。虽然这些方法可以检测外显知识,但不能保证观察到的效应是由于内隐学习造成的,也可能是由于适应效应造成的。而Trofimova,Mottaz,Allaman,Chauvigné 和 Guggisberg(2020)认为,这种研究模式无法排除适应(adaptation effects)对反应时的影响。Trofimova 等人认为,从序列反应时任务开始阶段到任务完成阶段学习能力提高才能作为发生序列学习的依据。Trofimova 等人在序列反应时任务的开始阶段、学习阶段、完成阶段和再测阶段考察了反应时变化情况。为了排除学习次数、指导语、奖励、随机组段结构可能对结果造成的干扰,分别操纵了学习次数、指导语、反馈、奖励和随机组段结构(和规则组段结构相同,只是不重复出现)。结果发现,学习次数对反应时下降没有影响,规则序列学习 5 次后反应时显著下降;随机序列结构对反应时下降没有影响;指导语和奖励对正确率产生影响,错误率降低。而且排除了年龄和性别对结果可能造成的影响。前测阶段和完成阶段的反应时下降量没有差异,完成阶段和再测阶段的反应时下降量也没有差异。结果表明在线学习阶段没有发生序列学习,离线巩固阶段成绩也没有提高。Trofimova 等人认为没有发生序列学习,反应时下降是由于快速(重复 5 遍)而短暂的适应(adaptation)造成的。

Tal,Bloch,Cohen-Dallal,Aviv,Ashkenazi,Bar 和 Vakil(2021)认为,序列学习包含了两种主要学习过程:统计学习和序列学习。统计学习指被试对任务语法的学习,例如哪些刺激转换(transitions)概率高,哪些刺激转换不可能发生。序列学习指被试对特定序列规则的学习。为了将统计学习和序列学习分离,Tal 和 Vakil(2020)增加了控制组。控制组和实验组的统计特征相同,但不包含序列规则。

二、实验设计注意事项

为了提高内隐学习研究的信效度,在内隐学习实验设计中,需要注意以下几点:

(一)序列特征应该匹配

内隐序列学习研究中,采用的具体序列规则不统一(Barham,Lum,Conduit, Fernadez,Enticott & Clark,2021),例如 1 阶序列 132342134142(Deroost et al., 2010)、141342321342(Smith & McDowall,2004);2 阶序列 121342314324(Deroost et al., 2010;Reed & Johnson,1994)、121423413243(Smith & McDowall,2004)、4231324321(Nissen & Bullemer,1987)、124313214234(Reber & Squire,1998)。使用不同序列进行比较时,要保障不同序列的序列特征是相同的,排除序列特征不同对结果造成的干扰。Reed 和 Johnson(1994)指出可以从以下方面分析序列特征:反转试验(reversal/trill)指第 n 个试验中出现了目标反应,第 n+2 个试验中又出现了目标反应,例如 121、424、313。换手试验指第 n 个和第 n+2 个刺激同一只手反应,第n+1 个刺激另一只手反应,例如 313、314、231。反转换手试验指第 n 个和第n+2 个位置相同,同一只手反应,第 n+1 个刺激另一只手反应,例如 313、424、323。连续呈现试验(runs)指位置连续呈现,例如 123、432、234。单向试验(unidirectional triad)指刺激连续向一个方向移动,例如 134、234、421。非单向非反转试验指不包含重复位置,没有连续向一个方向,例如 132、341 和 241。反转试验中单个位置重复次数最大值指位置在反转试验中的重复次数越多越容易学习。全覆盖平均试验次数(full coverage)指所有位置都至少做过一次反应的平均试验次数。

由于练习和序列学习都会造成反应时的下降,为了排除练习可能对反应时的干扰(Kuppuraj et al.,2018;Lammertink et al.,2020),采用了干扰峰值设计,即在非连续规则组段中,插入一个不符合非连续规则的组段。即第1、2、3 组段为规则组段,第 4 组段随机组段,第 5 组段为规则组段,称为恢复组段。如果被试对序列规则发生了学习,在第 4 干扰组段中,目标刺激和非目标刺激的反应时慢于其他组段的,反应时的这种差异称为干扰峰值,干扰峰值能有效反映统计学习。

序列学习的实验设计中,为获取反应基线经常增加随机组或在任务快结束时插入一个随机组段。为了排除疲劳的影响,内隐序列学习在随机组段后加入一个规则组段(Koch,Sundqvist,Thornberg,Nyberg,Lum,Ullmann,

Barr，Rudner & Heimann，2020）。但这种设计存在问题，加入的随机组段和规则组段在学习时间特征上不匹配，混淆了序列学习效应和疲劳效应，并且增加了序列知识外显的可能性；而随机组使用的随机序列和规则序列的序列特征不同。由于序列特征对序列学习结果造成干扰，在序列学习实验设计中，随机组或随机组段使用序列的序列特征应该和规则序列的序列特征相同。但是在序列学习研究中，控制组一般使用完全随机序列，完全随机序列同一位置不重复出现两次即可。

Reed 和 Johnson（1994）指出，完全随机序列和 2 阶序列（second-order conditional sequences，SOC）在转换概率（frequency of transitions）、反转概率（reversals）等序列特征存在差异。应该采用未学习过具有相同序列特征的 2 阶序列，得到的内隐学习效应才更加准确。Reed 和 Johnson（1994）使用 SOC1（314324213412）和 SOC2（431241321423），控制了两个序列的位置频率（location frequency）、转换频率（transition frequency）、反向（reversals）、全程覆盖率（rate of full coverage）、全程转换覆盖率（rate of full transition usage）等序列特征。Ashkenazi，Raiter-Avni 和 Vakil（2021）、Fu，Sun，Dienes 和 Fu（2018）、Gabriel，Maillart，Stefaniak，Lejeune，Desmottes 和 Meulemans（2013）、Tal 和 Vakil（2020）使用了 SOC1（342312143241）和 SOC2（341243142132）两个序列，SOC1 和 SOC2 两个序列的序列特征相同。一半被试在学习阶段，学习 SOC1 序列；在转移组段，学习 SOC2 序列；另一半被试在学习阶段，学习 SOC2 序列；在转移组段，学习 SOC1 序列。Parmentier 和 Gallego（2020）也采用了 2 个序列，SOC1（213243142341）和 SOC2（231241342143），这两个序列具有相同序列特征，没有出现相同的三联体、没有反转三联体（trill，例如 232）、没有连续呈现三联体（runs，例如 123）。Kavakci 和 Dollaghan（2019）同样控制了两个序列的 1 阶频率（first-order frequency）和迁移概率（transitional probabilities）。Tal 和 Vakil（2020）一方面设定了固定序列组和随机序列组，固定序列组按照固定序列呈现刺激，随机序列组没有固定序列，但控制了随机组随机序列和规则序列的统计特征，随机组随机序列的序列特征最大限度和序列组固定序列的序列特征保持相同。第一，位置频率相同（25%）；第二，位置不重复出现（例如 2 后面 1、3、4），其他 3 个位置出现在后面概率相同（33%）；第三，12 个反转三联体（例如 212）频率相同（1%）；第四，2 阶转换概率（21 后面出现 3 或 4）的相同（44.1%）。这样就可以将统计学习和序列学习分离。另一方面，Tal 和 Vakil 将组块分为习得组块和未习得组块，以未习得组块作为控制组，保障了两组的序列特征相同、学习次数相同和疲劳度相同，不会由于刺激背景环境发生改变（例如随机刺激）对学习产生干扰，并且每个被试的未习得组块因人而异,不再需要事先假定组块是否会发生学习。

(二)规则序列和随机序列的呈现顺序

为了避免在序列反应时任务快结束时插入的随机组段对结果的干扰,有学者将规则序列和随机序列进行混合呈现。

Henderson 和 Warmington(2017)对序列反应时任务进行了修订,目标刺激为笑脸,序列长度为8。第一天完成5个组段,第二天和第八天完成2个组段:熟悉组段(warm-up)和测验组段。第一天每个组段包含72个试次,序列呈现5遍,其余32个为随机试次。这样每个组段都包含序列试次和随机试次(Howard,Howard,Japikse & Eden,2006),可以连续考察随着练习的不断进行序列学习的进展情况。

Thomas,Hunt,Vizueta,Sommer,Durston,Yang 和 Worden(2004)将随机组段和序列组段交替呈现。确然序列长度为10,随机序列长度为6,确然序列中第三个刺激位置可以由前两个刺激预测;前两个刺激无法预测,当做随机试验处理。分析数据时将8个可预测位置和8个不可预测位置分别进行计算。具体运算时,将被试的原始反应时转化为Z分数,序列学习成绩的计算方法为随机试次和序列试次Z分数的差值。

Franklin,Smallwood,Zedelius,Broadway 和 Schooler(2016)采用了和Thomas,Hunt 等人(2004)类似的方法,将随机组段和序列组段交替呈现。具体为 R(2)T(6)R(2)T(6)R(2)T(6)……,R 代表随机组段,T 代表序列组段。序列学习成绩的计算公式为随机组段反应时和序列组段反应时的差。

Savic,Müri 和 Meier(2017)也是将随机组段和序列组段交替呈现。在第一天,1~4组段为随机组段;5~14组段为序列组段;15~16为随机组段;17~18为序列组段。24小时后,1组段为随机组段;2~3为序列组段;4~5为随机组段,6~7为序列组段。

Ruitenberg,Duthoo,Santens,Seidler,Notebaert 和 Abrahamse(2016)序列学习任务共16个组段,每个组段32个试验。其中1到4组段随机呈现,5到16组段随机和序列交替呈现(例如 SRSR 或 RSRS)。序列组段中,长度为4的确然序列重复呈现8遍。

Meissner,Krause,Südmeyer,Hartmann 和 Pollok(2018)将实验组段分为五大部分,前80个试验中刺激随机呈现,称为随机组段;接着进行了120次试验,刺激按照序列呈现,称为练习组段;后面再进行80个试验,刺激按照序列呈现,称为序列学习结束组段。序列学习结束组段后有80个随机试验,称为干扰组段;最后是80个按照序列呈现的刺激,称为干扰敏感性组段。

为了排除反转试验(reversal trials)可能对实验结果造成的影响(Vaquero,Jiménez & Lupianez,2006),前三个组段刺激随机呈现(Chan,Immink & Lushington,2017)。由于前三个组段中反转试验出现的次数不等,对前三个组段反转试验出现的次数进行方差分析,结果表明三个组别的反转试验次数没有显著差异。

(三)规则序列和随机组段的数量

为了增加研究的外部效度,DeCoster 和 O'Mally(2011)认为,不同被试应该学习具有相同序列特征的不同序列。以往研究往往只使用1个序列,例如经常使用的4231324321(Nissen & Bullemer,1987)、121342314324(Reed & Johnson,1994)和124313214234(Reber & Squire,1998)。他们假定这个确然序列得出的结论可以推广到其他序列中。但是 DeCoster 和 O'Mally(2011)发现如果所有被试使用同一个确然序列的话,会出现序列特异性效应(sequence-specific effects),影响序列学习效应,实验1中规则组存在确然序列规则,每个被试学习各自独一无二的确然序列规则。随机组不存在序列规则。实验2中随机组发生了改变,随机组反应间的转移(transition)次数和规则组相同。结果发现序列规则影响内隐学习效应的大小。DeCoster 和 O'Mally认为应该对不同被试应该使用不同确然序列(例如 Willingham & Goedert-Eschmann,1999)。虽然使用多种不同序列后,更难发现结果存在显著性差异,但是增加了实验的外部效度。Silva,Barakat,Jiménez 和 Shams(2017)为了避免出现序列特异性效应(DeCoster & O'Mally,2011),使用了20个不同序列,每个序列遵循相同序列特征——每个位置出现3次;4联体不能重复(例如1421)、不能重复出现(例如33)、不能连续出现(例如1234)、不能反转(例如1212),因为很容易被辨别。为了确保被试内效应(within participant effects),可以增加随机组段的数量(Karatekin,Marcus & White,2007;Lum,Kidd,Davis & ContiRamsden,2010)。

第二节 内隐学习影响因素

内隐学习的影响因素很多,在内隐学习实际研究过程中,需要很好地控制这些因素,否则会对结果产生干扰。例如 Doyon,Gabitov,Vahdat,Lungu 和 Boutin(2018)对运动序列学习进行了总结,运动序列学习研究中遇到的最大挑战是运动序列学习任务中常常包含学习策略、非运动加工成分(例如视觉、空间、注意和认知控制),这些干扰因素使得行为结果和脑成像研究结果很难进行解释。为此运动序列学习研究中,需要尽量减少非运动因素对结果的影响。内隐序列学习研究也是如此,内隐序列学习看似简单,实则复杂。比如在字母序列中,被试可能学习了:视觉或听觉字母序列、相关字母默读语音序列。在反应—位置序列中,被试可能学习了:字母位置(决定了反应)序列、反应按键序列。在刺激—位置序列中,被试可能学习了:刺激位置序列、眼动序列、空间注意转移(shift)序列(Goschke & Bolte,2012)。影响内隐学习的影响因素主要有以下几方面。

一、序列特征

序列长度影响内隐学习。Howard(1989)让被试学习 10 个元素长的序列,或者学习 16 个元素长的序列,结果发现较长的序列(比如 16 个元素的序列)的学习成绩低于较短序列的(比如 10 个元素的序列)。他们认为较长的序列被分成更多的亚序列,消耗了更多的注意资源。

序列结构对序列学习的影响更大。Stadler 和 Neely(1997)考察了序列长度和序列结构对序列学习的影响,他们将不同序列结构和不同长度进行组合,发现序列长度较长但序列结构性高的序列学习成绩高于序列长度较短但序列结构性低的序列学习成绩。结果表明序列结构对于序列学习的影响较大。

内隐学习规则包括知觉(例如形状、颜色、位置等)、动作(反应序列)和抽象(任务序列)等(Prutean,Martín-Arévalo,Leiva,Jiménez,Vallesi & Lupiáñez,2021),在具体研究中,不同学者对序列结构的划分方法不尽相同。

Stadler(1992)按照序列的整体统计结构对序列进行了划分。他将由 6 元素组成的根串与三个尾串相结合,分别构成了高、中、低三种序列结构,结果发现高序列结构条件下的序列学习成绩最高,低序列结构条件下的序列学习成绩最低。

Cohen,Ivry 和 Keele(1990)将序列分成三类:单一(unique)序列、模棱两可(ambiguous)序列和混合(hybrid)序列(由单一序列和模棱两可序列组成)。结果发现只有当序列结构为模棱两可序列时,次级任务才会干扰序列学习成绩;当序列结构为单一序列和混合序列时,次级任务对序列学习成绩没有影响。Cohen 等进一步推断存在两种加工,一种为相邻项目间的联系加工,无需注意资源,而另一种为项目间的层级加工,需要注意资源。歧义列的学习是层级加工的结果,需要注意资源;而独特列的学习是联系加工的结果,所以无需注意资源,是自动而无意识的。

Remillard(2008)认为,有的序列结构是确然性的(deterministic),重复出现序列位置的反应时短于随机出现序列位置的反应时;有的序列结构是或然性的(probabilistic),高可能性出现的序列位置反应时应该短于低可能性出现序列位置的反应时。当然,不能排除高可能性的反应时高于低可能性的反应时,但是,据我们所知,序列反应时研究还没有发现过这种结果。高可能性的反应时是否短于低可能性的反应时是我们的兴趣所在。所以,Remillard(2011)使用了单侧检验(one-tail)。

Schvaneveldt 和 Gomez(1998)最早使用了或然序列。使用或然序列的优势在于:或然序列不容易外显,而且错误率具有了特定含义,特别是对于低或然序列。因为大多数错误反应发生在对高或然序列刺激反应中,表明对高或然序列的预测和学习。而且,对或然序列的学习可以很容易从反应时指标的速度—准确率权衡判断。被试随着反应数量的增加,即使不存在序列,反应也会变得越来越快。如果每个试次都是高或然序列或低或然序列,反应时指标(或错误率指标)会表现出序列类型和试次数量存在交互作用。Lum,Lammertink,Clark,Fuelscher,Hyde,Enticott 和 Ullman(2019)使用1阶或然序列(FOC 序列 3412413421)。为了降低外显性,对序列反应时任务进行了改进。为了避免方框作为刺激出现位置的外部线索,没有方框,降低了序列知识的意识性,并且使用了不同形状和不同颜色的视觉刺激。Remillard(2008)认为可以从或然性序列中学习到 N 阶或然信息(Nth-order probability information)。0 阶学习(Zero-order learning)指对位置整体频率的学习,1 阶学习(first-order learning)指通过前一个刺激预测随后刺激的学习;2 阶学习(second-order)通过前两个刺激预测随后刺激的学习(也有人认为是通过前一个刺激进行预测)(Curran,1998;Howard,Howard,Japikse,Cara,Thompson & Somberg,2004;Remillard & Clark,2001;Karatekin,Marcus & White,2007)。随着序列结构难度的增大,序列学习成绩降低。

在 1 阶序列中,每个位置/元素可以预测下一个位置/元素,预测概率不同。例如 1 阶序列 132342134142,位置 1 后面出现位置 3 的概率为 66%,位置 3 后面出现位置 2 的概率为 33%,位置 2 后面出现位置 3 的概率为 33%,位置 3 后面出现位置 4 的概率为 66%,位置 4 后面出现位置 2 的概率为 66%。在 2 阶序列中,位置/元素间的预测概率是相等的,前面 2 个位置/元素预测出下一个位置/元素。位置 1 后面出现位置 2,位置 2 后面出现位置 1,位置 1 后面出现位置 3,位置 3 后面出现位置 4 的概率均为 33%,位置 1 和位置 2 后面出现位置 1 的概率为 100%。研究发现 1 阶序列和 2 阶序列的神经机制不同,对临床病人的研究表明 1 阶序列和 2 阶序列存在差异。Curran(1997)发现,遗忘症患者(amnesia)的 1 阶序列学习和 2 阶序列学习没有差异,但正常人的 2 阶序列学习成绩好于 1 阶序列学习。Curran 认为,遗忘症患者对高阶知识的学习能力下降。帕金森病人(Parkinson)和遗忘症患者结果相反,2 阶序列学习的成绩好于 1 阶序列学习的(Deroost,Kerckhofs,Coene,Wijnants & Soetens,2006;Smith & McDowall,2004)。但是Clark,Lum 和 Ullman(2014)的元分析表明,虽然帕金森病人的序列学习成绩比正常人差,但是序列类型不是影响序列学习效应大小的关键因素。基底神经节功能受损的发展性语言障碍(developmental language disorder)患者,1 阶序列学习成绩下降,但 2 阶序列学习不受影响(Clark & Lum,2017)。Clark,Barham,Ware,Plumridge,O'Sullivan,Lyons,Fitzgibbon,Buck,Youssef,Ullman,Enticott 和 Lum(2019)发现初级运动区(primary motor area,M1)在1 阶(first-order conditional,FOC)和 2 阶(second-order conditional,SOC)序列学习中的作用不同。在初级运动区或顶叶持续 θ 波脉冲刺激(continuous theta burst stimulation,cTBS),或虚假脉冲刺激,结果发现初级运动区持续 θ波脉冲刺激条件下 1 阶序列学习成绩低于 2 阶的。顶叶持续 θ 波脉冲刺激和虚假脉冲刺激对 1 阶序列和 2 阶序列的学习没有影响。结果表明 1 阶和2 阶序列学习的神经机制不同,初级运动区对于简单序列学习发挥着重要作用。也有研究发现 2 阶序列学习(second-order conditional,SOC)与海马有关(陈述性记忆系统)。睡眠有助于描述性记忆,与程序性记忆无关。如果 2阶序列学习与陈述性记忆系统有关,那么睡眠会提高 2 阶序列学习成绩,而不会提高 1 阶序列学习成绩。但 Barham,Lum,Conduit,Fernadez,Enticott 和Clark(2021)发现睡眠并没有提高 2 阶序列学习成绩。

　　研究发现,2 阶序列存在一致性效应(congruency sequence effect,CSE)。Jiménez 等人(2009)认为,一致性效应是认知控制指标,当呈现控制序列刺激时,打破了被试的预期,引发了冲突,认知控制暂时性增加,从而降低了序列知识的表达。另一种观点认为认知控制抑制内隐序列学习表达,冲突监测假说(conflict monitoring account)可以对此进行解释(Beesley,Jones &Shanks,2012),神经机制为冲突—控制环路。背外侧前额叶与目标任务有关,对刺激和反应加工进行自上而下认知控制,以增强任务相关信息加工并抑制任务无关信息加工,做出合适反应。背前扣带回监测任务无关信息诱发的干扰,这种干扰会导致冲突,意味着背外侧前额叶需要更强认知控制。背前扣带回—背外侧前额叶环路暂时增强认知控制,降低冲突,出现一致性效应(例如冲突适应)。

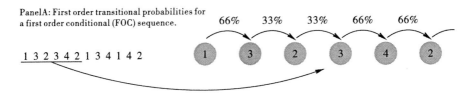

PanelA: First order transitional probabilities for a first order conditional (FOC) sequence.

1 3 2 3 4 2 1 3 4 1 4 2

PanelB: First order transitional probabilities for a second order conditional (SOC) sequence.

1 2 1 3 4 2 3 1 4 3 2 4

PanelC: Second order transitional probabilities for a second order conditional (SOC) sequence.

1 2 1 3 4 2 3 1 4 3 2 4

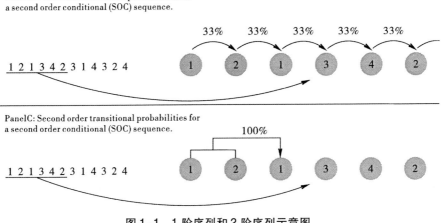

图 1-1　1 阶序列和 2 阶序列示意图

注:1 阶序列中刺激之间的预测概率是不等的;2 阶序列中刺激之间的预测概率是相等的,而且可以由前两个刺激预测出第三个刺激(Lum, Mills, Plumridge, Sloan, Clark, Hedenius & Enticott, 2018)

　　Remillard(2014)指出,序列反应时研究中如果使用的序列类型是确然序列,必须保障所使用的两个序列的结构相似,这是使用确然序列进行序列学习研究的一个金标准。而且为了增加实验的外部效度,DeCoster 和 O'Mally(2011)认为应该对不同被试采用不同的确然序列。DeCoster 和 O'Mally发现存在序列特异性效应(Specific sequence effects),即只采用一个序列规则,会对内隐学习效应大小产生影响。实验 1 中规则组存在确然序列规则,每个被试学习各自独一无二的确然序列规则。随机组不存在序列规则。实验 2 中随机组发生了改变,随机组反应间的转移(transition)次数和规则组相同。结果发现序列规则影响内隐学习效应的大小。

　　还有人使用人工语法作为序列规则。Cleeremans 和 McClelland(1991)最早使用限定状态语法(finite-state)作为序列规则。D'Angelo, Milliken, Jiménez 和 Lupiáñez(2013)也使用了人工语法作为序列规则。Soetens, Melis 和 Notebaert(2004),Deroost 和 Soetens(2006),Coomans, Deroost, Zeischka 和

Soetens(2011)使用 1 阶限定状态语法或然序列(probabilistic first-order sequence),1 阶的概率为 0.5(例如位置 1 后面出现位置 1 和位置 4 的概率相同,都是 0.5),如图 1-2 所示。

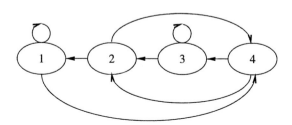

图 1-2 1 阶限定状态语法或然序列
注:数字表示位置,箭头表示位置变换

Dehaene、Meyniel、Wacongne 等人(2015)按照抽象程度将嵌套在序列结构中的信息分为五个不同等级,分别是:①转换概率和时间信息(Transition and timing knowledg),从前一事件转换至下一事件的概率和时间间隔;②组块(chunking),将序列中的几个连续的刺激组合成为一个独立的单元,作为一个整体用于更高级别的加工;③次序信息(Ordingal knowledge),关于刺激出现的先后顺序的信息,与刺激发生的时间间隔无关;④代数规则(Algebraic patterns),基于序列事件获取序列中包含的抽象模式。比如人工合成词"cocolith",由两个相同音节和一个不同音节组成,符合 AAB 的抽象模式;⑤嵌套树状结构(Nested tree structures generated by symbolic rules),序列中的元素按照一定规则排列组合,元素之间形成嵌套的结构。

二、刺激材料

刺激背景的改变对序列学习影响具有不对称性,Vaquero, Lupiáñez 和 Jiménez(2019)研究发现,当学习阶段单独呈现目标刺激,测验阶段增加分心刺激后,序列学习成绩下降;当学习阶段呈现目标刺激和分心刺激,测验阶段单独呈现目标刺激,序列学习成绩不受影响。

成人的脑成像研究表明序列学习中大脑激活区域和刺激性质有关(Robertson, Tormos, Maeda & Pascual-Leone, 2001)。行为研究进一步表明空间序列和非空间序列具有不同机制(Koch & Hoffmann, 2000b; Mayr, 1996; Helmuth, Mayr & Daum, 2000),非空间刺激序列比空间刺激的外显意识成分更明显(Tubau & Lopez-Moliner, 2004)。

三、反应—刺激时间间隔(RSI)

不同的反应—刺激时间间隔导致了对序列不同程度的意识加工和无意识加工,较短的反应—刺激时间间隔导致了对序列的无意识学习,较长的反应—刺激时间间隔导致了对序列的有意学习。Destrebeeqz 和 Cleeremans (2003)研究发现,不同反应—刺激时间间隔条件下,序列反应时存在差异,这表明反应—刺激时间间隔对序列学习产生了影响。他们认为,反应—刺激时间间隔的连续变化,导致序列学习的意识性产生连续动态的变化。较短的反应—刺激时间间隔(0 ms)导致了内隐序列学习;较长的反应—刺激时间间隔(1500 ms)导致了外显序列学习。

四、个体差异性

内隐学习的个体差异性研究越来越受到关注。Reber(1993)认为内隐学习和外显学习不同,较少受到个体差异影响。但许多研究发现内隐学习和个体认知能力存在中等程度相关(Gebauer & Mackintosh, 2007, 2009; Kaufman, De, Gray, Jiménez, Brown & Mackintosh, 2010; Reber, Walkenfeld & Hernstadt,1991)。

为了考察某特征是否存在稳定的个体差异性,可以使用校标关联效度法(criterion validation method)。通过计算已知的稳定特征(被称为校标,例如 IQ)和待确定稳定性的特征之间的相关性。如果该特征和校标存在相关,就可认为该特征是稳定的;但若该特征和校标不存在相关,不能认为该特征不具有稳定性,因为有很多原因都会导致该特征和校标不存在相关。

还有一种更为被广泛采用的方法,那就是重测法(test-retest reliability)。Stark-Inbar, Raza, Taylor 和 Ivry(2017)采用重测法,使用了三种任务:视觉运动适应任务(visuomotor adaptation task)、交替序列反应时任务和非交替序列反应时任务。结果发现视觉运动适应任务和交替序列反应时任务存在稳定的个体差异性。非交替序列反应时任务没有发现稳定的个体差异性,这可能是由于疲劳对被试造成的影响。Kalra, Gabrieli 和 Finn(2019)使用重测法考察了内隐学习是否存在稳定的个体差异性。他们以健康的年轻人为被试,完成四种内隐学习任务(人工语法学习任务、概率分类任务、序列反应时任务和内隐类别学习任务)。两次测验间隔时间为 1 个星期。由于任务之间难度不同,Stark-Inbar, Raza, Taylor 和 Ivry 对数据进行了线性等值法(standard linear equating method)处理(Kolen & Brennan,2004)。结果发现概率分类、序列反应和内隐类别学习存在中等相关。而且内隐学习与 IQ、工作记忆和外显学习能力不存在相关。这些结果说明内隐学习和外显学习相似，存在稳定的个体差异性。

内隐学习的个体差异性研究有一种从人口学变量（性别、年龄等）扩展到人格变量（如认知风格）的趋势。Allport（1937）首次在理论上把"风格"与认知联系在一起，认为认知风格是个人在问题解决等过程中使用的一些惯性方式。Tennant（1988）进一步指出，认知风格是在组织和加工信息时，人们经常采用的独特方式，它具有更高的概括性。认知风格具有稳定性，一旦形成，很少受外部环境的影响，它是形成个体差异和不同人格的主要影响因素。自认知风格提出以来，研究者试图从多个维度对其进行归类，Witkin 和 Goodenough（1977）对认知风格的分类（即场独立与场依存）得到广泛接受。两种认知风格的不同在于对"场"的依赖倾向不同，场独立者在信息加工过程中主要依靠内部，较少受周围"场"的影响；场依存者对信息进行加工时，往往依赖"场"，易受环境影响。吴国来、沃建中、白学军和沈德立（2006）基于"冲动—慎思"认知风格理论，发现内隐序列学习不受认知风格因素影响。韩秀和裴燕红（2010）发现场依存型个体的内隐序列学习成绩显著高于场独立型个体。张丹钢（2010）采用限定状态人工语法任务，探讨场独立型和场依存型被试内隐学习成绩差异性问题。结果表明，不同认知风格的被试间人工语法学习成绩差异不显著。卜伟（2014）发现，场独立型、场中间型和场依存型的人工语法学习成绩差异显著，场独立型得分最高，场中间型次之，场依存型得分最低。之所以得到不同结果，可能与认知风格的测验方法和内隐学习任务类型有关。吴国来、沃建中、白学军和沈德立（2006）与韩秀和裴燕红（2010）都采取了序列反应时任务，但是区分认知风格时采用了不同理论的区分方法。依据的理论和量化工具不同。张丹钢（2010）与卜伟（2014）虽然采用了基于相同理论的测量工具，但是内隐学习任务迥然不同。李艳芬、赵宁宁、周铁民（2017）采用相同的认知风格测量工具，考察了不同认知风格个体在不同内隐学习任务中的成绩差异。结果表明，场独立与场依存者在人工语法任务和序列反应时任务中的内隐学习量均无显著差异。

Stadler（1995）发现低智商老年人内隐学习成绩低于高智商老年人，内隐学习与外显学习相似，也表现出智力效应；郭秀艳（2003）以智障中学生为被试，发现智力水平与学习材料共同影响内隐学习成绩；而 Gebauer 和 Mackintosh（2007）以德国学生为被试，结果发现内隐学习与智力呈零相关，不同智力水平的个体内隐学习成绩差异不显著。韩秀和裴燕红（2010）以大学生为被试，考察智力和认知风格对内隐序列学习的影响。采用镶嵌图形测验和联合型瑞文推理测验分别测试认知风格类型和智力水平。使用序列反应时任务测试内隐学习成绩。结果表明内隐序列学习不受智力影响。Pretz,Totz 和 Kaufman(2010)考察了情绪、认知类型和认知能力对序列学习的影响。结果发现,情绪对于序列反应时任务没有显著性影响,序列学习受到认知类型和认知能力的影响。

五、认知控制

认知控制(cognitive control)通过调整注意、工作记忆还有其他执行功能(例如反应选择,冲突解决和任务表征)以提高序列学习成绩(Daltrozzo & Conway,2014;Davidson & Lutz,2011;Kelly,Burton,Riedel & Lynch,2003),有几个模型可以解释认知控制对序列学习的作用(Arahamse,Jiménez,Verwey & Clegg, 2010;Abrahamse, Ruitenberg, De Kleine & Verwey, 2013;Clegg, Digirolamo & Keele, 1998;Daltrozzo & Conway, 2014;Keele, Ivry, Mayr, Hazeltine & Heuer,2003;Kelly,Burton,Riedel & Lynch,2003;Schwarb & Schumacher,2012;Slagter,Davidson & Lutz,2011;Verwey,Shea & Wright,2015)。这些模型的特点是序列学习过程中那些任务特征被注意和使用,提出了两种不同学习策略:以刺激为基础的学习策略和以计划为基础的学习策略(Tubau、Hommel & Lopez-Moliner,2007)。

序列反应时任务可以对这两种学习策略进行区分。如果被试使用刺激为基础的学习策略,对目标刺激的优先注意增强了刺激反应联结,从而反应时下降。刺激是做出反应的主要信号,即便没有序列反应时也会下降,称为一般学习效应(general learning effect)(Abrahamse & Noordzij,2011)。而以计划为基础的学习策略,反应时成绩的提高与序列有关,建立在反应和反馈基础上(Abrahamse & Noordzij,2011;Willingham,1999)。当学习的序列消失后,序列学习效应消失。需要指出的是,这两种学习策略可以同时存在,也可以相互转换(switch)。两种学习策略的转换主要取决于注意任务相关的刺激还是抑制任务无关信息(Gallant,2016)。以刺激为基础的学习策略和单维表征理论非常相似(Keele,Ivry,Mayr,Hazeltine & Heuer,2003),Keele,Ivry,Mayr,Hazeltine 和 Heuer(2003)提出多维表征,认为序列学习建立在几个任务特征相关基础上,形成更高水平认知。Abrahamse,Jiménez,Verwey 和 Clegg(2010)、Abrahamse,Ruitenber,De Kleine 和 Verwey(2013)提出了序列学习的多重策略观点。他们认为随着练习的不断深入,序列表征发生变化,学习策略也发生改变。在序列学习的早期阶段,遵循反应模式,类似于刺激为基础学习(Tubau,Hommel & Lopez-Moliner,2007)或单维策略(Keele,Ivry,Mayr,Hazeltine & Heuer,2003)或低水平编码(Clegg、Digirolamo & Keele,

1998）。随着练习进行,遵循相关模式,由于形成抽象规则（Abrahamse, Ruitenber, De Kleine & Verwey, 2013；Franco & Destrebecqz, 2012；Grafton、Hazeltine & Ivry, 1998）或形成中等水平相关（Clegg, Digirolamo & Keele, 1998）,序列自动化加工水平越来越高。进一步地练习使得形成序列组块（Abrahamse, Jiménez, Verwey & Clegg, 2010；Abrahamse, Ruitenber, De Kleine & Verwey, 2013；Clegg, Digirolamo & Keele, 1998；Jiménez, 2008；Koch & Hoffmann, 2000b；Verwey & Abrahamse, 2012；Verwey & Wright, 2014）,致使序列自动化加工水平进一步增加。组块模式使得序列学习不需要依赖刺激—反应地图就可以预测出下一个反应（Jiménez, 2003, 2008）。序列组块可能是反应为基础的计划（Tubau, Hommel & Lopez-Moliner, 2007）,以反应为基础的计划建立在高水平多维相关（Keele, Ivry, Mayr, Hazeltine & Heuer, 2003）和高水平抽象表征（Clegg, Digirolamo & Keele, 1998）基础上,做出既快又准的序列反应。认知控制能引导注意指向任务相关信息和避免不相关信息（Gallant, 2016；Miyake, Friedman, Emerson, Witzki, Howerter & Wager, 2000）,也能降低内隐序列学习的表达（Prutean, Martín-Arévalo, Leiva, Jiménez, Vallesi & Lupiáñez, 2021）。

Chan, Immink, Lushington 和 Mosewich（2016）首次考察了冥想（single-session meditation）对序列学习的影响,采用的是集中注意冥想（focused attention meditation, FAM）。控制组被试不进行冥想,直接完成序列反应时任务;实验组被试进行冥想,然后立即完成序列反应时任务;还有一组被试冥想和序列反应时任务有时间间隔。结果发现没有时间间隔的冥想组提高了练习效应,有时间间隔的冥想组提高了序列学习成绩。结果表明集中注意冥想建立的目标指向的元控制状态有助于以刺激为导向的序列学习。集中注意冥想和序列学习中间有短暂时间间隔,使认知控制得到放松,有助于以序列为导向的序列学习响应模式。Chan, Immink 和 Lushington（2017）在序列反应时任务前,首先完成集中注意冥想任务。根据被试参加任务情况,分为三组:控制组只完成序列反应时任务;完成集中注意冥想任务后紧跟着完成序列反应时任务;集中注意冥想+组完成集中注意冥想任务后有一段时间间隔,再完成序列反应时任务。结果发现和控制组相比,集中注意冥想组在早期随机组段中存在优势。后期序列反应时成绩提高最明显,比集中注意冥想组成绩更稳定。这些结果表明集中注意冥想引起的自上而下控制加工改善了以刺激（stimulus-based）为导向的序列学习,集中注意冥想后的时间间隔降低了自上而下加工控制,促进了以反应（response-based）为导向的序列学习。某种程度上可以说,刺激序列学习不受注意影响,反应序列学习需要注意参与。需要指出的是,Chan,Immink 和 Lushington(2017)计算序列学习成绩的方法和之前研究不同。

Immink,Colzato,Stolte 和 Hommel(2017)进一步考察了不同类型冥想对序列学习的影响。不同类型冥想建立不同元控制状态,从而影响完成后面任务的注意分配策略,而注意分配是序列行为的核心要素。本研究中冥想包括集中注意冥想和开放检测冥想(open monitoring meditation,OMM)。控制组听无关材料,实验组完成一段集中注意冥想或开放检测冥想,结果发现集中注意冥想组和开放检测冥想组完成序列任务的反应速度提高,但对序列学习没有影响。按照被试完成冥想任务的努力程度,分为高努力组和低努力组,结果发现低努力组和反应时提高存在显著相关,而且发现只有开放检测冥想低努力组提高了序列学习,这个结果支持了 Amer 的观点,复杂形式的学习得益于减弱的控制(Amer,Campbell & Hasher,2016)。开放检测冥想低努力组的被试自上而下的控制减弱,灵活地控制状态有利于对任务多维度信息进行加工,有利于序列学习。

集中注意冥想任务不但影响注意控制,对认知灵活性和情绪等也会产生影响。集中注意冥想任务对序列学习的影响,建立在认知控制和注意加工基础上,也受到努力程度(effort)、唤醒度(arousal)和愉悦度(pleasure)的影响。Chan,Lushington 和 Immink(2018)考察了需要集中注意的认知任务对序列反应时任务的影响,需要集中注意的认知任务包括集中注意冥想任务和计算机注意任务(computerised attention task,CAT)。同时考察了完成集中注意冥想或计算机注意任务的努力程度、唤醒度和愉悦度对序列反应时任务的影响。结果发现,和控制组相比,集中注意冥想组和计算机注意任务组完成序列反应时任务的反应时减小;集中注意冥想组的序列学习成绩高于计算机注意任务组和控制组。努力程度、唤醒度和愉悦度对序列反应时任务没有影响。这些结果表明,集中注意冥想是通过集中注意控制来增加自上而下的控制,促进了序列学习的刺激—反应加工,集中注意冥想任务比其他注意任务更有效。

此外,指导语对于内隐学习来说也尤为重要。关于内隐学习和外显学习,当前研究学者们尚无法给出一个明确定义,除了从现象学上进行区分外,对内隐学习和外显学习的区分只能从操作上去考察,就是通过指导语来对内隐学习和外显学习进行分离。指导语是实验开始前,主试向被试提出的要求,即在实验中需要做什么以及如何去做的语言(或文字)表达。指导语要求表达准确、易于理解、不可模棱两可。在内隐学习中,指导语还具有实验性分离的作用。因为内隐学习实验中指导语要求被试去做什么和如何去做的意义背后,是要引导被试进行内隐、外显学习。人工语法学习中内隐指导语一般通过向被试提出记忆字符串任务要求,引导被试去记忆材料,但不会引导被试探究字符串之间的关系(规则)。被试的意识停留在记忆任务上,不会产生更多的思考和联想。序列学习中内隐指导语一般要求被试对字母或空间序列进行判断反应,没有告知被试字母或空间序列存在规则。外显学习指导语则会明确告知被试存在规则,要求被试将注意力集中在呈现材料的规则上,而不是简单地对材料本身做出反应判断。

六、睡眠

已有研究证实内隐知识存在离线巩固效应,但睡眠对内隐学习离线巩固有何影响还没有统一结论(孙鹏等,2022;Backhaus et al.,2016;Borragán et al.,2015;Ertelt et al.,2012;Hallgat et al.,2013;Meier & Cock,2014;Nemeth et al.,2010;Robertson et al.,2004;Sánchez-Mora & Tamayo,2021;Song et al.,2007;Spencer et al.,2006,2007;Vakil et al.,2021)。

内隐习得知识是否存在离线巩固效应以及该效应是否依靠睡眠一直是该领域的研究焦点(Cajochen et al.,2004;Kemény & Lukacs,2016;Nemeth et al.,2010;Robertson et al.,2004;Romano et al.,2010;Sánchez-Mora & Tamayo,2021;Song et al.,2007;Spencer et al.,2007;Urbain et al.,2013)。内隐学习离线巩固研究,通常设置白天组和晚上组两种条件,要求被试在第一阶段的学习任务结束之后,间隔白天或晚上的12个小时,完成第二阶段任务(Hallgat et al.,2013;Nemeth et al.,2010;Robertson et al.,2004;Sánchez-Mora & Tamayo,2021;Spencer et al.,2007;Vakil et al.,2021)。对于白天组,要求被试保持清醒状态,晚上组则正常睡眠。有研究发现内隐知识存在基于睡眠的离线巩固效应,表现为在睡眠状态下存在更大的离线巩固效应(Ertelt et al.,2012;Spencer et al.,2007);但也有研究发现在睡眠和清醒状态下,内隐学习存在类似的离线巩固效应(Borragán et al.,2015;Nemeth et al.,2010;Vakil,Hayout,Maler & Ashkenazi,2022)。Vakil,Hayout,Maler 和 Ashkenazi(2022)采用两种反应方式:按键反应和眼动,比较了睡眠对序列学习离线巩固的影响。结果发现,采用按键反应,白天无睡眠组和夜晚有睡眠组在间隔12小时后,反应时指标都发生下降;但预期正确率指标上发生了分离,夜晚有睡眠组的预期正确率提高,而白天无睡眠组的预期正确率下降。但采用眼动反应后,白天无睡眠组和夜晚有睡眠组在间隔12小时后,无论眼跳反应时指标还是预期正确率指标,都没有显著变化。结果表明序列学习知识的离线巩固与时间有关,而与睡眠无关。Vakil 等人认为反应时和预期正确率反映了序列反应时巩固的不同方面;手运动成分和一般学习成分不是序列学习知识巩固所必须的。

序列学习巩固效应的影响因素:第一,序列结构复杂性。睡眠只对复杂动作序列的离线巩固具有促进作用。这可能是由于简单序列结构的学习不像复杂序列能够主动从系统整合过程中获得更多,限制了后续整合过程中离线巩固的增强效果(Blischke & Malangré,2017)。第二,序列学习效应本身大小。Kemény 和 Lukacs(2016)指出学习的效果会影响离线巩固效应,学习效果越小,离线巩固效应越小。纯粹知觉序列的学习效应基本介于 10 ~ 20 ms(Gheysen et al. ,2011;Rose et al. ,2011),导致知觉序列学习很难发现巩固效应。第三,间隔时间。孙鹏等人(2022)发现纯粹的知觉序列不存在离线巩固,可能是因为间隔时间太长,学习效应得到离线巩固之后又发生了衰退。相对于动作序列知识巩固,知觉序列知识的巩固过程可能更快。学习存在一个关键期,对于记忆痕迹保持、稳定或提高是必需的,并且因学习任务的不同,关键期的长度也不尽相同(Robertson et al. ,2005;Walker et al. ,2003)。例如,Press 等人(2005)采用标准序列反应时任务探讨了内隐动作序列学习离线巩固的时间进程。结果发现,被试在学习 4 个小时后表现出离线巩固效应,而且其巩固效应随着离线间隔的增加表现出递增趋势。后续研究采用类似的学习任务进一步发现,在离线 12 小时,甚至更长的时间后(24 小时,一周或一年),动作序列的离线巩固效应仍然存在(Meier & Cock,2014;Nemeth & Janacsek,2011;Romano et al. ,2010)。而在 Albouy 等人(2006)的研究中,研究者采用序列眼动反应时任务,发现被试在学习后 30 分钟就表现出了离线巩固效应,但在间隔 5 小时后该效应消失。在该研究中,被试不需要做出手指按键反应,因此只存在眼动/知觉序列学习(Vakil et al. ,2022)。类似的,采用时间辨别任务(temporal discrimination task)也发现,知觉学习早在间隔 5 分钟后就表现出离线巩固效应(Bratzke et al. ,2014)。

七、年龄

随着年龄的增长,老年人的空间工作记忆能力(Reuter-Lorenz,Jonides,Smith,Hartley,Miller,Marshuetz & Koeppe,2000)、注意力(Parasuraman & Giambra,1991;Parkin & Walter,1991;Puglisi,1980)、时间感知能力(Lustig & Meck,2001;Slathouse & Miles,2002)等有所下降,认知能力的下降可能导致了老年人内隐序列学习成绩下降(Curran,1997;Feeney,Howard & Howard,2002;Frensch & Miner,1994;Forkstam & Petersson,2005;Negash,2004;James,

Howard，Howard，Dennis & Kelly，2008）。例如 Howard 和 Howard（1997）发现大学生和 65 岁老人，以及 65 岁老人和 75 岁老人的序列学习能力存在年龄差异；Feeney，Howard 和 Howard（2002）发现 34～45 岁和 46～53 岁成年人的序列学习也存在差异。Dennis（2004）发现年轻人和老年人都可以获取 2 阶确然序列（second-order deterministic sequence），但是年轻人还可以获取 2 阶或然序列。Howard，Howard 和 Japikse（2004）研究发现年轻人可以学会 3 阶序列（third-order），但老年人不能。

研究发现儿童和成人序列学习能力也存在差异。Thomas，Hunt，Vizueta，Sommer，Durston，Yang 和 Worden（2004）发现成年人的序列学习能力优于儿童（7～11 岁）。袁汝兵（2002）研究发现高中组对序列的学习程度显著高于小学组，高中组对序列的学习程度略高于初中组。结果说明内隐序列学习与年龄有关，随着年龄的增长而发展。

Coomans，Vandenbossche 和 Deroost（2014）首次考察了次级任务对儿童内隐序列学习的影响。选取符号计数任务（symbol counting task）作为次级任务是因为 8～10 岁儿童容易完成此任务；另外符号计数任务减少了次级任务对序列学习过程的时间干扰。语音计数任务中，语音打断了序列学习的时间进程。序列学习过程中黑色目标圆点有时被红色目标狗替代，被试记录下红色目标狗出现次数。Coomans 等人认为次级任务对儿童和成人内隐序列学习的影响不同。儿童需要更多注意参与内隐序列学习，成人会整合随机呈现的次级任务，儿童则不会。考虑到儿童反应速度、正确率和成年差异太大，对反应时和错误率进行了 Z 转换。结果发现单任务条件和双任务条件下儿童的内隐序列学习量无差异，单任务条件下成人的内隐序列学习量显著大于双任务条件下的。结果表明儿童内隐序列学习不受注意负荷影响，成人内隐序列学习受注意负荷影响。

但也有研究表明内隐序列学习不受年龄影响（Cherry & Stadler，1995；Frensch & Miner，1994；Howard & Howard，1989，1992；林颖、周颖，2006），可能是由于这些研究所使用的序列结构较为简单。Bo 和 Seidler（2010）考察了年龄和空间加工对内隐序列学习的影响。实验 1 中让 48 名老年人和 48 名年轻人完成序列反应时任务，共有四种实验条件，实验设计为刺激类型（空间，字母）×反应方式（按键，口头报告）。有意思的是，在口头报告条件下老年人的序列学习成绩居然好于年轻人。在另两个实验中，增加了序列反应时任务，要求老年人和年轻人对词语进行归类。结果发现任务难度增加后，年轻人的序列学习成绩提高，老年人则没有。Howard（1989）以序列反应时任务进行的研究发现，虽然年轻人的预测任务成绩好于老年人，但是序列反应时任务的反应时指标上,20 岁的年轻人和 70 岁的老年人之间并无显著差异。内隐学习与年龄的关系,将在第五章进行更为详细的论述。

第三节　内隐学习研究范式

20 世纪七八十年代之前,无意识的概念更多出现在哲学思辨和经验描述中,后来心理学家提出了各种实验范式证实无意识的存在,基本的思维逻辑是实验性分离。实验性分离就是在实验中分离开两个对象或概念,也就是说,操纵一个自变量使得两个对象发生不同的变化:包括交叉双重实验性分离(自变量对两个对象的作用相反)和单一实验性分离(自变量仅对其中一个对象产生影响,对另一个对象没有影响)。如果被试对知识没有意识体验,但行为水平却表现出成绩的提高,就证实了无意识的存在。

无意识相关研究,起初关于内隐记忆和内隐学习研究较多,后来随着研究深入,逐步扩展到内隐社会认知,如 1998 年 Greenwald 提出内隐联想测验(implicit association test,IAT)、2001 年 Nosek 提出 GNAT 范式(Go/No-Go Association Test)、2003 年 Houwer 提出外在情感西蒙任务范式(EAST-extrinsic affective simon task)等众多领域。常见无意识研究使用范式如下:

一、无觉察知觉范式

关于无意识存在的论证最早来源于神经病理学,在脑损伤患者身上发现了实验分离现象,后来在正常人身上也发现了类似现象,验证了无意识的存在。在临床案例中研究者发现有的脑损伤病人无法知觉到某些刺激,但是却能对这些刺激进行某种程度上的加工。Weiskrantz(1986)报告了盲视案例。D. B 在一次意外中丧失了左侧视觉,虽然 D. B 看不见左侧物体,但是仍能够准确指出盲视范围内物体的运动方向。当要求 D. B 辨别出现在盲区内的物体时,他声称看不见这个物体。马歇尔和哈里根在病人 P. S 身上发现了单侧忽视,他在"选择房屋"任务中选择了安全性更高的"右边小屋"。尽管他在看到右边小屋冒出的烟雾后做出了惊奇反应,表明他未意识到左边小屋着火了,但在做出判断选择时,所忽视区域内的危险信号(火)起到了警示作用,P. S 表现出来的行为和言语发生了分离。

在认知心理学领域,研究者分离知觉和觉察的方法之一是阈下启动。1935 年 Stroop 要求被试尽快报告书写单词的颜色,当词表达的颜色与书写颜色一致时,被试的反应速度快于中性条件;当词表达的颜色与书写颜色不一致时,被试的反应速度慢于中性条件,即 Stroop 效应。后来马塞尔运用掩蔽技术将色词改造为启动词,以色块作为反映目标。马塞尔通过操纵启动词的呈现时间来改变被试对启动词的觉察水平:阈上启动条件下,启动词的呈现时间 400 ms;阈下启动条件下,启动词的呈现时间大大缩短。结果发现,没有觉察到启动词和觉察到启动词条件下的被试反应一样,都表现出 Stroop 效应。马塞尔(1983)另一个实验中,采用任务分离法(把以测验任务为自变量进行实验性分离的方法),使用语义分类和知觉辨认两种测验方式:当材料呈现时间减少时,被试可能无法在知觉辨认中觉察到刺激,却会在语义分类任务中表现出相关语义效应,即当后一个刺激和前一个刺激在语义上存在相关时,被试的分类速度加快。除了任务分离法,还有加工分离法,即通过操纵自变量来影响被试的加工过程,进行实验性分离的方法称为加工分离法。奇斯曼和梅里克尔(1984)操纵了启动词和目标色块一致性频率,试图探讨觉察和无觉察两种条件下,频率是否对色词的启动效应产生影响。结果发现:在不同启动时间下都发生了 Stroop 效应;启动词呈现时间较短条件下(阈下启动),Stroop 效应受到启动词—目标色块一致性频率的影响较小,在启动词呈现时间较长条件下,高频率的一致性会使不一致启动的反应时显著增大,与之相反,一致启动的反应时则会显著缩短反应时。结果表明阈下启动和阈上启动出现了交叉双重实验分离。

　　在具体实验中,马塞尔将 60% 作为临界觉察率来确定阈限,而奇斯曼等人以迫选测验(要求被试选择出刚才所呈现的词)被试的正确回答率作为觉察率。他们发现,当觉察率为 25% 时,被试的言语报告(是否看到刺激)和行为表现(Stroop 效应)相一致,言语报告为"猜测",Stroop 效应消失。当觉察率为 55% 和 90% 时,被试言语报告显示他们是"猜测",却表现出 Stroop 效应。为此,奇斯曼提出了两个相关概念:主观阈限和客观阈限。主观阈限是被试声称其觉察到知觉信息的启动词呈现时间,比如 55% 和 90% 的觉察率所对应启动时间在主观阈限以下;客观阈限是被试行为判断达到显著水平时启动词的呈现时间,25% 的觉察率所对应启动时间在客观阈限以下,55% 和 90% 所对应启动时间在客观阈限以上。知觉和觉察出现分离,刺激的呈现时间应低于主观阈限而高于客观阈限。

二、内隐记忆范式

　　内隐记忆(implicit memory)指记忆的无意识加工过程,是发生在较低意识水平下的记忆加工过程。20 世纪 60 年代,对于遗忘症的研究成为内隐记忆研究热潮的契机。1968 年英国心理学家沃林顿和韦斯克兰茨在对遗忘症病人的启动效应研究中发现了内隐记忆现象。沃林顿和韦斯克兰茨采用不同的测验形式对遗忘症患者的记忆进行考察,结果表明遗忘症病人在完成传统的再认和自由回忆任务时存在明显的障碍,但是在间接测验形式下,比如词干补笔测验和残图识别测验时,他们的成绩和正常人没有显著差异。当使用词段或其他线索时,给予被试外显指导语时,遗忘症病人的测验成绩受到破坏;给予被试内隐指导语时,遗忘症病人表现出和正常人同样程度的启动。结果表明,在遗忘症病人身上,外显记忆受到了破坏,但内隐记忆没有受到影响,内隐记忆是独立于外显记忆的记忆系统。

内隐记忆还表现在启动效应。启动效应(priming effect)指由于近期与某一刺激的接触而使对这一刺激(或类似刺激)的加工得到易化。启动效应分为重复启动(repetition priming)和间接启动(indirect priming)。重复启动指前后呈现的刺激完全相同,即后呈现的刺激和前面呈现的启动刺激是同一个刺激;间接启动中后面呈现的刺激和前面呈现的启动刺激有所差别。启动研究中直接测量记忆水平的方法主要包括自由回忆和再认测验。自由回忆要求被试在呈现刺激一段时间后按任意顺序再现刺激;再认测验要求被试在给定的选项中选择先前出现过的刺激。自由回忆和再认测验要求被试有意识地进行提取或对比判断。间接测验包括词汇判断(lexical decision)、字词辨别(word identification)、知觉辨认(perceptual discrimination)、词干补笔(word stem/ fragment completion)等。词汇判断测验中要求被试说明某特定字母串是否构成一个合法词,通过某一字母串在先后两次呈现被试反应时的差来反映启动效应。字词辨别测验中,先向被试短暂呈现某一刺激,要求被试进行辨别,然后当被试再次遇到该字词时,被试辨别正确率的提高以及反应时的下降作为启动指标。词干补笔测验中,向被试呈现一个词根(例如 tab,table)或词段(例如_ss_ssin,assassin),要求被试用想到的第一个词来完成,在先前学习词表上词的使用频率的增加来反映启动效应。

Jacoby(1983)采用再认和知觉辨认方法进行测验。让被试在三种条件下学习反义词。第一种条件没有上下文,如被试看到"×××—黑",大声说出"黑"字,条件一要求被试对字形进行加工;第二种条件有上下文,如被试看到"白—黑"大声说出"黑"字,条件而要求被试对字的意义进行加工;第三种条件为生成(generation)条件,被试看到"白—??",需要被试说出"黑"字,这需要被试既加工字形,也加工字意。被试的一半测验为直接测验即再认法,另一半测验为间接测验即知觉辨认。结果发现:当直接测验被试对"黑"的再认水平时,生成条件下击中率最高,有上下文条件次之,无上下文条件下成绩最差;而当间接测验对模糊字迹进行知觉辨认时,无上下文条件下击中率最高,有上下文条件次之,产生条件成绩最差。结果表明直接测验和间接测验所得到的实验结果发生了交叉双向实验性分离,编码阶段加工越多,越有利于直接测验成绩;编码阶段加工越简单,越有利于间接测验成绩。后来为了进一步确定直接测验和间接测验的意识和无意识贡献问题,1991年,Jacoby提出了加工分离程序(process dissociation procedure,PDP)。加工分离程序的基本假设是:①意识性提取和自动提取是彼此独立的加工过程,这是加工分离程序的核心假设;②意识性提取在包含和排除测验中的性质是一样的;③自动提取在包含和排除测验中的性质也是一样的;④意识性提取表现为全或无(要么能再认,要么不能再认,不存在错误情况),自动提取则是有对有错。加工分离程序有两种测验条件:包含条件和排除条件。包含条件要求被试完成再认操作,排除条件要求被试进行排除反应,即排除呈现过的答案,选择其他答案。包含条件下,意识和无意识加工协同合作;排除条件下,意识和无意识形成了一种非此即彼的对抗关系:如果意识起作用,那么被试能够正确排除已经呈现过的项目,相反,如果无意识起作用,被试正确排除的概率只是随机水平。Jacoby在实验中通过两种方式学习不同的词:第一种方式要求被试阅读或编辑词语;第二种方式要求被试听读词语。再认测验阶段,包含条件下要求被试对学习阶段的变位字、听觉呈现词、视觉呈现词进行"新""旧"再认判断;排除条件下要求被试对听觉呈现词进行再认判断,将变位字和视觉呈现词加以排除,判断为"新"。

三、内隐学习研究范式

研究者提出了各种研究范式探究内隐学习认知机制,常见的内隐学习研究范式主要有人工语法范式(Reber,1967)和序列学习范式(Nissen,Bulleme,1987),其中序列学习范式又包含了矩阵扫描范式(Lewicki,Czyzewsks,Hoffman,1987)、复杂系统控制范式(Broadbent,1977;Berry,Dienes,1993)、统计学习范式(Cleeremans,McClelland,1991)等。不同的研究范式,考察不同领域的内隐学习。其中人工语法范式和序列学习范式是应用广泛的内隐学习范式。人工语法范式的材料是一次性呈现给被试,序列反应时的序列则是按顺序先后呈现的。人工语法范式可以灵活地呈现样例,可以通过控制实验变量来考察知识表达形式,适合于研究内隐学习的知识表征;序列学习范式侧重于测量分离,适合于研究不同测验手段获得知识的意识加工程度(Cleeremans & McClellan,1991;Rah,Reber & Hsiao,2000)。内隐学习的实验逻辑是让被试再反复经验重复规则的基础上,测量被试的绩效和意识性程度,如果绩效得到提高,而个体意识不到习得知识或无法说出,即认为发生了内隐学习。其中,内隐序列学习要求被试在事先不知道序列规则存在的情况下,对序列中项目的某一属性进行反应,经过大量练习之后,相对于随机情况,被试的反应时和准确率均稳步改善,从而证明被试获得了有关序列潜在结构的知识,并在此基础上通过各种方法测试被试的外显知识,如果被试所获得的知识是意识所不能通达的,那么被试的学习便被认为是内隐的(郭秀艳,2003),下面简要概括内隐学习常见研究范式。

(一)人工语法范式

人工语法学习,主要考察的是语法学习。Reber(1967)首次提出人工语法范式(Artificial Grammar Learning paradigm,AGL),向被试呈现无意义字母串,这些字母串遵循一定语法规则,要求被试记住这些字母串。记忆字母串阶段后告知被试字母串遵循一定语法规则。测验阶段要求被试判断字母串是否遵循该语法规则。结果发现虽然被试不能口头报告语法规则,判断任务成绩显著高于随机水平。研究者需要在以下4个方面对被试加以控制:①外显条件下引导被试寻找规则的方式主要有口头阐述和设置有利于规则寻找的任务两种。Reber最初采取了口头激励方式,一方面告知规则的存在,另一方面鼓励被试在学习记忆过程中寻找规则。马修斯等人要求被试对学习材料进行编辑,即画出材料中错误的刺激序列,或者更进一步指出发生错误的刺激位置。实验中外显指导语的有效程度对记忆和意识的分离尤为重要。②内隐条件下如何保证意识活动不参与加工?Reber将这种情况称为"中立"条件,这些中立条件包括记忆、观察、抄写等,重要设置中立的学习条件,就可以最大程序地减少意识参与。③采取怎样的测验方式能够在行为上分离内隐学习和外显学习?内隐学习研究初期重点是证实内隐学习的存在,研究者曾采取了许多方法来测量被试习得的规则,如分类测验、预测、再认测验等。验证逻辑为当被试在测验中进行与规则相关的反应,成绩高于随机水平时,就可以推测被试习得了部分规则。分类测验要求被试运用规则进行强制分类;预测要求被试根据规则产生合法的刺激;再认测验以"新""旧"进行分类判断,在难以形成确切印象情况下,被试可能受到学习材料结构的影响。④言语报告能否反映被试的意识水平?Reber将言语报告作为意识测量的基本方法,当被试报告无法发现规则或完全凭借猜测时,就认为他们学习的意识水平低。实际上言语报告需要经历知识的组织、提取等复杂过程,受认知因素、情绪因素、人格因素等众多因素影响。我们很难确定被试能否准确无误地表达他们所要表达的内容,无法确定被试是否真实再现了他们的知识。后来开始使用生成任务、迫选任务对意识水平进行客观测量,可惜客观测量虽然提高了测验对意识的敏感程度,却又与分类测验、再认测验等用于检验行为特征的方法发生混淆。后面章节将就内隐学习效应的测验方法展开论述。

1. 人工语法范式材料

人工语法范式操作的第一要素是学习材料。Reber(1967)对内隐学习实验材料做了如下要求:①刺激要保持新颖,其内在规则结构在经验知识范围之外;②生成刺激材料的规则要复杂,能够避免被试在意识努力情况下发现规则;③刺激应是无意义的中性材料,以避免材料性质带来的个体差异;④刺激材料应该是人造的、任意的。人工语法范式考察的是被试无意识地、内隐地获得复杂知识,就必须保证被试所学习的材料满足以上4个条件,确保材料和被试已有的知识表征没有联系。人工语法主要包括限定状态人工语法(definite-state artificial grammar)和双条件人工语法(bi-conditional artificial grammar)两类。

Reber(1967)的人工语法基于语言学研究中使用的限定状态(definite-state)语法规则,借用了辅音字母来实现,与现实生活中的语言语法无关。人工语法实质上是字符串组成的规则,按照这种规则排列车的字符串是合法字符串,违反字符排列规则的字符串是非法字符串。人工语法规则较为复杂,与被试掌握的语言规则无关,作为人工语法学习材料是合适的。Reber(1967)所使用的材料,由 P、T、V、S、X 5 个字母按照图 1-3 结构规则生成长度为 3~8 的字符串,共 43 个。

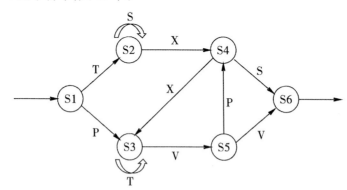

图 1-3 Reber(1967)限定状态人工语法图解

注:从入口沿箭头所示任何方向到达出口的字符串都是符合语法的。

从上图中可以看出,由箭头相连的字母排列数量是固定的,而不同状态通过箭头连接起来。人工语法字符串的生成方法:由第一个状态开始,按照箭头所示的方向行进,记录每次状态改变所相应的字母,到达出口状态为止便生成了合法字符串。凡是不能从语法图中生成的字符串都是非语法字符串。比如 MTTTV,VXTVRX 是合法字符串,MXTV,VXTM 是非语法字符串。后来为了解决字符串数量不足问题,在不改变环路特定情况下,在 Reber 语法基础上增加了一定字符单元和联结方式,如 Mathews,Buss,Stanley,Blanchardfields,Cho 和 Druhan,(1989)、Brooks 和 Vokey(1991)使用的语法规则。有人为了研究目的的需要,将不同的辅音字母施加于相同的语法规则上以构成不同的字符串集合(Mathews,Buss,Stanley,Blanchardfields,Cho & Druhan,1989;Knowlton & Squire,1996),有人采用辅音加元音的无意义可读音节设计(Whittlesea & Dorken,1993),也有人改变材料类型,如语音材料(Altmann,Dienes & Goode,1995)、音调材料(Conway & Christiansen,2006;Johansson,2009)、色块材料(郭秀艳、邹玉梅,李强和黄佳,2003)等。另外限定状态的人工语法材料存在语族相似性高的缺陷。语族相似性指符合同一种语法的样例之间相似的程度,语族相似性高意味着由同一种语法构成的字符串之间相似的程度高,因而可区分行弱,语法规则模式不突出。

研究者们还提出了双条件语法(bi-conditional grammar),双条件语法的语族相似性相对较低、规则结构突出性更强。双条件人工语法中通常包含 6 个基础字母,字母串的长度为 8 个字母,字母在字母串中可以重复出现。字母串的 8 个字母中间有一个分隔点,分隔点左右两边分别有 4 个字母。这种语法的双条件规则指的是,分隔点两侧的相对应位置必须是成对的字母,也就是将 6 个基础字母分成 3 对,成对的两个字母必须同时出现在相对应的位置。例如,C、P、S、T、V 和 X 为 6 个基础字母,假如将其分成 3 对:X 与 T 成对,P 与 C 成对,S 与 V 成对,那么在分隔点的两侧,X 与 T 必须在对应位置,P 与 C 必须在对应位置,S 与 V 必须在对应位置。例如 XTCV. TXPS 就是符合双条件语法规则的字母串。而非法字母串虽然也包含这 6 个基础字母和一个分隔点,但是分隔点两侧的字母并没有对应呈现。例如 XTCV. TXSS 中,分隔点前面的字母 C,与分隔点后面对应位置的字母 S,不是成对的字母,却出现在对应的位置,这就是一个非法字母串(郭秀艳,2003)。由于双条件人工语法不像限定状态人工语法那样以固定的字母开头和结尾,而是可以任何字母开头和结尾,所以,两种语法相比较而言,合乎双条件人工语法的字母串,相似性程度更低,语法规则更明显,任务难度低一些。双条件语法仅仅是规则形式与限定状态语法不同,而在实验程序和实验逻辑等方面则完全一致。

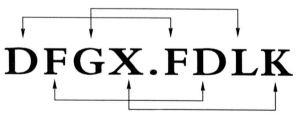

图1-4　双条件语法结构示例

Jamieson 和 Mewhort（2005）提出了适合跨通道或通道内人工语法学习的语法规则，具有如下3点优势：第一，和"Reber"等人工语法规则不同，本语法规则没有位置限制。每个元素可以存在于任意位置，而且频率保持相等，避免了位置信息（例如哪些元素作为序列的开始或结尾）。第二，语法规则长度没有限制，可以组成任意长度的语法规则。第三，该语法规则包含1阶迁移概率（first-order transitions），即可以描述出元素 n 后面发生元素 n+1 的概率。对语法规则发生了学习意味着学习了前后元素间的统计特征。Walk 和 Conway（2016）采用该语法规则，考察了跨通道和跨类别人工语法学习。以往人工语法学习跨通道研究中，视觉刺激和听觉刺激同时呈现。Walk 和 Conway（2016）序列呈现视觉刺激和听觉刺激，采用了 Jamieson 和 Mewhort（2005）人工语法规则（Conway, Bauernschmidt, Huang & Pisoni, 2010）。实验1发现通道内非法序列判断的正确率高于通道间的；实验2发现类别内非法序列判断的正确率高于类别间的。结果表明存在通道内和类别内统计学习，不存在跨通道或跨类别统计学习。

2. 人工语法范式变式

大多数人工语法研究遵循经典的 Reber 人工语法研究的模式：呈现学习材料—指导语（有意识的/无意识的）—学习阶段—测验阶段（语法判断）—外显测试。实验中首先向被试呈现由一定语法规则生成的字符串，然后给予记忆指导语（要求被试对字符串进行记忆）或规则指导语（要求被试发现字符串的语法构成规则），这个是学习阶段。然后是测验阶段，告知被试这些字符串存在复杂规则，学习阶段所记忆的字符串是符合该规则的（语法字符串），向被试呈现一系列新字符串，要求他们辨别其是否属于合法字符串，或者区分这些字符串是否与记忆的字符串相似。最后对被试进行意识性测验，判断被试是外显的还是内隐的。人工语法材料和真实语言材料相比，人工语法可以有效排除语义等信息的干扰，适合考察语言的语法结构加工。

人工语法范式的改进方面,主要从学习材料、指导语、学习阶段、测验方法进行改进。譬如 Brooks 和 Vokey(1991)研究中,字表学习阶段取消了传统研究中的时间限制,传统研究每个样例呈现 5 秒,间隔 2 秒呈现下一个样例,Brooks 等人让被试根据自己记忆情况自行翻页,并且将以随机方式组合的字表先后向被试展示 4 次,以往研究不超过 3 次。经过这样的设计,加强了被试的记忆过程,随后的测验结果也证实了这一点。Mathews,Buss,Stanley,Blanchardfields,Cho 和 Druhan(1989)认为传统研究中的指导语和学习设计不利于外显和内隐学习的分离,记忆组也许可以从机械记忆中反复出现样例的相似性而主动探求语法规则,外显学习组可能厌倦了复杂语法规则的探寻进而转变成机械记忆,为了更强地分离两种学习,Mathews 等人设计了人工语法的强分离模式。在强分离人工语法学习中,取消了传统的学习,而向被试呈现一个合法的字符串,随后呈现 5 个字符串选项,要求内隐组被试判断哪个单词和之前呈现的单词是一样的,而外显组被试则要求找出和之前呈现的样例单词具有相同语法规则的单词。结果证实强分离模式,外显学习和内隐学习的分离效果更加明显。Mathews 等人还设计了连接被试(yoked subject)技术以测验被试的意识性。学习阶段完成后,内隐组被试完成字符串分类判断任务,还需要口头报告的形式呈现判断的依据,他们的口头报告内容被传递给新连接被试(没有参加之前的学习),学习过口头报告内容的连接被试在单词合法性判断任务中成绩高于随机水平,但成绩低于内隐组被试,说明连接被试学到了部分语法规则,内隐学习的内容可以部分通达意识。

(二)序列学习范式

序列学习最初关注的主要是动作序列学习(Nissen & Bullemer,1987;Cohen,Ivry & Keele,1990),随着研究的深入,序列学习的研究内容越来越丰富,出现了颜色序列学习(Haider,Eberhardt,Kunde & Rose,2012;Haider,Eberhardt,Esser & Rose,2014)、类别序列学习(Goschke & Bolte,2007)和听觉序列学习(Weiermann & Meier,2012;Riedel & Burton,2006)等。序列学习范式下,被试接触到的是在呈现先后顺序上具有规则的刺激模式,因而被试内隐学习的对象是序列规则知识。序列学习范式的变式众多,其中序列反应时任务(serial reaction time,SRT)(Nissen & Bullemer,1987)、矩阵扫描任务(matrix scanning)(Lewick,1987)以及序列预测任务(sequence prediction)(Kushner,Cleeremans & Reber,1991)是序列学习范式的经典任务。相比于人工语法和复杂系统学习等内隐学习范式,内隐序列学习能够产生完全内隐、直觉、熟悉感、边缘意识和外显不同层级的意识状态,内隐序列学习是研究意识的重要方法,是揭示意识的产生、不同意识状态特征及其机制的重要途径。

1. 序列反应时范式

由于人工语法范式在衡量标准、学习材料、刺激呈现方式等方面存在争议(段海军、连灵,2012),后来 Nissen 和 Bullemer(1987)提出了序列学习范式(Serial Reaction Time Task,SRTT)。起初序列学习范式考察的是动作学习。序列学习在生活中很常见,例如弹奏钢琴、驾驶汽车、跳舞等。序列学习对于我们很重要,Lashley(1951)指出有序的组织动作是行为的核心特征。由于日常生活中的序列学习过程复杂,这种任务中包含了许多无关因素,很难在实验室中进行研究。例如音乐学习,学习音乐的动机强度不同、学习者的手指灵活性不同等。为了控制这些无关因素,研究者提出了众多序列学习研究范式。Nissen 和 Bullemer(1987)首创序列反应时任务。实验正式开始之前,告知被试他们将要完成的是一个选择反应时任务,必须既快又准地做出反应。实验材料为 4 个小灯,每一个小灯对应一个相应的按键,当某个小灯点亮时,需要既快又准地按下小灯所对应的按键,其中小灯点亮的顺序遵循一定的序列规则。Nissen 和 Bullemer 发现,随着试验次数的不断增加,被试的按键速度越来越快,反应时逐渐下降。他们认为反应时逐渐下降可能有两个原因:一个是由于练习效应,随着试验次数的增加,对任务的熟悉度逐渐增加;另一个是由于学习效应,对序列规则发生了学习,被试可能对下一个刺激的出现进行了预测。为了区分出练习效应和学习效应,他们将按照序列规则呈现刺激改变为随机呈现刺激,结果发现反应时大幅上升;而刺激再次按照原先序列规则呈现时,结果发现反应时回到了原先较快的水平上。为此他们认为,被试反应时的下降不是由于简单的练习引起,而是由于对规则进行了学习,可以按照规则预测出下一个刺激从而使得反应时成绩提高。为了考察被试对序列规则的学习是内隐的还是外显的,要求被试完成生成任务(generation task),即给出一个刺激,要求被试预测下一个刺激,结果发现被试没有意识到序列规则的存在,对序列规则的学习是内隐的。

序列学习范式一般采用被试内设计和被试间设计,在被试间设计中,序列组被试呈现的刺激遵循序列规则,随机组被试呈现的刺激随机呈现。序列组的反应时和正确率成绩的提高显著高于随机组,并且序列组的序列学习成绩显著高于 0,表明发生了序列学习;序列学习成绩和 0 没有显著差异,表明没有发生序列学习。在被试内设计中,被试对序列进行一段时间学习,然后序列消失,刺激随机呈现。和刺激序列呈现时相比,刺激随机呈现时的反应时显著增加,正确率显著下降,序列组的序列学习成绩显著高于0,表明发生了序列学习。序列学习成绩和0没有显著差异,表明没有发生序列学习(Howard & Howard,1997;Kemény & Németh,2017)。序列反应时任务中反应时下降有两方面原因:一是练习效应(practice effects,Abrahamse & Noordzij,2011),练习效应反映的是被试对刺激的反应变快(Tubau,Hommel & Lopez-Moliner,2007),因为当不存在序列规则时,反应时仍旧下降;二是序列学习效应(sequence-specific learning,Robertson,2007;Willingham,1999),序列学习效应反映的是对序列反应变快(Tubau,Hommel,Lopez-Moliner,2007),反应时下降是由于被试掌握了序列规则,对序列的反应越来越快。

序列反应时任务以固定序列作为目标规则,以反应时作为因变量,通过比较序列组段和随机组段间的平均反应时差异来证实内隐学习的存在具有一定局限性:第一,固定序列规则过于简单,被试可能练习一段时间后已经意识到该规则的存在,序列反应时任务过程中无法干预,这一点难以控制。第二,反应时作为因变量固然客观、连续,但是反应时变化的含义并不明确,序列反应时任务中反应时的降低可能是因为被试学到了材料规则,还可能学到了材料所带来反应的某种趋势,也可能是材料规则和反应键之间的某种联系。第三,序列反应时任务中,序列组段和随机组段数量并不相等,对于序列规则的学习次数远远多于随机条件。

而且由于序列反应时任务简单,正确率较高,反应时经常作为指标。但正确率会影响结果,例如错误反应数据和错误反应的下一个正确反应数据不参与统计,因为错误反应意味着被试对试验的注意减少,错误反应的反应时减小;错误反应紧随出现的正确反应也变快,因为被试做出正确反应后刺激消失(Sanchez-Mora & Tamayo,2021;Tamayo & Frensch,2015)。为此最好把反应时和正确率两个指标进行整合。Vandierendonck(2017)提出了速度—准确性线性整合分数(linear integrated speed-accuracy score,LISAS),计算公式如下:

$$LISAS_i = RT_{Ci} + PE_i \times \frac{SD_{RTi}}{SD_{PEi}}$$

其中RT_{Ci}为组段i正确反应平均反应时;PE_i为组段i错误率;SD_{RTi}为组段i反应时的标准差;SD_{PEi}为组段i错误率的标准差。线性速度—准确性整合分数在错误反应数量基础上对反应时进行了调整,可以反映出被试的速度—准确性权衡策略。线性速度—准确性整合分数将反应速度和准确性整合在一起。线性速度—准确性整合分数分值最小时表示既快又准反应；LISAS 分值最大时表示既慢错误率又高；LISAS 分值偏中时表示慢但准确或者快但错误率高反应。为了进一步控制反应时的个体差异性，可以将线性速度—准确性整合分数转换为 z 分数，$Z_{i,j,k} = \dfrac{X_{i,j,k}-M_k}{SD_k}$，其中 $X_{i,j,k}$ 为第 i 段、组别 k、类型 j 的线性速度—准确性整合分数，M 为平均数，SD 为标准差。

Trofimova，Mottaz，Allaman，Chauvigné 和 Guggisberg（2020）认为，之前研究在完成序列反应时任务后考察反应时的变化，以此推断是否发生序列学习，这种研究模式无法排除适应（adaptation）对反应时的影响。Trofimova 等人认为，从序列反应时任务开始阶段到任务完成阶段学习能力提高才能作为发生序列学习的依据。Trofimova 等人在序列反应时任务的开始阶段、学习阶段、完成阶段和再测阶段考察了反应时变化情况。为了排除学习次数、指导语、奖励、随机组段结构可能对结果造成的干扰，分别操纵了学习次数、指导语、反馈、奖励和随机组段结构（和规则组段结构相同，只是不重复出现）。结果发现，学习次数对反应时下降没有影响，规则序列学习 5 次后反应时显著下降；随机序列结构对反应时下降没有影响；指导语和奖励对正确率产生影响，错误率降低。这一结果排除了年龄和性别对结果可能造成的影响。前测阶段和完成阶段的反应时下降量没有差异，完成阶段和再测阶段的反应时下降量也没有差异。结果表明在线学习阶段没有发生序列学习，离线巩固阶段成绩也没有提高。Trofimova 等人认为，没有发生序列学习，反应时下降是由于快速（重复 5 遍）而短暂的适应造成的。后来研究者提出了几种序列反应时范式的变式，详见第六章第四节内容。

2. 矩阵扫描范式

Lewicki，Czyzewsks 和 Hoffman（1987）提出了矩阵扫描范式（matrix scanning）。在实验过程中，他们将屏幕分成 4 个象限，要求被试对目标数字所在象限进行反应。每 7 次试验为一组，其中前六次试验只出现目标数字；第七次试验中，除了呈现目标数字，同时出现 35 个干扰刺激。第七次试验目标数字出现的位置遵循一定的序列规则：第 1、3、4、6 次试验中目标数字出现的位置决定了第七次试验中目标数字所在位置。其中第 1、3、4、6 次试验中目标数字出现的位置不会重复，共有 24 种组合方式，第七次试验中目标数字出现的位置与这 24 种组合相对应，即存在 24 个规则。有规则数量较多，并且第二和第五次试验为无关试验，所以序列规则比序列反应时任务复杂，被试不太可能外显获得规则。

实验共分为两个部分：第一部分仅向被试呈现合法序列，并记录被试在第七个试次上的反应时和正确率;结果发现,被试在第七个试次上的按键反应时逐渐下降、正确率逐渐上升。第二部分时在序列中加入非法序列,比较合法序列与非法序列在第七个试次上被试的反应时和正确率差异;结果发现,相比于非法序列,当遇到合法序列时,被试的按键反应时急剧下降,并且被试没有报告发现规则或自己做出判断时有任何依据。矩阵扫描的实验结果和序列反应时相似:随着学习次数的不断增加,被试的反应时成绩逐渐提高;而改变了第七次试验与第1、3、4、6次试验之间的序列规则后,反应时成绩大幅下降。

3. 序列预测范式

Kushner, Cleeremans 和 Reber(1991)首创了序列预测范式(sequence prediction)。刺激可能出现在 3 个位置,被试观察了按顺序出现的 5 个刺激后,要求被试预测第六个刺激可能出现的位置。第六个刺激出现的位置遵循一定的规则:第二个和第四个刺激出现的位置决定了第六个刺激出现的位置。实验共包括三个阶段:第一阶段中第六个刺激出现的位置遵循上述规则;第二个阶段中第六个刺激出现位置的规则发生了改变,是按照第一阶段规则推断出位置的下一个位置;第三个阶段中没有规则,第六个刺激随机呈现。Kushner 等人发现:在第一阶段,被试预测的正确率逐渐提高,第十组任务时的正确率为 45% ,显著高于随机水平(33%),表明在第一阶段被试已经习得了序列预测任务的复杂规则;在第二阶段,起初预测正确率属于随机水平,但是随着试验次数的增加,预测正确率逐渐提高,第四组任务时正确率显著高于随机水平,说明被试很快地将规则进行迁移;在第三阶段,预测正确率与随机概率没有显著差异。而且被试没有意识到规则的存在,也没有发觉第一阶段和第二阶段的规则发生了变化,被试内隐习得了序列规则。

4. 复杂系统控制范式

日常生活中接触到的规则,不像序列学习实验中那么简单机械,也不像人工语法实验中那样毫无意义。1977 年 Broadbent 提出了生态学效度更高的复杂系统控制范式(control of complex system paradigm)。Broadbent 要求被试对城市交通运输系统进行控制,被试通过改变两辆车之间的始发间隔时间和停车费用来控制每辆车的乘车人数和空的车位数。整个交通运输系统基于两个规则:乘车人数随始发时间间隔增长而呈线性增长,乘车人数随停车费的增长而线性增长;空车位数随停车费的增长而线性增长;空车位数随始发时间间隔的增长而线性减少。实验开始阶段,向被试呈现 4 个变量的初始值,要求被试在实验中尽量使乘车人数和空车位数达到并维持在某个目标值上。实验中被试的外显知识由一系列选择题测得,这些选择题涉及变量间的直接关系(乘车人数和始发时间间隔;空车位数和停车费)和变量间的交叉关系(乘车人数和停车费;空车位数和始发时间间隔)。被试操纵系统的能力由尝试错误次数进行评估。结果发现:尽管被试操纵系统的能力在逐渐改善,但是被试回答选择题成绩却没有改善。为此 Broadbent 认为,被试在进行复杂系统控制时,他们的知识是内隐的。

后来 Berry 和 Broadbent(1984)提出了两个类似的复杂系统控制任务:糖生产任务(sugar-production task)和人际交互任务(person-interaction task)。糖生产任务被试的任务是改变工人数量以维持糖产量在某个水平,人际交互任务要求被试通过选择合适的形容词输入来和模拟人维持友好关系。这两个任务的规则比交通控制任务复杂:两个系统输出值,不仅取决于本次系统输入值,还受到上次系统输出值的影响,实验结果和交通系统控制任务类似:通过练习可以改善被试控制任务的能力,但不能改善回答选择题的成绩。接受 60 次试验的被试,最后 5 次试验中,几种目标的概率高达 80%,但是他们回答选择题的正确率和接受 30 次试验的被试或者没有接受试验的被试一样。被试完成这些任务时,能通过调节变量值来使结果保持在某一水平,当要求被试报告他们在实验任务中使用的信息或知识时,被试却无法说出所使用的知识。被试操纵系统的成绩和言语表达成绩的分离,被认为发生了内隐学习。

5. 统计学习范式

复杂系统控制任务在直接测验和间接测验的分离上做得并不很理想,人工语法范式同时呈现所有刺激项目,语法规则过于复杂,而序列学习范式虽然继时呈现刺激,但语法过于简单,规则容易外显。在这样的背景下,统计学习范式试图将人工语法和序列学习结合起来,相互弥补。统计学习就是用特定的人工语法规则—统计规则—生成的复杂序列任务,被试通过序列反应时进行内隐统计学习。这样,从规则的复杂多变来看,统计学习范式保留了人工语法范式的优点;而从规则的时序特点和任务的反应模式来看,又保留了序列学习范式的特色。Cleeremans 和 McClelland(1991)首次将序列反应时任务与人工语法范式(概率)结合起来。序列的呈现按照限定状态语法形成,即刺激呈现的顺序转换是按照概率控制的。另外,他们使用了不合法的项目以防止学习者使用外显序列知识对下一刺激进行预测。后来 Stadler(1992)对统计学习范式做了进一步的补充和完善,他设计了 3 种具有不同统计结构的规则反复序列:低结构化序列、中结构化序列、高结构化序

列。结构化程度越高的序列中,位置单元的重复率越高。比如:"BDB"在低
结构化序列中重复 0 次、在高结构化序列中重复 3 次。结果发现高结构化序
列的反应时比低结构化序列反应时短。结果证明,学习者不仅对统计冗余
和统计规律敏感,还能够从连续刺激中提取统计规律。统计学习范式的应
用,使学者们能够更准确描述学习者在对序列刺激进行内隐学习时所采用
的策略。这些策略基于以下统计信息:单元频率、单元概率、双单元频率、联
合概率和条件概率。

6. 非显著协变关系学习范式

非显著协变关系学习法(the paradigms of learning of covariation)又称"潜
在协变关系探测法"(hidden covariation detection)。这类方法的特点在于,如
果刺激特征 X 出现,特征 Y 也必然出现,但它们的共变关系不易引起注意。
例如,Lewicki(1986)向被试呈现一系列女性的头部照片,每张照片都伴有丰
富的个性描述。其中,凡被描述为"善良"的女性,其头发都比被描述为"能
干"的女性长(对另一组被试,协变关系恰好相反,即善良女性的头发较短)。
在测试阶段,向被试呈现没有个性描述的新照片,要求被试对照片中的女性
做出"善良的"或"能干的"评价。结果发现,被试的评价与刺激间的协变关
系一致:长头发的女性更多地被评价为是善良的,而短头发的则是能干的
(用于平衡的另一组被试的评价则相反)。而在后来的面谈中,几乎没人报
告刺激呈现中的协变关系。研究者因此推断被识获得的协变关系是内
隐的。

后来又有研究者们用不同材料构建非显著的协变关系,1990 年 Hill 的
研究,学习阶段给被试呈现一些脸部写意画,每张画配有关于教师公正性的
信息。脸根据从下巴到两眼中心的距离与两眼中心到头顶的距离而系统地
变化(根据脸部看起来的长度而系统地变化)。操纵的是脸的长度与关于教
师的公正性的公变关系:对一半被试,公正教师的脸"长",不公正教师的脸
"短";对另一半被试正好相反。中间长度的脸通常被描述为中间程度的公
正。测验阶段要求被试对新呈现的脸(长、短、中间)做公正性等级评判,并
写下其进行公正性评判的原因。结果证实了实验假设:被试的公正性评判
等级与刺激材料的公变关系相一致。也就是说,学习阶段被试如果接触的
"长"脸教师是公正的而"短"脸教师是不公平的,那么,随后对教师公正性的
评判也认为"长"脸教师比"短"脸教师公正;第二种情况下的结果刚好相反。
被试的言语报告表明被试没有觉察出影响他们评判的因素,也没人意识到
刺激材料中的任何系统模式。说明接触包含脸部特征(脸的长度)与心理特

征(公正性)之间的一致公变关系的样例,能有效地引发导致特定编码倾向的内隐学习加工(杜建政、杨治良,2000)。

此外,还有信号检测范式和中性参数程序等。信号检测论属于现代心理物理学的内容,它可以在排除反应倾向情况下考察人们对信号和噪声的区分能力。内隐学习测验中的分类操作任务,完全类似于信号和噪声的辨别任务,只不过这种分辨是把符合规则的刺激与不符合规则的刺激分开。信号检测论的引入提供了新的研究视角,将分辨力指标与反应倾向指标区分开,为内隐学习效果提供了更为有效的尺度(郭秀艳,2003)。中性参数程序(neutral parameter procedure,NPP)比较好地解决内隐学习实验研究中意识污染问题。这一程序要求被试把注意集中在实验任务所指定的特定行为上,而研究者实际测量的是无意识的影响。即中性参数程序实验的要点是,用于评价无意识作用的行为参数与被试完成实验任务的成绩无关,被试对任务的有意识探索将不影响无意识行为参数(高湘萍、徐欣颖、李慧渊,2005)。

第四节　内隐学习的神经机制

关于内隐学习的神经机制问题,Nissen 和 Bullemer(1987)在第一篇序列反应时研究中就做了探讨。他们将健忘症患者与正常人序列学习的结果进行比较,发现两组被试规则组段的反应时都显著小于随机组段,但是正常被试的学习效果要比健忘症患者好很多。Nissen(1989)的研究却发现,健忘症患者与正常人的序列学习成绩没有显著差异,延迟测验表明二者的序列知识保持量相等。两个实验相互矛盾的结果可能是由于正常组的被试获得了较多的外显知识,而外显知识会增加序列学习的学习效果。已有研究表明意识加工和无意识加工脑激活存在着差异。意识加工(外显学习、外显记忆)集中激活大脑前部脑区,而无意识加工(内隐学习、内隐记忆)集中激活大脑中后部脑区(孟迎芳、郭春彦,2006)。外显学习与内侧颞叶有关(medial temporal lobes,MTL)(Dennis & Cabeza,2011),内隐学习与基底神经节(basal ganglia)、小脑(cerebellum)和额纹状体(frontostriatal)有关(Clark,Lum & Ullman,2014;Cohen,Pascual-Leone,Press & Robertson,2005;Dennis & Cabeza,2011;Doyon,Bellec,Amsel,Penhune,Monchi,Carrier et al.,2009;Hardwick,Rottschy,Miall & Eickhoff,2013;Janacsek,Borbély-Ipkovich,Nemeth & Gonda,2018;刘畅,2017)。Hugdahl(1995)认为内隐学习具有右半球优势,但 Grafton,

Hazeltine 和 Ivry（1995）认为内隐学习具有左半球优势。孙丽霞（2016）发现内隐序列学习过程中,出现了半球优势的转移:先是左半球优势,再是右半球优势,最后呈现左半球优势。

序列学习包含了动作、认知等能力,先前研究发现序列学习的脑机制是皮质—基底神经节—小脑环路（cortico-basal ganglia cerebellar circuitry）。与序列学习有关脑区包括海马、额下回（inferior frontal gyrus, IFG）、脑岛（insula）、豆状核（putamen）、前后扣带回（anterior and posterior cingulate cortex）、腹侧纹状体（ventral striatum）、顶内沟（intraparietal sulcus, IPS）、楔前叶（precuneus）等,但各个脑区在序列学习中的具体作用机制还不清楚（Konovalov & Krajbich, 2018）。

刘畅（2017）认为,运动皮层（motor cortical areas）——包括初级运动皮层（primary motor cortex）、前运动皮层（premotor cortex）和辅助运动皮层、前额叶（Prefrontal cortex）、顶叶与内隐序列学习有关。Wan, Nakatani, Ueno, Asamizuya, Cheng 和 Tanaka（2011）发现,尾状核头部（包括纹状体）产生预测性的直觉;而流畅感既可能由运动前区—初级运动皮层 M1—小脑 HVI 区/小脑认知区域产生（运动表征流畅感）,也可能由纹状体产生（预测流畅感）（郭秀艳、高妍、沈捷、王丽嘉、门卫伟、傅成、杨治良, 2008；Aizenstein, Stenger, Cochran, Clark, Johnson, Nebes & Carter, 2004）。Penhune 和 Steele（2012）探查了内隐序列学习的激活脑区,发现基底神经节（特别是纹状体）、小脑、运动皮层（M1）都有被激活。通过一系列实验,他们认为纹状体负责刺激—反应联结学习和位置预测,小脑负责形成优化的运动模块和运动控制及错误修正,运动皮层负责存储学习到的序列表征。纹状体是公认的内隐序列学习加工脑区。Penhune 和 Steele 认为内隐序列学习主要存在两个不同的学习系统:①运动前区—初级运动皮层—小脑 HVI 区/小脑认知区域,负责序列的运动学习;②纹状体负责刺激—反应联结,及对下一步的预测。Suzuki, Kita, Oi, Okumura, Okuzumi 和 Inagaki（2018）发现,右侧前额叶（right prefrontal cortex, PFC）在视觉空间工作记忆（visuospatial working memory, VSWM）中发挥着重要作用。Suzuki 等人使用近红外脑成像技术,采用视觉空间工作记忆任务范式（visuospatial memory tasks）,考察了 7～8 岁、9～10 岁和 11～12 岁完成视觉空间工作记忆任务时的前额叶激活。结果发现视觉空间工作任务材料序列呈现时,7～8 岁、9～10 岁和 11～12 岁儿童的右侧前额叶都发生了激活;视觉空间工作任务材料同时呈现时,只有 11～12 岁儿童右侧前额叶发生了激活。Suzuki 等人（2018）认为,儿童右侧前额叶在视觉空间工作记忆中发挥了重要作用。近红外研究表明,学龄前儿童和成人一

样,完成视觉空间记忆任务时前额叶激活(Buss,Fox,Boas & Spencer,2014);
7 岁儿童右侧前额叶激活比左侧强(Tsujii,Yamamoto,Masuda & Watanabe,
2009);儿童入学后,视觉空间记忆任务前额叶激活发生改变,儿童和成人的
前额叶双侧加工增强(Klingberg,Forssberg & Westerberg,2002)。

  Hardwick,Rottschy,Miall 和 Eickhof(2013)对序列学习脑机制研究进行
元分析,发现内隐序列学习激活脑区包括:初级运动皮层(primary motor
cortex)、初级感觉皮层(Primary somatosensory areas)、前运动区(premotor
area)、小脑和纹状体(striatum)。其中小脑作用是运动形成、运动控制和错
误纠正;初级运动皮层存储序列知识;纹状体作用是 S-R 联结学习和位置预
测。但 Janacsek,Shattuck,Tagarelli,Lum,Turkeltaub 和 Ullman(2020)通过元
分析,在控制了视觉、动作等因素后,序列学习激活的脑区有基地神经节
(basal ganglia)、纹状体(前尾状核和豆状核)和苍白球(globus pallidus)。当
不控制视觉、动作等因素后,运动前皮质和小脑也被激活。结果表明序列学
习的脑基础是基底神经节,小脑和运动前皮质与任务有关而与序列学习本
身无关。基底神经节包括尾核、壳核、苍白球和底丘脑核以及黑质,壳核和
尾核合称为纹状体。纹状体在序列学习中发挥着重要作用,特别是对于动
作技能学习(Penhune & Steele,2012)。Baetens,Firouzi,Overwalle 和 Deroost
(2020)在 Janacsek 等人(2020)研究基础上,考察了序列学习中是否激活了
小脑。排除了 Janacsek 等人(2020)中 6 篇不符合要求文章,共 10 篇文章参
与了元分析。结果发现70% 文章发现序列学习中激活了小脑,但是 10 篇文
章数量较少,缺乏统计效力。Baetens 等人(2020)认为不能高估小脑在序列
学习中的作用。

  Cao 等人(2018)以及 Lam、Gunraj 等人(2015)认为以初级运动皮层为代
表的运动功能区与以背外侧前额叶(dorsolateral prefrontal cortex,DLPFC)为
代表的认知功能区之间的联系与投射是解释不同运动学习表现的重要依
据。背外侧前额叶和初级运动皮层在程序性运动学习中发挥重要作用。背
外侧前额叶皮层主要负责工作记忆中空间信息的加工(Courtney,Petit,
Maisog,Ungerleider & Haxby,1998),视觉空间工作记忆的维持和操作
(Curtis,2006),注意控制和转换(Vanderhasselt,De Raedt & Baeken,2009),
以及干扰抑制和信息刷新(Toepper,Gebhardt,Beblo,Thomas,Driessen et al.,
2010)。左侧背外侧前额叶和右侧背外侧前额叶对加工材料存在偏侧化差
异,右侧背外侧前额叶皮层在视觉工作记忆的提取阶段发挥重要的作用。
左侧背外侧前额叶负责言语和视觉空间工作记忆信息的加工(Smith,
Jonides,& Koeppe,1996;Walter,Bretschneider,Grön,Zurowski,Wunderlich,

Tomczak & Spitzer,2003)，左侧背外侧前额叶，尤其是 BA46 区，被认为是具有整合运动学习和运动控制功能的重要脑区（王思思，库逸轩，2018）。Hikosaka 等人认为，背外侧前额叶参与空间序列获取的过程，即前额叶皮层涉及处理最初的感觉输入以及描绘空间序列的过程，最终到达运动皮层。

曹娜、孟海江、王艳秋、邱方晖、谭晓缨、吴殷和张剑（2020）使用经颅磁刺激（TMS）方法，采用序列反应时任务，探讨了左侧背外侧前额叶和初级运动皮层之间连通性及其与程序性运动学习的关系。结果发现序列学习组的学习效果更佳；序列学习组背外侧前额叶—初级运动皮层联通性与序列学习成绩相关，而随机学习组没有改变。结果表明左侧背外侧前额叶和初级运动皮层的联通性增强可能是序列学习发生的重要原因。

一、不同类型序列学习的脑机制

有研究发现不同类型序列学习的脑机制不同。Remillard（2011）认为序列学习存在至少两种机制：一种机制学习序列的视觉空间位置，建立在视觉空间注意系统基础上；另一种机制学习反应序列，不是建立在视觉空间注意系统基础上。Clark，Lum 等人（2018，2019）发现，成年人的 1 阶和 2 阶序列学习的神经机制不同。Lum 等人（2018）让被试学习 1 阶序列和 2 阶序列，两序列间隔时间为 7 天，采用阳极经颅直流电刺激（anodal transcranial direct current stimulation，a-tDCS），考察了左侧额下回（left inferior frontal gyrus）对内隐序列学习和保持（rentention）的影响。结果发现阳极经颅直流电刺激只提高了 2 阶序列的保持成绩，对 1 阶/2 阶序列学习没有影响。结果表明序列学习和保持具有不同脑机制，1 阶序列主要与传统运动脑区有关，2 阶序列与左侧前额叶（left prefrontal cortex）有关。

Goschke，Friederici，Kotz 和 Van Kampen（2001）发现不同材料的序列学习具有不同脑机制。Broca 区破坏的被试不能学习字母序列，但是能够学习反应序列，结果表明字母序列学习和反应序列学习具有不同脑机制。

内隐序列学习包含知觉序列学习成分和反应序列学习成分，两种成分的构成还存在争议（Abrahamse，Jiménez，Verwey & Clegg，2010；Haider，Eberhardt，Esser & Rose，2014；Jablonowski，Taesler，Fu & Rose，2018；Ziessler & Nattkemper，2001），研究发现知觉序列学习和反应序列学习的脑机制不同。为了得到知觉序列和反应序列的神经机制，Rose，Haider，Salari 和 Büchel（2011）改进了序列反应时范式，将知觉序列学习和反应序列学习相分离。发现内隐知觉序列学习与海马有关，激活了双侧海马，但内隐反应序列学习没有激活双侧海马，与反应序列学习无关；内隐反应序列学习激活了基底神经节和运动区。知觉序列学习的脑机制研究相对较少。知觉序列学习相关脑区有基底神经节、小脑、前额叶和顶叶（Tzvi, Bauhaus, Kessler, Liebrand, Wöstmann & Krämer, 2018）。Awh, Armstrong 和 Moore（2006）、Ikkai 和 Curtis（2008）研究发现，额眼区（frontal eye field）是内隐和外显视觉空间注意朝向的脑区。当眼跳到预期序列位置时，与眼跳到非序列位置相比，额眼区的激活更多。

反应序列学习相关脑区，包括初级运动皮层、前运动皮层、顶叶上回（superior parietal cortex）和皮层下区域（subcortical regions, 包括基底神经节和小脑）。Hikosaka, Nakamura, Sakai 和 Nakahara（2002）认为反应序列学习相关脑区有基底神经节、小脑和运动脑区；知觉学习相关脑区有基底神经节、小脑、前额叶和顶叶（Tzvi, Bauhaus, Kessler, Liebrand, Wöstmann & Krämer, 2018）。Penhune 和 Steele（2012）提出的反应序列学习模型中，纹状体、小脑和初级运动皮层是反应序列学习的脑区，学习刺激和反应之间可预测性关系并参与运动组块的形成（刘畅，2017）。

Tzvi, Münte 和 Krämer（2014）将知觉序列和反应序列相分离，采用 fMRI 法，考察了反应序列学习的脑机制。已有研究发现皮质—纹状体—小脑（cortico-striatal-cerebellar）脑网络在反应序列学习中发挥至关重要的作用，但是它们之间究竟如何连接以影响学习还不清楚。结果发现反应序列学习中皮质—小脑（cortico-cerebellar）环路的作用强于皮质—纹状体（cortico-striatal）环路的，双侧初级运动皮层（M1 区）和小脑连接在反应序列学习过程中下降。交叉频率耦合是神经元间传递信息的方式，在许多认知活动（例如学习和记忆）中发现了交叉频率耦合。Tzvi, Verleger, Münte 和 Krämer（2016）使用 EEG 法，进一步分析了与学习相关的震荡激活（oscilatory activity, theta、alpha 和 gamma 能量，γ: 30～48 Hz）和交叉频率耦合（Cross-frequency coupling），探究序列学习的脑机制。结果发现后顶叶皮层 α 波（8～13 Hz）在序列学习早期阶段较大、晚期阶段较小。和随机组相比，序列组右侧上顶叶（superior parietal cortex）和右侧前额叶的 $\alpha\gamma$ 相位振幅耦合（alpha-gamma phase-amplitude coupling, $\alpha\gamma$PAC）减弱。结果表明反应序列学习导致双侧额叶（bilateral frontal cortex）和右侧顶叶（right parietal cortex）下降。视觉反应序列学习引起双侧额叶和右侧顶叶的 $\alpha\gamma$ 相位振幅耦合下降，有两种可能。一种可能是额叶-顶叶的 $\alpha\gamma$ 相位振幅耦合与视觉反应地图编码有关，刺激—反应地图编码完成后，编码需求减少，$\alpha\gamma$ 相位振幅耦合下降。另一种可能是 $\alpha\gamma$ 相位振幅耦合是大脑静息态下的模式，当对序列编码时 $\alpha\gamma$ 相位振幅耦合下降。为了进一步确认 Tzvi, Verleger, Münte 和 Krämer

（2016）中 αγ 相位振幅耦合在双侧额叶和右侧顶叶下降的原因，是不是由于序列学习完成编码后视觉刺激—按键反应地图的需求下降。Tzvi，Bauhaus，Kessler，Liebrand，Wöstmann 和 Krämer（2018）增加了简单条件组，简单条件下视觉刺激—按键反应地图的需求最小。采用的是完全知觉序列学习范式（存在颜色知觉序列，按键反应随机，不存在反应序列），完全知觉序列学习范式不存在视觉刺激—按键反应地图需求的下降。振荡功率（oscillatory power）分析发现完全知觉序列编码过程中枕叶—顶叶的 α 波下降。和随机实验组相比，完全知觉序列条件下的 αγ 相位振幅耦合在右侧额叶和右侧顶叶下降。重复了 Tzvi，Verleger，Münte 和 Krämer（2016）的结果，但是和我们的假设相反。Tzvi，Bauhaus，Kessler，Liebrand，Wöstmann 和 Krämer 进一步分析了静息态下的 αγ 相位振幅耦合，发现右侧顶叶位置的 αγ 相位振幅耦合比序列组、简单组和随机组更强。Tzvi，Bauhaus，Kessler，Liebrand，Wöstmann 和 Krämer 认为右侧顶叶 αγ 相位振幅耦合反映了静息态下大脑联结，视觉规则编码会对其产生干扰。

二、不同年龄被试序列学习的脑机制

研究发现儿童、成年人和老年人的内隐序列学习脑机制存在差异（Dennis & Cabeza，2011；Rieckmann & Bäckman，2009；Rieckmann et al.，2010）。额纹状体在年轻人内隐序列学习中发挥关键作用（fronto-striatal network）（Destrebecqz et al.，2005；Grafton，Hazeltine & Ivry，1995，1997，1998；Rauch et al.，1997）。Rieckmann 和 Bäckman（2009）认为纹状体（striatal）功能受损后，内侧颞叶和额叶进行补偿（Exner，Koschack & Irle，2002；Gómez Beldarrain，Grafman，PascualLeone & Garcia-Monco，1999；Gómez Beldarrain，Grafman，Ruiz de Velasco，Pascual-Leone & Garcia-Monco，2002；Kim et al.，2004；Siegert，Taylor，Weatherall & Abernethy，2006；Vakil，Kahan，Huberman & Osimani，2000）。Rieckmann 等人（2010）发现，老年人完成序列学习任务时，纹状体和内侧颞叶增强；而年轻人的纹状体增强，内侧颞叶减弱。Dennis 和 Cabeza（2011）发现年轻人完成内隐学习任务时纹状体增强，外显学习时内侧颞叶增强。老年人完成内隐序列学习时，和年轻人相比，纹状体减弱，双侧海马（bilateral hippocampus）和左侧背外侧前额叶（left dorsolateral prefrontal cortex）增强，这可能代表了老年人的补偿机制。儿童的额纹状体还没有发育成熟。从儿童到青年人的大脑发育包含白质体积增加的线性变化，也包含成人前灰质体积的增加和成人后灰质体积减小的非线性变化。灰质变化首先发生在感知运动区域，然后是背外侧前额叶等。青年人到成年人的大脑成熟主要涉及额叶和基底神经节,与额纹状体有关的灰质最后才发育成熟。Asato 等人(2010)发现,成年人白质成熟的主要特征就是皮层和皮层下联结的增强,包括额纹状体环路(fronto-striatal circuitry)。

第五节 阈下情绪与内隐序列学习关系的眼动研究

生活处处有情绪,常见的情绪状态如积极和消极情绪,对学习、记忆、注意等认知活动有着显著的影响。已有研究表明,消极情绪干扰或破坏外显学习,而积极情绪则对外显学习起着促进作用。而情绪与内隐学习关系的实证研究却不多,且已有研究结果存在争议,不同的研究者基于不同的理论观点或同一理论的不同角度进行解释。此外,由于内隐学习和外显学习未共享同一认知系统(Borbély-lpkovich,Janacsek,Németh,& Gonda,2014),因此情绪和内隐学习的关系需要进一步探究。

Naismith,Hickie,Ward,Scott 和 Little(2006)在序列反应时任务中发现,与控制组相比,患有严重抑郁即沉浸于消极情绪中的病人表现出序列反应时学习效应的减少,其内隐学习成绩只有控制组的一半。但是抑郁等情绪障碍涉及许多加工缺陷,其结果不能为情绪对内隐学习的影响提供直接的证据,因此后续的研究者在健康人群中进行了研究。在健康人群被试中,研究者多以情绪图片或情绪面孔图片为诱发情绪的材料,也有研究以成语为刺激研究积极和消极语义刺激对内隐序列学习的影响,结果发现积极情绪的内隐学习量显著大于消极情绪的内隐学习量。Shang,Fu,Dienes,Shao 和 Fu(2013)为了避免被试在序列反应时任务中习得外显知识,因此将多维度的概率性序列作为序列学习材料,用积极和消极情绪的音乐片段启动情绪,结果发现消极情绪减少序列反应时任务的内隐学习。以上研究表明,积极情绪促进内隐序列学习,消极情绪干扰内隐序列学习。

相反,也有研究发现积极情绪会削弱内隐学习,消极情绪则起促进作用。Pretz,Totz 和 Kaufman(2010)以国际情绪图片系统中的图片来启动情绪状态,采用了两种被广泛使用的内隐学习范式:人工语法范式和序列反应时范式。研究结果显示消极情绪促进人工语法学习,但是情绪对序列反应时学习没有显著影响。这可能是因为这两种任务涉及不同的加工过程且需要学习不同的结构。Dienes,Baddeley 和 Jansari(2012)在研究一种快速测定内隐学习速率的方法时,发现被消极情绪短暂诱发的个体有更高的内隐学习速率,他们学得更快,而被开心情绪诱发的被试学得更慢。这也为消极情绪对内隐学习的促进效应提供了证据。

由上可知,不同的研究者对情绪与内隐学习的关系持有不同的观点。已有研究存在以下不足:

第一,已有研究中主要是采用积极和消极的视觉、听觉材料作为主要实验材料,如具有情绪效应的词语、语音和乐音以及一般图片和情绪面孔图片等来启动情绪。但这些材料都存在着较大的个体差异和性别差异,可能会影响情绪启动的效果。如情绪面孔图片就混合了相貌等诸多因素可能会干扰实验结果;Montagne、Kessels、Frigerio、Haan 和 Perrett(2005)研究发现,在表情面孔方面,女性拥有着比男性更强的区分能力;并且,不同个体对于视频、音乐的理解和感受也存在着较大差异。使用音乐片段诱发情绪也存在缺陷,如果实验时间过长,其诱发效果可能会消退。被试在游戏中会因任务的成功或失败引起特定情绪,基于此,也有研究者尝试在实验中通过游戏诱发情绪,但此种方法较为局限,只能激发因成功或失败而产生的情绪。

第二,已有研究无论是关于内隐学习还是外显学习,多是采用阈上启动情绪的方式,这种外显的情绪启动方式在一定程度上会占用较多的认知资源,对认知活动产生阻碍作用进而影响到实验结果。Mackie 和 Worth(1989)提出"认知资源占用说",认为个体的认知资源是有限的,但是积极情绪和消极情绪都会在一定程度上诱发与当前的认知任务无关的思维活动,从而与认知任务本身竞争有限的认知资源,对认知任务的表现产生不利的影响。

第三,已有研究需要被试做出按键反应。按键反应受到较多因素的影响,如不同的年龄阶段、不同的身体状况的个体,其按键反应会有较大差异。Helmuth、Mayr 和 Daum(2000)发现患有疾病的个体与健康的个体之间手的反应速度存在差异;年轻人和老年人在进行按键反应时,手的反应速度也存在一定差异。因此,采用传统的按键反应研究序列学习存在一定的局限性。

针对已有研究不足,本研究将从以下 3 个方面进行改进。

第一,本研究将通过对刺激的大小进行操纵来产生接近(近距离)和远离(远距离)的视觉效果,以启动相对的消极和积极的情绪。这种启动情绪的材料存在较小的个体差异且被证明是有效的:Hsee、Tu、Lu 和 Ruan(2014)通过改变字母的大小来产生接近、远离的视觉效果及不改变字母大小来产生静止的效果,给被试呈现字母后要求被试评估他们的感受,按从非常消极到非常积极七级计分。结果发现了接近厌恶效应,即当个体感觉到一个刺激在接近他们而不是静止或远离时会体验到更多的消极情绪,无论这个刺激最初是消极的还是非消极的。研究者认为该效应可能是进化的结果,在长期的生存斗争中人们习得了,与静止和远离的刺激相比,接近的刺激有着更大的威胁和危险;另外 Williams 和 Bargh(2008)考查了空间线索对个体情绪反应的影响。被试被要求在笛卡尔坐标系上画出相应的两个坐标点,以此来启动相应的空间远近距离,随后被试阅读一篇令人尴尬或暴力的文章片段,并评估他们对这个片段的喜欢程度或当前的情绪状态。结果发现,与那些被远距离启动的被试相比,被近距离启动的被试更厌恶令人尴尬的文章片段;被远距离启动的被试比被近距离启动的被试报告了更少的消极情绪。由已有研究可得,物理上远近的空间表征的激活会影响人们的情绪;空间距离概念的激活会调节随后刺激的情绪性影响。

第二,本研究采用阈下情绪启动即使快速呈现刺激的方式来诱发情绪。阈下情绪启动与阈上情绪启动相比具有一些优点(吕勇、张伟娜、沈德立,2010):阈下情绪启动对记忆系统具有更小的激活作用;阈下情绪启动的作用大于阈上情绪启动,即通过无意识获得的、知觉到的信息更多地作用于人的情绪;意识情境下的情绪可能能够被特定的认知加工唤起,但也可能受到另外的认知加工的抑制作用(程九清、高湘萍,2004)。廖声立和陶德清(2004)指出,阈下呈现即快速呈现和掩蔽呈现情绪刺激材料是无意识情绪启动的两种主要方式,且无意识情绪启动在许多信息加工领域得到了证明。

第三,为了控制传统按键反应产生的干扰,本研究使用眼动技术,记录被试实验过程中的眼跳反应时,要求被试既快又准地看靶子刺激所在的位置。眼跳反应时即眼跳潜伏期,指从目标刺激出现到被试第一次眼跳之间的时间间隔,能够反映出被试执行眼跳的时间。已有研究证实,与传统的反应时指标一样,眼跳反应时指标具备同样的功能,是衡量序列学习情况的有效指标。Kinder,Rolfs 和 Kliegl(2008)研究发现,在被试进行序列学习时,规则序列组块的眼跳反应时呈逐渐减小趋势,但是突然插入一个随机序列时,眼跳反应时会有显著的增加。该实验结果提示,眼跳反应时和传统的反应时的数据结果一致,能够有效、充分地反映被试内隐和外显序列学习的情况。

本研究采用单因素被试间实验设计,自变量为阈下情绪启动,因变量为眼跳反应时。采用序列学习范式,通过快速呈现接近和远离的刺激以阈下启动相应的消极和积极情绪,进一步探究情绪对内隐序列学习的影响。

一、实验方法

(一)被试

在大学共招募了 40 名被试(14 名男性,26 名女性,年龄为 20.83 ± 1.5 岁)参加实验。所有的被试有着正常的视力或矫正视力,均为右利手且母语为中文,未参加过类似的内隐序列学习实验。被试被随机分到积极情绪组和消极情绪组。被试在完成实验后会得到一份小礼物。

(二)实验材料

1. 情绪启动材料

屏幕中央有一个灰色的正方形,呈现时间为 200 ms(从占屏幕的 10% 至 20% 为 25 ms,占屏幕的 20% 至 30% 为 25 ms……以此类推)。阈下消极情绪启动组:灰色正方形最初占屏幕的 10%,一直到占屏幕的 90%;阈下积极情绪启动组:灰色正方形最初占屏幕的 90%,一直到占屏幕 10%。

2. 序列学习材料

屏幕中央从左至右水平排列有四个一样的黑色方框,背景为白色。在规则序列组段中黑色圆点以一定的顺序规则出现在其中一个方框里,在随机序列组段中则是随机地出现在其中一个方框里。

正式实验共包括 13 个组段,每个组段包括 96 个试验。其中第 12 个组段为随机序列组段,其他组段为规则序列组段,即黑色圆点出现的位置遵循一定的序列规则:D-A-C-B-A-B-D-C-A-D-B-C。A,B,C,D 分别对应着显示器屏幕从左至右排列着的四个黑色方框的位置。每一个规则序列组段中的起始圆点位置是随机的,但不会出现两个圆点连续出现在同一位置的情况。

(三)实验设计

采用单因素被试间实验设计。其中,自变量为阈下情绪启动,有两个水平:阈下消极情绪启动、阈下积极情绪启动。因变量为眼跳反应时。

(四)实验仪器

采用 EyeLink 1000 plus 眼动仪来记录眼动轨迹,采样率为 1000 Hz。实验材料呈现在 19 英寸的惠普电脑上,显示器分辨率为 1024×768 像素,刷新率为 75 Hz。被试眼睛距离显示器中央之间的距离约 60 cm。被试双眼注视显示器,但只记录右眼的眼动轨迹。实验程序采用 Experiment Builder 1.1 进行编制。

(五)实验流程

整个实验流程包括准备、正式实验和实验后的意识性水平测试 3 部分。

1. 第一部分:实验正式开始前的准备

进入实验室的被试被随机分到阈下积极情绪启动组或阈下消极情绪启动组。简要向他们介绍眼动仪,使被试对仪器和实验有个大致了解。接着,让被试坐在眼动仪前,双眼平视显示器屏幕,将下巴放在下巴托上并要求被试在实验过程中尽量保持头部不动。

2. 第二部分:正式实验

首先,对被试的眼睛进行五点校准。成功校准后开始实验。显示器屏幕上呈现指导语:"您将在电脑屏幕上看到四个黑色方框,黑色圆点将会出现在其中一个方框里。请既快又准地注视黑色圆点,成功注视后电脑会自动翻屏。按空格键开始实验。"正式实验前被试先进行练习,练习中随机呈现圆点的位置,直到被试理解指导语后才开始正式实验。黑色注视点"+"在屏幕中央呈现 250 ms,紧接着呈现诱发情绪的刺激材料 200 ms,给阈下积极情绪启动组快速呈现逐渐远离的刺激,给阈下消极情绪启动组快速呈现逐渐接近的刺激,然后呈现黑色圆点。每个组段结束后被试可以短暂休息。

3. 第三部分:实验后的意识性水平测试

正式实验结束后,被试要完成纸质的意识性水平测试。根据过程分离程序,意识性水平测试包括包含任务和排除任务,通过被试在两个任务中的得分可以评估他们进行了内隐学习还是外显学习。其中,包含条件下给被试呈现规则序列中圆点的两个相邻位置,要求被试尽量根据记住的序列规则填写出下一个位置,填对 1 个位置得 1 分;排除条件下则要求被试尽量避免根据他们所记住的顺序填写,若被试仍然根据圆点位置的实际顺序规则填写,那么每填对 1 个位置得 1 分。

二、实验结果

根据被试在意识性水平测验的得分,筛选出内隐被试。其中,包含条件的得分小于 3 分,或者包含条件得分小于或等于排除条件得分的被试为内隐被试,不满足以上条件的被试为外显被试(吕勇、胡伟、吴国来、沈德立,2008)。10 名外显被试数据被剔除。使用眼动数据分析软件"Data Viewer 1.1"对无效的眼动数据进行剔除。最终有效的内隐被试共 30 人,阈下积极情绪启动组 15 人,阈下消极情绪启动组 15 人。使用 SPSS 21.0 软件对被试的眼跳反应时数据进行分析,阈下积极情绪启动和阈下消极情绪启动的眼跳反应时见图 1-5 所示。

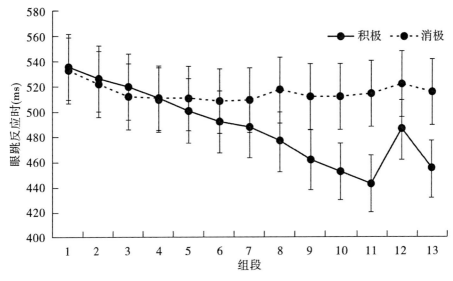

图1-5 阈下积极情绪启动和阈下消极情绪启动的眼跳反应时

对1~11组段眼跳反应时进行2(组别:阈下积极情绪启动、阈下消极情绪启动)×11(组段:1-11)方差分析,结果表明:组别主效应显著,$F(1,28)=11.81,p<0.01,\eta^2=0.30$,阈下积极情绪启动组眼跳反应时(491 ms)显著低于阈下消极情绪启动组(515 ms)。组段主效应显著,$F(10,280)=9.68$,$p<0.01,\eta^2=0.25$,随着组段增加,眼跳反应时显著减小。组段和组别交互作用显著,$F(10,280)=5.99,p<0.01,\eta^2=0.17$,简单效应分析表明,阈下积极情绪启动组眼跳反应时随着组段增加显著减少,$F(10,140)=13.34$,$p<0.01,\eta^2=0.49$。阈下消极情绪启动组眼跳反应时差异不显著($p>0.05$)。

对阈下积极情绪启动和阈下消极情绪启动条件下的内隐序列学习量进行F检验,内隐序列学习量计算方法为第11组段和第13组段眼跳反应时平均数与第12组段眼跳反应时的差值(Nissen & Bullemer,1987)。结果表明阈下积极情绪启动和阈下消极情绪启动内隐序列学习成绩量差异显著,$F(1,28)=11.41,p<0.01,\eta^2=0.29$,阈下积极情绪启动条件下内隐序列学习成绩(37.8±16 ms)显著高于阈下消极情绪启动条件下的内隐序列学习成绩(6.9±31 ms)。

三、讨论

本研究采用内隐序列学习范式和眼动技术来研究情绪对内隐学习的影响。实验中以快速呈现情绪材料的方式来阈下启动情绪,利用图形大小的变化产生相应的积极和消极情绪,并记录实验过程中被试的眼跳反应时。实验结果显示,阈下积极情绪启动被试的眼跳反应时显著低于阈下消极情绪启动的被试,阈下积极情绪启动条件下被试的内隐序列学习成绩显著高于阈下消极情绪启动条件下被试的内隐序列学习成绩。该结果与已有的一部分研究一致(Naismith, Hickie, Ward, Scott & Little, 2006; Shang, et al. 2013),表明积极情绪对内隐序列学习具有促进作用。值得注意的是,结果发现组段主效应显著,随着组段增加,眼跳反应时显著减小;组段和组别交互作用显著,简单效应分析表明,阈下积极情绪启动组随着组段增加眼跳反应时显著减少,但是阈下消极情绪启动组眼跳反应时差异不显著。如果被试进行了序列学习,那么规则序列组段的眼跳反应时会随着组段逐渐减小,在插入的随机序列呈现时,眼跳反应时会增加。本研究中,阈下积极情绪启动组前 4 个组段的序列反应时逐渐减少,而后序列反应时比较稳定,且随机序列的呈现并没有造成显著的眼跳反应时增加。该结果反映了阈下积极情绪启动组的被试进行了序列学习,而阈下消极情绪启动组的被试序列学习效应不显著。阈下消极情绪启动组被试前 4 个组段的眼跳反应时下降,可能是由熟悉效应和练习效应造成的。阈下消极情绪启动组不存在序列学习效应,可能是因为消极情绪引导数据驱动加工,关注当前的特定项目。而序列学习任务存在一定的规则,每个项目与其他项目共同形成 12 个顺次的规则,被试内隐地获得该规则后会产生序列学习效应。所以被消极情绪启动的被试倾向于仅对当前的项目做出反应,而不能将其与更多的项目联系起来,难以获得序列规则,表现为眼跳反应时差异不显著。

我们认为与消极情绪相比,积极情绪对内隐序列学习有着有利的影响,起促进作用。研究者们根据拓展—塑造理论(Fredrickson & Branigan, 2005)认为,积极情绪能够扩展个体的注意力范围,思维更灵活,能更好地看到整体,且较少地占用认知资源,因此对内隐序列学习有促进作用;而消极情绪局限了个体的注意范围,加工的范围有限。以该理论解释研究结果的前提是,内隐序列学习受到注意范围或注意程度的影响。有研究表明,对于内隐序列学习,注意资源并不是必需的。相关的眼动证据也指出,注意负荷的高低并不一定影响内隐序列学习的效果(卢张龙、吕勇、白学军,2011)。但是,付秋芳和傅小兰(2006)提出,如果是以内隐学习成分为主的较复杂的序列学习任务,其所需的注意资源较少,但如果序列学习任务比较简单,其对注意资源的需求会变大,这就是"动态需求"假设。与人工语法任务相比,序列学习任务相对简单,但是实验中采用的是结构性较低的序列,被试可能会意识到部分的序列规则,但无法意识到全部的序列,对于完成任务时需要多少注意资源无法确定。因此,拓展—塑造理论不能很好地解释结果。

另一方面,情绪信息假设(Shang et al. 2013)指出,消极情绪关注自下而上的加工,倾向于加工特定的项目和当前的细节,所以处于消极情绪中的被试难以将圆点位置的顺次整合起来,不利于获得序列的规则;而积极情绪与自上而下的加工以及关系加工相关联,倾向于将新信息整合进已有的知识中以获得整合性信息,所以积极情绪组的被试更擅长获得序列学习中圆点位置的顺序规则。因此,该假设在一定程度上能够解释实验的结果。另外,积极情绪倾向于依赖图式和启发式,消极情绪偏向分析式加工、因果推理及系统加工(Bodenhausen,Kramer & Süsser,1994)。根据双重过程理论(Pham,2007),内隐学习是内隐系统的功能,内隐系统的加工是无意识的、整体的、不费力的、联系的和启发式的。因此,与启发式相联系的积极情绪能够促进内隐序列学习并不奇怪。此外,个体在完成任务时的表现会受到动机水平的影响。Aarts(2008)认为,当目标刺激与不同的情绪状态相联系出现或同时启动时,会产生不同的影响。就这一点来说,在阈下积极情绪启动条件下的被试与阈下消极情绪启动条件下的被试相比,往往具有更高的动机水平和更大的行动力。我们认为,积极情绪提高了被试参与任务的动机水平,因而被试能够更好地完成任务且成绩更好。

本研究能得出如下结论:阈下积极情绪对内隐序列学习具有促进作用;阈下消极情绪干扰内隐序列学习。

第二章 | 意识测验

　　意识的研究起源于哲学领域。古希腊时代苏格拉底、柏拉图和亚里士多德等哲学家展开了关于意识的讨论。柏拉图将灵魂看作人类认知的中心,理性是认知的唯一途径,从而将意识的作用发挥到最大程度。亚里士多德对意识的作用持怀疑态度,认为理智经常不合理地以自己对事物的印象做出判断,从而容易为假象所迷惑;相反,当理智离开时,规则会指导人们不费力地做出判断。意识和理性的作用逐渐减弱,开始强调直观、生动的初等感觉。到了 17 世纪,笛卡尔提出比理智更为完满和宽泛的"意志",即能意识到理智判断错误的更高级观念;莱布尼茨提出"微觉",和现代的阈下知觉有着相似之处。

　　在心理学界,意识是心理学家关注的基本问题。早期心理学家关于无意识加工的观点过于简单,赫尔姆霍兹和冯特认为刺激能否被知觉,取决于刺激强度,刺激强度弱时不能被知觉到。后来 Peirce 和 Jastrow(1885)第一次质疑了这种观点,并用实验证实了存在阈下视觉知觉。后来 Sidis(1898)也得到类似结果。他们向被试呈现字母或数字卡片,因为距离过远,被试报告不能看到任何东西。但是被试在选择任务中却能对卡片类型(字母或数字)做出正确判断。詹姆士认为,意识是一条连续不断的"意识流"或"思想流",既不能分割为各个元素,也不能划分为不同阶段。他将意识看作具有独立机能的心理活动,像河流一般贯穿个体的整个经验历程。弗洛伊德则将意识划分为意识、前意识和无意识。他认为意识是露在海面上的冰山一角,无意识是冰山在水下看不见的大部分,随着水面的涨落,不时显露出来前意识(意识和无意识的中间状态)。日常生活中的梦境、口误、笔误等属于无意识,言语、思维、知觉等认知活动属于意识。以下类比或许能更恰当地说明学习中意识与无意识的关系。

　　人类的学习就像在一间无限大的黑屋子里寻宝,个体手中有盏可调节光亮和聚焦程度的灯,分别代表个体中枢能量的大小和分布的范围(可调控的极限能量的大小受先天因素影响,正如 100 瓦的灯不可能发出 200 瓦的光亮),灯的位置总是随着个体对事物的兴趣或关注的转移而发生相应的改变。外显学习发生时,个体有选择地将能量(光源)转移到恰当的位置,通常以聚光的方式放射能量,离光源越近的珍宝(知识),越能够清晰地被看到(意识到),渐远的珍宝被光照亮的可能性(被意识的程度)渐减,这反映了个体选择的结果。当个体不知道黑暗的屋子里有什么的时候(不知道要学习的是什么,即内隐学习),可能只是在一个较大范围内随机地或习惯性地移动光源,这样极有可能离珍宝(事物的本质)很远。由于没有照射目标,光在大范围内散射,很弱但射程极远,常常能够触及珍宝;但由于灯光极弱,个体可能暂时看不到(意识不到)哪里有珍宝或看不清是什么珍宝,这取决于个体能够调节的光亮的大小(中枢能量的多少)。换句话说,求知欲高、对自己要求高的个体在意识到事物本质之前,会习惯性地不断调整能量,努力探察环境中的奥秘,一旦直觉到或隐约意识到事物的存在,会自动地逐渐将能量聚焦到事物本质上,以便有更清晰、更明确的认识,直到个体豁然开朗,随后个体可以适时地有意识地对其加以利用。这可能就是内隐学习向外显状态发展的过程。在这个过程中,如果个体受到环境中其他事物的诱导和激发,主动将能量转移到某个认定的位置,那么可能迅速认清事物本质,也可能背道而驰,陷入更迷乱的境地(林颖,2003)。

第一节 意识和无意识

一、意识概念及理论

(一)意识概念

意识的概念界定分为描述性、功能性和解释性三个层次(张润来、刘电芝、张剑心、程昊旸,2013)。描述性层次通过界定相关对象的特异性表现来界定概念;功能性层次通过说明上述特异性功能的可操作机制来界定概念;解释性层次则通过阐述支撑这些机制的结构性模式来界定概念。

目前心理学界对意识的概念界定属于功能性层次(Chalmers,1995),这一层次的意识概念可以用来解决意识研究中的简易问题,譬如对刺激辨别、分类、反应等,因为这些现象的界定是基于功能的,解决这些问题的实质就是提供能够实现这些功能的心理或神经机制,通过计算建模、行为研究、神经机制研究可以很好地实现这个目标。基于过程的意识理论认为,当加工过程受到执行系统监控时,加工内容就是有意识的(O'Brien & Opie,1997),意识具有监测功能。基于表征的意识理论认为,只有当心理表征达到某种程度时,才能成为意识内容(比如心理表征稳定性足够好、质量足够高,Cleeremans,2002),这里意识更多涉及人们的主观体验。但是,人类意识的核心现象不是基于功能的,而是基于意识性体验的产生。意识不是心理活动或"心理动作",而是心理内容或体验(郭秀艳,2013)。例如特点波长的光线刺激视网膜时,功能性层面研究可以提供相关的神经反应机制,但不能解释为什么产生"我看见红色"这样的意识性体验。功能性活动如何产生意识性体验,这是意识研究的本质问题,由于它超越了物理结构与功能,无法用功能性层次的研究来解决,必须上升到解释性层次。意识的解释性概念必须满足两个条件:一是能够提供意识整体结构的解释,支撑各个功能层面的特意机制;二是能够提供意识性体验的生成性解释。

目前内隐学习领域对意识的定义有两种方式:操作性定义和概念性定义。操作性定义即用某种测验方式定义意识(Destrebecqz & Peigneux,2005)。操作性定义的优点在于可以获得量化的意识数据以区分内隐学习和外显学习,但存在以下问题:①无法保证这些特性确实能界定意识;②无法探测纯粹的意识加工,所得数据中包含了一定的无意识成分和中间意识成分(如再认任务)。概念性定义遵循的是意识概念的功能性定义,把在测验阶段各种功能性测验任务(如言语报告等)成绩作为意识性的衡量标准。但Seth(2008)指出,目前在认知领域所有意识测验手段,无论是主观方法还是客观方法,都不是对意识的直接测验,因为无法采用客观方法来有效地测验出作为主观存在的意识现象。

在无法保证测验效度前提下,任何声称探测到内隐效应的测验结果都是值得怀疑的(Clifford,Arabzadeh & Harris,2008;Dienes & Seth,2010;Norman,Price & Duff,2006)。这种质疑主要源自对内隐学习中习得知识意识性操作定义的不一致,以及由此而产生的测验方法上的差异。已有研究中,在同一个实验设计内施用不同的意识测验方法,或是同一种意识测验方法施用于不同的设计中,往往会出现不一致的甚至是矛盾的结果(Norman,2010;Rünger & Frensch,2010)。使用相同敏感性工具在学习的不同阶段进行意识测验,或是使用不同敏感性工具在学习的相同阶段进行意识测验,其结果必然会出现不一致。这种质疑表面上看是对意识测验效度的质疑,然而任何研究手段都受制于它的理论假设,测验方法所遇到的困境究其根本,是对意识概念界定的失当(Frensch & Rünger,2003)。传统的内隐学习理论基础是意识和无意识的二分逻辑,其判定依据可追溯到Schacter,Bowers和

Booker（1989）提出的提取意识性标准（Retrieval intentionality criterion,RIC）：如果两种实验的外部条件,除了指导语不同,其他各方面都一致,在这种情况下出现了实验性分离,就可以说不同的加工引发了不同的提取,就可以证实两种加工的存在于分离。如果直接测验和间接测验对意识知识测验的敏感性相同,对某一特定刺激维度,间接测验的成绩比直接测验成绩好,就可以证实内隐学习的存在。二分逻辑便于可操作化的实验设计,但受制于更高层次的解释性理论框架。由于采用功能性定义,使得内隐学习中诸多意识测验方法在不同程度上缺乏有效的解释力。以至于当前内隐学习研究走进了方法和理论的死胡同,陷入了测验方法困境。意识测验困境与意识判断的标准直接相关,意识判断的标准是建立在意识概念基础之上,缺乏高解释力的意识概念界定是根本问题所在,要摆脱这个困境,就必须解决内隐学习研究中意识的概念界定问题（张润来、刘电芝,2014;Haider,Eichler & Lange,2011）。

Rünger 和 Frensch（2010）以 Baars（1998）意识的全局工作空间理论（global workspace theory）为基础,将内隐序列学习意识定义为认知过程的全局可用性（global availability/accessible）。全局可用性指局部脑区加工的信息在全脑范围内扩散,能够为其他脑区和认知过程所使用。Rünger 和 Frensch 提出,当序列知识具有全局可用性时,对序列知识表征的意识就产生了。全局可用性包含两个方面:一是可以在任何任务和测验方式中利用刺激（规则）的全部内容,如言语报告和迁移任务;二是建立了一个全脑的长时程连接的工作空间（a global workspace）。根据全局可用性定义,言语报告是纯粹的意识测验,而其他所有的主观和客观测验方式,都不能完全满足全局可用性定义。Rünger 和 Frensch（2010）认为全局可用性是最好的意识定义,言语报告是最纯粹和最敏感的意识指标。但全局可用性定义下的意识范围是狭窄的,言语报告也存在问题:一是对意识限定的范围狭窄,被试可能不报告信心低的意识内容（Shanks,2005）;二是无法测到介于意识和无意识之间的中间意识状态,如直觉、熟悉性等,也无法分离出中间意识状态中客观存在的纯粹意识成分。中间意识状态虽然伴随着言语报告,但是由于这种言语报告（例如直觉、熟悉性）不符合全局可用性定义,被排除在意识定义之外。

唐孝威（2017）提出了意识定律。意识第一定律是意识的神经四要素定律。基于对意识的神经网络的探讨,涉及意识的 4 个神经生物学的要素,即觉醒活动、信息加工、注意增强、全局广播。意识第二定律是意识涌现定律。大脑皮层一定脑区的信息加工可以从无意识的加工转变为有意识的加工,这种动态的转变过程就是意识的涌现。意识涌现过程不是孤立的单个脑区的活动,而是脑内四个功能系统及它们内部多个脑区相互作用下发生的集体活动。因此要从多个脑区集体相互作用的观点来考察意识涌现的动力学过程。意识涌现定律是:在意识的神经四要素相关脑区的共同作用下,当大脑皮层加工信息的一定脑区的激活水平达到临界的意识阈值时涌现意识,这称为 α-β-γ-A 机制。引入的一些参数不同于要素本身,它们是从功能活动的角度表示相关脑系统的活动程度。意识第三定律是有意识活动的心脑关系定律。要把生理的客观的激活和心理的主观体验联系起来,需要应对的一个问题是量纲的变换。

(二)意识理论

1. 高阶意识理论

高阶意识理论(high order thought theory,HOT 理论)由 Rosenthal(1986,1995)提出,认为对于某一心理状态有意识时,我们就会产生关于这一心理状态的观念或想法。比如,当看到"狗"字时,视觉系统会形成表征——看见"狗"字。但是这个初级表征并不是有意识的,只有当人们形成"我看见狗字"的观念时,这一心理状态才是有意识的。也就是说,对于某一心理状态有意识,就是用一个比心理状态更高层次的高级来表征个体自己正处于这一心理状态。

2. 内隐学习的生物进化论

Reber(1993)汲取了有关生物进化论的思想,提出了成功律、谨慎律、稳定律和共性律。根据这四条"操作原则",Reber 提出,意识和无意识存在发生、进化早晚的问题。具体来说,内隐学习系统或功能的产生要比外显学习系统出现早得多,外显系统或功能是在内隐系统发展稳定后才逐渐进化而成的。相对于外显学习,内隐学习主要依赖于在进化上更为原始和久远的某些结构和特征,也正因为进化的久远,内隐学习的加工过程对中枢能量的需求才远远低于外显学习,表现出更经济、更有效、更具适应性的特点。

3. Kanniloff-Smith 的知识四水平论

Kanniloff-Smith(1992)在《超越模块性——认知科学的发展观》一书中对认知发展机制的论述解释了内隐学习的发展性。Kanniloff-Smith 在书中论述了知识表征的发展变化问题。她认为人类对相同知识的表征可以区分出 4 个不同的水平:第一个水平为水平 I,在这一水平上表征是对外界环境中的刺激材料进行分析和反应的程序。信息以程序方式编码,呈内隐状态,且相互独立,这种表征能使个体掌握行为;第二个水平为 E1,这时的表征已是外显的,它的组成成分已可用作材料进行操作,较具灵活性,但它还没有通达意识,还不能用言语报告;第三和第四个水平分别是 E2 和 E3,这时表征已通达意识,并能用言语加以报告,同时,和其他领域的知识发生了联结。Kanniloff-Smith 打破了原本知识限于内隐和外显的二分法,认为个体早期获得的许多熟练行为与逐渐形成的内隐知识(内隐学习的最初结果)有关,而这些呈现内隐水平(水平 I)的知识最终可能转变为外显知识(水平 E3),其中经历了反复的表征重述(renresentational redescription,RR)过程(达到水平 EI、E2、E3 的过程)。

4. 意识连续体理论

Hobson(1997)最早提出了内意识连续体(consciousness continuum)模型,认为完全内隐的知识和完全外显的知识分别处于连续体的两极,大多数知识存在于这两极之间。任何一个学习任务都可能包含了内隐学习和外显学习,内隐学习和外显学习的独立性是相对的,他们之间存在紧密的联系和相互作用(Lenoard & Sensiper,1998)。

郭秀艳(2004a)提出了双锥体模型(见图 2-1)。该模型认为,大部分学习任务既包含外显学习,也包含内隐学习,趋近两端的地方用虚线表示是因为完全内隐学习和完全外显学习通常是不存在的。内隐—外显连续体表示同一项学习任务是内隐和外显的有机结合,练习或潜在关系突出性影响了两者含量,而内隐学习中的意识参与又表示外显知识对内隐学习的促进作用。郭秀艳将两种学习解释为并存的、互为补充的关系。

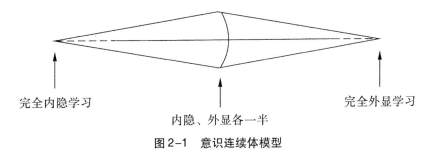

完全内隐学习　　　　　内隐、外显各一半　　　　　完全外显学习

图 2-1　意识连续体模型

5. 全局工作区理论

Baars(1988)提出了意识全局工作区理论(global workspace theory)。全局工作区理论的核心观点是全局可知性(global accessibility/ availability),指在变化的情境需求中信息可以被灵活使用的程度。全局工作区指一个中央处理单元,用来在一系列特异的无意识处理单元间传递信息,当某个特异的

处理单元需要向系统的其余部分传递信息时,它将这些信息输送到全局工作区内,而全局工作区的内容对于整个系统而言是全局可知的。Baars形象地将全局工作区比作舞台上聚光灯照射的区域,周围阴暗处不可见的信息通过竞争来试图进入这个区域。根据全局工作区理论,认知灵活性是意识加工而非无意识加工的重要特征。

全局工作区理论认为要产生意识,必须在全脑建立长时程的工作区,即感知觉运动区与额叶—顶叶—扣带回的认知控制系统产生长时程连接(Dehaene, Changeux & Naccache, 2011; Wyart, Dehaene & Tallon-Baudry, 2012)。意识是各脑区的整合,形成了区别于其他表征的不可分的独立表征,同时抑制其他表征。该理论认为,意识的产生是有或无,其关键在于全局工作区能否激活,这取决于刺激呈现前(即试次前)随机波动的大脑觉醒状态,包括注意、工作记忆、目的动机、情感等(Aru, Bachmann, Singer & Melloni, 2012),因此试次前基线状态是决定意识的重要因素。

在全局工作区理论基础上,Dehaene, Kerszberg 和 Changeux(1998)、Dehaene 和 Naccache(2001)等人提出了意识的生物计算模型。在这个模型中,全局工作区由具有长时程连接性的神经元组成,它具有向系统传播信息的能力。当后感觉处理器与全局工作区之间产生一个双向的、自我维持的激活循环时,相应的感觉信息即进入意识层面。全局工作区的神经元分布主要位于顶部、额叶前部和扣带回皮层。Dehaene 等人进一步认为,当多个信息竞争进入全局工作区时,它们遵循胜者独占(winner-take-all)的规则:某个表征要么被输入工作区,要么被拒之门外,具有鲜明的二分特征。

全局工作区的脑区,包括背外侧前额叶、下顶叶、中颞叶和楔前叶,被称为"富人俱乐部"(rich club)网络(Dehaene, Charles, King & Marti, 2014)。Rose, Haider 和 Büchel(2010)及 Wessel, Haider 和 Rose(2012)采用内隐序列学习范式,证明右侧前额叶和枕叶的 gamma 波的耦合增强能预测内隐转化为外显知识,相应的右侧腹外侧前额叶皮质和腹侧纹状体的功能联结增强,提供了内隐序列学习意识符合全局工作平台理论的证据。

全局工作区理论研究的是比较低级的知觉意识,采用的主要是掩蔽刺激意识范式,只有"看见"与"没看见"两种意识状态,对应的全局工作区的激活就只有"全"或"无"两种状态。而内隐序列学习意识是由隐藏的序列规则产生的高级意识,全局工作区理论不适合直接应用于内隐序列学习意识。全局工作区理论对意识状态进行了精确描述,但缺乏刺激驱动和渐进意识机制。

6.分布式表征理论

分布式表征理论(distributive representation)从理论角度论述了意识渐变的本质,指出信息表征质量的不断改进是意识渐变的根源(张润来、刘电芝,2014b)。分布式表征理论有如下理论假设:①认知系统由大量互相连通的处理模块以松散的层级方式组成,每个模块包含大量相连的处理单元;②认知系统中的长时记忆知识由模块内部单元间和模块间的连接模式体现;③作用在每个模块内部单元上的动态而短暂的激活模式用来表达信息处理的当前结果;④处理过程是渐进的和连续的,相连的模块持续渐进地影响彼此的处理进程,这种影响依赖于模块间相连的强度和它们内部激活模式的强度。分布式表征理论认为表征是一系列中间状态,系统通过这些中间状态捕获信息处理的当前结果,从而将复杂任务分解成模块组份。分布式表征的发展遵循以下原则:在分布式记忆系统中表征完全由暂时的激活模式组成;表征是渐进的,在强度、时间稳定性和可区别性3个维度上变化;表征是动态的、激活的,始终具有因果效应的。

分布式表征理论对各种意识性功能机制具有较高解释力度。例如,它论证了启动效应是渐变过程中必然的间接产物:学习不仅有直接效果(改变对应于某一特定事件的主体经验),还有间接效果(作用于主体对相似事件的处理方式)。分布式记忆系统的全体表征共享大量的处理单元,而全部处理单元又被大量表征所共享,在学习中对任何一个特定表征的改变都必然会间接地改变其他相关的表征。这种间接效果改变了特定模块中不同表征所共享的连接权重,但并没有直接地改变对应的表征本身。由于表征的整体没有发生可分辨的变化,因此这种间接效果无需意识察觉,因而是内隐的。针对内隐学习领域不同测验方法的效度问题,分布式表征理论认为,由于学习进程中各个横截面的表征质量有高、低之分,因而意识探查敏感度的要求各不相同,对于意识测验阈限不同的方法,测验结果必然出现量化差异甚至质性分离。分布式表征理论较好地解释了意识研究中各种特异性功能机制假说,符合意识概念的解释性界定标准。

7.表征质量理论和神经可塑性理论

Cleeremans 和 Jiménez(2002)从分布式表征理论视角出发,提出内隐学习意识的渐进动态模型。表征质量理论考虑了刺激驱动和渐进意识。他们基于联结主义网络模型,认为学习过程中信息的处理过程是渐进的和连续的,信息表征的形成经历一个质量从弱到强的时间进程,它们在强度、时间稳定性和可区别性3个维度上递进变化,只有高质量的表征才能被意识捕获。在学习的开始阶段,表征的形成是不稳定的,主要通过调节分布式网络内部单元间的联结权重来尝试形成特定的输入输出模式,它无法进入意识层面,对行为的影响是间接的,不可能通过主观内省来捕获,这个阶段发生的是无意识的内隐学习。随着学习活动的推进,输入输出模式在多次练习后开始匹配学习情境的需求,此时的表征逐渐转变为分布式网络内部单元间的激活模式,稳定性不断提高,较高质量的表征开始进入意识层面,意识可以通过操作处于它监控下的这些表征来影响行为,可以认为此时发生了意识性的外显学习。表征优化是在初级无意识网络的基础上展开的,当初级的基于权重的分布式表征网络不那么完善的时候,表征优化产生的抽象表征就可能会出现频繁的调整,导致相应的意识加工成分出现波动。从无意识到意识的过程是动态递进的,内隐知识和外显知识之间只是表征质量"量"的差异,而不存在"质"的区别。我国学者张润来和刘电芝(2014a)认为人工语法内隐学习过程中知识表征不断地优化,其意识加工程度渐增。在学习的开始阶段,被试首先形成基于刺激表面物理特征的表征结构,此时的学习成绩主要来源于无意识成分,随着初级无意识表征网络趋于稳定,表征优化开始进行,表征优化的结果是其抽象程度和意识加工程度不断提高,渐进意识体系中意识成分不断提升。在学习的后程,由于初级无意识表征网络趋于健全,其贡献水平也趋于平稳,并可能被意识成分超越。学习的开端,无意识成分占据主导地位,意识成分不断增长,经过相当一段时间的学习(约占学习全程的80%),意识成分的贡献开始超过无意识成分(见图2-2)。

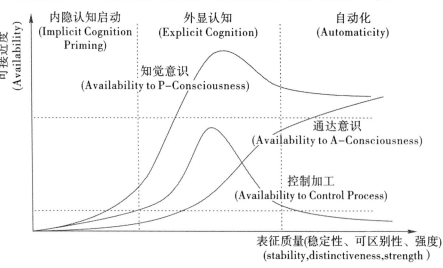

图2-2 表征质量与意识关系

Cleeremans 和 Jiménez(2002)的表征质量理论存在 3 个问题：一是无法解释内隐和外显学习在脑区上的分离；二是表征质量线性增长的观点，忽略了在意识渐进过程中产生质变的意识区间；三是它是单系统（表征质量）渐进理论，只是中间意识状态的一种可能性，不是唯一解释。为此 Cleeremans 等人(2007,2008,2011,2014,2019)在意识表征质量理论基础上，进一步提出神经可塑性理论(Radical Plasticity framework)，认为意识产生是由于较强、独特、持久的表征重塑了全脑网络。这就同样打破了 Cleeremans 和 Jiménez (2002)的单系统假设，关注广泛的脑区。表征质量理论和神经可塑性理论提供了刺激驱动的意识产生和变化机制，还对渐进意识的存在进行了很好的预测和解释，但是意识脑区可塑性具有特异性，难以解释迁移效应。

8. 自我组织元表征解释理论

Cleeremans, Achoui, Beauny, Keuninckx, Martin, Muñoz-Moldes, Vuillaume 和 Heering(2020)在神经可塑性理论基础上，提出了自我组织元表征解释理论(Self-Organizing Metarerpresentational Account, SOMA)，该理论有 3 个假设：第一个假设，神经元负责信息加工，是无意识的，意味着意识不是建立在神经激活无意识机制基础上；第二个假设，信息加工是递进式的，在不同层级结构水平上连续加工，意味着意识需要时间；第三个假设，大脑可塑性是自主的(mandatory)，无论有意学习还是无意学习，大脑时刻在学习，经验在大脑中留有痕迹。自我组织元表征解释理论认为 1 阶加工(first-order processing)是意识的必要条件。表征质量决定了表征可达到的意识层面（例如动作、控制和经验），表征质量表现在三个方面：强度、稳定性和分辨度。但是高质量表征未必达到意识层面。自我组织元表征解释理论认为表征重述机制(representational redescription system, RR)是意识产生的关键。

表征重述系统主要由 3 个预测性驱动的环路组成：内环路(inner loop)、知觉—动作环路(perception-action loop)和自我—他人环路(self-other loop)，三个环路相互作用。内环路指大脑对自身的学习；知觉—动作环路指和外界的相互作用；自我—他人环路指和他人的相互作用。1 阶网络将知觉和动作匹配，并将刺激输入转换为高阶网络(higher-order network)。高阶网络作用是对 1 阶网络状态进行再表征以进行其他运算，例如计算自信心、价值等（内环路）。这三个环路形成了三角层级结构并形成了元表征。很多表征重述系统相互连接构成了全局网络(global workspace)，高级网络的状态是 1 阶网络知识的重述即元表征，元表征知识可以在多个系统中分享。

9. 双系统渐进理论

意识表征质量理论只用单一的表征质量系统来说明所有意识状态，无法解释内隐外显的实验性分离(Destrebecqz & Peigneux,2005),更无法解释内隐序列学习的加工脑区(纹状体)和意识脑区(扣带回)的分离(Simon,Stollstorff,Westbay,Vaidya,Howard & Howard,2011)。张剑心、黄欣、张润来和刘电芝(2015)对意识表征质量理论进行了改进,提出了双系统渐进理论。表征质量和意识程度是两个不同的系统(即双系统),分别对应两个(或多个)不同脑区,随着表征质量增长,两个(或多个)脑区的联结程度和方式发生量和质的改变,导致意识程度会在一定的区间达到质变(类似二分观点),形成具有某种本质特征的中间意识状态,如直觉、熟悉感、边缘意识等,而且不同的中间意识状态可能来源于不同的意识脑区,或者来源于它们之间不同的关联方式——直接相关或间接相关。

10. 新异刺激理论

表征质量理论、神经可塑性等理论关注的是恒常刺激对意识的影响,而新异刺激理论则揭示了新异刺激对恒常刺激意识的促进机制。新异刺激理论认为:内隐序列学习意识的产生,不是恒常刺激表征质量增强引起的神经重塑,而是新异刺激的意外出现打断了恒常刺激的表征加工,使人产生了阻碍感和对比,从而对恒常刺激产生意识(Rünger & Frensch,2008)。

Rünger 和 Frensch(2008)设置了两个组别。实验组先对简单序列 A(恒常刺激)进行 6 个组段学习,再对简单序列 B(新异刺激)进行 6 个组段学习,最后测验 A 的意识程度。控制组则一直学习简单序列 A,最后用生成任务测验 A 的意识程度。结果发现实验组对 A 的意识程度显著高于控制组。按照表征质量理论,控制组对 A 进行了 12 个组段学习,实验组对 A 只学习了 6 个组段,应该是控制组的意识高于实验组,证明实验组更大的意识程度肯定有很大一部分来自新异刺激 B 的意外事件效应。Schwager,Rünger,Gaschler 和 Frensch(2012)改进了 Rünger 和 Frensch(2008)的实验设计。实验组学习阶段保持不变,但是最后用生成任务对新异刺激 B(而不是 A)的意识进行测验。控制组一直学习新异刺激 B,用生成任务测验 B 的意识程度。结果发现,实验组和控制组对 B 的意识程度没有差异。这两项研究表明新异刺激和恒常刺激能互相促进各自的意识程度,新异刺激对恒常刺激意识的促进会更大些。Rünger(2012)认为 Destrebecqz 和 Cleeremans(2001,2003)设计存在一个问题:内隐序列学习掺杂了非主序列和转移组块,这两种新异刺激可能导致了意识产生,而非表征质量增长的作用。因此 Rünger(2012)采用了 Destrebecqz 和 Cleeremans(2001,2003)的实验程序,但删除了非主序列和转移组块,结果没有发现 RSI(Response-to-Stimulus Interval)对再认任务测得意识的主效应,这表明在没有新异刺激时,学习阶段更大的 RSI 不会增加意识程度。Rünger(2012)认为该实验证明了表征质量理论不成立。张剑心、汤旦、查德华、黄建平和刘电芝(2016)认为还存在另外两种解释:RSI 不是纯粹表征质量的自变量;也可能再认任务对意识程度不敏感。例如 Fu,Dienes 和 Fu(2010)发现学习 6 或 7 个组段只能产生内隐知识,学习 15 个组段能产生外显知识,学习组段的数量是表征质量的自变量。上述实验中新异刺激和恒常刺激的数量相等,而且分别集中学习,这导致一个问题:新异刺激本身的表征质量高,可能会产生迁移效应而促进恒常刺激的意识程度。为此黄建平、张剑心和刘电芝(2014)操纵了新异刺激的数量(概率 1/6 或 1/12)和位置,由于新异刺激概率低,能尽量避免新异刺激本身产生较高的表征质量和迁移效应。结果发现只有当存在两个转移组块且分布在学习阶段的前后期,才能显著提高恒常刺激的意识程度。结果表明新异刺激需要有足够的数量,还需要处于恰当的位置,才能促进新异刺激和恒常刺激的表征质量非线性增长。新异刺激理论实质上是改进版的非线性表征质量理论。新异刺激理论存在一个局限:新异刺激必然以恒常刺激为前提,不适用于只有恒常刺激没有新异刺激的情况。新异刺激理论揭示了意识产生和突变机制,但需新异和恒常刺激对比,解释力有限。

11. 具身意识理论

Thompson 和 Varelam(2001)以及 Noë(2004)提出具身意识理论,认为身体是意识产生的最关键原因。意识来源于外部或内部的感知觉运动,新刺激打破原身体状态基线,产生新的身体感受;身体状态包括自主神经系统状态、运动或情感状态(Shapiro,2014)。Bower 和 Gallagher(2013)进一步提出外部或内部的新刺激除了感知觉运动刺激外,还应该包括突发的外部或内部动机、情感和自我认知等新刺激。具身意识理论原理如下。

(1)大脑时刻接收着身体感受(各感知觉通道、情感、自我等),形成了身体感受基线;各种新刺激干扰了身体感受基线,从而对新刺激产生意识。此处新刺激不是新异刺激,因为新异刺激必须是和恒常刺激成对出现的,该理论将新出现的恒常刺激也看做是打破身体感受基线的新刺激,对所有刺激表征形成的普适机制进行了回答。每个外部或内部刺激都会产生特定身体状态,身体将特定身体状态传给大脑,在感知觉运动—情感脑区形成特定的身体感受地图,所有身体感受地图组成了身体图谱。当外部或内部刺激改变身体状态,在身体图谱中进行参照就产生相应感受和意识。全新刺激则产生新的身体感受,并增添到身体图谱中。

监视室,监视室内有各自的活动投射区。丘脑负责调解各神经元的阈值参数,额叶把活动状态的副本递交给监视室,监视室神经网络内各投射区用同步震荡方式交换信息。正常的清醒状态来自额叶的兴奋波,与来自感觉系统和行为反应系统的兴奋波,有同步震荡发生。无意识状态反映的是神经网络兴奋波的特殊活动模式。从无意识状态到意识状态神经电活动的兴奋性增高,神经网络中消耗的能量也随之递增。

二、二分取向到渐进取向

随着内隐学习研究的深入,越来越重视意识性体验的作用(Norman,Price,Duff & Rune,2007;Price,2002),内隐学习意识研究表现出由二分取向转变到渐进取向的趋势。以弗洛伊德的冰山模型为例,二分取向强调的是海平面的分隔,即意识阈限的存在,其研究着眼于意识阈限两端相距较远的两个层面之间质的差异,对于辨别意识主导和无意识主导的学习活动的特征有重要意义;渐进取向强调的是冰山本身的连续体,其研究着眼于连续体中相邻层面之间的量的差异,对于归纳学习进程从无意识到意识的动态变化模式有重要意义。

(一)二分取向

二分取向(dichotomous frameworks),即习得的知识要么是意识性的,要么是无意识的。意识的二分观点认为内隐学习是一种与外显学习相对应的纯粹的无意识学习过程,内隐和外显是两个相互分离的独立的加工系统。内隐学习研究中的二分取向源于分离逻辑,学者将内隐学习看作独立于外显学习的另一系统,内隐学习是纯粹的无意识过程。研究的重点是内隐学习和外显学习的分离(Goschke & Bolte,2007)。

二分取向的理论框架是 Baars(1988)提出的全局工作区理论,该理论的核心观点是全局可知性。根据全局工作区理论,认知灵活性是意识加工而非无意识加工的重要特征。后来 Dehaene,Kerszberg 和 Changeux(1998),Dehaene 和 Naccache(2001)在全局工作区理论基础上提出了意识的生物计算模型。Dehaene 等人认为,当多个信息竞争进入全局工作区时,遵循胜者独占(winner-take-all)规则:某个信息要么输入全局工作区,要么被拒之门外,具有二分特征。

后续研究验证了全局工作区理论。Dehaene,Sergent 和 Changeux(2003),Sergent 和 Dehaene(2004)利用全局工作区模型解释了注意瞬脱现象(attentional blink)。注意瞬脱范式中,要求被试探查迅速呈现的目标刺激,当两个相继呈现的目标之间时间间隔非常短时,第二个目标被觉察到的概率迅速降低。Dehaene 等人认为,第一个目标独占了全局工作区,并通过整合多个特异处理单元来产生言语报告,如果第二个目标在很短时间间隔内呈现,相关的激活将被抑制而无法传输到全局工作区,无法产生言语报告所需的脑激活状态。例如 Del Cul,Baillet 和 Dehaene(2007)操纵了目标刺激和掩蔽刺激的时间间隔,首先呈现目标数字,制定 SOA 时间间隔后呈现掩蔽刺激字母,通过逐渐增加 SOA 考察对目标数字的知觉加工从无意识到意识的变化过程。每次试验后,要求被试对目标数字可见性程度进行评估,评估标准由若干个从"没有看见"到"看见"连续变化的量度指标组成。结果发现,被试更倾向于把目标数字评估为"看见"和"没有看见"两个极端,而不是中间的可见程度。"看见"的评估比率随着 SOA 增长呈 sigmoidal 函数变化(S 形曲线),这种非线性变化趋势可以用全局工作区模型解释。超过阈限的数字刺激瞬间激活全局神经元网络,包括顶部、额叶前部、颞叶区域。Del Cul 等人通过事件相关电位研究发现,神经网络激活的时间变化模式与行为反应有着非常相近的非线性特征。

　　基于二分取向的内隐学习研究引入了任务分离和加工分离。如果被试在直接测验中无法报告意识性知识,但在间接测验中表现出相关知识的影响,则认为被试习得了内隐知识。Jacoby(1991)首次将加工分离引入内隐记忆研究。根据全局工作区理论,认知灵活性是意识加工的重要特性。Jacoby 认为,对信息的有效控制是意识加工的本质特征,意识可以控制相关信息是否在特定条件下使用,而无意识加工无法对信息进行有效控制。加工分离方法包括包含任务和排除任务,包含任务要求被试在测验阶段生成先前学习过的项目,排除任务要求被试生成未学习过的项目。包含任务考察外显知识和内隐知识协同作用,排除任务考察被试主动抑制外显知识的能力。意识二分理论对于研究内隐学习和外显学习的质性差异做出了重要贡献。但是,内隐学习研究中,采用相同范式的不同设计或单一设计中采用不同测验方法而得到不一致的实验结果(Norman,2010),测验所得到的意识性指标存在着数量差异,表明习得的意识性知识并非全或无,二分理论框架无法解释这种现象。而且二分理论无法解释意识性体验,意识性体验的生成机制是意识研究的核心问题。另外,二分逻辑使内隐学习和外显学习产生了人为对立,不符合现实生活中的学习情境,降低了内隐学习的生态学效度。基于二分取向的理论只能解释有限的内隐学习现象,需要更高层次的、基于意识的解释性概念的理论(易于数学建模说明具有功能性概念特征)。分离逻辑属于意识的功能性定义,以操作性分离为特征,缺乏解释性层次的概念支撑。

(二)渐进取向

随着内隐学习研究的深入,越来越多研究发现内隐学习和外显学习并不是截然对立的。内隐学习研究呈现出量化渐进趋势,内隐学习研究取向从二分取向向渐变取向转变。渐进取向(graded frameworks)认为内隐学习过程是一个意识渐进、动态发展的学习过程,即习得的知识处于意识连续体的某个断面上,纯粹无意识和纯粹意识位于连续体的两端,并且很少出现(Shanks,2003;2005)。渐变取向可以很好地解释传统不同方法测验结果的分离,是由于不同测验方法对所测知识的意识性敏感度不同,在意识渐进体上的有效测验区间也不相同。测验得到的意识指标大多存在量的差异,这种差异很难用二分理论来说明。传统的二分取向忽视这种差异,以统一标准衡量不同测验方法,必然产生结果的不一致。意识渐进的观点提供了可能的解释。认知加工的自动化也表现出从二分取向过渡转向渐进取向趋势(陈圣栋、陈永强、高伟、罗利、杨洁敏和袁加锦,2019)。

和传统二分逻辑不同,研究发现大多数学习都是处于意识和无意识之间,很难得到绝对的意识成分和无意识成分。而且,意识和无意识学习之间的对抗关系受到越来越多质疑,内隐学习和外显学习在一定条件下存在协同效应(郭秀艳、杨治良,2002);杨治良和李林(2003)对再认记忆的发展研究中发现意识与无意识成分之间具有随年龄增长而此消彼长的权衡效应。Hobson(1997)提出意识连续体模型,认为任何一种学习任务都是连续体上的一点,既包含了意识加工,也包含了无意识加工。在初始阶段无意识成分的作用大,随着学习的推进,意识成分逐渐增强,最终达到外显学习,但是完全内隐学习和完全外显学习几乎是不存在的(Lenoard & Sensiper,1998;郭秀艳,2004a)。分布式表征理论从理论角度论述了意识渐变的本质,指出信息表征质量的不断改进是意识渐变的根源。分布式表征理论较好地解释了意识研究中各种特异性功能机制假说,符合意识概念的解释性界定标准。Cleeremans 和 Jiménez(2002)从分布式表征理论出发,提出了内隐学习意识的渐进动态模型。他们认为学习过程中信息的处理过程是渐进的和连续的,信息表征的形成经历一个质量从弱到强的时间进程,它们在强度、时间稳定性和可区别性 3 个维度上递进变化,只有高质量的表征才能被意识捕获。在学习开始阶段,表征的形成是不稳定的,无法进入意识层面,这个阶段发生的是无意识的内隐学习。随着学习活动的进行,表征逐渐转变为分布式网络内部单元间的激活模式,稳定性不断提高,较高质量的表征开始进入意识层面,意识通过操作处于它监控下的这些表征来影响行为,可以认为此时发生了外显学习。当学习进一步进行,表征的质量进一步提高,以至于它可以摆脱意识的监控而直接影响行为,此时学习进入自动化阶段。

(三)边缘意识

"边缘意识"(fringe consciousness)研究支持了渐进意识观点。James(1980)最早提出边缘意识概念,边缘意识指知识经验引起的可被意识到的体验情感,可通过自我报告表达出来,并能对未来事件做出预测(Price,2002)。Mangan(1993,2001,2003)充实了边缘意识理论框架。边缘意识理论(Price,2002)认为,由于人类认知资源的有限性,注意系统不可能完全接纳与当前问题情境有关的所有细节。出于经济性原则考虑,系统将当前处理的焦点内容置于意识系统中心,而在其周围放置经过高度精简的过渡信息。一方面这些周边信息由于不处于当前注意的中心,难以被意识直接捕获;另一方面这些信息又具有帮助系统提取随后将要进入注意中心无意识信息的中介作用,处于边缘意识的信息通过比较长时记忆中的无意识表征与当前注意焦点所处理的信息的匹配程度来实现上述信息提取的中介功能,这种匹配程度以某种类似"对"或"错"、"熟悉"或"陌生"的元认知情感方式出现。因此,边缘意识是有限的认知资源和高效的信息处理能力之间妥协的产物,它简略了大部分感觉信息,以可被主体意识到的体验情感方式来传递意识和无意识系统间的信息,在功能和形式上都处于无意识和意识的中间状态(Price,2002)。Price(2002)提出了边缘意识的判定标准:一个是全局可知性;另一个是自我报告测验,例如主观评分(subjective ratings)。Destrebecqz 和 Cleeremans(2003)认为主观评分存在问题,整个实验完成后才评分,可能是对任务表现的打分而不是对序列知识意识性的评分。Destrebecqz 等人对主观评分进行了改进:生成实验的每个试次都进行了自信心评分。

Norman(2010)进一步给出了边缘意识的操作性定义。Norman 指出,由于边缘意识很难归结为纯粹的内隐或外显,它是特定知识经验引起的一类可被主体意识到的体验情感,而这些特定知识本身却不能进入意识层面。边缘意识状态的知识不仅具有与意识状态一样的认知灵活性和相关意识性体验,同时还具有和无意识状态一样的知识来源的主观不可知性,以意识程度而言,应该是处于完全意识和完全无意识的中间状态。边缘意识操作性定义的核心特征是习得知识和由习得知识引起的元认知情感的可意识性分离。可以看出边缘意识理论阐述了意识性体验的生成机制,符合意识解释性概念的界定标准。

由于传统的加工分离程序在测验意识性方面存在缺陷,Norman,Price 和 Duff(2006);Norman,Price,Duff 和 Rune(2007)采用改进的序列反应时学习任务考察了序列学习中的边缘意识。结果表明在序列学习任务中,被试表达出对习得序列片段的熟悉感,或是对后续序列位置的期待感,同时又不知道序列规则的存在,从而证明了边缘意识的存在。与 Dienes 和 Scott(2005)的研究结论一致。Dienes 和 Scott 提出了判断知识和结构知识概念,认为判断知识用来判断字符串是否符合语法,结构知识用来说明具体的语法结构,实际测验的学习结果如直觉和熟悉似乎是两者的混合体,既非"纯意识"亦非"纯无意识",其判断知识是意识的内容,而结构知识却是无意识的。

Destrebecqz 和 Cleeremans(2003)引入了反应刺激间隔(RSI,即当前被试反应与下一个目标刺激出现之间的时间间隔)变量控制,采用加工分离法进行测验。其假设为随着 RSI 的增加,习得知识表征的质量会提高,学习趋向于外显。结果表明,在 RSI 为 0 时,被试在包含任务中的表现显著高于随机水平,但无法完成排除任务,此时发生了无意识内隐学习;当 RSI 为 250 ms 时,被试在两个任务中的表现均高于随机水平,此时应该发生了意识性学习。然而研究同时发现,在 RSI 为 250 ms 时,被试的主观自信心评价与测试正确率没有相关,这种相关只有在 RSI 延长到 1500 ms 时才出现。自信心评价与任务成绩的相关是意识性加工的重要特征,在 RSI 为 250 ms 时的学习状态似乎是介于完全无意识和完全意识之间的某种中间状态。

国内研究者也在序列反应时研究中发现了意识中间体的存在证据,陈寒(2005)将 RSI 作为被试间变量,通过在递进的 RSI 条件下测验意识加工水平,发现序列学习活动中意识加工具有动态的渐进特征。在内隐学习的脑电研究方面,褚勇杰和刘电芝(2010)通过比较序列反应时学习中不同 RSI 条件下的事件相关电位 ERPs 特征,发现不同意识性认知加工存在大脑激活区域的差异,意识性程度越高,激活区域越广泛和弥散,意识性由小到大激活区域,也由后向前呈现连续变化的趋势。杨海波、郭成和刘电芝(2019)采用序列反应时范式和片段再认任务考察内隐序列学习进程中习得知识的发展与遗忘。实验 1 以学习进程为自变量,让被试分别学习 2、4、6、8、10、12 个组段。实验 2 操纵了学习与测验间的时间间隔,时间间隔有 0 小时、0.5 小时、1 小时、2 小时、4 小时、8 小时、24 小时、2 天和 7 天。结果发现:①内隐序列学习中习得的无意识知识多于意识知识;②随着学习的推进(学习了 6 个组段之后,开始模糊意识到序列知识),意识知识逐渐增加,而无意识知识则呈减弱趋势,证实了内隐学习的渐进意识特征;③习得的无意识知识具有抗遗忘性,而意识知识在间隔 8 小时之后开始出现遗忘。结果表明在内隐序列学习中,在学习的初始阶段无意识成分优于意识成分,随着学习的推进意识知识逐渐呈增加趋势,而无意识知识逐渐呈减少趋势,总体呈现出意识的渐进发展态势,证实了内隐学习的长时功效。戴惠、朱传林和刘电芝(2018)发现内隐序列知识具有边缘意识以及抽象性特点。

(四)记忆渐进双加工机制与加工流畅性

内隐学习意识性研究越来越表现出渐进取向(李林,2005),Kinder,Shanks,Cock 和 Tunney(2003)认为,内隐学习任务基于对先前学习项目的回忆提取,可以把内隐学习纳入内隐记忆研究框架中。内隐学习意识性研究的渐进取向和记忆渐进双加工机制有异曲同工之妙。再认记忆的双加工模型,认为记忆系统包括两个不同子系统(Mandler,1980;Yonelinas,1997,2002):内隐的熟悉性(familarity)系统和外显回忆(recollection)系统。Wixted 和 Mickes(2010),Ingram,Mickes 和 Wixted(2012)证实两个系统都是渐进的,其中熟悉性系统以熟悉性作为渐进指标,外显回忆系统以自信心和准确度作为渐进指标。回忆系统和熟悉性系统类似,两者可以在一个维度上连续变化。再认记忆任务中,被试首先搜索外显回忆系统,如果得不到匹配目标,则寻求内隐熟悉性系统。熟悉性来源于加工流畅性(processing fluency),当某些刺激相对于其他刺激更容易进行知觉加工时,被试往往将这种流畅性归为以前曾遇到过此刺激,因而产生熟悉感(Kelly & Jacoby,2000)。Buchner 使用知觉澄清方法(perceptual clarification procedure)研究人工语法学习中加工流畅性和熟悉性的关系。知觉澄清法指目标刺激隐藏在掩蔽刺激后,掩蔽刺激以一定的速度澄清以逐步显现出其后的目标字符串,在掩蔽刺激澄清过程中,被试对目标刺激的辨别速度越快,加工流畅性越高,对项目熟悉性越强。一定程度上验证了人工语法学习中熟悉性是语法判断的来源。后来 Kinder,Shanks,Cock 和 Tunney(2003)通过改进的知觉澄清法,发现加工流畅性和语法判断存在相关。但内隐学习领域,Reber,Schwarz 和 Winkielman(2004)认为,加工流畅性来源于纯粹接触效应(mere exposure effect)。在测试阶段被试会更倾向于选择旧项目,而不是新项目。Gordon 和 Holyoak(1983)、Zizak 和 Reber(2004)证实了纯粹接触效应。

Scott 和 Dienes(2008)进一步提出了校正熟悉性模型(Calibrated Familiarity Model-CFM),描述了熟悉性用以语法判断的模式和自信心随熟悉性分布而产生的模式。Scott 和 Dienes 认为熟悉性知识是偶发学习(incidental learning)的唯一知识来源,但不是精加工学习(deliberate learning)的知识来源。人工语法学习中的熟悉性来自新旧项目的知觉相似性引发的加工流畅性和概念流畅性,他们使用主观熟悉性信心评价来研究意识加工的影响。在这个模型中,与项目平均熟悉性相差越大,被判断为合法或非法的可能性和信心都越高,与平均熟悉性越接近,判断的信心越低,但判断成绩仍然高于随机水平,此时的知识形态相当于意识性的判断知识和无意识的结构知识(Dienes & Scott,2005)。当信心指标低于自信心阈限则进入无意识加工阶段,此时被试用以完成任务的知识相当于无意识判断知识和无意识结构知识。校正熟悉性模型描绘出人工语法学习中熟悉性的连续渐进特点,这种连续渐进式跨越自信心阈限,它连接了无意识加工和意识加工,侧面验证了内隐学习和外显学习的整体连贯性。(见图2-3)

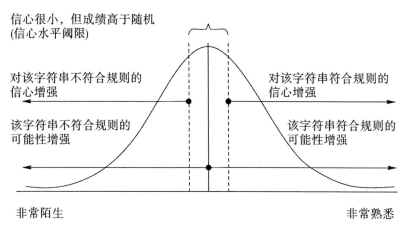

图2-3 校正熟悉性模型(Scott & Dienes,2008)

三、内隐学习意识的影响因素

(一)RSI

Destrebecqz 和 Cleeremans(2001,2003)指出在序列反应时任务中 RSI 影响了表征质量和感知流畅性。RSI 越小,在任务反应中越有利于个体操作的感知流畅性,而感知流畅性将促进熟悉性加工(即无意识加工);RSI 越大,个体在任务反应时越有更多时间去思考刺激出现的位置规则,从而在测试阶段促进了意识性提取(即意识加工)。Norman(2007)的研究也支持 RSI 是影响内隐序列学习意识性的因素。Willingham,Greenberg 和 Thomas(1997)认为长的 RSI 影响短时记忆进而影响内隐学习,Willingham 等人发现,长的 RSI 影响的是序列知识的表达而非内隐序列学习本身。戴慧(2013)发现随着 RSI 的增加,被试的意识状态出现渐进性变化,RSI 为 750 ms 时的迁移效果最好。

(二)情感开放性

情感开放性指高分者能够体验更深入、更丰富多样的情感状态,感觉到更强烈的快乐和不快乐等情绪。低分者则有些感觉迟钝,并且不相信那些感觉很重要(张剑心、武燕、陈心韵、刘电芝,2014)。研究发现内隐序列学习意识程度与人格的情感开放性有关。Norman,Price 和 Duff(2006)发现,在 RSI 为 0 ms 和 250 ms 时被试的包含任务成绩表明存在外显学习,但 RSI 为 0 ms 时被试的包含测试成绩与 NEO 人格量表中的情感开放性子量表的结果正相关,与严谨性子量表呈负相关,而 RSI 为 250 ms 的被试成绩则未与量表数据产生相关。Norman 等人认为较高情感开放性被试在 RSI 为 0 ms 时对序列规则处于从完全内隐向意识转化的边缘意识状态。Norman,Price,Duff 和 Rune(2007)增加了材料难度,在 RSI = 0 ms 和 RSI = 1000 ms 条件下没有发现人格因素与意识指标的相关性。Norman,Price,Duff 和 Rune 认为无相关的原因可能是情感开放性子量表测验边缘意识感受性的效度低。张剑心、武燕、陈心韵和刘电芝(2014)采用 Norman,Price,Duff 和 Rune(2007)的实验范式,将非主序列的习得量作为新的测验方式,却发现和 Norman 等人(2007)的相反结果:在 0 ~ 1000 ms 等距的五个 RSI,情感开放性都影响了内隐序列学习本身,而不只是影响意识程度。高情感开放性者在较低的 RSI 时,对新异刺激(非主序列)更敏感。低概率序列的习得,可作为测验概率性内隐学习及个体差异的新指标。转移组块作为对内隐学习量的经典测验,在概率性内隐序列学习中,只对低情感开放性者在 RSI = 0 ms 时有效,对低情感开放者其他 RSI 及高情感开放性者无效。

(三)新异刺激

Rünger 和 Frensch(2008)认为,在内隐序列学习中加入新异刺激能够促使被试产生对序列结构的意识。Rünger 和 Frensch(2008)及 Haider 和 Frensch(2009)的研究发现:在对某一序列规则内隐学习一段时间后,突然改变序列规则,被试对原序列的意识增强。Schwager,Rünger,Gaschler 和 Frensch(2012)也得到相同的结果。他们认为新异刺激是导致意识突然产生的根本原因,支持意识的二分理论。但是在以上实验中,新异刺激的量非常大,与原刺激相当,并且是集中学习,因此把这种大量新异刺激引起的意识的质变定义为突变是不恰当的。

黄建平、张剑心和刘电芝(2015)的研究操纵新异刺激(序列学习的转移组块)的数量和分布位置,发现只有当新异刺激具有足够的数量并处于合适的位置时,才能增强原刺激意识程度,这支持了渐进理论。从逻辑上来说,即使新异刺激可以立即导致意识产生,证明二分理论成立,但也不能否认渐进理论。在没有新异刺激的内隐序列学习中,意识就是随表征质量提高而渐进产生的。新异刺激对意识程度的影响,可能存在复杂的机制,是符合二分理论还是渐进理论,甚至符合两者,尚需进一步研究。

(四)参与度

Song,Howard,Howard(2007)和 Willingham(1999)发现动作反应能更好地促进内隐序列学习,因为它促进了纯粹接触效应(Reber,Schwarz & Winkielman,2004),也就是说,被试在实验中参与度越高,与实验材料接触越多,越有利于无意识学习。而低参与度减少了纯粹接触效应,削弱了熟悉性加工,但有利于个体关注刺激的呈现规则(Reber,Schwarz & Winkielman,2004)。

(五)睡眠

睡眠能促进内隐序列学习知识表征的意识化。内隐序列学习包含在线学习(学习阶段)和离线学习(巩固阶段)两个阶段,离线学习阶段是知识巩固的重要过程,睡眠是影响离线学习的重要影响因素(Janacsek & Nemeth,2013)。Wanger,Gais,Haider,Verleger 和 Born(2004)设置了五组,分别为夜晚睡眠组、夜晚清醒组、白天清醒组、白天控制组和夜晚控制组,其中控制组没有离线学习阶段。结果发现,夜晚睡眠组的外显比例最高,显著高于其他四种,其他组别之间没有显著差异。这表明睡眠促进了内隐序列学习的意识性。

(六)线索

Song,Howard 和 Howard(2007)发现有意学习条件下线索有助于获取序列的外显知识;当颜色线索消失后,有意学习条件下没有发现外显知识。无意学习条件下无论是否存在颜色线索,都没有发现外显知识。

四、内隐学习意识状态的脑机制研究

(一)意识状态的 ERP/EEG 研究

需要注意的是有时 ERP 实验要求和内隐序列学习范式有一定冲突。例如在 RSI 较低(如 0～250 ms)的设定下,由于两个试次之间的时间间隔太短甚至没有,前一试次的 ERP 晚期成分会对下一试次的 ERP 基线产生干扰,从而无法进行 ERP 分析。内隐序列学习意识状态的脑电研究,有以下 4 种具体施测方式。

第一,直接设置内隐学习组和外显学习组,分析学习阶段的 ERP 特征。内隐序列学习过程中,被试对呈现的刺激进行预期,并对预期行为进行纠错,相应指标为错误相关负波(Error related negativity,ERN)。ERN 被认为是当注意到所执行的反应和反应选择的结果不匹配时产生的错误监测指标,是一种纠错电位,出现在前扣带皮质区位置。Rüsseler, Kuhlicke 和 Münte(2003)发现外显组被试的 ERN 波幅显著大于内隐组被试,表现出更多的纠错倾向。

第二,通过测验阶段成绩分离出内隐学习被试和外显学习被试,然后分析内隐和外显被试学习阶段的 ERP 特征。N100、P200 属于外源性 ERP 成分,受刺激的物理特性,如强度、类型和刺激频率等影响。P300 和 N400 属于内源性 ERP 成分,与特殊的感知或认知加工有关,不受刺激的物理特性影响。P300 是反映意识性程度的有效指标。N200 是意识成分还是无意识成分,还没有统一结果。Rüsseler, Hennighausen, Münte 和 Rosler(2003)发现外显序列学习包含 N200 和 P300,内隐序列学习没有这两种成分。Ferdinand, Mecklinger 和 Kray(2008)却发现内隐和外显序列学习中存在 N200(Eimer, Coschke, Schlaghecken & Stürmer, 1996; Rüsseler, Kuhlicke & Münte, 2003)。Fu, Bin, Dienes, Fu 和 Gao(2013)认为可能在内隐被试中,存在没有习得的序列片段,稀释了 N200 的作用。他们进一步对没有习得、内隐习得和外显习得进行对比,结果表明 N200 是内隐序列学习的 ERP 特征,P300 是外显学习的 ERP 特征。因此 P300 可以作为意识测验的指标,N200 可以作为内隐序列学习程度的指标。

第三,从内隐知识转化为外显知识的 EEG 特征。要获得从内隐转化为外显的过程,一种方法是睡眠。Wagner, Gais, Haider, Verleger 和 Born(2004)使用数字减少任务(number reduction task,NRT)证实了睡眠能够促使被试的内隐知识转化为外显知识。Yordanova, Kolev, Wagner, Born 和 Verleger(2012)使用该范式发现只有慢波睡眠中的 Alpha(8 ~ 12 Hz)成分和意识转化有关,而 Beta 波和意识转化无关。另一种方法是直接探测从内隐知识转化为外显知识的 EEG。这种方法需要对内隐外显的转化过程有准确的界定和提取。内隐知识何时转化为外显知识,不能使用自信心评价或直接询问被试的意识状态,因为这将导致被试对规则的有意学习(Dienes & Scott, 2005; Persaud, Mcleod & Cowey, 2007)。Haider 等人认为内隐学习过程中,外显知识出现时,反应时会快速下降(Haider & Frensch, 2005; Haider & Rose, 2007)。Rose, Haider 和 Büchel(2010)首创了反应时快速下降(连续 3 个反应时快速下降)并结合言语报告的在线监测方法(online),寻找内隐知识转化为外显知识的临界点。Rose 等人采用颜色比对任务（color comparison task），向被试呈现配对颜色（红色、绿色和蓝色），当配对颜色一致时（红色—红色），反应键和配对颜色相一致（红色）；当配对颜色不一致时（红色—绿色），反应键和剩余颜色相一致（蓝色）。被试不知道的是，4 个按键反应作为一组，第四个按键反应和第一个按键反应始终保持一致（与颜色无关）。每一组的第四个按键是可预测的（主序列），其他 3 个按键是不可预测的（非主序列）。对被试的按键反应时进行在线监测，在线分析主序列和非主序列反应时差值的变化，找到反应时的突变点（RT drop）（第四个和第一个按键相同，一旦发现这个规律，反应时容易出现突变点）。并通过言语报告，考察被试的外显知识。最后选取突变点之前的一部分试次作为意识转化区间，分析该区间的 EEG 特征和 fMRI 激活。结果表明，产生外显知识的被试在意识转化区间，右侧前额叶和枕叶的 gamma 波耦合增强，右侧腹外侧前额叶皮质（ventrolateral prefrontal cortex）和腹侧纹状体（Ventral striatum）的功能联结也增强；而内隐被试没有这些变化。Wessel，Haider 和 Rose（2012）得到相同的结果，证明右侧前额叶和枕叶的 gamma 波的耦合增强预测内隐知识转化为外显知识。我国学者褚勇杰和刘电芝（2010）没有区分内隐和外显被试，通过反应—刺激时间间隔（RSI）操纵被试的意识性。结果发现序列学习意识性随着 RSI 的增加而增加；P200、P300 波幅更正，N100、N400 波幅更负。P300 波幅随 RSI 增加而增加，说明序列学习的意识性随 RSI 的增加而增加。不同意识性认知加工存在大脑激活区域的差异，意识性程度越高，激活区域越广泛和弥散。意识性由小到大激活区域有由后向前连续变化的趋势。

第四，分析内隐组中内隐和外显被试测验阶段的 ERP 特征。该方法测试的是知识提取过程，而非知识习得过程（林颖，2003；唐菁华，2010）。对测验阶段的新、旧序列片段进行比较（新旧效应）：熟悉感对应刺激呈现后300～500 ms 前额出现的 FN400 成分；再认回忆对应刺激 400～800 ms 顶叶出现的正向成分（Friedman & Johnson，2000；Mecklinger，2000，2006；Rugg & Curran，2007）。Ferdinand，Rünger，Frensch 和 Mecklinger（2010）根据言语报告成绩把内隐序列学习组被试分为报告组、部分报告组和不能报告组，分析再认任务的 ERP 特征。以刺激出现为起始点，发现只有报告组在三联体的第二个和第三个刺激的 300～500 ms 顶叶和中央区出现正向成分的新旧效应（即再认回忆）。此外还发现第二个刺激 900～1000 ms 中央区的 CNV，和第三个刺激顶叶的 N100。他们认为第二个刺激出现 CNV，表示被试回忆起了序列规则，并做好了对第三个刺激的反应；而第三个刺激的 N100 表示由于成功的回忆，被试的注意自动快速集中到了第三个刺激的位置。以反应出现为起始点,发现报告组在第三个刺激的 100 到 100 ms 前额、中央区和顶叶出现更负的新旧效应;而不能报告组出现相反刺激的新旧效应,即前额、中央区和顶叶波幅更正。因此,300 ~ 500 ms 窗口的顶叶和中央区的正向成分,900 ~ 1000 ms 中央区的 CNV,N100 可以作为意识测验指标。

(二)内隐序列学习意识状态的脑成像研究

和 ERP 实验不同,fMRI 和 PET 实验不受 RSI 的限制。Penhune 和 Steele (2012)认为纹状体负责刺激反应联结学习和位置预测,小脑负责形成优化的运动模块和运动控制及错误修正,运动区(M1)负责存储学习到的序列表征。

1. 内侧颞叶(MTL)、基底神经节与意识状态

早期观点认为包括海马在内的内侧颞叶和外显学习有关,基底神经节和内隐序列学习有关(Squire,2009),有人质疑此观点。Gheysen,Van Opstal, Roggeman,Van Waelvelde 和 Fias(2010)的研究发现在内隐序列学习过程中,海马参与了早期和后期的所有加工。Rose,Haider,Salari 和 Bchel(2011)进一步研究发现海马只有在知觉内隐序列学习中被激活,而在单纯的运动内隐序列中没有被激活。他们认为海马参与联想学习,内侧颞叶参与各种知觉特征的整合(Gheysen & Fias,2012),而与是不是内隐或外显学习无关。Rieckmann,Fischer 和 Bäckman(2010)发现年轻人在内隐序列学习中,随着纹状体激活增加,内侧颞叶的激活减弱,说明两者是竞争关系;而老年人则随着纹状体激活增加,内侧颞叶激活也增加,内侧颞叶是补偿机制(Lin, Chiang,Wu,Iacoboni,Udompholkul,Yazdanshenas & Knowlton,2012)。这些研究表明,即使内侧颞叶在内隐序列学习中得到激活,在年轻人中也是与纯粹的内隐序列学习的脑区纹状体产生了竞争;在老年人中则是对退化的纯粹内隐序列学习脑区纹状体进行补偿,说明它本来不是负责内隐序列学习的。内侧颞叶可能不是无意识成分的相关脑区,它是否与意识有关,值得进一步探索。

2. 腹侧纹状体、cACC 脑区与意识状态

Berns,Cohen 和 Mintun(1997)采用 PET 技术探寻在学习的中途改变刺激规则时所产生的冲突。PET 扫描的结果显示,在规则转换期间,右脑腹侧纹状体(Right Ventral Striatum)区域血流量的增加最为明显,说明腹侧纹状体在无意识情况下监视内隐序列规则的变化。Ursu,Clark,Aizenstein, Stenger 和 Carter(2009)通过 fMRI 发现:违反了内隐规则的高冲突刺激较没有违反内隐序列规则的低冲突刺激,cACC 脑区的活动会增强。表明 cACC

脑区可以反映大脑对认知冲突的无意识监控。

3. 前扣带回、中央前额叶皮质(ACC/MPFC)与意识状态

前外侧前额叶皮质在外显学习中发挥作用(褚勇杰、刘电芝,2010;郭秀艳等,2008)。Rose,Haider 和 Buchel(2005)发现右腹侧前额叶皮质在内隐序列学习中发挥着检验错误的角色,这种功能在 Rünger 和 Frensch(2008)看来对形成外显记忆很重要。Destrebecqz 和 Peigneux(2005)发现纹状体和内隐成分相关,前扣带回、中央前额叶皮质和外显成分相关。更重要的是,他们同时考察了接近内隐学习的 RSI 为 0 ms 和接近外显学习的 RSI 为 250 ms 的序列学习,发现只有在 RSI 为 250 ms 时,前扣带回、中央前额叶皮质和纹状体产生了同步性,即功能联结,也就是前扣带回、中央前额叶皮质控制了纹状体的激活,外显成分控制内隐成分。但是在 RSI 为 0 ms 的内隐序列学习中没有发现这样的功能联结。因此,前扣带回、中央前额叶皮质和纹状体的功能联结程度可以作为意识测验的指标。

内隐序列学习的脑电和脑成像研究,采用意识的二分法,只比较了内隐和外显学习的 ERP/EEG 和脑激活特征,很少有研究从无意识到意识的连续变化中对所有意识状态进行考察。Zhang 和 Liu(2021)记录了睁眼和闭眼状态下静息态 fMRI,考察了猜测、直觉、流畅/熟悉、规则和记忆 5 种渐进意识及其波动(fluctuations)的脑机制。结果发现很多脑区与不同意识状态和意识波动有关,低频振幅差异可以作为渐进意识及其波动指标。Zhang,Wang,Zhang,Chen 和 Liu(2021)将序列知识分为未习得知识、不受控制知识、半控制知识和控制知识。这 4 种知识的正性静息态网络从感觉运动网络渐进到躯体感知运动网络,再到内隐学习网络和意识网络;负性静息态网络从意识网络渐进到感觉运动网络。结果支持了互斥理论,证实了互斥理论的有效性。

第二节　意识测验方法

内隐学习的研究范式众多,它们采取不同实验材料、实验程序以收集数据,但是面临一个共同问题,那就是如何分离被试的学习水平和意识水平。意识科学研究成功的关键在于是否采用直接客观的意识测验方法。可惜的是目前还没有能够测量意识的"尺子",我们只能通过可观察到的行为对意识和无意识进行推测。但通过行为推测意识存在问题,使用猜测标准和零

相关标准可以对未习得知识（absence of knowledge）和意识性知识的出现（presence of conscious knowledge）进行评估。但从根本上讲，无法对无意识知识的出现（presence of unconscious knowledge）进行评估（Persaud，McLeod & Cowey，2008）。以至于同一个实验采用不同的意识测验方法，或者同一意识测验实施于不同的实验设计中，往往出现不一致甚至矛盾的结果（Rünger & Frensch，2010）。

一、意识测验标准

（一）意识与无意识界定

意识的界定是意识测验的基础。可以从意识阈限角度探寻意识与无意识区分的标准。Cheesman 和 Merikle（1984）、Reingold 和 Merikle（1988）在知觉的阈限理论中提出了主观阈限（subjective threshold）和客观阈限（objective threshold）两个概念。他们把被试报告其不能知觉到的那个临界点作为主观阈限；将被试分辨正确率达到随机水平时的临界点作为客观阈限。他们认为，主观阈限与客观阈限之间，就表征无意识效应（unconscious effect）。但是主观阈限的临界点可能并非确定的一点，随着任务、主观状态、个人特征等因素变化的动态概念；客观阈限定义的知觉分辨临界点经常用于启动实验，在客观阈限以下的刺激信息仍可能引发启动效应（Marcel，1983）。主观阈限和客观阈限都需要用言语报告。研究学者对被试言语报告的准确性存在质疑，人类语言的丰富程度远不及意识体验本身。语言有时候不仅不能够描述我们的体验，还可能起到阻碍和抑制作用。就像 Reber（1969）实验中发现的，当试图鼓励被试寻找和描述规则时，他们似乎失去了可以引导正确方向的感觉。Haider，Eichler 和 Lange（2011）认为，意识加工程度低不等于无意识，内隐学习部分知识是可以达到主观阈限之上的，将主观阈限作为内隐学习意识与无意识的界限，导致实验分离的研究取向，不利于对加工程度量化的测量，导致内隐学习研究中测量方法效度不高的困境。

Shanks 和 John（1994）将主观标准和客观标准作为区分意识与无意识的标准。例如被试在序列学习实验中对于序列刺激的反应显著快于对随机刺激的反应，但却不能回忆起关于序列的任何知识，这种情况下就认为发生了内隐学习。如果被试可以回忆或再认部分序列，但这些片段知识并不足以解释反应时的下降，则表明至少部分已习得的序列知识是内隐的。这种分离被称为"量的分离"。对"量的分离"的解释存在着很大的争议（Shanks & John，1994）。最初的分歧集中在对于外显和内隐知识的区分应该执行主观标准还是客观标准上（Cheesman & Merikle,1984）。关于序列学习,对于主观标准来说,当被试在序列反应时任务中反应显著加快,而又否认觉察到了序列结构并且不能回忆序列内容,那么根据主观标准,便被视为无意识的习得了知识。而客观标准则要求被试对一些再认项目做迫选任务,如果被试的成绩处于随机水平,那么,就认为被试不能区分新项目和旧项目,如果同时被试的反应时明显下降的话,就认为被试内隐习得了知识。但是不管是主观标准还是客观标准,都存在着缺陷。应用主观标准的被试,可能习得了一些关于序列的片段,但是如果他倾向与设定比较严格的回答标准,或自信不够的话,那么他倾向与报告没有习得规律（Cohen, Ivry & Keele, 1990）。Shanks 和 John（1994）对于主观标准的应用提出了质疑。他们认为言语报告并不是测量内隐知识足够敏感的指标。因此,两人提出使用客观标准作为指标。然而,客观的再认迫选法同样存在问题。因为被试对于再认判断的标准可能是基于有意识的回忆或熟悉的感觉,而这又回到了主观标准（Jacoby, 1991）。

Dienes, Almann, Kwan 和 Goode（1995）, Dimes, Altmann 和 Goode（1995）对于意识和无意识的主观测量,提出了以下两条标准。

第一,猜测标准（guessing criterion）,即被试的表现好于基线水平,自信心测量却表明被试只是猜测,表明被试知识是内隐的（Cheesman & Merikle, 1984; Dienes, Altmann & Goode, 1995）。Cheesman 和 Merikle（1984）称此标准为猜测标准,猜测标准最早起源于 Cheesman 和 Merikle 的知觉阈限理论。他们向被试呈现四个色词中的一个,然后进行掩蔽,要求被试报告所呈现的色词。当色词与掩蔽的时间间隔（SOA）由长变短时,被试成绩随之下降。而且被试声称自己猜测时,他们的成绩超过随机水平。研究者认为猜测能够作为辨别知识内隐性的标准。猜测标准是对主观阈限的延伸,被试认为自己在猜测,但行为成绩却高于随机水平。但是将猜测标准应用于内隐学习时,会引发一些问题。例如,当要求被试评估自己在学习过程中获得的知识或行为反应时,被试的猜测标准随量表量程大小（4 点量表比 8 点量表更容易选择猜测的选项）、规则复杂性、指导语的指向明确性以及被试的保守程度高低而变化。我们需要的是不受量程影响,与个人、任务因素关系不大的客观标准（Dienes, 2008）。

第二,零相关标准（zero correlation criterion）,即被试行为表现的成绩和自信心之间的相关。如果两者没有相关,则说明被试不能确定他的判断是猜测还是确定,也就是说他没有办法区分猜测和提取知识的心理状态,说明他的知识是内隐的（Dienes, Altmann & Goode, 1995; Dienes & Berry, 1997）,

Chan(1992)称此标准为零相关标准。Chan(1991)要求被试在每次分类判断后,做出自信心评定(50%为完全猜测,100%为完全确定)。结果发现,被试无意学习时,对正确答案和错误答案同样自信,而自信心与准确率之间的相关系数近为0.2;当被试有意学习时,被试对正确答案的自信心程度高于错误答案,自信心与准确率之间的相关系数为0.54,显著高于无意组。也就是说,无意组被试对习得的知识缺乏元认知,外显组被试则不是。因此,如果自信心和准确性之间没有相关,那么可以判定习得的知识是内隐的。

零相关标准的理论基础是高阶表征理论和高阶思维理论。高阶表征理论(Higher Order Representation,HOR)认为,如果一个心理状态是某个有意向的心理表征内容,那么就认为这个心理状态是有意识的。如果我们要对当前的感觉(例如颜色视觉)产生意识,那么这个感觉必须是我们意识表征的内容,表征意味着我们可以对其内容进行"思考""判断"和"推理"。高阶表征理论缺陷在于,意识表征要求过于严格,以至于形成关于某物的意识必须首先形成关于该事物的表征,而后保证该表征是有意识的。研究者提出疑问:如果表征出错,是否意味着我们可能并不存在的对象产生意识? 这与意识的独享特征相互矛盾。后来Rosenthal(2005)提出了意识的高阶思维理论(Higher Order Thought,HOT)。他认为,我们只需"想到"一个心理内容,就构成了该心理内容有意识的充分条件。由于是"想",所以意识仍具有私人性,不存在验错的问题,不会消耗太多的认知资源。我们可以进行一次简单的意识之旅:看到一把手枪,我们可以产生看到这把手枪的视觉体验;我们可以产生"我想我看到了一把手枪"的二级思维;进一步,我们还可以产生"我想我刚才认为我看到了一把手枪"的三级思维,以此类推……

在高阶思维理论基础上,Dienes提出,如果我们能够对事件的一级心理状态进行思考,那么我们也对它的确定性应该与一级心理状态本身的客观特征相关,当二者之间的相关性大于零时,就认为人们对一级心理事件是有意识的,如果相关性等于零(或者小于零),就认为人们对一级心理事件是无意识的,这就是零相关标准。零相关标准认为,当人们对知识的自信心水平与其相应知识水平之间相关为零时,就认为他们的知识是无意识的(Dienes,Altmann,Kwan & Goode,1995;Dienes & Longuet-Higgins,2004;Ziori & Dienes,2006)。相对猜测标准来说,零相关标准是对心理状态更为完备的检验,自信心水平与知识水平的相关具有相对性,在一定程度上减少了被试因主观评价上的偏差带来的影响。零相关标准计算方式:Chan(1992)在实验中直接计算连续的自信心水平和行为成绩之间的相关;Dienes 和 Perner(2004)在实验中直接比较正确行为和错误行为之间的自信心差异;Tunney

和 Shanks(2003)则提出直接测量和比较高、低自信心水平条件下的行为
成绩。

有学者对零相关标准有效性提出疑问:如果被试倾向给出保守或激进
的自信心估计,例如只选择 60% 左右的自信心,或全部选择 100% ,如何对其
进行零相关标准验证呢? 方法一是使用指导语鼓励被试提高或降低自信
心:对于那些过于保守的被试,实验要求他们"对自己的判断多一些自信心,
注意观察自己的内心感觉";对于那些激进的被试,实验则告知"太过自信
了,也许可以尝试更谨慎一些"。方法二是改进统计方法,根据常用的假设
检验方法,零相关标准的零假设是自信心与知识不存在相关,我们证明知识
无意识需要的统计结果是接受零假设,会犯第二类错误。为了提高实验发
现无意识知识的能力,研究者需要抽取更多的样本,运用一切方法增加统计
效力(降低第二类错误)。Dienes 提出,可以用贝叶斯统计方法来进行零相
关标准的验证。

Dienes 和 Scott(2005)后来又提出了第三条标准:结构知识贡献标准,即
被试判断答案时,对结构知识进行评估,未发现结构知识,则知识是内隐的。

Augusto(2016)将意识等同于可以做出口头报告的能力。认为主观阈限
指被试认为辨别知觉信息成绩达到随机概率时所对应的水平,客观阈限指
被试辨别知觉信息确实处于随机概率时对应的水平。采用了主观阈限作为
区分意识和无意识的界限,而没采用客观阈限。认为意识和无意识可以按
照以下标准进行区分:①目的性标准(intentionality criterion),即被试获取或
使用知识时是否具有目的性、是否使用策略(Jacoby,1991;Jacoby,Lindsay &
Toth,1992);②元认知标准(metaknowledge criterion),即被试获取或使用知
识时是否意识到(Dienes & Berry,1997;Dienes & Perner,2002)。具体包括猜
测标准(Cheesman & Merikle,1984;Dienes,Altmann,Kwan & Goode,1995)和
零相关标准(Chan,1991;Dienes,Altmann,Kwan & Goode,1995);③口头报告
标准(reportability criterion),即被试是否能口头报告出来他们获取了何种知
识。这些标准意味着意识的阈限(Cheesman & Merikle,1984,1986)。

(二)意识测验标准

关于意识测验,Shanks 和 John(1994)指出直接测验必须满足两个标准
才能准确地区分内隐知识和外显知识。一个标准是敏感性标准(sensitivity
criterion),类似于 Cleeremans(1997)提出的穷尽标准(exhaustivity criterion),
要求外显测验对被试所有意识到的知识都敏感。主要有两个因素影响到测
验敏感性:一个因素是被试可能由于不确定性或缺乏动力而不报告出来他

们知道的;另一个标准因素是学习阶段和言语报告阶段的情境不同,这两个因素都会降低测验的敏感性。另一个标准是信息标准(information criterion),所测量知识必须是学习中实际控制行为的知识。并指出判断一种知识到底是内隐的还是外显的主要基于在任务中两种成绩的分离和是否有意识参与。

Higham,Vokey 和 Pritchard(2000)进一步指出,直接测验和间接测验必须满足以下 3 个标准:①排他标准(exclusive criterion),直接测验不能受无意识知识的影响,间接测验不能受意识性知识的影响;②信息标准,直接测验不能受到与正在测试的意识知识相关的其他意识性知识的影响;③敏感性标准,直接测验必须能测量到所有能促进间接测验成绩的意识性知识。Higham 等人认为这三条标准很难满足,随着意识测验方法的敏感度不断提高,从原先被认为是无意识的学习行为中不断提取出意识性知识,而原先被认为纯意识加工的过程也受到无意识加工的影响,一定程度上违反了上述标准。

Timmermans 和 Cleeremans(2015)认为,意识测验应遵循 Newell 和 Shanks(2014)提出的测验标准:相关性(relevance)、即时性(immediacy)、敏感性(sensitivity)和可靠性(reliability)。

二、意识测验方法

随着内隐学习研究的深入,越来越多研究发现意识和无意识加工普遍共存于认知活动中(Kinder,Shanks,Cock & Tunney,2003),意识测验经历了从以阈限为基础的分离逻辑转变为意识和无意识加工贡献率的逻辑的过程(Timmermans & Cleeremans,2015)。如何对知识的内隐性和外显性进行区分就成为内隐认知研究的首要问题(杨海波,2015;Augusto,2016;Dehaene-Lambertz & Peña,2001;Lieberman,Chang,Chiao,Bookheimer & Knowlton,2004;Peña,Nespor & Mehler,2002;Rosas,Ceric,Tenorio,Mourgues,Thibaut,Hurtado & Aravena,2010;Schendan,Searl,Melrose & Stern,2003;Thomas,Vizueta,Sommer,Durston,Yang & Worden,2004)。(见图 2-4)

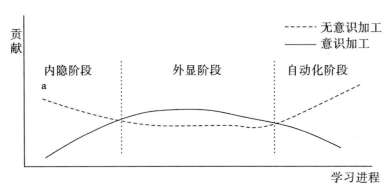

图2-4 意识加工和无意识加工对学习的影响
(引自杨海波,2015)

目前内隐学习中意识概念的界定遵循两种理论取向:二分取向和渐进取向。二分取向按照两种实验逻辑展开,一是任务分离范式(task dissociation,Sherry & Schacter,1987),二是加工分离程序(process dissociation procedure,PDP,Jacoby,1991)。分离法的逻辑:C测验代表被试对信息的意识程度,P测验代表对此信息的行为敏感性。无意识加工就是P测验结果表现出敏感性,但是C测验没有表现出敏感性。例如启动效应,被试报告(C测验)没有看见启动词,但对目标词的加工确实表现出易化(P测验)。分离法逻辑应用于心理学众多领域,1924年McDougall第一次探究了内隐、外显的分离,主要考察知识和记忆分离;1967年Reber将分离逻辑应用于学习领域;1985年Graf和Schacter将分离逻辑应用于记忆领域;1995年Greenwald和Banaji将分离逻辑应用于社会心理学领域。在内隐学习领域,任务分离范式是采用诸如言语报告的直接测验方式和习得量的间接测验方式,来进行内隐学习和外显学习的分离,以间接测验的成绩高于直接测验的成绩来证实内隐学习的存在(郭秀艳,2003)。但是这种分离逻辑存在缺陷:①C测验和P测验不能同时获得,可能发生遗忘;②C测验所测得的信息可能与从事的任务无关,即不符合信息标准和相关标准;③C测验和P测验不符合敏感度标准,C测验和P测验对同一信息敏感度不同。例如内隐学习研究中存在测验任务意识纯净性问题(郭秀艳,2004;Destrebecqz & Cleeremans,2001,2003;Jacoby,1991;Norman,Price & Duff Mentzoni,2007)和习得量反映的是意识知识和无意识知识共同作用效果问题(杨海波、刘电芝,2016;Meier & Cock,2014;Shanks & John,1994),任务分离范式的实验逻辑逐渐被研究者所抛弃。

　　有人对此提出了改进方法。一个是 Reingold 和 Merikle(1988)认为,对意识的完全测量应该禁止使用直接测量法和间接测量法;另一个是 Jacoby (1991)提出的加工分离程序。Jacoby 提出的加工分离程序,通过包含测验和排除测验来分离意识和无意识,该范式被认为是"一种最直接和最客观的测量意识和无意识贡献的有效程序"(段海军、连灵,2012)。由于习得知识在意识水平上并非以全或无的形态出现,因此研究视角开始由意识和无意识的二分取向转向意识和无意识量化分离或者渐进取向(郭秀艳,2004)。意识的渐进取向建立在意识连续体理论和分布式表征理论的基础之上。意识二分论实质上是渐进意识假设在功能层面上的一种表达,它着重展现意识渐进体中相隔较远的两个层面的质的差异;而渐进假设则致力于给出意识程度的量化改变所致的发展性过程描述,两者并非对立关系,而是从不同层面揭示了内隐学习的心理特征(张润来、刘电芝,2014)。

　　意识研究的难点在于如何用客观方法检测主观存在的现象(Searle, Dennett & Chalmers,1997),目前还无法直接测量意识的内容(Seth, Dienes, Cleeremans, Overgaard & Pessoa,2008)。可以从两个维度划分意识测量方法:直接测验—间接测验;主观测验—客观测验(Timmermans & Cleeremans, 2015)。直接测验和间接测验的区别在于测量指标是否直接反映了意识;主观测验和客观测验的区别在于测验方法的主观性。例如迫选测验是直接的客观测量,反应时是间接的客观测验;言语报告是直接的主观测验,言语报告相关的脑机制是间接的主观测验。需要指出的是,目前所有测验方法,无论是主观方法还是客观方法,都不是对意识的直接测量,无法采用客观方法来完全有效地直接测量作为主观存在的意识(Seth,2008)。本书主要从主观测验—客观测验维度划分,目前意识测验面临一个两难问题,即主观测验可能会低估外显知识,而客观测验又可能会高估外显知识。

(一)主观测验

1.言语报告

　　有人认为意识就是全面激活。按照这个定义,如果知识能表达出来就是有意识的。言语报告(verbal report)是表达知识的一种方式。言语报告被认为是意识水平较高的测验方式,被试不仅需要意识到自己报告的知识,还需要对知识进行语言的编码和提取。还有一种表达知识的方式,即自由报告(free report),言语报告优于自由报告,因为自由报告存在时间延迟的问题,而且没有呈现回忆线索,有的外显知识没有被报告出来。当然"知识能表达出来就是有意识的"假设存在一些问题,测验任务对知识的敏感性不同,有的测验任务表达出意识知识,有的测验任务没有表达出意识知识。例如 Jiménez,Mendez 和 Cleeremans(1996)考察了序列反应时任务中的知识表达,结果发现反应时指标上存在序列学习,但是序列生成任务没有发现序列学习,还可能是由于测验任务对知识敏感性不同造成的(Shanks & John,1994)。

人工语法范式最早使用言语报告作为主观意识测验方法,当被试在分类任务中的表现显著高于随机水平,却无法用言语报告时,出现了实验性分离,就认为被试发生了内隐学习。序列学习范式也沿用了言语报告的主观标准,Nissen 和 Bullemer(1987)首次在序列反应时任务中采用了言语报告。当被试在序列反应时任务中反应显著加快,而又否认觉察到了序列结构并且不能回忆序列内容,便被视为无意识地习得了知识。例如 Reber 和 Allen(1978)要求被试报告他们判断的依据,结果发现 2000 个实验中被试只能就821 个说出判断依据,接近随机水平;但被试在分类判断任务中的正确数量是 1620 个,显著高于随机水平。其他研究(Allen & Reber,1980;Abrams & Reber,1988;Nissen & Bullemer,1987;Reber,1967;Reber & Allen,1978;Reber & Lewis,1977)使用言语报告来判断知识能否被意识通达,发现被试不能言语报告他们的判断依据,据此研究者认为知识是内隐的。

言语报告的测验方式各有不同。例如 Vandenbossche,Coomans,Homblé 和 Deroost(2014)设定了五个问题,前两个问题是有关实验的一般性问题:实验的目的是什么? 你觉着实验过程中有什么特别之处吗? 后面三个问题是关于序列规则方面的:目标刺激是随机呈现还是有一定规则? 该规则一直存在于实验中吗? 请尽量准确而详细地描述该规则。其他研究实验完成后询问被试“你发现有关材料的任何规则了吗?”或者“你发现字符串之间的关系了吗?”或者“你发现字符串中某些常一起出现的组块了吗?”对于开放式问题,例如“你发现了什么?”或“你发现了什么规则?”看似一个较为全面和不含主试期望的问题,被试很可能因为对自己知道的东西不够确信而不报告。如果你问被试“有什么发现吗?”,他们会保守回答“没什么”或“没什么特别的”;如果你继续问“有没有发现一些重复出现的规律?”他们可能会说“有点吧,M 常出现”,如果你再继续问“那么 M 在什么时候回出现,有思路吗?”,他们可能答“可能 CP 之后吧”。如果主试放弃追问,结果可能会损失很多信息。如果提问方式不客观、不恰当,被试回答受到主试先验知识的影响。研究者有时会采取一些“客观”办法来弥补言语报告的缺陷,例如被试可能具有组块知识后,设计一个编辑测验(Mathews,Buss,Stanley,Blanchard-Fields,Cho & Druhan,1989),要求被试选出他们认为符合或不符合规则的组块,通过计算组块与其知识水平的相关来确定组块到底是不是他们有意识的全部内容。

使用言语报告作为知识内隐性的评估手段时存在一些缺陷(郭秀艳、朱磊、邹庆宇,2005;郭秀艳、杨治良,2001;唐菁华,2010;Lovidond & Shanks,2002;Ziori & Dienes,2004),大致有以下几点。

第一,言语报告存在的最大问题是敏感性标准问题,即言语报告无法完整表达出所有可能的外显知识。因为很难保证被试能在测验中报告出所有可用到的知识,被试不能报告所获得的知识也并不一定意味着他们没有意识到这种知识。一方面由于言语报告本身就给被试提供了选择不做出反应的自由,使得测验不敏锐;另一方面,被试的口头表达能力有限,在一定时间内他们只能报告他们所知道的,并且认为是重要的知识,并没有将所有知识都报告出来。

第二,应用主观标准的被试,可能习得了一些关于序列的片段,但是如果他倾向于设定比较严格的回答标准,或自信不够的话,那么他倾向于报告没有习得规律。

第三,被试的言语报告在任务完成后的某个时间进行,被试可能已经忘记了他们在任务中所使用的部分知识,导致测量不敏感、不完整,言语报告容易低估被试的外显知识量。Mathews、Buss、Stanley、Blanchardfields、Cho 和 Druhan(1989)把言语报告移至实验过程中来,采用连接被试(yoked subjects)的实验程序。让原始被试一边练习一边说出他们分类操作的方法,并将这一方法录制成录音带,然后让另一组未参加练习过的被试(连接被试)按照原始被试的记录完成任务。结果发现,连接被试的成绩高于随机水平,但低于原始被试。结果表明言语报告反映出部分习得知识,内隐知识并不是无法让意识接近。但使用连接被试来评估原始被试陈述规则的效度,存在很多问题。如果原始被试言语报告中包含了原始范例或部分范例,那么连接被试的成绩提高,导致高估陈述规则效度;如果连接被试在规则应用上发生错误,又会导致低估陈述规则效度;如果原始被试的陈述包含多种而不是一种规则,连接被试可能会使用与原始被试相异或相反的策略来决定优先使用哪种规则,这将导致陈述规则效度无效。

第四,被试的反映倾向性(response biases)对言语报告的影响很大,被试可能会猜测实验者的意图,并且根据他们的猜测进行言语报告。

言语报告的局限使得某些意识层面的知识无法显现,不能通过言语报告出来的知识也不一定是内隐的。Shanks 和 John(1994)认为,言语报告并不是一个测量内隐知识足够敏感的测验(郭秀艳、杨治良,2001;Shanks,

2005）。后来研究者对言语报告进行了改进,例如自评报告。自评报告一般在任务结束后询问被试"你是否注意到刺激中的规则"等问题,被试在李克特 5 点量表上作答(1-没有注意到,5-完全清楚),这样可以提高被试回答的针对性(Haider &Frensch, 2005, 2009; Norman, Price, Duff, 2006; Nemeth, Janacsek, Londe, Ullman, Howard, & Howard, 2010; Rünger & Frensch, 2010)。

虽然言语报告法有诸多缺陷,但依旧是一种区分内隐知识和外显知识行之有效的方法,有学者认为言语报告法是测量外显知识的最好方法(Rünger & Frensch, 2010)。使用言语报告法时需要注意两点:一是主试需要关注被试,确保被试的不确定性降到最低;二是进一步分析被试口头报告出来的序列和测验序列的重叠(overlap),并和猜测条件下得到的重叠进行比较。

2. 自信心评定

在内隐学习的研究中,意识和无意识的区分标准是主观阈限(subjective threshold),即被试声称自己是猜测的,而反应却高于随机水平。为了避免言语报告和迫选测验可能造成的区分内隐和外显知识模糊的现象,Dimes(1997)提出采用主观测量标准对内隐知识进行区分,内隐知识必须低于主观阈限,即缺乏元知识。主观测量标准就是用正确率估计或者自信心评定(Confidence assessing)来代替言语报告(Holender, 1986; Reingold & Merikle, 1993)。

Dienes 和 Berry 继承并发展了 Chan(1991)的检验意识水平的方法,提出了主观测验衡量知识的意识性。Dienes 和 Berry(1997)提出用自信心评定代替言语报告,这种衡量知识内隐性的标准称为主观测验(subjective measure)。主观测验是针对被试元知识的测验,理论基础是高阶意识理论(Rosenthal, 1986)。它的论证逻辑是:在知识是有意识的情况下,人们能够产生关于知识的更高级心理状态,即关于知识的知识;反之,如果被试缺乏元知识,那么就认为他们无法意识到知识本身。Schmidt 和 Dark(1998)认为应该鼓励被试报告所有的相关知识才能减少被"低估"的倾向,如促使被试报告得更为全面,可能将比简单的言语报告获得更多的外显相关知识,自信心评定任务开始兴起。

人工语法范式经常使用主观测验作为测量意识的方法,由于序列反应时范式主要以反应时为因变量,插入主观测验会影响被试对序列的学习加工过程;复杂系统控制范式加入自信心评定会影响被试的操作,使他们控制变量值的决策过程变得复杂起来,序列反应时范式和复杂系统控制范式运用主观测验相对较少。例如张润来和刘电芝(2014)在每个练习区段结束后,要求被试对此区段中的慢任务和快任务的练习结果分别给出自信心评定,要求被试在 0~10 分之间打分,其中 10 分代表"我有百分之百的信心完成任务",0 分代表"我纯粹是靠猜测来完成任务的",评价分数保留一位小数。Rüsseler 和 Rösler(2000)将迫选测验和自信心评定结合在一起,被试完成序列反应时任务之后,需要回答一个事后问卷。该问卷包括 4 个问题和 3 个等级量表。问题 1 要求被试回答是否觉察出刺激材料中存在结构材料,该问题以"是"或"否"来回答;问题 2 询问被试实验材料中的字母是出现在随机序列里还是出现在可预测字母出现规律的序列里;问题 3 告知被试刺激序列存在规律,要求被试报告他们习得的序列规则的任何细节;问题 4 要求被试自由回忆并写出字母序列。3 个等级量表主要关于再认测试。第一个等级量表给出 10 个包含 2 个字母的序列;第二个等级量表给出 10 个包含 3 个字母的序列;第三个等级量表给出 10 个包含 4 个字母的序列。要求被试在一个 5 点量表上来选出这些项目是不是试验中刺激序列的一部分。实验结束后,被试的再认成绩为 7 以下或自由回忆成绩低于 38% 的被认为是内隐被试,余下的被试被认为是外显被试。

猜测标准和零相关标准具有一定说服力,它不要求被试区分自己的意识内容,而只评价自己的意识状态,在一定程度上符合高阶意识理论对意识的定义。但是,存在两个问题:①自信心水平是否和言语报告一样,受到被试报告意愿的影响:有的被试不轻易给出过高的自信心评定,从而使得自信心水平与知识水平的相关在数据上失去效力。理论上被试的自信心水平在量表上平均分布,事实上,很难平均分布。②我们在对什么内容形成自信心? 知识还是体验? 这回到高阶意识理论阶层问题上,我们反映的低阶状态是什么? 为此 Dienes 提出了判断知识和结构知识概念。判断知识是我们自信心水平形成的低阶对象,结构知识才是知识本身,并提出了判断知识和结构知识测验。

3. 结构知识与判断知识测验

Rosenthal(2005)认为可以通过高阶思维来检测意识。例如当我们形成"我认为'这是一个苹果'"想法时,根据高阶思维理论,我对"这是一个苹果"的判断是有意识的;当我们形成"因为这个对象和以前见过的苹果一样,所以我认为'这是一个苹果'"的想法时,我对有关这个苹果的知识以及"这是一个苹果"的判断都是有意识的。当我们无法形成"这是一个苹果"的有意识判断时,也就无法对"这是一个苹果"的判断因由进行推理;反过来,如果我们形成了有关'这个'苹果的知识,那么"这是一个苹果"就可以作为二级意识表征的内容,这时,"这是一个苹果"的判断必然是有意识的。

Dienes 和 Scott(2005)以高阶思维理论为基础(Rosenthal,1986,2005),进一步划分出结构知识(structural knowledge)和判断知识(judgment knowledge)。采用人工语法范式,要求被试在分类判断后给出相应的自信心判定(50%~100%)和判断依据。操纵自变量为指导语(规则探索和记忆)和注意条件(完全注意和分散注意)。结构知识是被试在学习阶段获得的关于学习材料结构的知识,包括序列片段(组块)、具体样例、整个序列和抽象规则等知识;判断知识指在测验阶段,被试利用结构知识对具体测试项目进行判断时形成的知识。结构知识和判断知识都可以是有意识或无意识的,取决于相关的高级思维。零相关标准和猜测标准适用于对判断知识(自信心判断)进行评估,无法对结构知识进行评估。也就是说生成任务和自信心评定可以对判断知识进行意识性水平评估,但不能对结构知识进行评估。结构知识可以通过归因测验(attribution tests)进行测量,即要求被试在每次判断后,说出他们判断的依据:猜测(guess)、直觉(intuition)、已有知识、记忆(memory)和规则(rule)。猜测指分类判断时没有任何依据,是随机选择的;直觉指觉得该字符串符合或不符合规则,但又说不出原因;已有知识指被试不是根据学习的规则进行判断,而是根据以往的知识经验(已有知识是为了答案的完整性);记忆指记得该字符串或字符串的某些片段在之前出现或没有出现过;规则指学习者根据生成字符串的某种潜在规则进行判断的。Dienes 和 Scott 认为判断知识的内隐或外显可以在一定范围内推测出结构知识的内隐或外显。判断知识是内隐的,就可以推测出结构知识是内隐的。但是判断知识是外显的话,就无法推测出结构知识是内隐的还是外显的。当成绩高于随机水平,记忆和规则知识表明判断知识和结构知识都是有意识的;直觉表明判断知识是有意识的,但是结构知识是无意识的;猜测表明判断知识和结构知识都是无意识的。据此可计算出意识成分和无意识成分,$C = (nAcc_{记忆} + nAcc_{规则})/(n_{记忆} + n_{规则})$,$UC = (nAcc_{猜测} + nAcc_{直觉})/(n_{猜测} + n_{直觉})$。他们认为,规则发现组更能有意识地获得结构知识,而有意识结构知识的获得需要中央执行功能和工作记忆资源,所以指导语和注意条件对有意识结构知识的获得产生交互作用。结果发现对于猜测指标和零相关指标,两个自变量的效应都不显著。当将猜测和直觉归于无意识结构的内隐反应,将规则与记忆规则归于基于有意结构知识的外显反应时,发现了主效应和交互作用。结果表明结构知识测量弥补了主观测量的不足,两者结合,能有效检测知识意识性。

Fu、Dienes 和 Fu(2010b)发现有意识的判断知识可以建立在无意识结构知识基础之上。譬如,人们能意识到句子是否合法,但不知道为什么合法。通过结构知识的测量,研究发现学习获得的结构知识是无意识的(郭秀艳,姜珊,凌晓丽,朱磊和唐菁华,2011;Dienes,2008;Fu,Dienes,Fu & 2010a,2010b;Fu,Sun,Dienes & Fu,2018;Scott & Dienes,2008,2010a,2010b)。Zhang 和 Liu(2021)考察了猜测、直觉、流畅、规则和记忆 5 种不同意识状态及其波动的脑机制,记录下睁眼和闭眼状态下静息态 fMRI。结果发现不同意识状态激活了不同脑网络,低频振幅差异(amplitude of low frequency fluctuations,ALFFs)可以作为渐进意识及其波动的指标。

但 Ivanchei 和 Moroshkina(2018)指出,结构知识测验(Dienes & Scott,2005)存在 3 个问题:①判断过分依赖意识。逐次试式的判断依据的选择程序会导致被试的判断更加依赖于学习中的意识。②实验流畅性受干扰。每次被试分类判断后的判断依据的选择干扰了实验的流畅性。既可能干扰了习得知识的应用,也可能促进被试不自觉地寻找语法规则。Mealor 和 Dienes(2012)认为完成内隐学习任务后的分心操作会促进被试的无意识知识巩固。③难以通达意识。这种测量方式是建立在元认知敏感性的基础上,而元认知需要通达意识表征,并假定被试能解释他们的决定,但是事实我们很难通达意识。也就是说,我们还得在元认知层面清楚地意识到将测验项目判断为合法还是非法所用到判断依据,而事实上我们很难清楚地意识到这些依据,即难以通达意识。

由此可以看出,主观测验存在弊端(Shanks,Lamberts & Goldstone,2005),主观测验没有满足穷尽性标准(exhaustivity),主观测验未对所有意识性知识敏感(Drouillet,Stefaniak,Declercq & Obert,2018)。

(二)客观测验

1. 再认测验

(1)片段再认测验(fragment recognition task)。Perruchet 和 Amorim(1992)要求被试根据对序列的主观熟悉度,对序列片段进行辨别,判断序列片段是否属于序列。Willingham,Greeley 和 Bardone(1993)为再认测验提供了新的指标。让一半被试学习随机序列,一半被试学习重复序列,刺激频率是相同的。学习完之后,所有被试完成一个言语问卷,该问卷包括五个问题和一个再认测验,再认测验呈现给被试 5 个长度为 16 的序列,要求被试评价每一个序列有多大可能性在学习阶段出现过。再认测验成绩计算方法为对目标序列的平均评价减去干扰序列的平均评价。Shanks 和 Johnstone(1999)

将片段再认和反应时相结合。在片段再认测验中,向被试呈现序列片段,有些序列片段在学习阶段出现过(旧序列,SOC1 序列),有些序列片段是转移序列(新序列,SOC2 序列)。要求被试对序列片段进行反应,并进行新旧辨别及自信心评定(1-我确信之前见过,2-我有些确信之前见过,3-我猜测之前见过,4-我猜之前没有见过,5-我有些确信之前没有见过,6-我确信之前没有见过)。记录被试的每个序列片段的平均反应时和新旧辨别的准确率。

我国学者杨海波和刘电芝(2016)、董良和周婉茹(2022),在信号检测论基础上,提出了片段再认任务。杨海波等人认为信号检测论(Signal Detection Theory,SDT;Yonelinas & Jacoby,2012)可以分离意识知识和无意识知识。在信号检测论中,当刺激是信号时,被试有可能把它当作信号,做出击中反应,此时被试可以说至少要意识到这个刺激是信号的。反之,他如果完全没有意识到的话就会判断为噪声,即漏报。当刺激是噪声时,被试判断为噪声,做出正确否定,被试至少要意识到这个刺激是噪声。反之,他如果完全没有意识到这个刺激是噪声就会将其当作信号来反应,做出虚报反应。既然噪声可能被无意识地当作信号,而做出虚报反应,那么信号肯定也会被无意识地当作信号进行反应。也就是说击中反应既包含意识到的(意识)也包含意识不到的(无意识),而虚报反应中只能是意识不到的(无意识),被意识到的肯定会被归类到正确否定中。这个逻辑过程与 Jacoby(1991)的加工分离程序(process dissociation procedure,PDP)的实验逻辑相通。Destrebecqz 和 Cleeremans(2001)最早把加工分离程序引入内隐学习意识测验中。信号检测论中,击中反应意味着被试有意识或无意识地把合法的字符串当作合法进行判断,等价于加工分离程序中的包含测验;虚报反应意味着把非法字符串当作合法进行判断而无觉察,等价于排除测验(杨海波、董良、周婉茹,2022;杨海波、刘电芝,2016)。为此 $p_{击中}=C+UC(1-C)$,$p_{虚报}=UC(1-C)$,联立求得 C 和 UC。$C=p_{击中}-p_{虚报}$,$UC=p_{虚报}/(1-意识知识)$(杨海波、董良、周婉茹,2022)。信号检测论将意识和无意识的分离隐藏在测验形式背后,不需要进行分类判断标准的选择,可以很好地规避结构知识测验的 3 个弊端。

杨海波和刘电芝(2016)提出片段再认任务区分内隐知识和外显知识。以序列生成任务为效标,检验了片段再认任务的效度和敏感性。片段再认任务是根据反应阶段的规则设计相应的符合规则 12 组三联体和不符合规则 12 组三联体,并且元素之间的 RSI 也与反应阶段相同。然后随机呈现这 24 组刺激,再由被试去判断所呈现的序列片段的新旧。实验 1 以 RSI 为自变量检验片段再认任务和序列生成任务在测量习得知识上的效度,结果表明片段再认任务的效度高于序列生成任务。实验 2 以参与度为自变量,进行测验的敏感性分析。结果发现片段再认任务的灵敏度高于序列生成任务。片段再认任务是测量序列知识的高效而灵敏的测量工具。片段再认任务可以很好地规避序列生成任务的弊端，因为测验阶段的 RSI 与反应阶段是一致的。

为了比较信号检测论和结构知识测验的敏感性（杨海波、董良、周婉茹，2022），借用敏感性分析程序（杨海波、刘电芝，2016；杨和雄、王良元，1998）。敏感性分析的实验逻辑是，通过计算不确定因素的变化所导致的评价指标的变化幅度：如果某个因素的变化，导致指标发生较大变化，这说明该指标对此因素敏感。其实验程序如下：第一步，确定分析指标，即信号检测论和结构知识测验；第二步，设定人工语法学习的影响因素，我们拟用学习程度。学习次数的增加导致分类准确率增加，并将其效应分解到意识知识和无意识知识上时，或许只能增加到意识知识上，也有可能只增加到无意识知识上，还有可能两者都增加。如果操纵影响因素（学习程度的高低）而导致分析指标（两类测验中的意识知识和无意识知识）的变化出现差异（如信号检测论中意识知识有差异，而结构知识测验中没有差异），就可以确定测验敏感性的不同（如信号检测论敏感性高于结构知识测验）。杨海波、董良和周婉茹（2022）发现：①学习程度影响到习得的无意识知识，但还未影响到习得的意识知识；②在分离人工语法学习的习得知识上，信号检测论的敏感性高于结构知识测验；③结构知识测验夸大了元认知中的意识成分。

（2）迫选测验（forced choice test）。由于信心缺失导致言语报告不可靠的问题，迫选测验能够很好地解决这个问题（Olson & Chun，2001）。使用迫选测验测量意识的理念是"知觉到等同于意识到"。如果能够区分刺激的存在或消失，意味着意识到刺激的存在或消失。迫选测验要求被试再认出符合规则的序列，以此作为外显指标。如果被试的测试成绩处于随机水平，那么，就认为被试不能区分新项目和旧项目；如果被试的反应时也明显降低的话，则认为被试内隐地习得了知识。当知识不能被迫选测验提取时，被认为是内隐的。复杂系统控制范式常常采用迫选测验评估知识的内隐性。要求被试完成复杂系统控制任务后，回答一系列设计系统变量间关系的选择题（Broadbent，1977；Berry，Broadbent，1984）。

迫选测验假设"知觉到等同于意识到"存在一定问题。例如盲视病人能够知觉到物体运动方向，但是意识不到物体的运动。这涉及一个问题，意识状态究竟包含什么。另外有研究者质疑迫选测验的纯净性，有研究证明迫选测验包含外显和内隐加工（Jacoby，1991；Merikle & Reingold，1991）。因为熟悉感和回忆同时对再认判断起作用。回忆是再认判断中的意识成分；熟悉感是再认判断中的无意识成分。迫选测验既可作为外显知识的指标，也可作为内隐知识的指标。迫选测验何时作为外显知识的指标,何时作为内隐知识的指标,还无法准确界定。迫选测验无法清晰地回答内隐学习的意识性问题,迫选测验倾向于高估真实的外显知识量。

2. 生成任务

生成任务(generation task)的逻辑是,如果被试试图去预测下一个刺激,被试能在随机水平之上做出预测,这就是意识知识的证据。因为预测必须依靠有意识的预期,生成任务是对意识知识的测量。无法完成生成任务则证明被试不能有意识地获得序列知识,是内隐获得的。为了解决言语报告存在的问题,Nissen 和 Bullemer(1987)首次在序列反应时任务中使用生成任务。生成任务和学习阶段任务相似,不同之处在于刺激不再自动呈现,被试需要预测下一个位置。由于学习阶段和测验阶段具有相似性,生成任务的敏感性要高于言语报告。Willingham,Nissen 和 Bullemer(1989)的研究采用序列生成任务,即在实验结束后同时呈现给被试和实验过程一样的刺激材料,这些刺激材料是实验中序列的一部分,要求被试对下一个刺激将要出现的位置作出按键反应,结果发现虽然被试在序列反应时任务上有明显改善,但是生成任务上的成绩却接近随机水平。但有人提出批评意见。一方面是不清楚生成任务成绩受内隐知识多大影响,生成任务测验没有明确划分内隐和外显知识(郭秀艳、朱磊和邹庆宇,2005);另一方面在测验阶段被试的外显知识可能有所发展(Jiménez,Méndez & Cleeremans,1996)。为此 Shanks 和 St. John(1994)对生成任务进行改进,提出了自由生成任务(free generation task,也叫预测测验,Prediction Tests),在自由生成任务中被试生成整个序列(Destrebecqz & Cleeremans,2001;Perruchet & Amorim,1992;Shanks & Johnstone,1999;Willingham,Nissen & Bullemer,1989)。Shanks 和 Johnstone(1999)采用自由生成任务,告知被试刺激出现的顺序是有规律的,要求被试在测验中生成一个与反应阶段相同的序列。被试按下反应键后,屏幕出现对应刺激,直至按下下一个键,该刺激才消失出现下一个刺激。分别统计在测验阶段是否出现序列的二联体、三联体、四联体等片段作为计算指标。以存在的序列片段长度记为 a、不存在的数量记为 b,以 a/(a+b)和对应序列片段的平均反应时作为自由生成任务的指标。

胡伟和吕勇(2011)采用自由生成任务,要求被试在序列反应时任务之后写出符合字母序列规律的尽可能多的连续字符串。正确回忆出字符串的个数被计分,并计算出只凭猜测能够正确报告的数字。经计算,完全猜测能够正确报告的字符串长度介于 2 到 3,回忆数低于该数字的被试即为完全猜测,即内隐被试。胡伟和吕勇(2011)通过被试的猜测水平判断是否内隐,并依此确定"纯的"内隐被试的标准。从统计上区分内隐学习和外显学习。Schorn 和 Knowlton(2021)也是通过猜测水平作为判断内隐的标准。通过自由回忆问卷(free-recall questionnaire)进行意识测验,被试回答 3 个问题:是否发现存在什么序列规则? 有哪些序列规则? 请将所有序列再现。通过蒙特卡罗模拟(Monte Crlo Simulation),计算出猜测水平下能够正确再现序列的长度。如果被试能够正确回忆出序列的长度不大于猜测水平的长度(不大于3),则为内隐被试;如果被试能够正确回忆出序列的长度大于猜测水平的长度(不小于4),则为外显被试(Robertson,Pascual-Leone & Press,2004;Schorn & Knowlton,2021;Willingham & Goedert-Eschmann,1999)。Trofimova,Mottaz,Allaman,Chauvigné 和 Guggisberg(2020)采用了类似方法。任务完成后询问被试是否发现存在什么序列规则。如果发现存在规则,请将序列再现。正确回忆序列长度小于 5 的被试为内隐被试,其他被试为外显被试(≥5)(Brown,Robertson & Press,2009;Press,Casement,Pascual-Leone & Robertson,2005;Sami,Robertson & Miall,2014)。

通过被试正确回忆出的序列长度是否超过猜测临界点作为内隐/外显被试的判断依据,这种方法存在一定问题(fixed cutoff,Brown,Robertson & Press,2009;Press,Casement,Pascual-Leone & Robertson,2005;Robertson,Pascual-Leone,A. & Press,2004;Sami,Robertson & Miall,2014)。因为内隐被试之间存在很大差异,有的内隐被试外显知识刚刚小于临界点;有的内隐被试实验快结束时序列知识下降;有的内隐被试意识水平处于内隐和外显之间,例如边缘意识(Norman,Price & Duff,2006;Shanks & St John,1994;Wilkinson & Jahanshahi,2007),没有有效控制外显成分,会对结果造成干扰(Moisello,Crupi,Tunik,Quartarone,Bove,Tononi & Ghilardi,2009;Shanks & Johnstone,1999;Shanks & St John,1994;Wilkinson & Shanks,2004)。胡伟和吕勇(2011)、Schorn 和 Knowlton(2021)、Trofimova,Mottaz,Allaman,Chauvigné 和 Guggisberg(2020)的研究,对意识加工程度探讨是在学习后的测验阶段进行,测试的是知识的提取过程,而非知识的习得过程(林颖,2003;唐菁华,2010),探究学习的内在机制,需要研究知识习得过程中意识加工的变化机制。Haider 等人对内隐知识习得过程进行了在线监测。Rose,Haider 和 Büchel(2010)将反应时突变点(RT-drop,连续 3 个反应时快速下降)和言语报告结合,寻找内隐知识转化为外显知识的临界区间。采用颜色比对任务(color comparison task),对被试的按键反应时进行在线监测(online),在线分析主序列和非主序列反应时差值的变化,找到反应时的突变点(第 4 个和第

1 个按键相同,一旦发现这个规律,反应时容易出现突变点)。并通过言语报告,考察被试的外显知识。最后选取突变点之前的一部分试次作为意识转化区间,分析该区间的 EEG 特征和 fMRI 激活。Haider 等人发现,内隐学习过程中,外显知识出现时,反应时会快速下降,即反应时突变点,反应时突变点与言语报告结果存在紧密联系。当出现反应时突变点时,被试通常能够报告出规则,反应时突变点可以作为外显知识出现的指标(Haider & Frensch,2005;Haider & Rose,2007)。产生外显知识的被试在意识转化区间,右侧前额叶和枕叶的 gamma 波耦合增强,右侧腹外侧前额叶皮质(ventrolateral prefrontal cortex)和腹侧纹状体(Ventral striatum)的功能联结也增强;而内隐被试没有这些变化。但是,反应时突变点反映的是一种突变式的变化,适用于简单规则(第 4 个和第 1 个按键相同)。当规则更为复杂时,意识表现出更多的渐进性。

自由生成任务带来了新的问题,一个问题是由于自由生成任务发生在学习阶段之后,获得的序列知识可能发生了遗忘(Perruchet & Amorim,1992);另一个问题是被试可能存在动力不足,在生成任务中没有表现出所有习得的知识(Dienes & Scott,2005)。为了克服被试动机可能对结果的影响,提出了赌博任务(Haider, Eichler & Lange, 2010; Persaud, McLeod & Cowey,2007)。在赌博任务中,需要被试预测下一个刺激。对于出现的每一次预测,要求被试按照他们的自信水平,进行赌博,选择 1 美分或者 50 美分。赌博的输赢将影响到被试的最终收入。通过赌博任务增加了被试进行正确反应的动机,通过赌博任务可以对内隐和外显被试进行有效区分(Haider, Eichler & Lange,2010)。外显被试会利用他们习得的序列知识,增加赌资,使收入最大化。内隐被试的反应正确率高于随机水平,但是赌博任务和反应正确率却不相关,被试不知道他们做出的反应是正确的还是错误的,符合零相关标准(Dienes,Altmann,Kwan & Goode,1995)。

由于生成任务不提供准确性反馈,Willingham,Nissen 和 Bullemer(1989)提出了线索生成任务(cued generation task),当下一个目标被准确预测时才会出现。给被试提供即时反馈,提高了生成测验成绩。Wilkinson 和 Shanks(2004)在线索生成任务基础上,提出了序列生成任务(trial-by-trial sequence generation test),以三联体作为测验单位,先逐个呈现三联体的第一个刺激和第二个刺激,要求被试做出按键反应,然后要求被试按照序列规则预测第三个刺激可能出现的位置。

3.加工分离程序(Process Dissociation Procedure,PDP)

(1)加工分离程序原理。2000 年之前内隐学习研究主要采用任务分离逻辑,通过使用直接测验和间接测验来区分意识和无意识成分,但分离结果的纯净性受到广泛质疑。Reingold 和 Merikle(1988)认为,为了测量到纯净的意识成分和无意识成分,需要设置两种对照的测量任务即直接测量和间接测量。直接测量对意识更敏感,间接测量对无意识更敏感。人工语法范式采用言语报告,询问被试是否发现任何构成字符串的规则,直接测量被试掌握语法规则的程度;采用对新字符串是否符合语法的判断任务,不要求说出语法规则本身,只要求判断新字符串是否合法,来间接测量对语法规则的掌握程度。如果两种测量成绩差异显著,就证明意识成分和无意识成分具有相对独立性。但任务分离逻辑存在明显缺陷:其逻辑必须建立在直接测量和间接测量结果的分离上,但却无法证明直接测量就是意识成分,间接测量就是无意识成分,更无法证明两者差值是意识还是无意识(Jiménez,Méndez & Cleeremans,1996)。不管是直接测量还是间接测量,都是意识和无意识共同作用的结果,任务分离逻辑无法精确区分这两种加工过程。

后来越来越多研究表明,内隐学习存在意识加工和无意识加工,差别在于贡献的大小(Destrebecqz & Cleeremans,2001,2003;郭秀艳,2004)。Jacoby(1991)、Reingold 和 Merikle(1993)认为,内隐学习研究中任务都不可能是纯净加工,而是无意识和意识的共同加工。为了将意识加工和无意识加工在同一任务中分离,Jacoby(1991)提出了对抗逻辑,认为意识加工和无意识加工在不同的任务环境中产生不同的表达形式,在和谐任务(in-concert task)中,两种成分被认为是协同作用;在对抗任务(opposition)中意识和无意识的贡献相反,对比不同任务的成绩差异,就可以分离出意识和无意识成分。对抗逻辑把意识定义为能被外显策略控制的受控反应,把无意识定义为不受外显策略控制的自动反应(Jacoby,Woloshyn & Kelley,1989)。在对抗逻辑中,"意识=外显=受控反应",而"无意识=内隐=自动反应"。Jacoby 根据对抗逻辑,提出了加工分离程序,包括包含任务(inclusion test)和排除任务(exclusion test):包含任务要求被试用先前学过的词完成任务,被试可以利用有意识提取和无意识熟悉性两种加工来完成包含任务;排除任务要求被试用首先想到的但又不能是先前学过的词来完成任务,如果被试错误地选择了学过的词,那么这些词就是记忆的无意识成分,正是无意识熟悉性导致其不受意识控制。

Jacoby(1991)在第一阶段让被试同时朗读词表和做同字母异序词(anagram)练习,在第二阶段,被试听另一词表。在测验阶段和谐任务中,要求被试将测试项目中曾在第一和第二阶段出现的所有项目判断为旧,未出现的项目判断为新;对抗任务中,只能把第二阶段听觉呈现的项目判断为旧,其他项目判断为新。意识性的回忆提取和无意识的熟悉性都对和谐任务产生影响;而在对抗任务中,意识性知识阻止被试将第一阶段的项目判断为旧,基于熟悉性的无意识知识则会促使被试错误判断第一阶段项目为旧,两者作用刚好相反。和谐任务中对第一阶段项目击中率减去对抗任务中第一阶段击中率就得到意识成分的贡献,而把对抗任务中对第一阶段项目击中率减去作为基线的新项目虚报率就得到无意识成分的贡献。

Jacoby,Toth 和 Yonelinas(1993)进一步发展了对抗逻辑的可计算性,他们提出两种任务中,总贡献率和两种成分各自贡献率存在如下关系,运算项代表某种加工的贡献率。

P(包含)=P(意识)+P(无意识)-P(意识与无意识的重叠)

P(对抗)=P(无意识)-P(意识与无意识的重叠)

Jacoby 在此基础上进一步提出了独立假设,即意识与无意识加工过程彼此独立,上述关系式可表述为:

P(包含)=P(意识)+P(无意识)-P(意识)×P(无意识)

P(对抗)=P(无意识)-P(意识)×P(无意识)

建立在独立假设基础上的对抗逻辑称为加工分离程序,包含测验即和谐任务,排除测验即对抗任务。

包含任务中受控反应(即有意识提取)和自动反应(即无意识熟悉性)的关系是 $Inclusion=C+(1-C)A$,C 表示 controlled,A 表示 automatic;排除任务中受控反应和自动反应的关系是 $Exclusion=(1-C)A$。那么受控反应可以用包含任务减去排除任务而得到 $C=Inclusion-Exclusion=[C+(1-C)A]-(1-C)A$;自动反应则由排除任务和受控反应的值获得 $A=Exclusion/(1-C)$。通过概率运算,便可得出意识成分和无意识成分各自的贡献。按照加工分离程序逻辑,包含任务成绩(包含任务正确数)大于随机水平,说明内隐知识和外显知识协同发挥作用;而排除任务成绩(排除任务错误数)大于随机水平,则代表内隐知识发挥作用;包含成绩减去排除成绩即是受控反应,受控反应为正且与 0 存在显著差异说明测试部分存在外显知识(何玥,2019;Joordens, Wilson,Spalek & Paré,2010;Fu et al.,2013)。杜建政和杨治良(2000)在加工分离程序基础上,提出了可应用于高级内隐认知加工的多重分离范式。通过设置一个(或多个)参照实验,在参照实验中通过控制实验材料使心理过程 X 的效应为 0,而其他心理过程的效应仍旧存在。就可以计算出心理过程 X 的外显成分和内隐成分。何玥(2019)将加工分离程序和主观意识报告相结合。包含和排除任务采用 ABBA 设计,并且在每个包含或排除任务完成后均进行一次主观意识报告(猜测—直觉—流畅—规则—记忆),主观意识测量指标选择频数的随机水平为28.8。

（2）加工分离程序在内隐学习中的应用。学者将加工分离程序应用到内隐序列学习和人工语法学习研究中。Schlaghecken，Stürmer 和 Eimer（2000）认为，可以将加工分离程序应用到序列学习的研究中：①内隐知识和外显知识将共同对学习阶段之后的测验作业产生影响；②在排除条件下，让被试尽量避免运用他们记住的知识（外显知识）进行作业，但是在这一条件下被试还是可能会运用或者重现他们学到的知识，尤其是那部分不能被意识提取的知识。通过对两种条件下被试的作业情况，就可以将外显知识从内隐知识中区分出来。他们利用这一逻辑，采用较为复杂的序列作为刺激材料，将每个被试在序列学习过程中学习到的外显组块分离出来，结果发现外显组块的反应时显著小于非外显组块，认为组块加工在外显知识获得过程中起着重要的作用。

Destrebecqz 和 Cleeremans（2001，2003）把加工分离程序引入自由生成任务中，创造出了序列生成任务（Sequence generation task）。该任务分为包含测验和排除测验。两个测验的实施程序基本与自由生成任务相同，唯一不同的是指导语。包含测验要求被试在测验中生成一个与反应阶段相同的序列，这与自由生成任务相同；排除测验则要求被试在测验中生成一个规则与反应阶段不同的序列。对于实验结果的处理，主要有两种方法：第一种方法是通过包含成绩、排除成绩和随机水平间的两两比较，来获得被试在反应阶段习得知识的意识性（Destrebecqz & Cleeremans，2001，2003；付秋芳、傅小兰，2005；Fu，Dienes & Fu，2010）。例如 Goschke 和 Bolte（2012）区分内隐被试的标准一个是包含测验成绩不明显高于（甚至小于）排除测验成绩；另一个包含测验和排除测验处于随机水平，通过蒙特卡罗模拟比较包含测验、排除测验成绩和随机水平是否有差异。第二种方法是基于意识和无意识的独立模型，计算出包含测验的成绩为：$P_{包含} = C + A(1-C)$，$P_{排除} = A(1-C)$。联立这两个公式可以求出，意识性提取（即意识 C）和熟悉性加工（即无意识 A）对作业的贡献（陈寒，2005；郭秀艳、黄希庭，2004；杨海波、刘电芝，2016；Mong，McCabe & Clegg，2012）。

Dienes，Altmann，Kwan 和 Goode（1995）首次将加工分离程序引入人工语法学习范式。采用相容条件和对抗条件，发现了受控反应的证据，却没有发现自动反应的证据。在该实验中语法 B（或 A）在对抗条件组的接受率在数值上反而小于非法字符串 U 的接受率。Wan，Dienes 和 Fu（2008）使用了Dienes 等人（1995）的实验程序探索主观熟悉性能否受控，得到了同样结果：只发现受控反应，没有发现自动反应。在实验 2 中还发现被试可以通过主观熟悉性分辨语法 A 和 B,主观熟悉性对外显任务要求非常敏感并且对内隐知识扮演着策略控制的角色。学习阶段只学习语法 A 一次,学习语法 B 两次。测量阶段被试仍可以按照外显任务要求正确选择语法 A 且熟悉性更高,而正确拒绝语法 B 且熟悉性更低,可见其熟悉性是主观的,不受客观重复次数的影响。Norman,Price 和 Jones(2001)使用了同样的范式,测量阶段随机要求被试判断新字符串是否属于 A 或者是否属于 B,这种随机设置增加了任务难度,让被试的判断标准必须在两套语法间切换,结果发现被试仍能正确分辨出两套语法,没有发现自动反应。

　　Higham,Vokey 和 Prithard(2000)首次成功地将 PDP 对抗逻辑引入人工语法学习范式。Higham 通过意识和无意识的"协同"与"对抗"关系来考察受控反应和自动反应。采用被试间设计,设置了"相容条件"和"对抗条件",两种条件下意识成分和无意识成分的关系不同。实验材料使用两种不同的限定状态语法 A 和 B,以及非法字符串 U。学习阶段要求被试记忆并排呈现的两个字符串,5 秒后字符串消失,被试立即把记忆过的字符串分别写在标有"词单 A"和"词单 B"的栏内。然后再呈现两个新字符串,依次类推。测验阶段告知被试存在两个不同的语法规则 A 和 B,用来生成两个词单中的字符串,但不告诉语法规则的细节。相容条件组要求被试将符合语法 A 或语法 B 的新字符串评为合法 G;将不符合两种语法的非法字符串 U 评为不合法 NG;对抗条件组要求被试仅将语法 A 评为合法,而将语法 B 和非法字符串 U 都评为不合法。结果发现:相容条件下语法 B 的接受率(0.65)比在对抗条件条件下的(0.51)大,证明被试能明确地否定由语法 B 产生的新字符串来控制其任务,这就是受控反应的证据。而对抗条件组以非法字符串 U 误判为合法的概率作为基线水平,对抗条件组语法 B 的接受率(0.51)比非法字符串 U 的接受率(0.39)更大,这就是自动反应的证据。尽管被试的受控加工试图避免肯定语法 B 的新字符串,但是较之非法字符串 U,被试还是更可能无意识地自动接受语法 B 的新字符串。

　　Dienes 等人(1995)和 Higham 等人(2000)的实验结果不一致,与实验程序存在差异有关,大致存在以下 5 点不同。

　　第一,学习阶段对两套语法的记忆方式不同。Dienes 等人(1995)先记忆语法 A,再记忆语法 B,对每套语法都是连贯学习,各自内部的字符串能够互相参照比对,可能习得了深层语法结构,即产生了规则学习(Pothos,2005)。Higham 等人(2000)让被试同时记忆两套语法,打乱了同一套语法字符串的连贯学习,在学习阶段可能没有把两套语法充分区分。而且Higham 等人(2000)同一时间出现的两个字符串并不是匹配出现的,长短不一致,难以提供两套字符串差异的结构线索,可能被试无法充分习得各自的深层语法结构,只产生了熟悉性学习,甚至把语法 A 和 B 当作一套联合语法 AB 来学习和存储。

第二,非法字符串 U 的设计有差异,导致对非法 U 的拒绝难易不同。Dienes 等人(1995)实验保证了非法字符串 U 与两个语法 A 和 B 的字符串非常相似。Higham 等人(2000)的非法字符串和合法字符串有更大差异,可能使得拒绝非法字符串更容易。Redington(2000)对 Higham 等人(2000)的对抗逻辑范式进行了尖锐批评:假如被试只学习语法 A,但测验阶段既有语法 B 又有语法 A,还有非法字符 U。由于语法 B 在形式上和语法 A 很相似,比起非法字符串 U 被试会更容易接受语法 B,这样就检测到了自动反应的证据。但逻辑矛盾是,被试根本没有学过语法 B,谈何自动反应呢? Tunney 和 Shanks(2003)认为熟悉性加工可以解释 Higham 等人(2000)的数据,使用简单循环网络(Simple recurrent network,SRN)对 Higham 等人的实验数据进行拟合,结果显示受控反应和自动反应数据可以由熟悉性的分辨系统产生。Vokey 和 Higham(2004)认为 Tunney 和 Shanks(2003)的模型不能完全解释 Higham 等人的数据分离,使用了自动联结网络模型(auto associative network model)发现受控反应和自动反应的数据由双加工系统获得。两个模型都能与实验数据完美吻合。

第三,测验阶段的内隐辨别加工不同。Higham 等人(2000)的实验由于非法字符串 U 与语法 A 和 B 的差异较大导致任务较容易,辨别系统可能只在形式层面激活,只辨别出非法字符串 U 即可,对语法 A 和 B 没有进行深入辨别。而 Dienes 等人(1995)的实验,由于语法 A 和 B 以及非法字符串 U 都相似,导致任务困难,可能需要充分激活内隐辨别系统,在测验阶段对语法 A 和 B 进行进一步辨别加工。内隐知识不等于自动加工(Fu,Dienes & Fu,2010b)。

第四,两个实验的学习机制和知识提取机制都不同。Dienes 等人(1995)对人工语法的学习和提取的方式正好一致,都需要掌握两套语法深层规则并辨别开来,造成无法检测到自动反应。而 Higham 等人(2000)对人工语法的学习可能只是基于熟悉性,或者是对一套联合语法 AB 的规则学习,两种可能都导致无法分辨语法 A 和 B;而提取又刚好不需要深入辨别两套语法,造成了虚假的自动反应。

第五,测验阶段的相容条件组设置不同,导致两者的高概率判断偏向效应不同。Dienes 等人(1995)的实验设置了两个对抗条件组,两组学习阶段完全一样,分别连贯学习语法 A 和 B;但在测验阶段组 1 只需要从 60 个新字符串中挑选出符合规则 A 的 20 个新字符串,而拒绝符合规则 B 的 20 个新字符串和 20 个非法字符串 U,组 2 则只挑出规则 B。对于规则 A 来说,组 1 是相容条件组,组 2 是对抗条件组;对于规则 B 则相反。这样的话语法 A 或 B 在两组中判断概率都是 1/3 概率判断为合法,2/3 的概率判断为不合法,检验到的受控反应就很纯粹。Higham 等人(2000)有专门的相容条件组。这导致同一个新字符串在相容条件组和对抗条件组面临的判断概率不同。对于语法 B,相容条件组需要被判定为合法,每个新字符串判断为合法的概率为 2/3,被试倾向于把语法 B 判断为合法。在对抗条件组需要被判定为不合法,新字符串判断为不合法的概率是 2/3,被试倾向于把语法 B 判断为不合法。两组的高概率判断倾向效应大小相等,方向相反,造成相容条件组语法 B 的接受率虚假偏高,对抗条件组对语法 B 的拒绝率虚假偏高而接受率虚假偏低。受控反应的操作性定义就是两组语法 B 接受率的差异。检验到的差异必然包含了高概率判断偏向效应。

Dienes 等人(1995)的实验只发现人工语法学习中存在受控反应,无法确证存在自动反应;而 Higham 等人(2000)的实验发现的自动反应和受控反应都极有可能是虚假的。这两种对抗逻辑范式都有很大缺陷。Johansson(2008)为了回避材料形式相似性,只使用了一套语法。要求被试首先记忆一套语法字符串,接着告知字符串遵循某种规则但不告知具体细节;包含任务要求生成新的合法字符串,排除任务要求生成不合法字符串。自动反应被定义为在排除任务中生成了高于随机水平的合法字符串。结果发现无论包含任务还是排除任务都处于随机水平,没有发现受控反应或自动反应。

为了在人工语法学习阶段能够实时地测量意识加工指标,张润来和刘电芝(2014)借鉴加工分离程序思想,把测验任务与学习任务结合在一起。在学习阶段布置双重任务,在两个不同任务中,渐进意识中的意识成分和无意识成分有着不同的贡献方式,通过对两个任务成绩的比较,分离出两种成分各自的贡献率。双重任务包含慢任务和快任务。慢任务中,没有时间限制。向被试同时呈现 5 个高度相似的字符串项目,其中一个项目是合法的,其他项目包含错误字母。要求被试从中选择与已有记忆集中某个项目最为相似的项目。慢任务类似于加工分离任务中的包含任务,得益于意识和无意识成分的协同贡献,其数学关系为"慢任务分数＝意识成分贡献＋无意识成分贡献－意识成分与无意识成分的联合贡献"。快任务和慢任务的区别在于,有较高的时间限制。需要指出的是,快任务和加工分离程序中的排除任务不同。在排除任务中,意识和无意识成分是对抗的,对学习任务的影响是反向的。在快任务中,意识和无意识成分对学习任务的影响是同向的,只不过任务条件限制了意识成分参与的可能,学习任务主要受无意识成分的影响。快任务成绩主要来自无意识加工的贡献,其数学关系为"快任务分数=无意识成分贡献"。根据慢任务和快任务的数学关系描述,人工语法学习进程中意识和无意识成分分离的量化得以实现。结果发现学习进程中,无意识成分和意识成分都呈现出渐进发展的趋势。随着学习的深入,意识成分和无意识成分呈现出不同的发展模式,中后期意识加工快速增长,无意识加工保持平缓发展,渐进意识系统整体呈现向外显学习推进的发展态势。结果支持渐进意识理论。

但是张润来和刘电芝(2014)只使用了一套语法,而没有使用两套语法。研究两套语法对抗逻辑范式非常必要且有理论和应用价值。现实生活中存在多套规则,一套语法的实验生态效度较低;两套语法的设计能考察被试排除其他规则,专门针对某套规则进行学习的抗干扰内隐学习和辨别过程;对两套语法采用对抗逻辑范式,还能探测到内隐层面刻意否定某套规则的加工过程,这能与社会认知中的消极刻板印象如种族、性别歧视等联系起来。

为了解决两套语法对抗逻辑范式的缺陷。张剑心、汤旦、李莹丽和刘电芝(2016)提出了反向对抗逻辑范式,实验材料和 Dienes 等人(1995)相同,两套语法 A 和 B 以及非法字符串 U,形式上很相似。语法 A 和"YES"标签绑定,生成合法词单 G;把语法 B 和"NO"标签绑定,生成词单 NG。通过指导语让被试认为 NG 是不合法。这样被试内隐习得语法 A 并认为合法,内隐习得语法 B 但认为它不合法。相容条件,要求把和词单 G 相像的新字符串判断为合法,把和词单 NG 相像的新字符串判断为不合法 NG。对抗条件,要求把符合词单 G 的新字符串判断为合法 G,把符合词单 NG 的新字符串也判断为合法,这和学习阶段把词单 NG 标定为不合法的内隐学习产生了对抗。反向对抗逻辑范式的逻辑在于:学习阶段语法 B 被当作非法字符串学习的,在对抗条件下,外显任务要求把语法 B 判断为合法,语法 B 在形式上和语法 A 相似。如果被试的判断只是出于形式相似性,那么应该能够很准确地把语法 B 判断为合法;如果被试仍然将其判断为不合法,那只能是不受控的自动反应在起作用。而真正的非法字符串 U,在形式上与语法 A 和 B 都相似,如果认为把语法 B 判断为不合法是因为它和真正非法字符串 U 相似,那么对语法 A 也应该有同样的作用,即语法 B 和语法 A 判断为不合法的概率应该相等;如果语法 B 判断为不合法的概率显著大于语法 A,表明语法 B 存在自动反应。如果能测量到受控反应和自动反应,就证明反向对抗逻辑范式不受形式相似性和辨别力的干扰,有效地分离出受控反应和自动反应。结果发现外显否定标签与语法 B 绑定学习而获得自动化特征,产生内隐联结自动化;内隐否定知识比肯定知识更自动,知识从肯定转化为否定易,从否定转为肯定难;析出高概率判断偏向效应,得到了纯粹受控反应。反向对抗逻辑范式能有效监测到自动反应,不受语法间形式相似性和辨别力的影响。

加工分离程序在内隐序列学习任务中能轻易找到自动反应,但在人工语法学习范式中较难发现自动反应。这可能是因为内隐序列学习是对序列的重复学习,规则相对简单导致习得程度较高,而测验阶段针对的是学过的旧序列片段,则被试区分序列片段和随机片段较容易,对随机片段的接受率不会太高。而人工语法学习获得的是需要做出判断推理的内隐语法规则。学习阶段通过对一部分合法字符串的学习,被试只内隐习得了部分语法规则,测验阶段时新字符串是否合法必须由旧字符串的规则推导出来,则非法字符串 U 可能因推导过程不完备或不准确而被错误接受,造成对非法字符串 U 的高接受率而掩盖了自动反应。因为对抗逻辑范式较难发现人工语法学习中的自动反应,无法通过客观测量分离出内隐成分,加工分离程序在人工语法学习中应用较少。

(3)加工分离程序的不足。

第一,对加工分离程序的批评主要来自它的独立假设。Stahl,Barth 和 Haider(2015)认为加工分离方法是建立在外显知识和内隐知识相互独立的假设基础上,假设内隐加工和外显加工是截然不同的,然而,内隐加工和外显加工存在紧密的联系和相互作用,任何一个学习都是内隐和外显加工结合的产物。

第二,加工分离程序的排除任务是为了考察序列知识中意识的全局可知性。但是排除任务存在一些问题:①被试可以使用反应策略顺利完成排除任务。Wilkinson 和 Shanks(2004)发现被试在没有意识控制条件下可以通过连续反应策略完成排除任务。连续反应策略即连续选择同一个位置或连续选择二三个位置的组合。为了防止反应策略的干扰,Wilkinson 和 Shanks 提出了 trial-by-trial 序列生成测验。向被试呈现长度为 5 的序列片段,前面 4 个试次需要根据刺激分别做出按键反应,第 5 个试次需要被试进行预测。包含条件下,按照序列规则预测刺激出现的位置;排除条件下,不能按照序列规则做出预测。trial-by-trial 序列生成测验,可以对每个预测都进行自信心评分,对序列顺畅度没有影响。其他测验不能对每个预测都进行自信心评分,干扰了序列顺畅度。排除任务可能不是由于序列知识的意识性操作,而是内隐知识的全局性抑制(Norman,Price & Duff,2006;Norman,2010)。这个观点和 Dienes 和 Scott(2005)的观点一致,"即便结构知识是无意识的,有意识的判断知识可以完成排除任务"。例如,对母语虽然没有意识性的结构知识,但是有意识的判断知识,依然可以生成不符合语法的语句。②不管是否平衡包含任务和排除任务的顺序,被试都会在真实的回忆和熟悉感之间发生混淆。例如,有可能因为包含任务在排除任务之后,而根据对排除任务的熟悉感来完成包含任务,而不是完全按照学习阶段的回忆(胡伟和吕勇,2011)。③序列生成任务的程序,被试再现序列规则的方式与其在学习阶段的反应不同。在学习阶段被试看到刺激按键反应后,刺激马上消失,间隔一段时间后呈现下一个刺激。但是在测验阶段,被试根据自己的意识判断下一个刺激会出现的位置并按键反应,该刺激一直呈现直到下一个按键才消失,刺激之间的 RSI 是变化的,这与学习阶段不同。大量研究发现 RSI 影响被试序列规则的形成,会导致内隐序列学习过程中意识和无意识成分的变化(Norman,Price & Duff,2006;Destrebecqz & Cleeremans,2001,2003)。由于测验阶段和学习阶段 RSI 的差异,破坏了在学习阶段所建立的序列规则。

第三,加工分离程序认为包含任务正确反应包括有意识控制加工(C)和无意识熟悉加工(A);排除任务错误反应是由于无意识熟悉加工(A),意识加工等于包含任务正确反应和排除任务错误反应之差。包含任务正确反应(C+A),包括排除任务错误反应(A),包含任务正确反应不会比排除任务错误反应小,不太可能是负相关,两者激活的脑区应该存在部分重叠。但是Zhang,Wang,Zhang,Chen 和 Liu(2021)认为包含任务正确反应和排除任务错误反应是互斥的,两者负相关或不相关,激活脑区不重叠或相反。包含任务正确反应和排除任务正确反应相同(C+A_1),排除任务错误反应等于 A_2。提出了内隐序列学习意识的互斥理论(mutually exclusive theory,MET)。认为序列知识包括4 种类型:未习得知识、不受控制知识、半控制知识和控制知识。从未习得知识渐进到控制知识,这4 种知识的正性静息态网络从感觉运动网络渐进到躯体感知运动网络,再到内隐学习网络和意识网络;负性静息态网络从意识网络渐进到感觉运动网络。Zhang 等人发现,包含任务正确反应和排除任务错误反应负相关,加工过程分离理论认为包含任务正确反应包括排除任务错误反应,该结果无法验证加工过程分离理论;互斥理论认为包含任务正确反应和排除任务错误反应负相关或不相关,不存在正相关。行为结果支持互斥理论。静息态核磁结果发现,包含任务正确反应和排除任务错误反应是独立或竞争关系,也支持互斥理论。行为结果和脑成像结果支持互斥理论,证实了互斥理论的有效性。

第四,序列生成任务本质上是再现测验。Shanks 和 John 指出,再现测验的敏感性低于再认测验(Shanks & John,1994),序列生成任务的敏感性偏低。

　　Norman，Price，Duff 和 Mentzoni（2007）对序列生成任务进行了改进，提出了直接生成任务（generation direct task）和旋转生成任务（generation rotation task）。直接生成任务类似于包含任务，按照序列规则进行预测。旋转生成任务和排除任务不同的是，看完序列片段后，呈现数字"+1""−1"或"−2"。"+1"指顺时针旋转 1 个位置；"−1"指逆时针旋转 1 个位置；"−2"指逆时针旋转 2 个位置。被试需要报告预测位置旋转后所在位置。旋转生成任务比生成任务或排除任务需要更多的意识参与。Brosowsky，Murray，Schooler 和 Seli（2021）进行了类似改进，排除任务要求被试按照学习阶段的相反规则生成序列；包含任务没有变化，要求被试按照学习阶段规则生成序列。何玥（2019）将加工分离程序和主观测验结合起来，包含和排除任务采用 ABBA 设计，每个包含或排除任务完成后需要进行一次主观意识报告（猜测—直觉—流畅—规则—记忆）。按照加工分离程序逻辑，包含任务成绩（包含任务正确数）大于随机水平，说明内隐知识（无意识/自动反应）和外显知识（意识/受控反应）协同发挥作用；而排除任务成绩（排除任务错误数）大于随机水平，则代表内隐知识（无意识/自动反应）发挥作用；包含成绩减去排除成绩即是受控反应，受控反应为正且与 0 存在显著差异说明测试部分存在外显知识。

　　4. 其他意识测验

　　以往研究存在一个问题，即内隐测验和外显测验没有可比较性（comparable）（Shanks & John，1994），用于评估外显知识的生成任务和评估内隐知识测验（以反应时为基础）考察的不是同一种知识。在生成任务中，生成任务要求被试根据学习过的序列片段预测下一个刺激，该任务考察正确预期，但不能考察被试反应时，而内隐知识测验需要反应时。而且生成任务包含程序性成分（procedural component）对预测任务的外显性产生干扰。为了解决内隐测验和外显测验存在的问题，Sanchez-Mora 和 Tamayo（2021）采取了具有可比较性的内隐知识测验和外显知识测验。通过反应时评估内隐知识，对序列进行反应，一半是学习过序列，另一半是新序列。内隐学习指标为新旧序列组块反应时差异。外显知识通过再认测验（Wilkinson & Shanks，2004；Tamayo & Frensch，2015），对序列组块进行新旧判断，并且报告他们的自信心水平（1-非常自信，2-一般自信，3-猜测），将再认得分和自信心水平得分合并得出总分（3-非常自信/正确，2-一般自信/正确，1-猜测/正确，−1-猜测/错误，−2-一般自信/错误，−3-非常自信/错误）。研究表明，将再认成绩和自信心成绩合并可以提高外显测验的敏感性（Shanks，Wilkinson

& Channonet,2003;Shanks & Perruchet,2002)。通过这种方式保证了内隐测验和外显测验是建立在同一个任务和知识基础上。

不同意识测验的敏感性问题。再认测验与再现测验的敏感性检验,最早见于 Nelson(1978)的研究。其程序如下:假如有两个记忆测验 A 和 B。被试先学习一组项目,然后进行 A 测验。那么 B 测验只能运用于 A 测验所不能侦察到的那些已学项目,只要 B 测验侦察到任一个这些项目,就可以说比 A 测验敏感。而且,以相反顺序来操作——先进行 B 测验,然后进行 A 测验——也不能观察到敏感性的增加。Nelson 使用这种程序,发现再认比自由回忆更为敏感(杨海波和刘电芝,2016)。杨海波和刘电芝(2016)采用技术经济分析中的敏感性分析方法(Sensitivity Analysis),对序列生成任务和片段再认任务的敏感性进行了分析。敏感性分析的程序(杨和雄和王良元,1998)是:首先,确定敏感性分析的指标,即序列生成任务和片段再认任务;其次,设定影响分析指标的不确定因素及其变化幅度,本研究采用参与度作为不确定因素。结果发现片段再认任务的敏感性高于序列生成任务。Rünger 和 Frensch(2010)对不同意识测量方式的敏感性区间进行了总结,如图 2-5 所示。

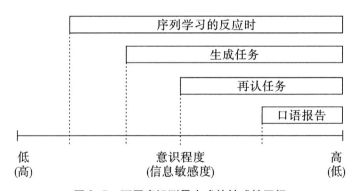

图 2-5 不同意识测量方式的敏感性区间

注:竖直的虚线表示每种意识测量方式高于随机时需要的最小意识程度。意识程度和信息敏感度的方向正好相反。因为测量方式包含的意识区间越大,对信息敏感性越高;反之则敏感性越低。如言语报告只能测量意识程度较高的区间,不能测量到内隐成分和中间意识成分,所以对信息敏感度低。

总之,意识测验形式多种多样,纵观各种测验方法,每种测验方法各有利弊,不同测验方法的结合或许是意识测验更为有效的途径。

第三章 内隐学习的表征

表征(representation)又称心理表征或知识表征,是认知心理学的核心概念之一,指信息或知识在心理活动中的表现和记载的方式。表征是外部事物在心理活动中的内部再现,因此,它一方面反映客观事物,代表客观事物,另一方面又是心理活动进一步加工的对象。表征有不同的方式,可以是具体形象的,也可以是抽象的。

目前关于表征主要有以下几种假说。帕维奥的双重代码假说认为,人们具有言语和表象两个平行的认知编码系统,言语系统加工离散的语言信息,表象系统则对具体的客体或事件的信息进行编码、存贮、转换和提取。另一种相对应的假说是单一的命题表征假说,它认为无论是抽象的信息还是形象的信息都是由命题组成的概念系统存贮的,人们之所以具有表象,那是命题或概念的激活所致。此外,还有多种编码说。斯诺格拉斯提出的多水平模型认为,不同的认知阶段有不同的表征,即知觉阶段对物理特征的表征,工作记忆阶段对言语表象和视觉表象的表征,以及长时记忆阶段的命题表征或语义表征。研究学者提出不同层级表征(representational hierarchy)。Kahneman 等人(1992)提出客体表征(object files),注意与任务相关的特征以形成表征;Hommel(1998,2004)提出事件表征(event files),反应选择形成事件表征,包括刺激和反应信息。Schumacher 和 Hazeltine(2016)提出任务表征(task files),包括刺激和反应相关性、背景信息、目标和其他与任务相关信息。

人工语法学习和内隐序列学习是否获取相同知识表征还存在争论(Perruchet,2008;Perruchet & Pacton,2006),下面分别论述人工语法学习表征和内隐序列学习表征。

第一节　人工语法学习表征

人工语法学习的表征问题是该领域的核心问题之一,可以把表征分为两大类别:具体表征(concrete)和抽象表征(abstract)(Daltrozzo & Conway,2014)。抽象表征是对抽象规则知识的学习;具体表征是对组块知识(fragment-based、transitional probabilities or chunk information)、样例知识(exemplars)或分布式知识(distributional information)的学习。对于具体特征的学习也被称为"表面学习"(surface learning)或"片段学习"(fragmentary learning)(Cleeremans,Destrebecqz & Boyer,1998;Daltrozzo & Conway,2014)。这种观点和 Clegg,DiGirolamo 和 Keele(1998)的观点类似。Clegg,DiGirolamo 和 Keele 将认知加工分为 3 个水平:抽象水平(abstract level),对高级规则进行编码,与刺激或反应无关;中级水平(intermediate level),对动作(独立于效应器)或刺激(独立于感受器)进行编码;低级水平(low level),对具体的刺激或动作进行编码(依赖于感受器或效应器)。人工语法学习中习得的知识可以进一步细分为 3 类:规则(rule)知识、相似性(similarity)知识和联结(association)知识。规则知识指"对潜在语法规则的有效表征"(Reber & Allen,1978);相似性知识指"测试项目与学习项目之间可以类比的程度"(Brooks & Vokey,1991);联结知识指"环境中某些项目要素之间的因果相倚关系"(Wasserman & Miller,1997)。其中规则知识属于抽象知识,相似性知识和联结知识属于样例特异性(Exemplar-Specific)知识。

一、规则说

内隐学习知识的抽象性指内隐学习获得的知识独立于学习材料的表面特征,是抽象的规则知识。可以对抽象知识进行无意识加工,Cleeremans,Destrebecqz 和 Boyer(1998)称之为"聪明的无意识(smart unconscious)"。Reber(1967,1976)等人认为被试在内隐学习过程中习得的是抽象的规则。

迁移任务是探究人工语法习得知识表征的重要途径。Reber(1967)最早探究了内隐学习的迁移研究。让被试先学习一些字符串,接着将被试随机分成 4 组:第一组字母和规则均不改变;第二组字母改变而规则不变;第三组字母不变而规则改变;第四组字母和规则均改变。结果发现字母的改变不影响被试对字符串的分类判断,但规则的改变显著破坏了被试在分类任务的成绩。Reber 认为被试习得的是抽象的规则,这种规则不受刺激表面特征影响,是可迁移的。后来许多研究证实了迁移效应的存在(Mathews,Buss, Stanley,Blanchardfields,Cho & Druhan,1989;Brooks & Vokey,1991;Gómez & Schvaneveldt,1994;Dienes & Altamann,1997;Dienes,Altmann,Kwan & Goode, 1995;Manza & Reber,1997;Shanks,Johnstone & Staggs,1997;Whittlesea & Wright,1997)。迁移可以发生在字母和字母之间(Reber,1969;Mathews, Buss,Stanley,Blanchardfields,Cho & Druhan,1989),可以发生在听觉和视觉之间(Manza & Reber,1997),可以出现在图形和音乐间或声音和字母间(Altmann,Dienes & Goode,1995;Dienes & Altmann,1997),而且婴儿也存在迁移。Marcus,Vijayan,Rao 和 Vishton(1999)的研究中,在学习阶段给 7 个月大婴儿呈现简化的人工语法,在测试阶段呈现一些新的音节。在一个实验中,将 16 名婴儿随机分配到两组:ABB 组或 ABA 组。在 ABB 组情形下,婴儿会听到 16 个按照 ABB 语法生成的三单词语句(three-word sentences),如"Zi na na",而 ABA 组则会听到"li ma li"。然后呈现 12 个新的音节,如 me to me,其中一半为学习阶段熟悉的语法,一半为新的语法。结果发现,婴儿更倾向于聆听学习过的语法。Gómez 和 Gerken(1999)使用更为复杂的材料,在 11 个月婴儿身上发现类似结果。Reber(1993)认为抽象知识的观点是唯一能够解释不同刺激形式之间知识迁移的心理表征模型。

对于规则的学习,Reber(1976)使用指导语分离的方式,发现了内隐学习优势效应,即记忆指导语条件下的被试在分类判断任务上的成绩显著高于规则探索指导语条件下的被试。但后续使用指导语分离范式的研究得到的结果并不一致。有研究者的研究结果和 Reber 类似,发现指导语更有利于人工语法的习得(Reber,Kassian,Lewis & Cantor,1980;De,Torbeyns, Stassens,Ghesquire & Verschaffel,2010);有研究发现两种指导语条件下(记忆和规则探索)的学习程度没有差别(Abrams,1987;Millward,1981);还有研究结果发现,规则探索指导语更能促进人工语法学习(Howard & Ballas, 1980;Mathews,Buss,Stanley,Blanchardfields,Cho & Druhan,1989;Shanks, Johnstone & Staggs,1997;Miyawaki,Sato,Yasuda,Kumano & Kuboki,2005;Van den Bos & Poletiek,2008;Spada & Tomita,2010)。虽然研究结果并不一致,但这些研究者都认为人工语法学习过程中习得了抽象的规则。Reber 和 Allen(1978)主张,基于记忆任务的人工语法学习过程中,随着和材料的不断接触,被试逐渐从基于表面特征的知觉处理过程中抽取出支持字符串构成的深层次语法规则,抽象性是内隐学习的核心特征。如果被试习得了抽象规则,应该可以在深层语法结构保持不变、表面特征不同的情境下,发生知识迁移。相反,如果习得的知识是具体的,依赖于表面特征,在知觉形式发生改变时,迁移将不会发生。

限定状态人工语法限定了相邻字母间的顺序,导致字符串的相似性程度较高,为了解决这一问题,研究者们尝试从新的视角,采用新的范式和材料为内隐的学习抽象性问题提供新的证据,远距离规则的研究就是其中一个重要的方面。远距离规则是指相邻元素间没有顺序限制的规则,它广泛存在于人类语言、音乐、知觉、动作等领域(Rohrmeier, Dienes, Guo & Fu, 2014),和限定状态人工语法相比,它更为抽象,能够很好地控制组块、重复结构等特征对规则学习的影响。对远距离规则内隐学习的研究始于音乐领域。Dienes 和 Longuet-Higgins(2004)指出被试可能存在以下两种表征远距离规则的方式:值—值的表征和变量—变量表征。值—值的表征是指被试可能习得某个位置的音符(声调)和另一个位置的音符(声调)之间存在的对应关系;变量—变量的表征是指被试获得了变量和变量之间的复杂规则而非特定的值和值之间的简单对应关系,相对于值—值的表征,变量—变量表征更为抽象。

Dienes 和 Longuet-Higgins(2004)进一步将变量—变量表征区分为两种:固定长度和任意长度表征,指出如果人们仅仅能够习得固定长度的远距离规则,那么这种学习仅仅是一种限定模式,如果人们能够将习得的规则在任意长度上灵活迁移,那么这种学习就是一种超越了限定状态的更为抽象的无限模式。姜珊、郭秀艳、杨靖和马闻笛(2014)采用汉语声调水平映射规则的迁移研究范式,以汉语声调的远距离水平映射远距离规则为材料,在控制组块和重复结构等表面特征的条件下,探讨汉语声调远距离规则的学习和迁移。结果发现被试能够内隐习得和迁移汉语平仄声调的水平映射规则,结果证实能够内隐地获得底层的抽象规则并且进行灵活地迁移。并且姜珊和关守义(2018)进一步发现能够将该规则灵活迁移到不同长度的材料上。他们以汉语声调的水平映射这一远距离规则为材料,在学习阶段,让被试学习长度为 10 的声音串,而在测验阶段,考察其对长度为 8、10 和 12 的声音串的分类判断,以探讨水平映射规则在不同长度上能否发生迁移。如果被试能够内隐地将规则迁移到不同长度的材料上,不仅能够证实内隐学习的抽象性表征模式,还能进一步从语言学的角度证实人类语言的学习机制是无限的。研究结果表明被试不仅能够习得这一规则,还能够将该规则灵活迁移到不同长度的材料上,为内隐学习的抽象性和规则性提供强有力的新证据。

但是,规则说也受到了来自理论和实证方面的质疑。理论假设方面,存在一个根本问题,那就是人工语法实质上是一种语言学范畴内的规则模式,心理学范畴内的规则往往是和刺激特征相关的(Pothos,2007),两者之间没有实质性的联系。即使是规则说的最坚定支持者 Reber 本人,谈及抽象规则的内容时,多以"合法字符串起始和结尾字母的有限可能性""某些字母对经常出现"这类无法和表面特征分离的表述方式。另外,学习阶段所展示的字符串集合只是完整规则的一部分内容,并没有体现完整的规则模式,被试并没有真正习得抽象的规则。实证方面,Reber(1993)、Photo 和 Bailey(2000)发现,受制于学习材料的数量,被试在人工语法学习中形成了一种能部分反映语法结构的不完整的规则体系,在随后的分类任务中,被试根据这种自定制的规则对合法和非法字符串进行区分。人工语法研究中被试的语法判断水平一般在70%左右,反映出获得规则的不完整性。Conway 和 Christiansen(2006)开展了跨通道研究,学习阶段让被试学习两套语法构成的刺激序列,分别以色块和音调形式呈现给被试,在测试阶段来自不同语法的合法字符串全部以色块方式或音调方式分别呈现给两组被试,被试在分类任务中表现出显著的通道选择性,测试阶段与学习阶段以相同通道呈现的项目刺激显著高于不同通道的项目。结果说明知识编码包含了学习阶段呈现材料的表面特征,具体刺激特异性(stimulus-specificity),没有发现规则效应。

更强有力的证据是发现了迁移惰性效应(transfer decrement)(Mathews, Buss,Stanley,Blanchardfields,Cho & Druhan,1989;Brooks & Vokey,1991; Gómez & Schvaneveldt,1994;Whittlesea & Dorken,1993)。虽然都发现迁移效应,但是也发现迁移惰性效应,不同字符串之间的迁移成绩比相同字符串间的迁移成绩差。迁移惰性指被试非迁移任务的成绩显著高于迁移任务,即当组成分类任务的测验序列的元素与学习阶段的序列元素是相同的时候,被试对测验序列的区分要优于不同时。虽然规则说可以解释迁移效应,但是无法解释迁移惰性(迁移的成绩比非迁移的成绩差)。例如,Whittlesea 和 Wright(1997)发现,学习阶段学习数字序列 1-2-3-4,但分类判断任务中表述为 one-two-three-four 时,被试的分类判断成绩比仍然表述为 1-2-3-4 的被试成绩差。Dienes 和 Altmann(1997)使用色块和色词为材料,得到了类似结果。迁移惰性的存在某种程度上表明被试习得的不仅仅是抽象规则。上述实验使用正确率作为因变量,如果内隐学习学习到的规则,不管这些规则是否正确,不同形式之间的转化对反应时产生影响,但不会影响到分类判断任务的正确率。迁移惰性结果表明内隐学习包含着对刺激材料知觉特异性编码。Whittlesea 和 Dorken(1993)实验直接验证了内隐学习的知觉特异性编码。学习阶段让被试分别学习两种人工语法样例。而且对于其中一种人工语法样例 A,要求被试学习时读出来;对于另一种人工语法样例 B,要求被试学习时将其拼写出来。测试阶段要求被试判断字符串符合哪一种语法。结果发现被试的判断依赖于测试阶段项目和学习阶段项目表征匹配的相似感：当测试项目符合两种语法时，如果被试曾读过它们，被试倾向于将字符串归类于语法 A；如果曾拼写过它们，被试倾向于将其归类于语法 B。结果表明学习阶段加工方式影响到人工语法的判断。

　　而且人工语法迁移研究方法本身存在一些问题。第一，起始位置。Tunney 和 Altmann（1999）认为上述结果不是由于序列知识的迁移，而是由于线索再认（recognition of a specific cue），线索指不合法序列的非法起始位置。他们重复了 Altmann，Dienes 和 Goode（1995）的实验并得到相同结果。在第二个实验中，他们将不合法序列的非法起始位置排除，只能依靠非法字母串来辨别序列是否合法。实验 2 没有发现正迁移。这个结果表明抽象语法信息不是迁移的基础。Gómez（1997）也发现序列起始位置对于迁移非常重要。第二，前后刺激匹配问题。人工语法迁移研究还忽视了被试如何连接前后迁移刺激的重要性。比如 Altmann，Dienes 和 Goode（1995）不清楚发生迁移的具体原因。实验 1 中，训练阶段中的序列包含 5 个字母，测验阶段中的序列包含 5 个语音，两者的语法是相同的。由被试决定如何匹配前后迁移刺激，5 个字母和 5 个语音有 120 种匹配方法，其中只有一种与研究目的有关。被试不太可能发现正确的匹配关系。总之，无法确定人工语法任务中是否发生了迁移。没有发生迁移可能是由于人工语法抽象规则还没有发生，或者是由于迁移测验方法本身存在问题。

　　前后刺激如何匹配问题至少有两种解决方法。一是使用具有相同意义的有意义刺激，例如图片和词语（猫狗词语序列和猫狗图片序列具有相同的抽象概念）。Kemény 和 Lukács（2011）使用了此方法。在训练阶段，呈现听觉类别词语（例如蔬菜、水果等）；测验阶段，使用具体类别词语（例如桌子、苹果等），听觉形式或图片形式呈现。结果发现存在通道内或跨通道类别序列迁移学习。而且跨通道迁移效应量大于通道内迁移效应量，这可能是由于存在通道内干扰。类别词语例如水果或家具，没有视觉表征，没有水果的视觉图像，只有苹果或橘子的图像。所以类别水平的训练和具体水平（token-level）的测验存在干扰，因为他们都是听觉编码。被试对听觉类别序列发生学习，并将序列知识迁移到视觉序列。二是有意识地建立迁移前后无意义刺激的相关性，例如成对关联方法（pairwise association method），Lukics 和 Kemény（2016）使用了此方法。在分类任务中，训练被试将无意义视觉刺激和无意义听觉刺激进行配对。然后要求被试通过按键重现视觉序列（Conway，Bauernschmidt，Huang & Pisoni，2010），被试不知道视觉序列存在规则。测验阶段,呈现随机或规则听觉序列。结果发现规则序列和随机序列的反应没有差异。结果表明,被试将听觉序列转换为视觉序列时,序列学习的表达受到影响。

综上所述,内隐学习的知识表征并不完全是抽象规则,具有刺激特异性(modality-specific)(Redington & Chater,1996)。

二、相似说

Brooks(1978)最先对 Reber 的规则说提出疑问,首次用项目相似性解释人工语法学习的分类判断成绩。他认为在学习阶段没有学习抽象规则,被试之所以能对项目做出正确判断,是因为被试掌握了新、旧项目之间的相似性。他采用两套不同语法生成的字母串,实验使用配对联想学习,将两套字母串分别与描写新世界的词语或旧世界的词语配对。将被试分为两组,一组告诉字母串与词语间的配对关系,另一组被试不告诉存在配对关系。结果表明知道配对关系的被试能顺利区分合法和非法字母串;不知道配对关系的被试不能区分合法和非法字母串。Brooks 认为,内隐学习学到的只是样例之间的相似和联系。Reber 和 Allen(1978)认为 Brooks 所采用的配对联想学习范式,将被试引向了类比归类策略,而人工语法范式中,被试所使用的是基于抽象规则的分类策略。但是 Reber 和 Allen 无法排除样例和相似性对人工语法学习的影响。Vokey 和 Brooks(1992、1994)为了分辨抽象规则和相似性知识的影响,字符串在合法性和相似性上进行了平衡,合法与非法字符串包含等比例的高、低相似性项目。结果发现,规则和相似性都对被试的语法分类任务产生了显著影响。Brooks 和 Vokey(1991)第一次验证了迁移条件下,相似性也发挥着重要作用。比如 VXMMMV 和 CDBBBC 是相似的,它们开头和结尾都是同一个字母,中间字母重复 3 次。这种相似称为抽象类比。Brooks 和 Vokey 操纵了测试项目的相似性,区分出"相似组"和"不相似组"。对于相似组,测验项目仅有一个字母与训练阶段是不同的,对于不相似组,测验项目至少有两个字母与训练阶段不同。结果发现相似性和语法性(gramaticality)均表现出显著效应,相似性的效应大于语法性效应。Brooks和 Vokey(1991)认为抽象类比可以部分解释内隐学习的迁移效应。

Bucher(1994)提出样例相似性需要满足两个条件:①被试在学习阶段对学习字符串进行了完整的编码;②被试在测试阶段将新字符串与记忆中的学习样例逐一对比。在人工语法范式的学习阶段,刺激呈现具有一定的时间限制(一般呈现 5 秒,刺激间隔 2 秒),使得被试很难完整地记忆项目;而且测试阶段由于遗忘会进一步限制这种知识的表达和提取。在 Vokey 等人实验中,学习阶段没有时间限制,被试记住材料后自主翻页,并且学习了4遍,这样的实验设计有助于个体的记忆编码。在这种情况下发现的相似性效应很难进行推广。

Brooks(1978)的样例模型,被试需要学习整个字母串,但是由于被试注意力的分散、材料的复杂性、短时记忆容量有限(Perruchet & Pacteau,1991),被试对整个字母串进行编码不太现实。于是,有研究者提出了新的观点:被试只是学习了字符串的一部分(即组块),比如二字母组块(bigrams)和三字母组块(trigrams),组块可以解释被试分类任务中的成绩。

三、组块说

一些研究者认为被试没有习得抽象规则,而是组块(Perruchet & Pacteau,1990)。Dulany,Carlson 和 Dewey(1984)最先探讨了组块说。采用经典人工语法学习范式,让被试在对一系列字符串学习后,完成分类判断任务。不同的是,被试完成分类判断任务后,每次当被试认为一个字符串符合语法或不符合语法时,需要指出他们判断符合语法或不符合语法的依据。结果发现这些被指出的字符串的部分足以解释被试在分类任务中的表现,即被试习得的其实是组块。可惜这一研究结果没有受到足够重视。

在 Dulany 启发下,Perruchet 和 Pacteau(1990)明确指出这些字符串的部分就是组块,而非语法规则。实验1将被试随机分3组:第一组学习完整的字符串;第二组学习字母对;第三组为控制组,不进行学习。学习阶段后让被试对另外字符串进行分类判断任务。结果发现第一组和第二组被试的分类判断任务成绩优于第三组,但第二组的成绩比第一组成绩差。Perruchet 和 Pacteau 认为这可能是因为分析结果包含了非法首字母的字符串的判断,对于这种字符串的判断,第一组被试很容易做到,但第二组被试不太可能。当排除掉这些字符串后再做分析。结果发现第一组和第二组被试的分类判断任务成绩一样好。Perruchet 和 Pacteau 为了排除字母对组存在的反应偏差,还计算了 D 分数(非法串被正确分类的比例减去合法串被认为是非法的比例)。实验 2 考察了被试对具有不同的错误(非法的成对字母,nonpermissible pairs-NP;合法的成对字母出现在不合法的位置上,nonpermissible order-NO)的非法串的分类判断情况。实验共设置了两个实验组(有意学习实验组和附带学习实验组,学习阶段同实验1中的标准组)和两个控制组(有意学习控制组和附带学习控制组,学习材料为伪随机字符串)。结果发现,实验组的 D 分数显著高于控制组,附带学习实验组的成绩略优于有意学习实验组;NP 的 D 分数显著高于 NO 的 D 分数,即当字符串包含不合法的成对字母时,非合法的成对字母出现在非法位置上,被试的分类判断成绩更好。实验 3 的分类任务改用 6 点量表后,结果和实验 2 相同。Perruchet 和 Pacteau 认为,被试在人工语法学习中习得的是组块而非抽象规则。

Gómez 和 Schvaneveldt(1994)对组块在迁移中的作用进行了实验研究。标准组(S 组)被试学习 18 个字符串,字母对组(P 组)被试学习 17 个组成这些字符串的字母对(字母对出现频率和它们在字符串中出现频率相同),为了平衡总字母数目,P 组要学习 75 个样例(重复 17 个双连词)。然后,被试接收分类任务(包括迁移和非迁移)。然后被试接收分类任务(包括迁移和非迁移),考察被试对具有不同的错误(包含了非法的成对字母,nonpermissible pairs-NPP;或合法的成对字母出现在不合法的位置上,nonpermissible location-NPL)的非法串的分类判断的辨别力。结果发现,S 组无论在非迁移条件还是在迁移条件下,对两种类型的非法串都具有辨别力。而 P 组仅在非迁移情形下出现对 NPP 型错误敏感,对 NPL 类型错误不敏感,迁移条件对二者均不敏感。Gómez 和 Schvaneveldt(1994)认为迁移效应不仅仅是学习了字母对。Redington 和 Chater 认为 Gómez 和 Schvaneveldt(1994)控制的是字母数目的总学习量,而不是字母对的数目,从而导致 S 组被试学习了 132 对双连词,P 组仅学习了 75 个双连词。实验结果可能是因为字符串组学习了更多的字母对。

Perruchet,Vinter 和 Gallego(1997)提出了"主观单元形成说",认为进行人工语法学习的被试不是对生成字母串的语法规则进行编码,而是自动地将字母串分解成小的具有独立性的组块,并对其进行编码。被试根据字母串中是否含有熟悉的组块对其进行合法性的判断。"主观单元形成说"与组块理论有异曲同工之处。

Redington 和 Chater(1996)提出了玩具模型(toy model),他们认为被试在学习阶段没有获取抽象知识,只是储存了大量组块知识,在测试阶段通过对组块信息的抽象及测试字符串的比较,发现合法的字符串。在迁移实验中,如果测试的字符串特征与学习阶段组块之间存在映射关系,那么这个字符串就被认为是合法的。Servan-Schreiber 和 Anderson(1990)提出了竞争组块模型(Competitive Chunking Model)来阐释不同层级组块在内隐学习中的作用。在这个数据驱动加工特色的模型中,组块在长时记忆中按层级形式存储。在学习阶段,个体先将较小的字母组合(甚至是单个字母)作为初级组块进行加工,随着学习项目的不断呈现,字母间的共存频率越来越高,将高频出现的组块组合成大组块,同时抛弃低频的字母组合。组块有一个与之相关联的力量参数,反映了组块使用频率和近期性。每当组块被使用后,它的力量就增强,然后随着时间而抓紧减弱。按照竞争组块理论,在学习阶段,被试记忆从一个字母到句子的层级网络结构。测试阶段,呈现的字符串与学习阶段组块的交叉,交叉的程度影响被试对字符串的熟悉感,交叉程度越高,就会显得越熟悉,被试越可能认为它合乎语法。在语法分类任务中,被试计算测试字符串包含的组块数量和大小,包含越少组块的次级意味着组块越大,越容易被判定为合法。

竞争组块模型与相似性假说相比,它不要求学习阶段对材料进行整体的完整记忆编码,在测试阶段也无须搜索长时记忆中的刺激逐一计算,具有更好的解释效力。Sevan-Schreiber 和 Anderson(1990)成功模拟了 Reber(1967)的实验结果。而且在平衡相似性和组块强度的实验设计中,组块效应明显,相似性效应消失,有力说明在人工语法学习中,依靠刺激的频率效应引发的熟悉感来完成任务,比搜索完整的记忆更有效。从本质上说,相似性和组块都属于样例特异性知识,依赖于刺激的表面特征。

组块理论无法解释内隐学习中的迁移现象和远距离规则学习,因为组块是特定的字母,而内隐学习可以在不同的字母间迁移,或能在不同的刺激模式下迁移,比如从视觉刺激到听觉刺激。

四、双机制说

Knowlton 和 Squire(1994,1996)提出了双机制说,认为被试可以同时获得抽象规则和组块知识,并得到一系列研究的支持(Meulemans & Van der Linden,1997;Chang & Knowlton,2004;Lieberman,Chang,Chiao,Bookheimer & Knowlton,2004;Forkstam,Hagoort,Fernandez,Ingvar & Petersson,2006;Kürten,De Viries,Kowal,Zwitserlood & Flöel,2012)。该类研究思路是在实验中平衡合法串和非法串的组块强度,考察被试在平衡组块强度之后能否区分合法串和非法串(以正确率为因变量)。如果能,则表明组块知识并不足以解释全部分类判断任务成绩,被试不仅习得了组块,还有深层次的抽象规则。Knowlton 和 Squire(1996)平衡了合法串和非法串的组块强度之后,结果发现被试对合法串的确认率显著高于非法串,对高组块强度字符串的确认率显著高于低组块强度字符串。Meulemans 和 Van der Linden(1997)不但平衡组块强度,还进一步控制了组块新异性,平衡合法串和非法串中新异组块的数量(学习阶段从未出现二字母组块和三字母组块),并引入了一个新的变量——样例学习量。结果发现,当被试只学习少量样例(被试只学习 16 个合法串)时,对组块强度敏感,对合法串和非法串的确认率不存在显著差异;

当学习大量样例(被试学习 125 个字符串)时,结果表现出是语法性而非组块强度对分类判断起到显著作用。该实验结果不仅证实了双机制观点,还发现不同学习量使得被试使用了不同知识来完成分类任务。Forkstam,Hagoort,Fernandez,Ingvar 和 Petersson(2006)的研究长达 8 天。在开始学习前,被试凭"感觉"对字符串进行分类判断。经过连续 8 天的学习,再进行一次分类判断任务。结果发现,在第一天和第八天的分类判断任务上,语法规则和组块强度主效应显著,交互作用不显著,对语法规则的敏感性随着学习时间显著提高,对组块敏感性没有随着学习时间而发生变化。在分类判断任务中,结构知识和组块知识相互独立。

　　为了进一步对组块和规则效应进行实验性分离,Chang 和 Knowlton(2004)改变字符串的呈现形式(改变字体和大小),结果发现影响了组块知识习得,对规则知识没有影响。Kürten,De Viries,Kowal,Zwitserlood 和 Flöel(2012)发现组块知识随着年龄增长而下降,规则知识不受年龄影响。Lieberman,Chang,Chiao,Bookheimer 和 Knowlton(2004)发现规则和组块分离具有生物学基础。采用脑成像研究,使用组块强度平衡的人工语法实验设计,即在测试阶段使用的字符串、合法串和非法串在组块强度上没有差异。被试学习 23 个合法串后,对 32 个字符串进行分类判断,每个字符串呈现 2次。结果表明,正确率指标显著高于随机水平,合法率的确认率显著高于非法串,组块强度对非法串的影响强于合法串的影响。脑功能成像数据表明,规则与右尾状核激活相关,组块强度与内侧颞叶激活有关。

五、重复结构

　　Whittlesea 和 Dorken(1993)对 Brooks 和 Vokey(1991)的研究做了进一步分析,认为在抽象类比过程中,被试获得了关于学习字符串重复结构知识。例如对于字符串 XMYYYX,重复结构可以用数字编码为 123331。将第一个位置上字母编码为 1,后面与之相同的字母也编码为 1;下一个与第一个字母不同的字母编码为 2,后面与之相同的字母编码为 2,依此类推……抽象类比就是比较两个序列重复结构的过程。这是一种抽象的、深层的知识,与获得字符串知觉的表层结构是有区别的。Mathews 和 Roussel(1997)提出了另一种重复结构表征方法,字符串中每一个字母,从第二个开始,判断是否与前面一个相同,相同记为 1,不同记为 0。仍以字母串 XMYYYX 为例,编码为 100110。后来将第一种重复结构命名为"整体重复结构",第二种命名为"局部重复结构"或"相邻重复结构"。

　　关于没有重复结构能否发生内隐学习迁移,Altmann,Dienes 和 Goode

（1995）最先进行实证研究。实验中包含字母和音乐或图形和无意义音节间迁移，控制组不接受任务学习，直接进行分类任务。Altmann，Dienes 和 Goode 发现了迁移效应，并且对重复结构进行事后分析。有 34 个字符串（19 个合法串和 15 个非法串）不包括任何重复结构（整体重复结构和相邻重复结构），计算被试的 d' 值，通过方差分析发现，实验组对合法串和非法串的辨别力显著高于控制组。他们认为，即使没有重复结构，内隐学习也存在迁移效应。但 Tunney 和 Altmann（1999）发现对于那 34 个字符串，其合法串和非法串间除了合法性差异外，合法串和非法串的首字母频率有显著差异。Altmann，Dienes 和 Goode（1995）材料中，合法串首字母只有 hes 和 vot，而部分非法串以 kav，dup，jix，pel 开头，对于这部分非法串，被试分类任务中可以直接排除。被试对合法串和非法串的区分可能来自这部分信息。Tunney 和 Altmann（2001）替换了存在非法首字母的非法串，同时控制合法串和非法串重复结构的数目。然后重复 Altmann，Dienes 和 Goode（1995）的实验，结果发现在没有重复结构条件下不存在内隐学习迁移效应。Gómez，Gerken 和 Schvaneveldt（2000）直接使用不存在任何重复结构字符串作为刺激材料。结果发现，非迁移条件下，被试可以区分合法字符串和非法字符串，但在迁移条件下，被试无法区分合法串和非法串。Gómez，Gerken 和 Schvaneveldt 在另一个实验中修改了语法，使三分之一的字符串具有重复结构，字符串分为有重复结构和没有重复结构的。结果表明，在迁移条件下，字符串类型和语法性有显著的交互作用，被试只能区分重复结构的字符串的语法性。他们认为重复结构是人工语法迁移效应的基础。

Lotz 和 Kinder（2006）用 7 个预测变量对分类判断成绩进行预测，采用回归分析方法。这 7 个预测变量分别是锚定组块强度（学习与测试字符串首尾组块的交叉程度）、组块新异性、整体组块强度（除去首尾组块）、编辑距离（测试字符串同最相似的学习字符串比较，得出的位置差异数目，类似于 1991 年 Brooks 和 Vokey 中相似性概念）、首字母、整体重复结构和局部重复结构。结果发现，在非迁移条件下，锚定组块强度、编辑距离、重复结构对分类判断任务产生影响，但在迁移条件下，只有重复结构知识产生影响。进一步分析表明，相似性和锚定组块强度和局部重复结构显著相关，相似性依赖局部重复结构发挥作用。除了 Tuney 和 Altmann（2001）发现没有重复结构条件下存在迁移效应，其他研究发现重复结构是迁移效应的基础。而且 Tuney 和 Altmann（2001）所使用的语法比限定状态语法简单得多。

综上所述，在人工语法学习中，被试习得了多种形式的知识。这些知识可能是抽象的规则知识和具体的浅表知识。随着研究的逐渐深入，越来越多研究表明在人工语法学习中抽象规则知识很难被习得。Jamieson 和 Mewhort(2005)认为被试在学习阶段编码方式是不随意的,而是以一种能帮助他们在测试阶段取得更好成绩方式进行的。这种编码是基于刺激的表面结构,而非深层次结构。相比较而言,在意识参与度较低情况下,基于刺激表面特征知识更容易被习得。首先,心理学领域的"抽象规则"概念和其他一些自然科学有较大不同,心理学侧重围绕刺激特征的可操作表达,抽象变量组成的数学描述形式无法在心理学研究中验证。其次,内隐学习涉及意识加工较少,不利于抽象知识的获得,抽象知识的习得需要较多意识加工,意识加工程度较低时,即使有抽象规则表征的形式,也是不完整的、附加的。人工语法呈现的复杂刺激,在较短时间内,被试无法凭借经验完成任务,习得抽象规则可能性大大降低。最后,从进化观来看,内隐学习在种系发生史上处于较早阶段,在物种进化和个体发展过程中,相对于环境中知觉特征的获得,抽象规则位于更晚时间段,相应的生理机制也更晚形成。在内隐学习过程中,知识表征起始于刺激表面特征的联结知识(组块、相似性),并不断向深层发展,通过表征重述(Representation Rehearsal),抽象性逐渐加强,知识开始摆脱知觉表征的束缚,并对行为产生深刻影响。

第二节　内隐序列学习表征

20 世纪 90 年代,内隐序列学习领域的一个主要问题就是序列反应时任务中内隐习得的知识是如何表征的,与外显习得知识的表征方式是否不同。关于此问题还存在争论(Stadler, 1989; Keele, Jennings, Jones, Caulton & Cohen,1995;Willingham,1999;Willingham,Wells,Farrell & Stemwedel,2000)。

由于研究范式不同,人工语法范式和序列反应时范式的知识表征研究结果不能直接进行比较。序列反应时迁移研究和人工语法迁移研究不同,序列反应时迁移研究关注的主要是序列学习的基本组成,例如知觉学习、反应学习、效应器为基础的动作学习等。序列反应时迁移研究的一个关注领域是序列学习的核心组成是什么;另一个关注领域是迁移前后刺激匹配问题。人工语法任务中刺激和规则容易分离,序列反应时任务不容易分离。总之,人工语法任务和序列反应时任务迁移研究关注不同方面。人工语法迁移研究更多关注独立于刺激,两套刺激抽象规则的迁移,两套刺激之间是否存在抽象规则迁移还存在争议。没有发现迁移可能是由于没有发生抽象规则表征,也可能是由于方法问题。序列反应时迁移研究更多关注刺激学习、反应学习、效应器学习对序列学习的影响。由于前后迁移刺激之间总是存在一定关系,序列反应时迁移研究没有要求完全独立于刺激迁移或真正的抽象规则。

研究发现可以习得复杂的序列结构,原因如下:第一,内隐序列学习不像外显序列学习,受工作记忆限制。内隐序列学习和工作记忆能力无关,而外显序列学习与工作记忆有关(Frensch & Miner,1994,实验1;Song,Marks,Howard & Howard,2009;Unsworth & Engle,2005)。内隐序列学习也不受工作记忆分配影响。因为外显序列学习和内隐序列学习可以同时发生,外显序列学习消失后内隐序列学习依旧存在(Song,Howard & Howard,2007;Willingham & Goedert-Eschmann,1999;Willingham,Salidis & Gabrieli,2002)。外显序列学习成绩被其他因素影响,而内隐序列学习成绩不受其他因素影响。第二,有研究发现内隐序列学习包含工作记忆系统加工(Frensch,1998)。工作记忆系统的信息衰减速度很慢,因为当前序列反应和下一个刺激出现的反应—刺激间隔(response-stimulus interval)长达2秒(Willingham,Greenberg & Thomas,1997),其间序列学习仍在发生。记忆系统的能力很强,信息衰减速度很慢,足以可能对复杂序列结构发生学习(Remillard,2010)。

例如位置序列学习中可以对不同信息进行学习,Nth-order指从试验t-n可以预测试验t。例如0阶学习(zero-order learning)指对位置整体频率的学习;1阶学习(first-order learning)指通过前一个刺激预测随后刺激的学习;2阶学习(second-order learning)通过前两个刺激预测随后刺激的学习(Curran,1998;Howard,Howard,Japikse,Cara,Thompson & Somberg,2004;Karatekin,Marcus & White,2007;Remillard & Clark,2001)。Nth-order信息根据连续性划分为连续型(adjacent)和非连续型(nonadjacent)。连续型指从连续试验中获取信息;非连续型指至少跳过一个试验获取信息(Remillard,2008)。Remillard(2008,2011)发现可以对4阶连续或非连续序列信息进行学习;而且经过长时间学习,例如经过18~24天学习,可以对5阶或然序列信息发生学习,经过38~46天学习,则可以对6阶或然序列信息发生学习(Remillard,2010)。

序列学习表征研究有两点需要注意,一个是不同研究涉及的感觉通道不同,例如视觉(visual)、空间视觉(visuospatial)、听觉(acoustic)、触觉(haptic)、动觉(motoric)(Gheysen,Van Opstal,Roggeman,Van Waelvelde & Fias,2011;Goschke & Bolte,2012;Haider,Eberhardt,Esser & Rose,2014;Haider,Eberhardt,Kunde & Rose,2013;Kim,Johnson,Gillespie & Seidler,2014;Remillard,2009,2011)。另一个是不同类型的序列学习机制不同,例如

空间序列和非空间序列具有不同机制（Koch & Hoffmann,2000；Mayr,1996），以及空间反应和刺激—反应规则在空间序列中具有不同的机制,非空间刺激序列比空间刺激的外显意识成分更明显（Tubau & Lopez-Moliner,2004），成人的脑成像研究表明序列学习中大脑激活区域和刺激性质有关（Robertson,Tormos,Maeda,Pascual-Leone,2001）。

在序列反应时任务中,刺激的位置与被试的反应是相关的,表现出的学习效应包含了基于知觉的序列学习、基于动作的反应序列学习和效应器学习（手指序列）。知觉序列学习和反应序列学习都有助于提高成绩,但是知觉序列学习起到多大作用存在争议（Abrahamse,Jiménez,Verwey & Clegg,2010；Haider,Eberhardt,Esser & Rose,2014；Jablonowski,Taesler,Fu & Rose,2018；Remillard,2009；Ziessler & Nattkemper,2001）。知觉序列学习和反应序列学习的脑机制不同,Rose,Haider,Salari & Büchel（2011）发现海马和知觉序列学习有关,与动作序列学习无关；而基底神经节和动作序列学习有关。由于采用了不同序列学习范式,序列反应时任务中习得的知识表征方式有以下几种观点:完全知觉学习［pure perceptual learning,stimulus-stimulus（S-S）associations］（Gheysen,Gevers,De Schutter,Van Waelvelde & Fias,2009；Goschke & Bolte,2012；Haider,Eberhardt,Esser & Rose,2014；Haider,Eberhardt,Kunde & Rose,2013；Remillard,2009；Rose,Haider,Salari & Büchel,2011）、完全动作学习［pure motor learning,Response-Response（R-R）associations］（Haider,Eberhardt,Kunde & Rose,2013；Richard,Clegg & Seger,2009；Rose,Haider,Salari & Büchel,2011）、知觉—动作学习［perceptual-motor learning,stimulus-response（S-R）associations］（Deroost & Soetens,2006；Schumacher & Schwarb,2009；Schwarb & Schumacher,2010；Willingham,Nissen & Bullemer,1989）、反应效应学习［response-effect learning,response-stimulus（R-S）/（R-E）associations］（Hoffmann,Martin & Schilling,2003；Hoffmann,Sebald & Stöecker,2001；Ziessler & Nattkemper,2001）。

一、知觉学习、反应学习

（一）知觉学习/刺激学习

知觉学习（perceptual learning）的观点认为人们在序列反应时任务中习得的是相邻刺激和刺激之间的联结（stimulus-stimulus associations,S-S 学习）,是对刺激序列规则的学习,依赖前后刺激联结的学习。在序列反应时任务中,刺激是被试注意的对象,刺激事件比反应事件和反应效果更加突出,更容易成为被试关注的对象。这种基于刺激的学习(stimulus-based theory),具有刺激特异性(stimulus-specific;Howard 和 Howard,1992;Clegg, 2005)、独立于效应器(effector-independent;Cohen,Ivry 和 Keele,1990;Verwey 和 Clegg,2005)、非动作的(nonmotoric 和 Mayr,1996;Grafton,Salidis 和 Willingham,2001)、纯感知(purely perceptual,Howard 和 Howard,1992)等特点。

　　知觉学习按照材料可以分为两类:视觉内隐学习(Haider,Eberhardt, Kunde 和 Rose,2012;Haider,Eberhardt,Esser 和 Rose,Lange,2011)和视觉—空间内隐学习(Mayr,1996;Deroost 和 Soetens,2006a;Remillard,2009)。视觉内隐学习是对颜色序列或形状序列等刺激视觉特征的学习;视觉—空间内隐学习是对刺激空间位置的学习,验证难度最大。有学者认为视觉—空间内隐学习中,由于眼动存在动作成分(Marcus,Karatekin 和 Markiewicz, 2006),质疑是否存在完全知觉学习。在这里"完全"指知觉序列和反应序列不相关。为了建立完全知觉序列,必须将刺激序列和固定反应相分离。完全知觉序列条件下,规则刺激和分离刺激的反应时差异较小,序列学习效应没有反应学习的效应明显。验证知觉序列学习比反应序列学习更加难于验证。知觉学习效应大小为 20 ms 左右(Haider,Eberhardt,Kunde 和 Rose, 2012;Mayr,1996;Deroost 和 Soetens,2006a),没有反应序列效应明显。和传统序列反应时任务相比,知觉序列学习的学习效应较小,这是由于序列学习的表达不同而不是序列学习本身不同。在传统序列反应时任务中,被试可以对下一个刺激的目标位置做出快速反应。对刺激所在位置进行预测需要在刺激出现前 100 ms 做准备,降低了反应准备时间(Rüsseler,Hennighausen & Rosler,2001)。知觉序列反应时任务的预期反应准备时间(anticipatory response-preparation)较长,因为被试必须朝向目标所在位置,对位置上的刺激进行加工,再做出相应的反应。由于不同的预期反应准备,导致了传统序列反应时任务的学习效应更大(Remillard,2011)。

　　知觉序列学习经常被质疑是不是纯粹(pure)的知觉序列,因为知觉序列和反应序列存在混淆,特别是眼动序列(Coomans,Deroost,Vandenbossche, Van den Bussche 和 Soetens,2012;Nemeth,Hallgató,Janacsek,Sándor 和 Londe,2009)。传统序列学习范式无法分离刺激序列和反应序列的对应关系,如何测量知觉序列学习是首要解决的问题。内隐序列反应时任务是一个反应学习任务,为了考察知觉序列学习,学者们尝试变换序列学习范式,对内隐序列学习范式进行了多方面修改。①让被试观察空间序列而不需要作出任何按键反应(Howard,Mutter 和 Howard,1992;Howard,Howard,Dennis

和 Kelly,2008;Song,Howard 和 Howard,2008),结果发现发生了知觉学习(Heyes,Foster,2002;Howard,Mutter,Howard,1992;Seger,1997;Willingham,1999)。但随后的意识性测验发现被试对序列规则存在外显;②刺激存在序列,刺激和随机变化的反应相对应(Deroost,Vandenbossche,Zeischka,Coomans 和 Soetens,2012;Gheysen,Gevers,De Schutter,Van Waelvelde 和Fias,2009);③知觉序列保持不变,反应序列发生改变(Nemeth,Hallgató,Janacsek,Sándor 和 Londe,2009;Willingham,Wells,Farrell 和 Stemwedel,2000);④对刺激的其他维度做出反应,存在知觉序列的刺激维度不需要做出反应(Coomans,Deroost,Vandenbossche,Van den Bussche 和 Soetens,2012;Coomans,Deroost,Zeischka 和 Soetens,2011;Deroost 和 Soetens,2006c;Mayr,1996;Remillard,2003)。

为了考察完全知觉序列学习,刺激位置和反应位置不存在相关,具体有以下4种研究范式(Remillard,2009)。

第一种是观察范式(observation paradigm)。被试观察序列而不需要做出反应,对位置序列学习(Bird,Osman,Saggerson & Heyes,2005;Heyes &Foster,2002;Howard,Mutter & Howard,1992;Marcus,Karatekin & Markiewicz,2006;Seger,1997;Willingham,1999)。观察范式存在一定问题:不知道观察的时候到底在做什么;被试观察时可能忽略目标、试图外显学习位置序列或用某种方式进行反应而不是通过视觉(例如默读 subvocally)(Remillard,2011)。观察序列学习可能是由于序列知识外显造成的,有研究发现被试对序列知识没有意识时,不存在知觉序列学习(Kelly & Burton,2001;Kelly,Burton,Riedel & Lynch,2003;Willingham,1999)。

第二种是次要序列范式(secondary sequence paradigm)。向被试呈现两个位置序列:主要位置序列、次要位置序列。对主要位置序列进行反应,忽略次要位置序列,被试对次要位置序列发生学习(Cock,Berry & Buchner,2002;Deroost,Zeischka & Soetens,2008;Rowland & Shanks,2006a)。但是,次要序列范式是否属于知觉学习还存在质疑,因为:①主要序列的刺激位置需要做出反应,对于次要序列学习有多大影响还不清楚;②次要序列和主要序列存在相关(Cock,Berry & Buchner,2002;Deroost,Zeischka & Soetens,2008,实验1)。当次要序列和主要序列不相关时,例如主要序列随机呈现时,次要序列学习消失(Deroost,Zeischka & Soetens,2008,实验3);③Rowland 和Shanks(2006a)要求被试对次要序列进行反应时,起初没有发现次要序列学习,直到几个测验组段后才发现存在次要序列学习。这可能在测验组段才对次要序列进行了学习。

第三种是刺激辨别范式(target identity paradigm)。刺激辨别范式为完全知觉序列学习提供了更有利证据,因为被试对刺激进行编码而不是对位置进行反应。刺激序列和刺激位置序列是不相关的。有研究发现对刺激位置序列发生了学习(Deroost & Soetens,2006a,实验 1 和 5;Helmuth,Mayr & Daum,2000;Mayr,1996);但有的研究没有发现对刺激位置序列发生学习(Deroost & Soetens, 2006a, 实验 2 ~ 4; Russeler, Munte & Rosler, 2002; Willingham,Nissen & Bullemer,1989,实验3)。得到结果不一致可能与位置序列和刺激序列的类型有关,当位置序列有两个维度或刺激序列结构化,往往发现存在位置序列学习;当位置序列只有一个维度或刺激序列非结构化,往往没有发现位置序列学习,还需要进一步深入研究。

第四种是标记刺激位置范式(target-marked locations paradigm,TML),该范式和刺激编码范式相似,不同之处在于位置的标记方法不同,TML 使用刺激对位置进行标记,而没有使用短线或方框。例如 Remillard(2003)通过 XO 或 OX 对位置进行标记(XO-左键反应,OX-右键反应)。TML 范式检测知觉学习的效果优于刺激编码范式。因为反应—刺激间隔期间,被试将注意转移到预期位置,对刺激进行加工。如果预期位置是正确的,反应变快;如果预期位置是错误的,反应变慢。

知觉序列学习还存在争议。有人认为不存在知觉序列学习(Kelly 和 Burton,2001;Nattkemper 和 Prinz,1997;Rüsseler、Münte 和 Rösler,2002;Willingham,1999);有人认为只有序列知识外显时,才发生知觉序列学习(Willingham,1999,实验 1;Howard、Mutter 和 Howard,1992);例如 Willingham(1999,实验 1),Howard,Mutter 和 Howard(1992)发现只有当被试意识到序列时,通过观察才会发生知觉序列学习。Rüsseler 和 Rösler(2000)发现被试意识到序列时,存在知觉 N200 成分。据此有的序列学习理论模型认为知觉序列学习建立在序列知识外显基础上,反应学习是内隐的(Abrahamse,Jiménez,Verwey 和 Clegg,2010;Hikosaka,Nakahara,Rand,Sakai,Lu,Nakamura 和 Doya,1999;Willingham,1998;Willingham,Wells,Farrell 和 Stemwedel,2000)。Howard,Mutter 和 Howard(1992)发现如果只要求被试观察刺激序列,此时被试习得的序列知识并不少于那些被要求对刺激序列作反应的被试的学习量。但是,观察条件下被试序列知识的意识性较高,无法得知序列学习成绩的提高是由于发生了完全知觉学习还是由于序列知识意识性的提高。有人认为没有外显时也存在知觉序列学习,例如事后测验表明没有外显,存在知觉序列学习(Gheysen,Gevers,De Schutter,Van Waelvelde 和 Fias,2009;Nemeth,Hallgató,Janacsek,Sándor 和 Londe,2009;Remillard,2003;

Song,Howard 和 Howard,2008),Clegg(2005),Mayr(1996)发现完全没有意识到序列知识的被试,发生知觉序列学习。Cohen,Ivry 和 Keele(1990)最早验证了知觉序列学习的存在。首先让被试采用三个手指进行序列反应时任务,然后通过一个手指和手臂的动作来完成反应,刺激的序列规则保持不变。结果发现,当效应器(effector)发生改变时,习得的序列知识可以在不同效应器间发生迁移,被试习得了刺激规则,是基于刺激的知觉学习。

知觉序列学习的结果也有可能是外显序列知识的影响或存在眼动序列学习。Willingham(1999)首次重复了 Howard,Mutter 和 Howard(1992)研究,Willingham 对这些结果提出了两点质疑:第一,这些研究中外显知识的作用不清楚,Willingham 排除外显被试后,没有发现知觉序列学习。Kelly 和Burton(2001)也认为 Howard,Mutter 和 Howard(1992)使用的序列不够复杂,发生了外显序列学习。第二,由于刺激位置序列学习中存在眼动(Marcus,Karatekin 和 Markiewicz, 2006),不是完全意义上的完全知觉学习。Willingham,Nissen 和 Bullemer(1989)减小了刺激间隔距离,降低了眼动频率。被试对刺激颜色做出反应,刺激随机出现在 4 个位置,结果发现颜色序列发生了学习。但是当颜色不存在序列,位置存在序列时,对位置序列没有发生学习。该研究表明,没有足够眼动时,不存在知觉序列学习。Mayr(1996),Helmuth,Mayr,Daum(2000)重复了 Willingham,Nissen 和 Bullemer(1989)的实验,但增大了刺激 4 个位置的空间间距,结果发现知觉学习能够发生。但是 Mayr(1996)的实验中,被试意识到了刺激位置序列规则的存在,这种知觉序列学习很大程度上属于外显学习。

Deroost 和 Coomans(2018)考察了外显对完全知觉序列学习的影响。被试对颜色知觉序列进行反应,通过改变颜色和反应键的匹配关系,不存在反应序列。通过指导语(外显组和内隐组)考察序列外显对知觉序列学习的影响。外显组被试被告知去寻找颜色序列,内隐组被试不知道存在颜色序列。完成序列反应时任务后,通过问卷和 PDP 对被试意识性水平进行测试。结果表明指导语对知觉序列学习没有影响。按照被试完成序列反应时任务过程中使用序列知识的情况,将被试分为序列策略组和无序列策略组。结果发现只有序列策略组表现出知觉序列学习和序列外显。这些结果表明知觉序列学习建立在对持续使用序列知识的认知控制策略基础之上,序列知识外显是知觉序列学习的必要非充分条件。

为了排除外显序列知识和眼动对知觉序列学习的干扰,Song,Howard 和Howard(2008)使用或然序列(ASRT),降低了序列知识的意识性;并缩短刺激之间的距离,眼动幅度降到很小。训练阶段(training phase),一半被试观察刺激,另一半被试需要对刺激做出按键反应。为了保障被试观察刺激时确实注意刺激,对红色刺激进行计数任务。迁移阶段(transfer phase),所有被试都需要做出按键反应。结果发现观察组发生了序列学习,序列学习量和反应组没有差异。他们还发现刺激颜色、任务需求影响了知觉加工过程,知觉序列学习受到干扰,反应序列学习不受这些因素影响。Song,Howard 和 Howard 认为序列学习包含知觉序列学习和反应序列学习。

为了排除眼动(Mayr,1996)和其他隐蔽的反应(Howard,Mutter 和 Howard,1992)的影响,Remillard(2003)进行了系列实验,验证了位置内隐学习,但是只能对 1 阶(first-order)序列进行学习。而且还操纵了位置的相隔距离,发现距离对内隐学习量没有影响。Remillard(2003)认为位置内隐知觉学习可能不是由于眼动造成的,而是由于空间注意的转移造成的。Gheyson,Gevers,De Schutter,Van Waelvelde 和 Fias(2009)对隐藏的反应和眼动进行了控制,探究是否存在知觉学习。他们设计了一个序列颜色匹配任务(serial color-matching task),刺激是在电脑屏幕上呈现的一些正方形色块(红、绿、黄、蓝)。首先呈现 3 个水平放置的小色块,600 ms 之后 3 个小色块消失,屏幕上出现一个大的正方形色块。被试仔细观察小色块的颜色,并在大色块呈现时判断前面呈现的小色块中有几个色块的颜色与大色块匹配,并做出按键反应。反应键包含 4 个按键:按键 1 表示消色块的颜色与大色块均不相同;按键 2 表示有 1 个小色块的颜色与大色块相同;按键 3 表示有 2 个小色块的颜色与大色块相同;按键 4 表示有 3 个小色块的颜色与大色块相同。实验 1 中,小色块的呈现是随机的,大色块呈现的颜色符合固定的序列规则(知觉学习);实验 2 中,小色块的呈现是随机的,而被试的反应的动作序列符合固定的序列规则(动作学习)。结果发现内隐知觉学习仍然能否发生,虽然知觉学习的发生要慢于动作学习的发生。需要指出的是,在他们的研究中,动作反应仍然依赖于知觉信息(颜色)。Higuchi 和 Saiki(2017)进一步考察了不允许眼动条件下,是否可以发生学习。Higuchi 和 Saiki 采用改进的背景线索范式(Contextual cueing paradigm),字母大小随着距离中央位置的远近而调整,以保证字母视角大小一致。距离中央位置越远,字母越大;距离中央距离越近,字母越小。目标字母为字母 T,L 为分心刺激。要求被试判断字母 T 的旋转方向(向左旋转90°或向右旋转90°)。分心刺激 L 旋转角度为 0°、90°、180°或 270°。分心刺激的个数为 7 或 11 个。分心刺激 L 和目标刺激 L 的空间分布包括规则性(重复出现)和非规则性(不重复出现),分心刺激和目标刺激的开口方向是随机的。实验 1 中被试不允许眼动,始终盯着中央注视点位置。结果发现即使没有眼动条件下,被试对刺激的空间分布发生了学习。规则性条件下的反应时显著低于非规则性条件下的反应时。而且不允许眼动条件下的学习速度（实验1）快于允许眼动条件下的学习速度（实验2）。上述研究表明知觉学习不是由于眼动造成的。

知觉学习的认知机制是什么？对于视觉内隐学习，Haider，Eberhardt，Kunde 和 Rose（2012）认为通过序列学习，可以加快对刺激的编码（例如颜色或形状）。刺激编码速度的加快对反应时的影响不大，并且由于兴奋还可能降低反应时。视觉—空间序列学习可能提高了对可能出现位置的预期眼动（Albouy，Ruby，Phillips，Luxen，Peigneux & Maquet，2006；Marcus，Karatekin & Markiewicz，2006）。当序列消失时，发生错误的预期眼跳，眼跳到错误位置。但是，由于刺激可以很快铺捉到眼动（Folk，Remington 和 Wright，1994；Jonides，1981；Jonides & Yantis，1988），预期眼跳造成的反应时差异，比反应—反应学习（R-R）要小得多。当不需要发生眼跳时，知觉学习也可以通过空间注意的转移实现（Coomans，Deroost，Vandenbossche，Van den Bussche & Soetens，2012）。

（二）反应学习

反应学习（response-based learning/response-response associations，R-R 学习）观点认为序列学习是基于反应序列的，即人们在序列反应时任务中习得的是相邻反应和反应之间的联结，也称为动作学习（motor learning），发生在反应执行阶段（Willingham，1999）。

反应学习的研究结果较为统一（Deroost 和 Soetens，2006b；Willingham，1999；Willingham，Wells，Farrell 和 Stemwedel，2000），需要注意反应的概念。从广泛意义上来说，反应包括对位置的注意转移或者刺激的语义分类，从这个意义上说，任何序列学习都是以反应为基础的。当我们讨论独立于反应的知觉序列学习时，我们的假设是这些序列可以独立于相关的按键反应序列而发生。我们并不是说这些序列可以在没有任何反应条件下可以发生。当然学习刺激的序列规则，这些刺激必须被加工（反应）。Goschke 和 Bolte（2012）将反应定义为外显的手或眼睛等的反应。

序列学习不仅仅包含动作成分（Goschke，1998；Richard，Clegg 和 Seger，2009），但做出反应以及反应对应位置至关重要（Bischoff-Grethe，Goedert，Willingham 和 Grafton，2004；Koch 和 Hoffmann，2000；Willingham，1999）。和刺激事件（刺激的呈现或消失）相比，反应事件更为复杂。出现刺激后，被试按相应的按键做出反应，在完成反应的过程中，手指的运动是一类事件；反应键被按是另一类事件，这个是手指运动的一个结果；其他细微的可作为动作的反馈或效果的事件,称为效果事件(例如在按键上受到压力)。反应序列包含效应器序列(手指运动序列)、反应空间位置序列(反应按键序列)和反应效果序列。被试对序列的学习,可能是基于手指运动的序列发生序列学习;也可能是基于反应键依次被按的序列发生序列学习,也可能是将反应所得到的效果依次联结起来发生序列学习。

Nattkemper 和 Prinz(1997)的研究支持了反应学习的观点。在他们的研究中,成对的刺激对应于同一个反应,在实验过程中,以不同概率交替出现成对刺激,这样只破坏了知觉序列,但反应序列没有受到破坏。在这种情况下,并没有出现由于偏差而带来的反应时增加。然而,如果既破坏知觉序列又破坏反应序列,则导致反应时的显著增长。但是,在他们的实验中,存在一个显著的问题,即他们用成对的刺激对应于同一个反应,这导致了序列类型的混淆,使得知觉序列的复杂程度高于动作序列。这可能导致了破坏动作序列比破坏知觉序列的作用更大。

事件相关电位(ERP)的研究表明,序列学习与运动加工有着密切的关系,即序列学习是基于反应的。Rüsseler 和 Rösler(2000)采用 ERP 对序列反应时任务中的运动学习加工和刺激学习加工进行了研究。他们采用 oddball 范式,规则刺激偶尔被偏差刺激取代。偏差刺激有两种:一是不符合刺激序列规则但是符合反应序列规则(知觉偏差刺激),二是既不符合刺激序列规则又不符合反应序列规则(运动偏差刺激)。结果发现 ERP 的成分在两种类型的偏差刺激和两类被试之间存在差异。内隐组被试对刺激序列不敏感,只对反应序列比较敏感。可见,内隐组被试产生的是反应—反应联结。外显学习和内隐学习的表征方式不同。Rüsseler,Hennighausen,Milnte 和 Rösler(2003)将被试分成有意学习组和随意学习组。之后向被试呈现刺激序列,序列包含标准刺激、运动偏差刺激和知觉偏差刺激。行为结果表明两组被试都学习到了序列知识,有意学习组被试的学习效应更显著。ERP 的结果表明有意学习组被试偏差刺激的 N2b 和 P3b 振幅更强,知觉偏差刺激和运动偏差刺激的 N2b 和 P3b 振幅都有所增大,但是随意学习组的被试没有发现这一效应。这一结果表明在序列反应时中,内隐学习和外显学习具有不同的表征方式。

动作学习和知觉学习谁的贡献更大,具有不同意见。有研究者设计了基于颜色匹配的序列反应时任务,首先向被试同时呈现 3 个颜色随机的小色块(例如,"红、黄、绿"或"红、红、绿"),之后呈现一个大色块(例如,红)。被试需要仔细观察小色块的颜色,并且在大色块呈现时判断之前有几个小色块与大色块的颜色一致,并依据其数量作出按键反应。上述的前人研究通过调整小色块的颜色和大色块的颜色,实现:①大色块的呈现颜色符合序列规则,但小色块颜色随机,因此存在对大色块颜色序列的知觉学习,但没有动作学习;②大色块的颜色呈现顺序伪随机,小色块颜色也伪随机,但二者颜色一致的数量符合序列规则,因此不存在对大色块颜色序列的知觉学习,但存在动作学习。他们的研究通过这种操纵,实现了内隐序列学习中知觉学习与动作学习的分离,并发现了其中动作学习的贡献大于知觉学习的贡献(Gheyson, Gevers, DeSchutter, Van Waelvelde & Fias, 2009; Gheysen, Van Opstal, Roggeman, Van Waelvelde & Fias, 2011)。但是,在该研究中被试在进行动作学习时,3 个小色块的颜色和大色块颜色相同的个数是具有序列规则的,在知觉层面上仍存在规则,因此在被试在动作学习过程中可能存在着知觉学习。赵昕玥(2020)采用时间节律序列反应时任务,结果发现:当知觉和动作存在时间节律或仅存在知觉时间节律时,规则刺激比随机刺激的反应时下降速度更快,诱发更强的 4.8~5.4 Hz 的 theta 频段神经震荡活动(实验1 和 2);但当只存在动作时间节律时,序列学习效应消失。结果表明知觉学习在时间节律内隐学习中发挥主要作用,动作学习未发挥显著作用。知觉学习可不依赖动作学习独立发挥作用,知觉学习的贡献大于动作学习的贡献。可能赵昕玥研究中动作过于简单,只有一个按键反应,导致不存在动作学习。

Bischoff-Grethe, Goedert, Willingham 和 Grafton(2004)将基于反应的序列学习进一步区分为基于目的的(goal based)序列学习和基于动作的(movement-based)序列学习。认为基于目的的序列学习成绩的提高源自动作的结果,基于动作的序列学习成绩提高源自于效应器或动作。反应学习通过反应时的变化来反映序列学习是否发生。一旦序列消失(例如插入随机组段),反应时增加量,有时甚至超过 100 ms。反应学习可以解释反应时的增加。当发生序列学习后,反应之间存在相关,被试可以提前激活下一个反应,导致规则组段的反应时下降。当然还有另一种解释是被试学习了刺激—反应联结,内隐动作学习建立在刺激—反应联结基础上。

总之,知觉序列学习和反应序列学习存在如下区别:①知觉序列学习和反应序列学习的神经机制不同。知觉序列学习与海马皮层网络(hippocampo cortical networks)有关,反应序列学习与纹状体皮层网络(striato-cortical networks)有关。②知觉序列学习和反应序列学习的离线巩固效应存在差异。外显知觉序列学习巩固与睡眠有关,而外显反应序列学习巩固与睡眠或觉醒无关(Albouy et al., 2015; Albouy et al., 2013; Witt et al., 2010)。有研究发现内隐知觉序列学习未发生巩固,简单内隐动作序列学习巩固不受睡眠影响;但复杂内隐反应序列学习,只有经历睡眠才会发生巩固(孙鹏等人,2022)。相对于反应序列知识巩固,知觉序列知识的巩固过程可能更快。学习存在一个关键期,对于记忆痕迹保持、稳定或提高是必需的,并且因学习任务的不同,关键期的长度也不尽相同(Robertson et al.,2005;Walker et al.,2003)。例如,Press 等人(2005)采用标准序列反应时任务探讨了内隐反应序列学习离线巩固的时间进程。结果发现,被试在学习4个小时后表现出离线巩固效应,而且其巩固效应随着离线间隔的增加表现出递增趋势。后续研究采用类似的学习任务进一步发现,在离线12小时,甚至更长的时间后(24小时,一周或一年),反应序列的离线巩固效应仍然存在(Meier & Cock,2014;Nemeth & Janacsek,2011;Romano et al.,2010)。而在 Albouy 等人(2006)的研究中,研究者采用眼动序列反应时任务,发现被试在学习后30分钟就表现出了离线巩固效应,但在间隔5小时后该效应消失。在该研究中,被试不需要做出手指按键反应,因此只存在眼动/知觉序列学习(Vakil et al.,2021)。类似的,采用时间辨别任务(temporal discrimination task)也发现,知觉学习早在间隔5分钟后就表现出离线巩固效应(Bratzke et al.,2014)。③知觉序列学习不易发生而且学习效应较小。研究发现知觉序列学习仅发生在序列结构相对简单的情况下,对于在复杂序列结构的情况下,知觉学习是不存在的,或者是微弱存在的(Deroost & Soetens,2006;Kempler & Richmond,2012;Remillard,2003),纯粹知觉序列的学习效应基本介于10～20 ms(Gheysen et al.,2011;Rose et al.,2011)。这可能是由于跟反应序列学习相比,按键反应不能直接地体现知觉序列的学习效应。可以采用更加直接、敏感的测量方式进一步探讨纯粹知觉序列学习(孙鹏等 2022)。

(三)刺激—反应规则学习

刺激—反应规则学习(Stimulus-Response,S-R 学习)观点认为序列学习是对刺激—反应规则(核心机制是反应选择)发生了学习。为了做出正确反应,必须激活工作记忆中与任务相关的刺激—反应配对(S-R 配对)(Curtis & D'Esposito,2003;Miller & Cohen,2001;Schumacher,Cole & D'Esposito,2007;Schumacher & Schwarb,2009),实验过程中工作记忆保存的 S-R 配对逐渐形成了相关,并对此相关关系发生了学习(Cohen & Eichenbaum,1993;Frensch,Buchner & Lin,1994)。需要指出的是,序列学习是对刺激—反应规则(S-R rule set)的学习,而不仅仅是对单个 S-R 相关的学习(Schumacher & Schwarb,2010)。

Willingham,Nissen 和 Bullemer(1989)最早提出刺激与反应之间的联结

(S-R 表征)对于序列知识的习得是必须的。在他们的研究中,要求被试对在屏幕上出现的不同颜色的色块作反应,结果发现在不同颜色色块的出现规律以及按键反应序列皆不可预测的情况下,即使色块出现的位置存在一定的规律,被试的反应时并不能随着序列重复而降低。相反,在不同颜色的色块出现具有一定规律以及按键反应序列可以预测的情况下,虽然色块出现的位置是随机的,被试的反应时仍能显著下降。接下来,如果要求被试只对无颜色的方块的出现位置做反应,而这些位置又遵循一定的规律,此时不出现反应时的下降。因此,他们认为对于刺激序列的学习需要依赖与刺激相对应的反应,而与刺激的出现位置无关。Willingham, Wells, Farrell 和 Stemwedel(2000)在练习阶段要求被试完成序列反应时任务;在转移阶段一组被试的刺激序列保持不变,反应位置序列不变,但左右手交叉,改变了效应器;另一组被试效应器不发生改变,刺激序列改变(导致反应位置序列改变),结果发现只有第一组被试发生序列学习。结果表明内隐动作学习独立于效应器,是对刺激—反应规则的学习。

但 Willingham(1999)认为序列学习是对反应序列的学习,因为刺激—反应规则学习无法解释迁移效应,例如从数字序列迁移到空间序列或从 S-R 不匹配序列迁移到 S-R 匹配序列。实验中 Willingham(1999)比较了内隐序列学习中的反应序列学习成分和知觉序列学习成分,研究中的刺激位置和反应位置是无关的。在练习阶段,正确反应按键和刺激位置相比,总是向右移动一个位置。在转移阶段,一半被试学习刺激序列,反应做了调整;另一半被试学习反应序列,刺激位置做了调整。结果发现当反应序列保持不变,刺激位置发生改变时,发生了序列学习;当刺激序列保持不变,反应发生改变时,序列学习消失。Willingham(1999)认为存在知觉学习(Howard, Mutter 和 Howard,1992;Mayr,1996),但知觉学习的作用很小,内隐序列学习主要是反应序列学习。Schwarb 和 Schumacher(2010)认为 Willingham(1999,实验3)研究对 S-R 匹配关系进行了旋转,过于简单,并没有真正改变 S-R 匹配关系。他们进一步对 S-R 匹配关系进行了更复杂的调整,和 Willingham(1999,实验3)存在以下不同:使用了不同的 S-R 不匹配关系;学习阶段序列的学习次数增加,增强了学习效应;测验阶段起点位置增加了一个未学习序列,转移效应更稳定;采用了 Reed 和 Johnson(1994)的序列结构。Schwarb 和 Schumacher 认为 S-R 规则保持不变时,迁移阶段发生序列学习。刺激序列或反应序列保持不变时,迁移阶段不存在序列学习。实验共分为两个阶段,学习阶段(组段 1~8)和测验阶段(组段 9~12)。实验没有使用随机序列,未学习序列替代了随机序列。未学习序列和学习序列进行了匹配,共使用了 6 个序列(Reed & Johnson,1994)。学习阶段的组段 1、8 是未学习序列,组段 2~7 是学习序列;迁移阶段的组段 11 是学习序列,组段 9、10 和 12 是未学习序列。这样设计的逻辑源自 Willingham(1999,实验 1 和 2),Willingham,Wells,Farrell 和 Stemwedel(2000)。组段 9 的成绩可能包含了适应 S-R 匹配关系改变的认知加工过程,为了排除适应对结果的干扰,得到更纯净的迁移效应,迁移组段前加入 2 个组段的随机序列,刺激—反应匹配关系发生改变后的第一个组段数据不稳定,不能准确反应出任务成绩(Willingham,1999,实验 3)。将被试分为三组:S-R 序列组、刺激序列组和反应序列组。S-R 序列组的规则始终保持不变(S-R 直接匹配关系);刺激序列组的刺激序列保持不变,学习阶段采用间接 S-R 匹配关系,迁移阶段采用直接 S-R 匹配关系;反应规则组的反应序列保持不变,但学习阶段采用间接 S-R 匹配关系,迁移阶段采用直接 S-R 匹配关系。结果发现学习阶段 3 个组别的反应时都随着组段的增加显著下降(组段 2~7),3 个组别都存在转移效应(组段 8~组段 7);但测验阶段只有 S-R 序列组存在转移效应(组段 10 和 12 平均数和组段 11 的差值)。实验 2 只是改变了 Willingham(1999,实验 3)的 S-R 不匹配关系。结果发现,学习阶段刺激序列组和反应序列组的反应时都随着组段的增加显著下降(组段 2 到 7),2 个组别都存在转移效应(组段 8–组段 7);测验阶段刺激序列组存在迁移效应(组段 10 和 12 平均数和组段 11 的差值)。与 Deroost,Soetens(2006);Koch,Hoffmann(2000a)的研究结果相一致,随着 S-R 匹配关系难度的增加,序列学习成绩增加。Koch 和 Hoffmann(2000a)按照刺激序列和反应序列的结构相似程度,分为低 S-R 匹配条件和高 S-R 匹配条件,结果发现低 S-R 匹配条件下的序列学习成绩好于高 S-R 匹配条件下的。Deroost 和 Soetens 认为 S-R 匹配关系难度增加,反应选择加工时间更长,需要更多资源,从而促进了序列学习。Schwarb 和 Schumacher 的研究表明只有当 S-R 规则被改变时,序列学习才会受到影响。当 S-R 规则保持恒定或者改变很小时,序列学习不受影响。这些结果表明空间序列学习的表征是反应选择(S-R 的核心机制)。Deroost 和 Soetens(2006)发现了相似结果,不匹配条件下的序列学习成绩好于匹配条件下的序列学习成绩。而且他们发现任务容易条件下的序列学习成绩和任务困难条件下的序列学习成绩没有显著差异。支持了 S-R 规则学习是序列学习的表征。

　　Goschke 和 Bolte(2012)打破了内隐序列学习以知觉为基础还是以反应为基础这种一分为二的观点,提出了多重独立序列平行学习理论(parallel learning of multiple independent sequences)(Goschke,1998),认为序列学习建立在相关信息基础上,这些相关信息可以同时发生于不同加工系统,可以对几个不相关序列同时发生学习。采用序列搜索任务(serial search task)范式检测了多重独立序列平行学习理论。实验1和2表明可同时对不相关的视觉字母序列、空间位置序列和按键反应序列发生学习。被试意识不到序列存在,当序列刺激被偶然的异常刺激代替,反应时增加。实验3发现空间序列和非空间序列发生了分离。空间反应分心任务干扰了位置学习,但对字母序列没有影响;而语音分心任务对字母序列产生干扰,但对空间序列没有影响。不同分心任务影响了不同注意资源,分别干扰了空间维度信息加工和非空间维度信息加工。这些结果表明内隐序列学习可以在几个不同加工系统同时发生。该研究结果发展了Mayr(1996)的理论假设,Mayr认为空间和非空间序列学习受独立的注意系统控制,一个是空间导向(spatial orienting)注意系统或控制眼动系统,另一个是物体为基础的(object-based)注意系统或者反应选择系统。

(四)反应效果学习

1. 反应—效果联结学习(response-effect associations,R-E学习)

在序列反应时任务中,按键会使被试体验到按键动作的反馈,例如按压特定键盘时,特定手指上感受到的压力,按键时还会感受到动觉信息的反馈。这些反应效果,构成了反应—效果联结,使得对反应的控制从刺激信号转移到了反应效果上来。Hoffmann,Sebald和Stöcker(2001),Hoffmann,Martin和Schilling(2003)的研究中,在序列反应时任务做出反应之后,呈现作为反应效果的声音刺激,对于这个声音刺激,既不需要做出额外反应,也不需要特别注意。结果表明,附加的无关效果声音在一定条件下,会促进序列的学习。结果说明反应效果在序列学习中起着重要作用。在序列反应时任务中,被试可以不依赖刺激而掌握按键序列。Hoffmann等人的实验中附加了反应无关的声音效果,这种声音效果可以视作对序列反应时任务中原有的反应效果的加强。反应效果的加强使得反应效果对反应执行的控制加强,从而使得基于反应效果序列的学习效应加强,反应效果的加强促进序列学习。

2. 反应—刺激联结学习

反应—刺激联结学习(response-stimulus associations,R-S学习)可以看作是反应—效果联结学习的一个特例。Ziessler(1998)提出了反应—刺激联结学习观点,认为反应—刺激联结学习是空间序列学习的主要机制,对反应和反应后刺激出现位置的相关关系发生学习后,空间序列的成绩提高。他采用的是序列搜索反应时任务(serial search and reaction task,SSRT)范式,将序列反应时任务和搜索任务相结合。8个字母作为搜索目标,要求被试从呈现的字母矩阵中搜索目标字母,矩阵随机呈现。搜索到目标字母之后,被试做出相对应的反应。8个字母,分别对应4种不同反应,2个刺激对应1个反应。当前字母不能决定下一个字母及其出现的位置,而反应可以决定下一个字母出现的位置。当改变反应与下一个刺激出现位置的对应关系后,反应时增加。为此Ziessler提出了反应—刺激联结学习观点,但是可以发现SSRT和SRT存在很大不同,SSRT中没有SRT中的序列结构:不存在刺激序列,也不存在反应序列。SSRT中的规则指的是反应和下一个刺激呈现位置之间的关系,被试在序列任务中掌握了规则,而没有发生序列学习。

　　Ziessler和Nattkemper(2001)进一步验证了反应—刺激联结学习观点,采用8个刺激和4个反应,2个刺激对应1个反应,可以分别操纵反应序列和刺激序列。他们操纵了刺激—刺激联结、反应—反应联结和反应—刺激联结的复杂性。复杂性的操作定义指前一个刺激之后可能跟随的刺激越多就越复杂。例如当一个刺激后只能出现一个刺激就比一个刺激之后可以跟随两个刺激简单。Ziessler他们认为复杂性越高,序列学习越难发生,序列学习量就越小。序列学习会随着序列表征成分复杂性的变化而变化。实验结果支持了反应—刺激联结学习。Ziessler和Nattkemper认为序列学习任务中反应—刺激联结学习是重要成分,比刺激—刺激学习和反应—反应学习对序列学习的贡献更大,反应—刺激联结学习属于反应—效果学习。序列学习是反应控制的产物,反应效果的认知对反应控制极为重要。他们认为反应和结果之间的协变关系总是可以被人类所掌握,在序列反应时任务中,因为下一个刺激总是跟随上一个反应出现,它们之间存在的关系被视为反应—效果关系而掌握,从而发生了反应—刺激学习或者说反应—效果学习。序列反应时任务中,下一个刺激作为与上一个刺激相对应的反应效果而出现,序列学习依赖于反应—刺激联结,反应—刺激联结学习是序列学习中最主要的学习机制。

　　3. 基于目标假设

　　Hazeltine(2002b)提出了基于目标假设(goal-based codes),认为序列表征更强调的是所要达成的目标而非具体的刺激和反应,这样的学习更具有灵活性,可以根据要达成的目标编码来进行表征,可以在需要其他类型动作才能达成目标的新环境中成功发生迁移。在实验中,动作反应发生了变化,而通过反应引发的声音效果序列没有变化。被试首先用对压力很敏感的反应键对 4 种不同刺激进行反应,不同刺激出现时需要用不用力度的按压反应键做出相对应反应,得到对应的 4 种不同音高的声音。在迁移阶段,被试通过使用另一个手的 4 个手指按键盘上的 4 个键对同一刺激序列做反应,反应序列发生了改变。结果发现有效果声音的实验组的序列学习成绩比没有效果声音控制组的好。为此 Hazeltine 认为被试可以掌握环境中的一系列变化,Hazeltine 用环境结果(environment consequence)表示这些环境变化。被试可以脱离引发环境结果的具体动作来学习这些变化。

二、抽象规则表征与具体样例表征

在序列学习表征的各种理论观点中,以知觉为基础的学习和以反应为基础的学习是两大主流观点。除了这两类主流观点外,还有抽象规则表征与具体样例表征等观点,在序列学习表征研究发展过程中,是不可或缺的一环。

Gómez 和 Gerken(2000)对不同水平抽象性进行了细分。第一层次要求最少的抽象性,被试需要比较项目间转换概率的差异性;第二层次考察非连续预测关系 AXB(第一个预测第三个,中间随机,Gómez,2002)、长距离关系(Friederici,Bahlmann,Heim,Schubotz & Anwander,2006)、背景自由语法(de Vries,Monaghan,Knecht & Zwitserlood,2008)等。被试需要分辨合法和非法项目,然后才能学习语法结构。第三层次要求被试将语法应用于新刺激,例如 ABA 规则学习(Marcus et al. ,1999)、人工语法迁移研究(Altmann,Dienes & Goode,1995)。第四层次使用抽象语法类别(Gómez & Gerken,2000)。

Lewicki,Hill 和 Bizot(1998)认为,序列反应时任务中成绩的提高,可能是由于习得了整个序列规则,也可能是由于习得了部分片段信息(fragmentary information)。Reber,Knowlton 等人认为,内隐知识具有抽象和概括性(Knowlton & Squire,1996;Reber,1976)。Heuer,Schmidtke 和 Kleinsorge(2001)认为,如果序列学习的是相继任务之间的关系,具体任务的变化就不会导致反应时的增加;相反,如果序列学习学到的是具体任务,那么反应时就会随任务的随机序列而增加。实验结果发现重复的任务序列反应时比随机序列快,而且当刺激的颜色位置序列发生改变,变化规则保持不变时,重复的任务序列反应时比随机序列快。结果表明内隐学习的存在,习得了序列规则。Fountain(2008)也发现被试习得了序列规则。

但有人发现内隐学习获得的是片段知识,不具有抽象性(Abrahamse 和 Verwey,2008;Jiménez,Vaquero 和 Lupiáñez,2006;Schwarb 和 Schumacher,2010)。Shanks 和 John(1994)认为内隐学习和外显学习的区别不在于是否

可以进入意识,而是在于不同信息加工过程:内隐学习主要包括偶然情景下以记忆为基础的过程产生有关例子和片段的意识知识;而外显学习本质上包括积极的假设检验过程,产生有关抽象规则的意识知识。Ziesserler(1998),Ziessler 和 Nattkemper(2001),Hoffman,Sebald 和 Stöcker(2001)证实了序列样例的学习,可以解释序列学习成绩的提高。研究表明内隐知识不具有抽象性,序列学习依赖于背景(context-dependence)(刺激颜色、刺激形状和刺激位置等),受到刺激形式、呈现方式、呈现时间等因素的制约,导致迁移无法发生(Jiménez,Vaquero & Lupiáñez,2006;Schwarb & Schumacher,2010),例如 Abrahamse 和 Verwey(2008)首次考察了情景对序列学习的影响,结果发现刺激形状的改变影响了序列学习成绩。

　　Koch 和 Hoffmann(2000b)认为序列学习是组块学习的结果,序列长度为 24,被试只学习 3 个组段,而且在练习阶段已经对控制序列进行了学习,发现序列学习量达到了 279 ms。但 Jiménez(2008)认为组块具有先天反应倾向性(preexistent response tendencies),在学习序列之前已经存在,序列学习不是组块学习的结果。为了确定组块,Jiménez 对每一个刺激的反应速度进行分析,通过反应速度的快慢来划分组块(Koch & Hoffmann,2000b)。使用 k 均值聚类法(k-means clustering)将反应分为快反应和慢反应(Song & Cohen,2014),通过每个组段快反应和慢反应的响应时间差值来形成组块(Jiménez,2008)。结果发现三联体的第一个刺激反应慢,后面两个刺激反应变快。在第一个组段已经表现出组块学习,表明组块不是学习造成的,而是由于具有先天反应倾向性。

　　人工语法学习范式关于抽象规则的研究较多,序列学习的研究相对较少,主要集中于近 15 年(戴惠、朱传林和刘电芝,2018)。序列学习研究中关于抽象规则学习的研究很少,难点在于如何将规则学习和样例学习、联合学习(associative learning)等区分开。为了区分样例学习和规则学习,付秋芳和傅小兰(2005)对序列学习材料中的样例和规则进行了明确界定。图形出现的位置序列规则指前一图形出现的位置决定了下一图形可能出现的两个位置。于是,按照图形出现的位置序列规则,由图形顺次出现的 4 个位置可以构成一个小的位置序列,小位置序列体现了位置序列的规则,称之为位置序列样例。规则组段中,图形出现的位置受位置序列规则的支配,图形出现的位置序列样例是固定的。而改变样例组段只改变图形出现的位置序列样例,而保持图形出现的位置序列规则不变;改变规则组段改变图形出现的位置序列规则,图形出现的位置序列随机呈现。把规则组段到改变样例或规则组段被试反应时的差异作为被试对样例或规则的学习成绩。需要指出的是,改变规则时,图形出现的位置序列样例也相应改变,被试对规则的学习效应包含了被试对样例的学习效应。后来 Fu,Sun,Dienes 和 Fu(2018)将刺激分为 3 类:标准刺激(standard stimuli)、转移刺激(transfer stimuli)和异常刺激(deviant stimuli)。标准刺激指 SOC 序列中出现概率高的刺激;转移刺激指转移 SOC 序列出现概率低的刺激;异常刺激指不符合序列规则出现概率低的刺激。标准刺激和转移刺激具有相同的抽象序列结构,但是出现概率不同;转移刺激和异常刺激出现概率相同,但是抽象结构不同。如果被试通过联合学习习得了序列组块知识,那么转移刺激和异常刺激的反应时应该没有差异,因为它们出现的概率相同。如果被试同时习得了组块知识和抽象结构知识,那么标准刺激的反应速度比转移刺激的快;转移刺激的反应速度比异常刺激的快。为了考察习得知识的外显性,采取了两种方法:加工分离程序(PDP)和主观测验。加工分离程序考察控制使用习得知识的能力,包含和排除条件下的成绩差异表明控制使用习得知识的能力(Jacoby,1991;Wilkinson & Shanks,2004)。组块知识通过标准刺激和转移刺激生成任务的成绩差异来衡量;抽象知识通过转移刺激和异常刺激生成任务的成绩差异来衡量。Sun,Dienes 和 Fu(2018)发现可以同时内隐习得序列的具体组块知识和抽象结构知识。

为了更好地探讨内隐知识是否具有抽象和概括性,Pothos 将迁移引入内隐学习领域,并认为迁移是检验内隐学习知识是否具有抽象性的有效方式(Pothos,2007)。迁移是指已学知识在不同的环境中仍然能得到有效提取利用,或者已有知识促进类似新知识的学习和获取(戴惠、朱传林和刘电芝,2018)。因为内隐知识只有具有一定程度的抽象性,才能发生迁移(Kuhn 和 Dienes,2006;Reber,1976)。在序列反应时任务中迁移(transfer)有两层含义。一个含义是用随机组段取代序列组段,称之为迁移组段。通过比较随机组段的反应时和前后序列组段的反应时,来衡量序列学习成绩。另一个含义就是人工语法任务中的迁移。在人工语法任务中,迁移是把抽象规则应用于新刺激,前后刺激之间不存在匹配关系。在序列反应时任务中,迁移需要存在一定匹配关系。知觉特征或概念特征被保留,反应发生改变。前后刺激之间存在相关性。迁移前对刺激 A 做出 A 反应,迁移后做出 B 反应。反应 A 或 B 都是针对同一个刺激,迁移前后存在明显的匹配关系(Kemény & Németh,2017)。人工语法范式的反应指标是正确率,是与判断相关联的内隐学习,而序列学习范式的指标是反应时,是与动作相关联的内隐学习。Sanchez,Yarnik 和 Reber(2015)用规则序列与随机序列正确率的差值作为学习量和迁移量的定量指标,再用迁移量与学习量的比值作为迁移程度的指标,然后在系列拦截序列学习任务(Serial Interception Sequence Learning Task,SISL)中分别改变线索呈现时间和线索呈现方式,发现两组条件下都发生了部分迁移。

迁移的产生可能是由于内隐学习无意识成分和意识成分两者的协同。虽然不能口头报告出具体规则,但此时的内隐知识具有抽象、概括、灵活、可用等特点(戴惠、朱传林和刘电芝,2018)。内隐学习是一个渐进的意识加工过程,意识成分和无意识成分的贡献程度随着学习进程不断发生变化(张润来和刘电芝,2014;Kuhn 和 Dienes,2006),最佳学习效果来自意识和无意识成分的协同作用(Mathews,Buss,Stanley,Blanchard-Fields,Cho 和 Druhan,1989)。内隐学习和外显学习相互作用,时而相互促进,时而相互冲突(郭秀艳、杨治良,2002)。在这个渐进过程中,RSI 是一个影响意识和无意识成分变化的关键因素。RSI 越小,内隐学习越纯粹,越接近完全内隐,更容易受到新异刺激加速学习的影响,而随着 RSI 的逐渐增大,外显成分增多,新异刺激的促进作用减弱。而且 RSI 的延长使得被试有时间拓宽自己的视野,完成任务时能进行更快速地视空转换。因此,该研究中 RSI 的延长不仅使被试有时间进行视觉扫描,也可能提高了他们对序列结构的敏感性,产生了预期反应(Norman,Price,Duff 和 Mentzoni,2007;徐莹和张庆林,2012)。内隐序列学习表征质量和意识程度随 RSI 增加而逐渐提高(Destrebecqz 和 Cleeremans,2001;Kuhn 和 Dienes,2006)。RSI=0 时,可能是没时间思考,动作学习量最大。在短 RSI 条件下(250 ms),内隐知识的表征质量和抽象性较低,导致迁移困难;而在较长 RSI 条件下(500 ms、750 ms 和 1000 ms),内隐知识的表征质量和抽象性得以显著提高,至某一节点(戴惠、朱传林和刘电芝 2018 的节点为 500 ms)内隐知识具备了获得迁移的抽象性特点,从而发生了迁移。

Conway 和 Christiansen(2001),Conway(2012)认为序列学习的表征与序列结构有关。将序列结构分为三种:一是固定序列(fixed patterns),例如固定不变或重复序列;二是统计序列(statistical patterns),序列样例包含了统计规律或分布信息;三是层级序列(hierarchical patterns),例如包含了非邻近结构序列(non-adjacent)或自我递归结构序列(self-recursive)。这三种序列结构产生了表征的具体—抽象连续体(concrete-abstract continuum)。固定序列或统计序列产生了具体表征,等级序列产生了抽象表征。统计学习表征可能既包含了具体表征也包含了抽象表征。这两个表征机制可能是平行加工(in parallel),一个表征机制编码和存储具体表征,另一个表征机制编码和存储抽象表征。这两个表征机制更可能是层级加工方式(hierarchical manner),首先对具体表征进行编码,随着学习进展,然后进行抽象表征

（Daltrozzo & Conway,2014）。Cleeremans 和 Jiménez（2002）有类似观点,他们认为在内隐学习中表征是动态的和渐进的,内隐学习获得的知识可以被看作是在样例表征和抽象表征连续体的某一点上（Cleeremans,Destrebecqz & Boyer,1998）;意识也是动态的和渐进的,内隐学习获得的知识是否进入意识与表征的质量有关,而形成高质量的表征需要时间。在内隐学习情境中学习规则时,不同程度的意识水平反映了不同水平的心理表征质量,不同的意识测量也有不同的敏感性。转移组块作为一种新异刺激,能增加内隐序列学习的意识程度。Andresen 和 Marsolek（2012）也认为不同类型的序列学习表征机制不同。Andresen 和 Marsolek 考察序列学习的效应器表征和非效应器表征时发现,或然序列和确然序列的表征是分离的。或然序列不存在效应器表征,确然序列存在效应器表征。Tanaka 和 Watanabe 让被试学习序列规则,然后分成 3 组,分别学习完全镜像规则、部分镜像规则和不重叠规则,结果发现完全镜像规则组的习得量最高,迁移效果最好（Tanaka & Watanabe,2014）。而且 Tanaka 和 Watanabe（2015）发现通过短时间学习即可发生镜像迁移。Tanaka 和 Watanabe 使用 m×n 任务范式,学习阶段被试学习序列次数不同（4、12、16 和 20 次）,迁移阶段规则变为原序列的镜像序列或随机序列,结果发现镜像序列组的反应时和正确率高于随机组的。结果表明内隐迁移可以在较短时间内发生。

付秋芳和傅小兰（2005）认为在内隐序列学习中被试可能获得样例表征也可以获得规则表征。被试在具体情境下获得何种知识表征可能受样例数量及对样例练习次数的影响。也就是说,当只呈现少量样例时,这几个样例会反复多次呈现,因此,被试的记忆负担较轻,被试一方面可能会对这几个样例形成较好的记忆,另一方面可能会有更多的认知资源去抽取这几个样例所遵循的共同规则,从而被试可以同时较好地获得样例知识和规则知识。而当呈现较多样例时,样例的数量增加,每个样例的呈现次数减少,因此被试可能难以记忆众多的样例,可能会抽取出不同样例所遵循的共同规则,从而较容易获得规则知识。

Dehaene,Meyniel,Wacongne,Wang 和 Pallier（2015）提出了空间序列抽象规则的 5 个水平:转换概率（transition probabilities）、组块（chunking）、序列知识（ordinal knowledge）、算术模式（algebraic patterns）和相嵌树结构（nested tree structures）。Wang, Amalric, Fang, Jiang, Pallier, Figueira, Sigman 和 Dehaene（2019）为了考察空间序列学习是否存在语法学习及脑机制,提出了序列眼跳范式（sequential saccade paradigm）,要求被试观看重复序列,眼睛跟随目标刺激连续移动。Wang 等人使用的空间刺激位置有 8 个,空间序列长

度为 8，共 12 个不同结构序列。通过操纵旋转和对称性控制了空间序列语法难度，其中旋转自变量的 0 指同一位置，+1 指顺时针旋转 1 个位置，+2 指顺时针旋转 2 个位置，−1 指逆时针旋转 1 个位置，−2 指逆时针旋转 2 个位置。对称性自变量的 H 指水平对称，V 指垂直对称，A & B 指对角线对称，P 指点对称。空间序列语法难度评价指标为 Kolmogorov 复杂度（Kolmogorov complexity，K），可以通过最小描述长度（minimum description length，MDL）进行计算，该指标可以很好反映出几何规则的复杂度以及被试预测出序列的程度（Amalric，Wang，Pica，Figueira，Sigman & Dehaene，2017）。因变量包括眼跳反应时和预期指数（anticipation index，AI）。预期指数的计算方法为眼睛所在位置到目标位置的距离（上一个目标位置和目标位置的距离），0 表示最大预测，表明目标出现前，眼睛已经注视到目标所在位置；1 表示无预测，没有离开上一个位置。结果发现序列语法复杂度影响眼跳反应时和预期指数，序列语法越简单，序列学习速度越快，对于最简单的重复（repeat）和交叉语法（alternate）序列，1 个试次就可以学会。并且预期眼跳不是由于转换概率造成的。fMRI 结果发现，双侧额下回（inferior frontal gyrus，IFG）与序列复杂度有关，右侧背外侧前额中叶（mid-DLPFC）和双侧前尾状核（anterior caudate）与空间序列主观预期有关。空间序列学习与顶 – 额网络有关（parietal-frontalnetworks），与数学加工脑区相关，与语言加工脑区无关。顶叶（parietal areas）与空间序列低水平信息加工有关，前额叶（prefrontal corte）与空间序列的抽象加工、整合加工和高效加工等有关。

序列学习迁移研究的结论不一致，其原因可能有以下两个。

一是由于测量的敏感度不同。以往研究往往采用定性的迁移指标，因此无法定量检测到部分迁移。Sanchez，Yarnik 和 Reber（2015）用规则序列与随机序列正确率的差值作为学习量和迁移量的定量指标，再用迁移量与学习量的比值作为迁移程度的指标，然后在内隐序列学习的复杂变式（Serial Interception Sequence Learning Task，SISL）中分别改变线索呈现时间和线索呈现方式，发现两组条件下都发生了部分迁移。而且以往研究使用的迁移指标不纯粹。新异刺激会促进内隐学习和意识程度，在分析内隐学习量和迁移量以及两者的关系时须考虑此因素（Rünger，2012；Rünger & Frensch，2008；张剑心、武燕、陈心韵和刘电芝，2014）。有些研究尝试将第一组段和新异刺激前的组段的平均反应时做比较来衡量被试的内隐学习效果（Norman，Price，Duff & Mentzoni，2007；张剑心、武燕、陈心韵和刘电芝，2014），但其中不可避免地受到了练习效应和疲劳效应的影响。

二是以往研究大多忽略了一个影响内隐学习的重要因素——RSI，即反应与下一个刺激出现之间的时间间隔。RSI 是一个影响意识和无意识成分变化的关键因素。例如,Destrebecqz 和 Cleeremans 的研究表明,随着 RSI 的增加(0 ms、250 ms、1500 ms),意识成分对内隐学习的贡献不断增加(Destrebecqz & Cleeremans,2001)。当 RSI 为 1500 ms 时,被试的无意识学习已经完全转化成意识性学习。Cleeremans 认为,随着 RSI 增加,加工时间增加,内隐序列规则的表征质量会逐渐提高,导致意识程度增加(French & Cleeremans,2002)。戴惠、朱传林和刘电芝(2018)发现,序列学习是否习得抽象规则知识受 RSI 的影响,随着 RSI 的变化,迁移从无到有,证明了内隐知识具有抽象性。

戴惠、朱传林和刘电芝认为,随着 RSI 的增加和刺激表征质量的提高,内隐知识的迁移情况发生变化,由不可迁转为受新异刺激后可迁移,再转为稳定的迁移;在较长 RSI 条件下获得的内隐知识不可口语报告但可产生迁移,此时获得的内隐知识未进入意识层面但具有认知灵活性的边缘意识特点。为此,戴惠、朱传林和刘电芝操纵了 RSI,共有 5 种水平:0 ms、250 ms、500 ms、750 ms 和 1000 ms。在学习阶段,让被试对序列规则进行学习;在迁移阶段,将学习阶段的序列规则旋转一个象限,构成同形异构的序列规则。这两个序列规则都是遵从前两个刺激位置决定第三个刺激位置的高阶规则,这两个序列中的位置频率、成对位置间的转换频率、位置倒转频率和可能出现的所有位置的平均数都是一致的。为了控制同形异构序列本身学习对结果的影响,控制组没有学习阶段。为了获得更纯净的序列学习指标和迁移指标,戴惠、朱传林和刘电芝在表征质量和新异刺激理论研究基础上,进一步分离出表征质量内隐学习量、受新异刺激影响的学习量、表征质量内隐迁移量和受新异刺激影响的迁移量。结果发现 5 种 RSI 条件下均发生了序列学习;只有 RSI 为 0 ms 时被试在学习阶段习得的规则并没有迁移至后面的迁移阶段中,即没有发生迁移。结果表明:①RSI 是影响迁移能否发生的重要因素。随着 RSI 的增加,迁移出现了从无到有的变化。随着 RSI 的增加,内隐知识可成为能迁移的抽象知识。②内隐序列学习效应和转移组段的新异刺激效应共同促进迁移的产生。纯粹的内隐序列学习是产生迁移的必要非充分条件,转移组段(新异刺激)则加速促进了内隐知识的学习,特别是在 RSI 较小时(当 RSI=0 ms)作用更为明显。③内隐序列学习获得的迁移知识,是一种不可口语报告,具有规则结构的不可知性但又可以产生近迁移的边缘知识。

另外,背景线索的改变(增加或忽略背景元素)也会对知识迁移产生影响。Rhein 和 Vakil(2018)在学习阶段,让被试学习部分序列(ADBACD)或整体序列(BDCADBACDABC),单手指做出反应。迁移阶段将被试分为4组:部分—部分组、整体—整体组、部分—整体组和整体—部分组。结果发现整体—部分组发生了完全迁移(full transfer),部分—整体组发生了部分迁移(partial transfer)。整体—部分组的迁移成绩低于整体—整体组的,部分—整体组的迁移成绩低于部分—部分组的。结果表明当背景部分元素被忽略时发生完全迁移,当背景增加元素时发生部分迁移。序列结构发生改变会降低迁移。需要注意的是部分序列只包含6个元素,材料无法平衡;另外实验中被试单手指做出反应,试次间刺激距离不同会对结果产生干扰(Rhein & Vakil,2018)。

除了使用迁移范式考察抽象学习,还有研究采用其他研究范式。这些研究范式不仅仅需要关注刺激特征,而需要对刺激意义进行加工才能完成任务,例如任务序列学习范式(task sequence learning paradigm)(Heuer, Schmidtke, Kleinsorge, 2001;Koch, 2001)、类别序列学习范式(category sequence learning paradigm)(Goschke & Bolte,2007)以及神经网络模型模拟等(neural network model)(Dominey, Lelekov, Ventre-Dominey & Jeannerod, 1998)。总之,内隐知识是否具有抽象和概括性,还存在争议。

三、通道特异性与通道通用性

内隐学习到底是具有通道特异性还是具有通道通用性没有确切结论。解决此问题的一个可行性方法就是考察刺激多通道输入时,每个通道的学习状况。根据通道通用性观点,假如多通道的刺激同时输入能够被一个统一的机制所加工,那么各个通道的内隐学习彼此之间或许并不独立。跨通道序列学习的研究逻辑是采用功能分离和选择性干扰来验证跨通道序列学习。即如果不同维度的内隐序列学习依赖于不同加工系统,那么通过选择性干扰来对不同序列的学习进行功能性分离就是可能的。选择性干扰就是有选择性地对一个维度内的序列学习的获得内容进行干扰,同时保留另外一个维度内的序列学习的结果完整。如果被干扰的序列没有习得,而未被干扰的序列依然能够习得,就验证了序列独立习得的假设。

对于视觉认知,空间维度重要;而对于听觉来说,时间维度是最重要的(Penney,1989),大量证据表明通道效应存在于整个认知领域(Conway & Christiansen,2005;李秀君,2013)。而且知识在视、听、触等通道间发生迁移可能是非对称的(asymmetry):时间信息往往只能由听觉通道迁移到其他通道,而空间信息往往只能由视觉通道迁移到其他通道。Bratzke, Seifried 和 Ulrich(2012)对迁移效应的非对称性进行了解释。视觉在处理空间信息时起主导作用,听觉则主导时间信息的加工(Burr,Banks & Morrone,2009;Welch & Warren,1980)。信息的迁移效应只出现在从主导通道至非主导通道的迁移中,反之则无法迁移,即跨通道学习中迁移效应是单向、非对称的。具体而言,在空间辨别任务中,学习只能从视觉迁移到听觉,而在时间辨别任务中,学习则只能从听觉迁移到视觉(Mcgovern,AstleAT,Clavin & Newell,2016),对比研究证实,在时间顺序判断任务中,视听条件下的学习能够迁移到视觉条件,但不能迁移至听觉条件(Alais & Cass,2010);也有研究发现,听觉任务训练能显著提升被试视觉节拍感知的成绩,但视觉训练则不能(Barakat,Seitz & Shams,2015;孙洵伟、孙莹和付秋芳,2019)。

(一)通道特异性

系列研究表明,内隐学习具有通道特异性(modality-specificity)。Chang 和 Knowlton(2004)的研究表明,字体的改变会影响被试对字母串的内隐学习成绩。听觉刺激呈现的时间距离和视觉刺激呈现的空间距离变大时,则不能被知觉为一个单元(Bregman,1990)。例如,当物体的空间距离增大到一定程度时,视觉系统也不会将它们认知为同一个单元。当声音间隔超过1.8 秒时,就不会被认为是同一个声音流(Mates,Radil,Muller & Poppel,1994)。Conway 和 Christiansen(2009)实验的速度从 4 个刺激/秒到 8 个刺激/秒可能同处于一个声音流,可能是由于速度变化过小导致了内隐学习差异不显著。Emberson,Conway 和 Christiansen(2011)进一步扩大了刺激呈现的时间距离,研究结果表明,刺激呈现速度的变化导致了听觉内隐学习的不同,即快速呈现时的听觉内隐学习好于慢速呈现时;同时此研究还发现刺激呈现速度与通道的交互作用,即刺激快速呈现时,听觉的内隐学习好于视觉,刺激慢速呈现时,视觉的内隐学习好于听觉,表明被试学到的知识至少部分依赖于刺激的输入特征。

Conway 和 Christiansen(2005)发现内隐学习具有通道特异性,即不同的信息呈现模式有着不同的内隐学习,在同一感觉通道下(视觉),刺激的不同呈现方式导致了不同的内隐学习效果,相比于刺激顺序呈现时,刺激同时呈现时,内隐学习效果更好。听觉的内隐学习明显好于视觉和触觉。Conway 和 Christiansen 认为存在与信息输入模式直接相联系的多重平行内隐学习机制(Conway & Christiansen,2009)。Conway 和 Christiansen(2006)采用视听结合的跨通道研究来探讨听觉和视觉是否能够独立学到两套不同的语法规则,以此来考查内隐学习的表征是抽象表征还是具体表征。其实验方法如下:在学习阶段,给被试在听觉通道呈现产生于一个语法规则的声音刺激,而在视觉通道呈现产生于另一个语法规则的颜色刺激。在测验阶段使用由学习阶段的两个语法产生的新的刺激序列,其中一半的刺激序列产生于一个语法,一半的刺激序列产生于另一个语法。在测验阶段所有的序列都用一种通道模式测验,即或者全用声音或者全用颜色,而只有测验阶段序列呈现的通道模式与学习阶段相同,使用的语法与学习阶段也相同时才会被计为正确。如果正确率为50%则认为没有内隐学习发生,即被试不能等同地学到统计规则。或者被试学到了规则,但是知识存在于非模态(amodal)形式下即没有保存感觉通道的信息。如果成绩显著高于概率水平,表明被试从两个语法中学到了统计规则,也就意味着通道特异性。结果发现,被试学到了两种模式的刺激,这为内隐学习的通道特异性表征进一步提供了证据。

Johansson(2009)认为 Conway 和 Christiansen(2006)的实验在学习阶段只有6个组段,学习不够充分不足以形成抽象表征,才得出了内隐学习特异性表征的结论。于是,Johansson 采用 Conway 和 Christiansen 的实验范式,在学习阶段给被试呈现18个组段,让被试进行更为充分的学习。结果依然得出了通道特异性表征的结论。由于他们的实验均采用听觉序列和视觉序列交替呈现,并不是真正意义上的同时呈现,所以内隐学习的发生也许是继时的,在这个过程中,可能发生了内隐学习的迁移,才使得被试在测验阶段学到了两种刺激模式。因此,如果能够提供多重感官同时进行的内隐学习独立发生的证据,则将为通道特异性提供更强大的支持。Seitz(2007)研究了多重感官同时进行内隐学习,听觉采用8个不同的声音刺激,视觉采用8个不同的图形刺激,学习阶段给被试同时呈现视听刺激的组合对,一个序列就是一个视听对应的组合对,测验阶段给被试呈现两种不同的序列间隔(测验被试能否正确区分测验阶段的序列),要求被试迫选哪一个视听组合对更熟悉。结果发现,在多重学习模式下,被试能够正确区分在学习阶段呈现过的序列,研究者认为被试具有同时且独立学习视听信息流的能力,又因为多模式与单模式的学习成绩无显著差异,于是 Seitz 认为视听信息流是被独立加工的,这一结论与通道特异性的解释相一致。由于 Scitz(2007)的实验中,每个听觉刺激一直和另一个视觉刺激同时发生,所以到底是独立学习机制导致了高于概率水平的学习成绩,还是视听刺激的对应性提高了学习成绩,对此仍然有商榷的必要,因为有证据表明视听刺激的对应性有助于提高学习成绩(Thiessen,2010)。此外,也有可能是视听对应的组合对学习任务过于简单,使得被试能够较容易地习得刺激与刺激间的关系,从而导致了双模式下的内隐学习效应。假如使用由限定状态语法生成的材料,考查被试是否依然能够同时学到双重模式下的信息，则能够为通道学习效应提供更有力的证据。

Kemény 和 Németh（2017）认为，序列学习建立在刺激表征基础上，并且序列学习是一个加工机制，加工能力有限。如果两个序列结构相同，而刺激不同，由于序列加工能力受限，这两个序列会产生干扰。使用视觉和听觉序列反应时任务。在训练阶段，呈现的是视觉序列反应时任务，目标刺激（灰色圆点）出现在方框内，刺激出现的位置遵循序列规则，被试对目标刺激（灰色圆点）出现的次数进行计数（dot-counting task）。在测验阶段，呈现的是听觉序列反应时任务，被试对出现的声音刺激进行按键反应，按键反应遵循序列规则。测验阶段的反应序列和训练阶段的位置序列可能相同也可能相反。将被试分为 4 组：相同组、相反组、随机组、无训练组。相同组指训练阶段的位置序列和测验阶段的反应序列相同；相反组指训练阶段的位置序列和测验阶段的反应序列相反；随机组指训练阶段的圆点随机呈现；无训练组指没有训练，只完成听觉序列反应时任务。如果序列学习表征是独立于刺激的，那么训练阶段和测验阶段序列相同时的序列学习成绩高于相反条件下的；如果序列学习表征是建立在刺激基础上，那么无论训练阶段和测验阶段序列是否相同，发生负迁移效应，训练组的序列学习成绩低于无训练组的。结果发现 2、3、4 组段无训练组的练习效应显著高于训练组的，无训练组的序列学习成绩显著高于训练组的。结果表明，无论前后序列结构是否相同，前面的序列训练对后面的序列学习产生了干扰。负迁移可以由一般序列生成机制解释（general sequence processor），该机制加工不同序列，但资源有限。对一个序列学习会降低后续序列的学习。序列表征建立在刺激基础上，具有通道特异性。

石文典、李秀君和王维（2013）以人工语法为学习任务，探讨双重内隐学习是否被独立加工。结果发现：①单独呈现视觉刺激或听觉刺激时，视觉和听觉均存在显著的单通道内隐学习效应；②视听双通道同时呈现具有相同语法规则的刺激时，视觉内隐学习效应边缘显著，听觉内隐学习效应显著，且与单通道内隐学习效应无显著差异；③视听双通道同时呈现不同语法规则的刺激时，视觉和听觉内隐学习效应均显著，且与单通道内隐学习效应无显著差异。研究发现了多种语法规则的独立学习，支持了多重学习子系统的存在。多重学习子系统的存在，挑战了内隐学习是抽象表征（abstract）或者非模态（amodal）的传统认知加工理论。需要指出的是，同时呈现视觉序列任务和听觉序列任务时，被试只对视觉序列任务做出反应判断，不需要对听觉序列任务做出反应，两个任务权重不同。虽然视觉序列任务和听觉序列任务同时呈现,但是被试先对视觉序列任务发生学习,可能由于视觉序列任务本身较简单,再对听觉序列任务发生学习。实验结果并不能表明存在多重学习子系统。

(二)通道通用性

Kirkham,Slemmer 和 Johnson(2002)认为,在规则相同的情况下,各种刺激输入方式(语音、形状、音节)不影响内隐学习效果,体现了通道通用性(modality-general)。

以往研究大多以视觉刺激作为实验材料,考察视觉序列学习。以听觉刺激为材料的研究很少,同时考察视觉刺激和听觉刺激的多感觉通道研究更少。Silva,Barakat,Jimenez 和 Shams(2017)以视觉刺激和听觉刺激为材料,一致条件下声音刺激和视觉刺激存在一一对应关系;随机条件下声音刺激随机呈现;单声音条件下只呈现一个声音;无声音条件下不呈现声音。以此考察不同条件下的序列学习。结果发现视听刺激一致时,序列学习成绩更好,而且视听刺激一致时有助于外显学习。

Taesler,Jablonowski,Fu 和 Rose(2019)交替呈现视觉刺激和听觉刺激,而且按键反应不是固定的、随机呈现,以此消除了反应序列,建立了跨通道的完全知觉序列。Taesler 等人认为,存在跨通道的完全知觉序列学习。与此同时,由于按键反应的随机化,带来一个问题,那就是增大了被试反应时的离散程度,因为被试每次对内隐序列学习任务反应前都需要重新寻找当前刺激对应的按键。按键反应的随机化还可能导致反应干扰序列学习效应,降低序列学习效应的大小。为了在高离散型数据中发现较小的序列学习效应,Taesler 等人使用了建模的方法(Cleeremans & Dienes,2008,chap. 15),结果发现存在跨感觉通道的完全知觉序列学习。

跨通道序列学习,可以由多感觉整合理论进行解释。多感觉整合理论认为,生物体的神经系统能够对于不同感觉模态(例如视觉和听觉)的外界刺激进行整合,从而确定这些刺激信息之间的关系并增强大脑对于这些信息的检测,从而使生物体对于外界的输入信息做出正确的响应。多通道被试会获得比单通道内隐学习更高的测验分数。因为颜色和无意义音节的序列规则一致时,将会增强内隐学习效果。生物体在利用同时呈现的来自同一客体的多种感觉信息进行加工时,判断更准确、反应更快(刘强,2010)。

第三节　内隐序列学习表征机制探究：眼动证据

内隐序列学习源于人对自然语言现象研究，如今序列学习受到越来越多研究者的关注（郭秀艳，2003；Cleeremans et al.，2019）。序列学习研究大多采用 Nissen 和 Bullemer（1987）创建的序列反应时任务，要求被试对刺激所在位置进行反应，刺激出现的位置遵循序列规则，但被试不知道规则的存在。该任务典型结果是：在学习阶段，规则序列的反应时下降速度大于随机序列；当从规则序列过渡到随机序列时，反应时有所增加（郭秀艳，2003；郭秀艳等，2008）。意识性测验一般采用 Jacoby（1991）的加工分离程序（Process Dissociation Procedure，PDP），包括包含任务（inclusion test）和排除任务（exclusion test）。包含任务要求被试用先前学过的知识完成任务，也可以用其他信息，即可以利用有意识提取和无意识熟悉性两种加工完成任务；排除任务要求被试不能用先前学过的知识完成任务，如果被试错误地选择了学过的知识，这些知识就是无意识知识。通过加工分离程序可以分离出序列学习的内隐知识和外显知识（关守义、郭秀艳，2016；张剑心等，2016）。

序列学习的表征方式是内隐学习领域的研究热点和难点之一，序列学习表征方式的难点在于如何将不同类型序列进行分离，为此学者们采取了不同改进方法。第一种改进方法是采用序列学习的观察范式，即让被试观察序列而不需要做出按键反应（Howard et al.，2008）；第二种改进方法是刺激遵循序列规则，存在知觉序列。但反应随机变化，不存在反应序列，刺激和反应不是一一对应关系（Deroost & Coomans，2018；Deroost et al.，2012；Taesler et al.，2019）；第三种改进方法是知觉序列保持不变，反应序列发生改变（Németh et al.，2009）；第四种改进方法是刺激某一维度存在知觉序列（例如颜色序列），但不需要对刺激的颜色做出反应，而对刺激的另一维度（例如形状）做出反应（Coomans et al.，2012）。内隐序列学习的表征方式，目前还没有统一结论（Cleeremans et al.，2019），主要有以下几种观点：知觉表征观点认为人们在序列反应时任务中习得的是相邻刺激和刺激之间的联结，是对刺激序列规则的学习，依赖前后刺激联结的学习（Stimulus-Stimulus associations，Haider et al.，2014）；反应表征观点认为人们在序列反应时任务中习得的是相邻反应和反应之间的联结（Response-Response associations，Haider et al.，2013）；知觉—反应联结表征观点认为在序列反应时任务中习得了刺激—反应联结（反应选择）（Stimulus-Response associations，Schwarb &

Schumacher,2010)。

内隐序列学习的表征方式存在争议,与按键反应本身存在缺陷有关。按键反应是个复杂的认知加工过程,将不同类型序列学习混淆在一起。在完成按键反应过程中,手指的运动是一类事件;反应键被按是另一类事件,这是手指运动的一个结果;还有可作为动作反馈或效果的事件,称为效果事件(例如在按键上受到压力)。传统的序列学习按键反应,包含了效应器序列(手指运动序列)、反应空间位置序列(反应按键序列)和反应效果序列(Haider et al.,2014;Jablonowski et al.,2018)。被试对序列的学习,可能是基于手指运动的序列发生序列学习;也可能是基于反应键依次被按的序列发生序列学习,也可能是将反应所得到的效果依次联结起来发生序列学习。而且将按键反应进行随机化处理(Deroost & Coomans,2018;Deroost et al.,2012;Taesler et al.,2019),被试每次反应前都需要重新寻找当前刺激对应的按键,增大了被试反应时的离散程度。按键反应的随机化对序列学习产生干扰,降低了序列学习效应(Taesler et al.,2019)。

为了解决按键反应存在的问题,一个行之有效的方法是将眼动作为反应(卢张龙,2021;Coomans et al.,2012;Goschke & Bolte,2012),不需要被试做出按键反应。Kinder 等人(2008)首次将眼动记录法应用于序列学习。在屏幕呈现 4 个位置,目标刺激出现在其中一个位置,被试眼睛移动到目标刺激所在位置,使用眼动仪记录眼动,不需要做出按键反应。和经典序列学习反应时结果相似(郭秀艳等,2008;卢张龙等,2011):在学习阶段,随着学习次数的增加,眼跳反应时逐渐下降;在迁移阶段,呈现随机序列后,眼跳反应时突然增加,眼动指标和经典的反应时指标具有共变性(covary)。目前序列学习的眼动指标主要有:眼跳反应时、预期眼跳率、预期指数和眨眼频率。Marcus 等人(2006)和 Vakil 等人(2017)对按键反应和眼动反应进行了比较。Marcus 等人(2006)发现,无论眼动反应还是按键反应,刺激出现前,被试将注意转移到刺激将要出现的位置,表现出预期眼跳。Vakil 等人(2017)发现,眼动反应和按键反应的区别主要在于:随机组段是否回到基线水平。随机组段下眼跳反应时和预期眼跳率回到基线水平,但按键反应的反应时成绩都好于基线水平。这可能是由于按键反应条件下序列学习包含了其他认知加工。Vakil 等人(2017)认为,眼动指标比按键反应时更纯净。

为了分离知觉序列、反应序列和知觉—反应联结序列,本研究将反向眼跳任务和朝向眼跳任务引入序列反应时任务中。反向眼跳(antisaccade)由Hallett(1978)首次提出,在镜像反向眼跳任务中,要求被试眼睛跳向与目标出现位置相反并且以注视点为中心的镜像位置;朝向眼跳(prosaccade)要求被试眼睛跳向视觉刺激出现的位置(闫国利、白学军,2018)。朝向眼跳任务中知觉刺激和反应是同一位置,反向眼跳任务中知觉刺激和反应是镜像关系。将朝向眼跳任务和反向眼跳任务混合后,知觉和反应不存在一一对应关系。本研究首次将朝向眼跳任务、反向眼跳任务和序列反应时任务相结合,通过3个眼动实验,考察序列学习是否存在知觉表征、反应表征和知觉—反应联结表征。实验1目的是考察存在知觉序列或反应序列时,是否发生序列学习;实验2目的是考察存在知觉—反应联结序列时,是否发生序列学习。为了排除知觉序列、反应序列对实验2结果的影响,实验3在实验2基础上,进一步通过增加分心刺激,排除知觉序列、反应序列对结果的影响(Schumacher & Schwarb,2009),考察存在知觉—反应联结序列时,是否发生序列学习。

实验1考察序列学习是否存在知觉表征和反应表征,为此实验1将朝向眼跳任务和反向眼跳任务进行混合,被试根据刺激颜色做出朝向眼跳或反向眼跳。知觉和反应不存在对应关系,知觉序列混合眼跳条件下刺激位置遵循序列规则,不存在反应序列;反应序列混合眼跳条件下反应遵循序列规则,刺激位置不遵循序列规则。通过混合眼跳实现知觉序列和反应序列的分离。由此实验1假设:知觉序列混合眼跳条件下存在知觉序列,发生序列学习;反应序列混合眼跳条件下存在反应序列,发生序列学习。实验2考察序列学习是否存在知觉—反应联结表征。实验2朝向眼跳和反向眼跳任务单独呈现,不再进行混合。在朝向眼跳或反向眼跳任务中,存在知觉—反应联结,朝向眼跳任务中刺激和反应是一致关系,反向眼跳任务中刺激和反应是镜像关系。由此实验2假设:朝向眼跳条件下和反向眼跳条件下存在知觉—反应联结序列,发生序列学习。为了排除知觉序列、反应序列可能对实验2结果的影响,实验3增加了分心刺激,分心刺激和目标刺激共享一个特征,例如相同颜色或相同形状。由于反应选择是知觉—反应联结的核心机制,分心刺激对反应选择没有影响,对知觉序列、反应序列产生干扰(Schumacher & Schwarb,2009)。由此实验3假设:有、无分心刺激条件下都存在知觉—反应联结序列,发生序列学习。

一、实验1:混合眼跳条件下的序列学习

(一)被试

在校大学生40人,其中男性23名,女性17名,平均年龄为20.72±1.52岁。视力或矫正视力正常,身体健康,均为右利手且母语为中文,之前均未

参加过类似内隐学习实验。被试在完成实验后得到一份小礼物。

（二）实验设计

采用单因素被试间实验设计,自变量为混合眼跳,有两个水平:知觉序列混合眼跳和反应序列混合眼跳,因变量为眼跳反应时。当目标刺激为红色圆点时,进行朝向眼跳;当目标刺激为绿色圆点时,进行反向眼跳。知觉序列混合眼跳指刺激出现的位置遵循序列规则;反应序列混合眼跳指眼跳的位置遵循序列规则。被试随机分配到知觉序列混合眼跳组或反应序列混合眼跳组。

（三）实验材料

在屏幕中央从左至右水平排列 4 个黑色方框,背景为白色,红色圆点或绿色圆点出现在其中一个方框。在规则组段中,红色圆点或绿色圆点按序列规则出现;在随机组段中,红色圆点或绿色圆点随机出现在其中一个方框中。

（四）实验仪器

采用 EyeLink 1000 plus 眼动仪,采样率为 1000 Hz。显示器分辨率为 1024×768 像素,刷新频率为 75 Hz。被试眼睛与屏幕的距离为 60 cm。被试双眼注视屏幕,但只记录右眼的眼动轨迹。实验程序采用 Experiment Builder 1.1 进行编制。

（五）实验程序

实验包括序列反应时任务和意识性水平测试两部分,序列反应时任务流程图如图 3-1 所示。

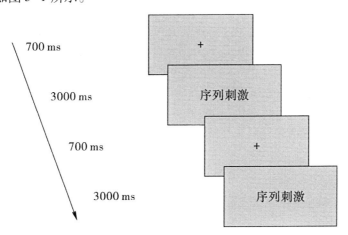

图 3-1　序列反应时任务流程图

1. 序列反应时任务

实验开始时对眼动仪进行五点校准,校准成功后,在屏幕中央出现注视点"+",要求被试盯住"+",进入练习阶段。练习阶段共包含 50 个试次,刺激随机呈现。当红色圆点出现时,要求被试眼睛注视红色圆点所在位置,电脑自动翻屏;当绿色圆点出现时,要求被试眼睛注视绿色圆点所在位置的镜像位置,电脑自动翻屏。练习结束后,进入正式实验。正式实验共 13 个组段,每个组段包括 96 个试次。其中第 12 个组段为随机组段,其他 12 个组段为序列规则组段,序列规则为 4-1-3-2-1-2-4-3-1-4-2-3,1、2、3、4 分别对应着电脑屏幕从左至右排列的 4 个黑色方框位置。每一个序列规则组段的起始位置随机出现。组段中间休息 2 分钟。

2. 意识性水平测试

完成序列反应时任务后,按照加工分离程序(Jacoby,1991)对被试进行意识性水平测试,包括包含任务和排除任务。包含任务中,向被试呈现随机两个相邻出现红色圆点的方框,让被试按照序列规则填写下一次红色圆点可能出现的位置,每填对 1 个记 1 分;在排除任务中,仍给出序列规则中的两个相邻位置,但是要求被试填写下一次红色圆点不会出现的位置,且要求不能与前面出现的两个位置相同。如果被试按照序列规则填写,每填对 1 个记 1 分。包含任务和排除任务总分各为 12 分。

(六)结果与分析

采用眼动数据分析软件"Data Viewer 1.1"和 SPSS 21.0 进行数据分析,3 人由于校准问题,未完成实验,数据被剔除。删除 3 个标准差以外极端数据(0.27%)。

1. 意识性水平测试

根据被试在意识性水平测试的成绩,包含条件的得分小于 3 分,或者包含条件得分小于或等于排除条件得分的被试为内隐被试,不满足以上条件的被试为外显被试(吕勇等,2008;Lu & Li,2018),7 名外显被试数据被剔除。知觉序列混合眼跳组和反应序列混合眼跳组分别 15 人。

2. 眼跳反应时

知觉序列混合眼跳和反应序列混合眼跳条件下的眼跳反应时如图 3-2 所示。对 1-11 组段眼跳反应时进行 2(组别:知觉序列混合眼跳组、反应序列混合眼跳组)×11(组段:1-11)方差分析,结果发现:组段主效应显著,$F(10,280) = 207.36, p < 0.001, \eta_p^2 = 0.88$,随着组段增加,眼跳反应时逐渐减

小。组别主效应不显著,知觉序列混合眼跳组的眼跳反应时($M = 1066.18$ ms, $SD = 41.00$)和反应序列混合眼跳组的眼跳反应时差异不显著($M = 1056.95$ ms, $SD = 85.43$),$F(1,28) = 0.14$,$p = 0.71$,$\eta_p^2 = 0.17$。组段和组别交互作用不显著,$F(10,280) = 0.42$,$p = 0.94$,$\eta_p^2 = 0.15$。

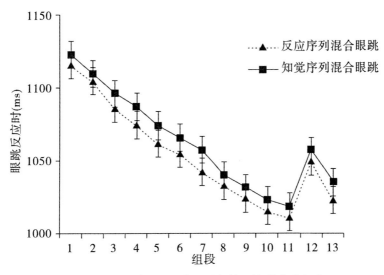

图3-2　知觉序列和反应序列混合眼跳条件下的眼跳反应时

3. 内隐序列学习量

内隐序列学习量计算方法为第11组段和第13组段眼跳反应时平均数与第12组段眼跳反应时的差值(Nissen & Bullemer,1987)。为了考察知觉序列混合眼跳组和反应序列混合眼跳组是否发生了序列学习,分别将知觉序列混合眼跳组和反应序列混合眼跳组的序列学习成绩和0进行比较,进行单侧 t 检验。结果发现知觉序列混合眼跳组的序列学习成绩显著高于0,知觉序列混合眼跳组发生序列学习($M = 30.93$ ms, $SD = 4.97$),$t(14) = 24.07$,差值95% CI $= [28.18, 33.69]$,$p < 0.001$,Cohen's $d = 6.21$。反应序列混合眼跳组的序列学习成绩显著高于0,反应序列混合眼跳组发生序列学习($M = 32.60$ ms, $SD = 4.89$),$t(14) = 24.07$,差值95% CI $= [29.89, 35.31]$,$p < 0.001$,Cohen's $d = 6.66$。知觉序列混合眼跳组和反应序列混合眼跳组的内隐序列学习量差异不显著,$F(1,28) = 0.86$,$p = 0.36$,$\eta_p^2 = 0.03$。

(七)讨论

通过设定不同的目标刺激颜色,完成朝向眼跳或反向眼跳任务,实现了知觉序列和反应序列的分离。知觉序列混合眼跳条件下刺激位置遵循序列规则,反应序列混合眼跳条件下反应位置遵循序列规则。结果发现:在只存在知觉序列混合眼跳条件下发生了序列学习。随着组段的增加,眼跳反应时逐渐减小;插入随机组段后,眼跳反应时增加;组段恢复规则后,眼跳反应时减小。只存在反应序列混合眼跳条件下得到相似结果,且知觉序列混合眼跳条件下的序列学习量和反应序列混合眼跳条件下的并没有显著差异。结果说明序列学习存在知觉表征和反应表征。

实验1验证了内隐序列学习的知觉表征和反应表征,内隐序列学习是否存在知觉—反应联结表征呢? 为了验证是否存在知觉—反应联结表征,开展实验2和实验3两个实验。实验2在朝向眼跳或反向眼跳条件下完成序列反应时任务,比较朝向眼跳或反向眼跳下的序列学习和混合眼跳条件下的是否存在差异。

二、实验2:朝向眼跳和反向眼跳条件下的序列学习

(一)被试

大学生38人,其中男性9名,女性29名,平均年龄为19.89±1.56岁。视力或矫正视力正常,身体健康,均为右利手且母语为中文,之前均未参加过类似内隐学习实验。被试在完成实验后得到一份小礼物。

(二)实验设计

采用单因素被试间实验设计,自变量为眼跳方式,有两个水平:朝向眼跳和反向眼跳。因变量为眼跳反应时。朝向眼跳要求被试眼睛跳向目标刺激所在位置;反向眼跳要求被试眼睛跳向目标刺激所在位置的镜像位置。被试随机分配到朝向眼跳组或反向眼跳组。

(三)实验材料

在屏幕中央从左至右水平排列4个黑色方框,背景为白色,红色圆点出现在其中一个方框。在随机组段中,红色圆点随机出现在其中一个方框中;在序列组段中,红色圆点按照序列规则出现在其中一个方框中。

(四)实验仪器

同实验1。

(五)实验程序

1. 序列反应时任务

同实验1,区别在于朝向眼跳或反向眼跳任务单独进行。朝向眼跳条件

下,当红色圆点出现时,要求被试眼睛注视红色圆点所在位置,电脑自动翻屏;在反向眼跳条件下,当红色圆点出现时,要求被试眼睛注视红色圆点所在位置的镜像位置,电脑自动翻屏。

2.意识性水平测试

同实验1。

(六)结果与分析

采用眼动数据分析软件"Data Viewer 1.1"和SPSS 21.0进行数据分析。1名被试由于眼睛校准存在问题,1名被试未能完成全部实验,数据被剔除。删除3个标准差以外的极端数据(0.26%)。

1.意识性水平测试

同实验1。6名外显被试被剔除,内隐被试共30人,朝向眼跳组和反向眼跳组各15人。

2.眼跳反应时

朝向眼跳和反向眼跳条件下的眼跳反应时如图3-3所示。对1-11组段眼跳反应时进行2(组别:朝向眼跳组、反向眼跳组)×11(组段:1-11)方差分析,结果发现:组别主效应显著,$F_{(1,28)}=47.49$,$p<0.001$,$\eta_p^2=0.63$。朝向眼跳组的眼跳反应时($M=528.29$ ms,$SD=84.07$)显著低于反向眼跳组的($M=822.84$ ms,$SD=142.60$),差值95% CI = $[206.99,382.10]$。组段主效应显著,$F_{(10,280)}=53.75$,$p<0.001$,$\eta_p^2=0.66$,随着组段增加,眼跳反应时显著减小。组段和组别交互作用不显著,$F_{(10,280)}=0.78$,$p=0.65$,$\eta_p^2=0.13$。

3.内隐序列学习量

内隐序列学习量计算方法同实验1。为了考察朝向眼跳组和反向眼跳组是否发生序列学习,分别将朝向眼跳组和反向眼跳组的序列学习成绩和0进行比较,进行单侧t检验。结果发现朝向眼跳组的序列学习成绩显著高于0,朝向眼跳组发生了序列学习($M=48.02$ ms,$SD=6.00$),$t_{(14)}=30.98$,差值95% CI = $[44.69,51.34]$,$p<0.001$,Cohen's $d=8.00$。反向眼跳组的序列学习成绩显著高于0,反向眼跳组发生了序列学习($M=45.54$ ms,$SD=3.80$),$t_{(14)}=46.38$,差值95% CI = $[43.44,47.65]$,$p<0.001$,Cohen's $d=11.98$。朝向眼跳组的内隐序列学习量和反向眼跳组的内隐序列学习量差异不显著,$F_{(1,28)}=1.82$,$p=0.19$,$\eta_p^2=0.06$。

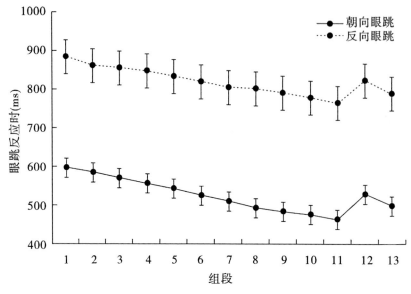

图 3-3　朝向眼跳和反向眼跳条件下的眼跳反应时

(七)讨论

实验 2 在朝向眼跳和反向眼跳条件下完成序列反应时任务。结果发现朝向眼跳条件下发生序列学习。随着组段的增加，眼跳反应时逐渐减小；插入随机组段后，眼跳反应时增加；组段恢复规则后，眼跳反应时减小，和以往研究结果相一致（Kinder et al. ,2008；Lu et al,2018；Lu & Li,2018）。反向眼跳条件下结果和朝向眼跳结果相似，也发生了序列学习，并且朝向眼跳和反向眼跳条件下的序列学习量没有显著差异。由于反向眼跳条件下刺激和反应位置是镜像关系，眼动反应包含了反应抑制过程，而朝向眼跳条件下刺激和反应位置是同一个位置，反向眼跳条件下的眼跳反应时长于朝向眼跳条件下的。由于采用眼动作为反应，控制了反应效果因素，反应效果观点无法解释本研究结果（Hoffmann et al. ,2003）。被试可能对知觉序列、反应序列或知觉—反应联结序列发生了学习。为了将知觉—反应联结表征和知觉表征、反应表征相分离，实验 3 增加了分心刺激，分心刺激和目标刺激享有一个共同特征，即分心刺激和目标刺激具有相同颜色或相同形状。由于知觉—反应联结规则的核心机制是反应选择（Schumacher & Schwarb,2009），分心刺激对知觉表征、反应表征产生干扰，对知觉—反应联结表征没有影响。比较有、无分心刺激反向眼跳条件下是否发生序列学习，两者的序列学习量是否存在差异。

三、实验3:有、无分心刺激反向眼跳条件下的序列学习

(一)被试

大学生38人,其中男性11名,女性27名,平均年龄为19.92±1.65岁。视力或矫正视力正常,身体健康,均为右利手且母语为中文,之前均未参加过类似内隐学习实验。被试在完成实验后得到一份小礼物。

(二)实验设计

采用单因素被试间实验设计,自变量为分心刺激,有两个水平:有分心反向眼跳和无分心反向眼跳,因变量为眼跳反应时。被试随机分配到有分心反向眼跳组或无分心反向眼跳组。

(三)实验材料

同实验2,区别在于有分心刺激条件下,增加了分心刺激:绿色圆点和红色正方形。分心刺激和目标刺激共享了一个特征:绿色圆点和红色圆点具有相同形状;红色正方形和红色圆点具有相同颜色。

(四)实验仪器

与实验1相同。

(五)实验程序

和实验2相同,区别在于增加了分心刺激。

(六)结果与分析

采用眼动数据分析软件"Data Viewer 1.1"和SPSS 21.0进行数据分析。删除3个标准差以外的极端数据(0.26%)。

1.意识性水平测试

同实验1。8名外显被试数据被剔除,有分心反向眼跳组和无分心反向眼跳组各15人。

2.眼跳反应时

有分心反向眼跳和无分心反向眼跳条件下的眼跳反应时如图3-4所示。对1-11组段眼跳反应时进行2(组别:有分心反向眼跳、无分心反向眼跳)×11(组段:1-11)方差分析,结果发现:组别主效应显著,$F_{(1,28)}=17.39$,$p<0.001$,$\eta_p^2=0.38$,无分心反向眼跳组的眼跳反应时($M=822.84$ ms,$SD=37.67$)显著低于有分心反向眼跳组的($M=1175.70$ ms,$SD=47.75$),差值95% CI = [179.54,526.17]。组段主效应显著,$F_{(10,}$

$280) = 51.81, p<0.001, \eta_p^2 = 0.65$，随着组段增加，眼跳反应时显著减小。组段和组别交互作用不显著，$F(10,280) = 0.85, p=0.58, \eta_p^2 = 0.03$。

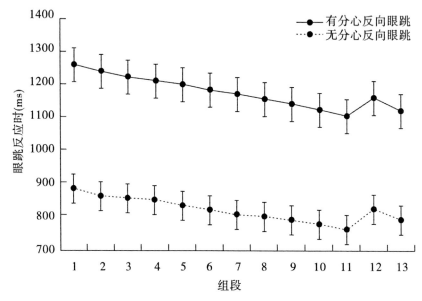

图3-4　有分心反向眼跳和无分心反向眼跳条件下的眼跳反应时

3. 内隐序列学习量

内隐序列学习量的计算方法同实验1。为了考察有分心反向眼跳和无分心反向眼跳是否发生序列学习，分别将有分心反向眼跳和无分心反向眼跳条件下的序列学习成绩和0进行比较，进行单侧t检验。结果发现无分心反向眼跳组的序列学习成绩显著高于0，无分心反向眼跳组发生了序列学习$(M=45.54\ \text{ms}, SD=3.80), t(14) = 46.38$，差值95% CI $= [43.44, 47.65]$，$p<0.001$, Cohen's $d = 11.98$。有分心反向眼跳组的序列学习成绩显著高于0，有分心反向眼跳组发生了序列学习$(M=44.50\ \text{ms}, SD=4.64), t(14) = 37.17$，差值95% CI $= [41.94, 47.07], p<0.001$, Cohen's $d = 9.59$。无分心反向眼跳组和有分心反向眼跳组的内隐序列学习量差异不显著，$F(1,28) = 0.45, p=0.51, \eta_p^2 = 0.02$，差值95% CI $= [-2.13, 4.21]$。

(七)讨论

实验3在有分心反向眼跳和无分心反眼跳条件下完成序列反应时任务。结果发现有分心反向眼跳条件下发生了序列学习。随着组段的增加，眼跳反应时逐渐减小；插入随机组段后，眼跳反应时增加；组段恢复规则后，眼跳反应时减小。和无分心反向眼跳条件下结果相似。但无分心反向眼跳条件下的眼跳反应时显著低于有分心反向眼跳条件下的,表明增加的分心刺激干扰了知觉序列和反应序列加工。但有、无分心刺激反向眼跳条件下的序列学习量没有显著差异,说明序列学习存在知觉—反应联结表征。

四、综合讨论

本研究通过 3 个眼动实验考察了内隐序列学习的表征方式,结果发现:①朝向眼跳和反向眼跳条件下都发生了内隐序列学习,序列学习量差异不显著;②有分心反向眼跳和无分心反向眼跳条件下都发生了内隐序列学习,序列学习量差异不显著;③知觉序列混合眼跳和反应序列混合眼跳条件下都发生了内隐序列学习,序列学习量差异不显著。下面从序列学习表征理论和眼动记录法两方面展开讨论。

(一)序列学习的表征理论

序列学习的眼动范式中,被试不需要做出按键反应,反应—效果联结学习观点无法解释本研究结果。按照反应—效果联结学习观点(Hoffmann et al.,2003),按键过程中,被试体验到按键动作的反馈,例如按照键盘时手指上感受到的压力,按键时还会感受到动觉信息的反馈。这些反应效果,构成了反应—效果联结,序列学习就是对反应—效果联结序列的学习。当不需要做出按键反应时,不存在反应—效果联结序列,但序列学习仍旧发生,研究结果不支持反应—效果联结学习观点。

序列学习的单一表征形式观点只能部分解释实验结果。在朝向眼跳和反向眼跳条件下,无论是否存在分心刺激,发生序列学习,符合知觉—反应联结学习观点或反应学习观点;在知觉序列混合眼跳条件下,发生序列学习,符合知觉学习观点;在反应序列混合眼跳下,发生序列学习,符合反应学习观点;朝向眼跳和反向眼跳条件下的序列学习量显著高于知觉序列混合眼跳、反应序列混合眼跳条件下的序列学习量,序列学习单一表征形式观点,如知觉学习观点、反应学习观点或知觉—反应联结学习观点无法进行解释。

有学者对序列学习这种一分为二的单一表征形式观点提出了批判,Goschke(1998)提出了多重独立序列平行学习理论(Parallel learning of multiple independent sequences)(Goschke & Bolte,2012),认为序列学习建立在相关信息基础上,这些相关信息可以同时发生于不同加工系统,可以对几个不相关序列同时发生学习。需要指出的是,有学者认为相关序列可以发生学习,将相关序列整合为一个序列进行学习(Röttger et al.,2019)。Cleeremans 和 Jiménez(2002)表达了 Goschke(1998)类似观点。认为在内隐学习中表征是动态的和渐进的,内隐学习获得的知识可以被看作是在样例表征和抽象表征连续体的某一点上;而且表征的质量决定了内隐学习获得知识是否进入意识,意识也是动态的和渐进的(杨海波等,2019),形成高质量的表征需要时间。

Goschke(1998)从序列学习的知觉学习和反应学习维度,Cleeremans 和 Jiménez(2002)从序列学习的样例学习和抽象学习维度分别表述了序列学习多重表征观点。研究发现:确实同时存在知觉表征和反应表征或同时存在具体知识表征和抽象规则表征(戴惠等,2018;姜珊等,2014;Fu et al.,2018)。这两大理论观点并不是截然对立的,是相辅相成、相互促进的,是具有内在联系的统一体。本研究将两种理论进行整合,首次提出了序列学习的三元表征模型,如图 3-5 所示。

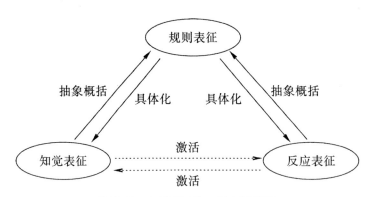

图 3-5　序列学习的三元表征模型

内隐序列学习存在知觉表征、反应表征和规则表征,知觉表征、反应表征和抽象规则表征并不是截然对立的,而是相辅相成、相互促进的,是具有内在联系的统一体。具体知识表征和抽象规则表征是上下层关系,首先发生具体知识表征,随着学习的进展,抽象性逐渐增强,从具体知识表征上升到抽象规则表征。具体知识表征包括知觉表征和反应表征,两者是并列关系。如果知觉和反应存在匹配关系,可形成知觉—反应联结;如果知觉和反应不存在匹配关系,无法形成知觉—反应联结。三元表征模型可以很好地解释本实验结果。未来研究还需要通过序列学习迁移等范式进一步验证和完善三元表征模型(姜珊等,2014;戴惠等,2018;Fu et al.,2018;Schumacher et al.,2018)。

(二)序列学习眼动记录法

在序列学习表征方式研究中,传统的按键反应存在两点不足。其一,按键反应是个复杂的认知加工过程。通过按键进行反应,包含了手指位置序列学习、手指动作序列学习、触压感序列学习和眼动序列学习等过程。传统的按键反应无法将这几种类型的学习分离开来。由于结果中可能包含了几种不同表征方式,并且很难从根本上进行区分,是序列学习的表征方式研究遇到的难题。其二,按键反应时基线存在较大个体差异性,特别是不同年龄段的被试,儿童、成人和老年人的反应时基线差异很大。

针对上述两点不足,眼动记录法可以很好地解决。第一,因为眼动作为序列反应时任务的反应方式,序列反应时任务中刺激位置和眼跳位置绝大多数是同一个位置(反眼跳除外),不需要学习刺激—反应之间的匹配关系。而且仅包含了眼动序列学习,不存在其他类型的序列学习。可以看出眼动反应是简单的反应形式,可以较好地解决按键反应过于复杂这个问题。第二,由于眼动受年龄和疾病的影响较小,眼动在1岁前就已经发育成熟(闫国利、白学军,2018),眼动的反应基线差异很小,可以很好地解决按键反应时基线差异大这个问题。

本研究发现,在朝向眼跳条件下,只观察序列会发生序列学习,和以往研究结果一致(Kavakci & Dollaghan,2019;Koch et al.,2020;Tal et al.,2021;Tanaka & Watanabe,2018)。并且本研究首次发现反向眼跳条件下,无论是否存在分心刺激,观察序列都会发生序列学习。这和朝向眼跳下是否存在分心刺激,观察序列都会发生序列学习的结果相一致(卢张龙等,2011)。另外本研究首次发现朝向眼跳和反向眼跳混合条件下,当仅存在知觉序列或反应序列时,观察序列仍旧发生序列学习。通过操纵目标刺激颜色,确定进行朝向眼跳任务还是反向眼跳任务,从而可以实现对知觉序列或反应序列的操纵。吕勇等人(2008)为了获得更纯粹的动觉偏差效果,知觉序列保持不变,在学习阶段通过指导语告知被试换手进行反应。通过指导语改变反应的方法相对复杂,并且只有知觉序列保持不变。本研究使用的朝向眼跳和反向眼跳混合眼跳任务相对简单,在自然状态下完成不同任务转换,而且能够实现知觉序列或反应序列保持不变,体现出眼动记录法在序列学习表征方式研究中的优势。未来序列学习表征机制研究,可以将眼动记录法更广泛应用于儿童、病人等群体中(Koch et al.,2020),并进一步挖掘眼动数据(Kavakci & Dollaghan,2019;Tal & Vakil,2020),更全面、更深入地考察内隐序列学习表征机制的发展特征。

五、结论

内隐序列学习的表征依赖于序列信息：当内隐序列学习存在知觉序列时发生知觉表征；当内隐序列学习存在反应序列时发生反应表征；当内隐序列学习存在知觉—反应联结序列时发生知觉—反应联结表征。

第四章 | 内隐学习与注意

按照 Reber 的定义,内隐学习是自动的、无意识的,内隐学习是自动化加工,需要最少认知资源,不需要注意参与（Frensch & Rünger, 2003；Schumacher & Schwarb, 2009）。这个观点的理论基础是存在独立的内隐学习加工和外显学习加工,但人们对这个理论基础存在疑问——内隐学习是否需要注意参与。这涉及内隐和外显两种不同的认知加工机制（Revonsuo & Rossetti, 2000）。内隐学习是否需要注意参与呢？这是内隐学习研究领域中的一个热点和难点问题。20 世纪 80 年代开始探究内隐学习与注意关系,目前还没有统一结论。

纵观近年来内隐学习与注意关系的理论和实验研究,表现出以下四种发展趋势。

第一,次要任务全面化趋势。首先表现在次要任务的全面化。内隐序列学习与注意关系早期研究使用的次要任务是语音计数任务。随着研究的逐渐深入,发现语音计数任务存在过于复杂等不足。近些年所使用的次要任务越来越全面化,不局限于语音计数任务。例如使用语音辨别任务、随机生成数字任务等。其次表现在意识测验方法的全面化。早期研究测验意识的方法主要是问卷法和口头报告法,将内隐被试和外显被试进行区分。近期则使用自由生成任务法、加工过程分离程序法（Deroost & Coomans, 2018）对被试的意识水平进行考察。最后表现在序列学习成绩计算方法的全面化。转移效应是序列学习成绩最经典的计算方法,但是实验数据使用率较低,只使用了后面数据。近来有研究使用了更全面的数据指标,例如序列整体成绩效应（Overall performance improvement）、序列效应（类似于转移效应 sequence-specific learning）和序列干扰效应（Sequence interference）,提高了数据使用率,结果解释也更为全面。

第二,研究手段多样化趋势。早期研究探究内隐序列学习与注意关系,主要采用行为实验,以反应时和正确率作为指标。现如今研究手段多种多样,采用眼动法（Higuchi & Saiki, 2017；Lu, Lin & Li, 2018；吕晓晶、卢张龙,

2017）、脑电记录法（Rüsseler, Münte & Wiswede, 2017; Daltrozzo & Conway, 2014）、fMRI（Schuacher & Schwarb, 2009）等研究手段,更进一步对内隐序列学习与注意关系的认知神经机制进行探讨。

第三,多种研究范式结合趋势。将内隐序列学习范式和其他范式（如糖生产任务范式）相结合（Sævland & Norman, 2016）。人工语法范式、糖生产任务范式等是内隐学习的经典范式,几种不同内隐学习范式同时考察,更有利于深入探讨内隐学习的机制。

第四,理论多样化趋势。研究学者关于内隐序列学习与注意关系提出了多种不同的理论假设。

第一节　人工语法学习与注意

内隐学习与注意的关系是相互的。一方面对刺激规则的内隐学习影响注意（implicit attentional learning）,例如 Couperus（2009）研究发现,被试学习刺激的知觉负荷序列后,可以对下一个刺激的知觉负荷做出预测,高知觉负荷刺激诱发的 P1 波幅（枕叶位置）显著大于低知觉负荷刺激的,结果表明内隐学习可以在早期的知觉加工阶段影响注意分配。另一方面注意影响内隐学习（attention-dependency of implicit learning）（Wolf & Müller, 2012）。

注意有两种操作定义,Johnston 和 Dark（1986）将注意分为两种:资源能量和选择性加工。注意的资源能量观来自有意加工,指的是同时操作任务所分享的注意资源（Cowan, 1988）,经常采用注意分散和双任务范式,特别是双任务范式（Cohen, Ivry & Keele, 1990; Curran & Keele, 1993; Frensch, Lin & Buchner, 1998; Frensch, Wenke & Rünger, 1999; Heuer & Schmidtke, 1996; Schvaneveldt & Gomez, 1998; Shanks & Channon, 2002）。在自动化加工和控制加工研究领域,探讨过是否需要注意参与问题。这个问题采用了双任务范式来证实。如果主要任务是自动化加工,次要任务不会影响主要任务成绩;如果主要任务需要注意参与,次要任务干扰主要任务成绩。研究发现控制加工需要注意参与,自动化加工不需要注意参与（Posner & Snyder, 1975）。实验逻辑是将单任务下被试的成绩与双任务下的成绩进行比较,如果内隐学习不需要注意参与,次要任务对内隐学习不会产生影响（Frensch & Rünger, 2003; Jiménez & Méndez, 1999; Wierzchoń, Gaillard, Asanowicz & Cleeremans, 2012）;如果内隐学习和外显学习是同一加工系统,需要注意参与,次要任务对内隐学习产生影响（Shanks, Rowland & Ranger, 2005）。双任务范式存在的主要缺陷是次要任务不仅分散了注意,而且次要任务干扰序列学习加工过程,无法将两方面的影响完全区分开(Shanks,2003;Franklin,Smallwood,Zedelius,Broadway & Schooler,2016)。

双任务范式下次要任务可能通过3种机制降低内隐学习效应,影响了内隐学习的不同阶段。第一,内隐学习的编码阶段受干扰,形成弱的内隐知识表征;第二,在内隐知识测验阶段,判断知识被干扰(Dienes & Scott,2005);第三,内隐学习执行阶段的肌肉反应受影响,降低了内隐学习成绩,但是内隐学习本身不受影响(Wierzchoń,Gaillard,Asanowicz & Cleeremans,2012)。采用的次要任务,见表4-1。

表4-1　采用的不同次要任务及结果

作者	次要任务	双任务下内隐学习	结果
Hayes,1989	生成随机数字	有	外显学习条件下学习成绩下降,内隐学习条件下学习成绩不受影响
Dienes,Broadbent,Berry,1991,实验2	生成随机数字	受损	有意、无意条件下学习成绩下降
Chang,knowlton,2004,实验2	发音抑制	有	抽象规则发生学习,但发音抑制降低了组块强度的敏感性
Dienes,Scott,2005	生成随机数字	有	学习成绩和意识状态判断知识不受影响,外显知识下降
Hendricks,Conway,Kellogg,2013	数字广度任务	有/受损	实验1:3种双任务条件。训练阶段双任务(DA);测验阶段双任务(DT);训练和测验两阶段双任务(DAT)。DT的语法学习受损,DT和DAT存在语法学习,三种条件下都存在组块强度判断知识
Ziori,Pothos,Dienes,2014	生成随机数字	有/受损	自然背景下的人工语法(地图上的城市),双任务条件下存在语法学习,没有发现组块强度相似性

注意的选择性加工观点认为,非自动加工需要注意有选择性地加以发起并监控,而自动加工则与任何有意注意无关,仅仅是由外部刺激输入引起的。研究选择性注意的方法是,告知被试注意刺激的某个特征,而被"忽视"的刺激特征成绩是否受影响才是研究者关注的重点(Eriksen & Eriksen,1974;Stroop,1935)。以往研究大多从注意资源角度出发,采用双任务范式对内隐序列学习与注意关系进行考察,从选择性注意角度研究内隐序列学习和注意关系的研究较少(Jiang & Chun,2001,2003;Jiménez & Méndez,1999)。需要注意的是,人们经常把资源和选择看作相互独立的,但实际上不是,选择性注意本身是种资源,当资源充足时选择性注意更加集中(Chun & Nakayama,2000;Jiménez & Méndez,1999;Lambert,2003;Lavie,2005;Turk-Browne,Jungé & Scholl,2005)。

内隐学习与注意关系,分为两个具体领域:一是人工语法学习与注意关系;二是内隐序列学习与注意关系。人工语法学习与注意关系的研究相对较少。已有研究发现,人工语法学习与注意关系有 3 种:第一,人工语法学习不需要注意参与,次要任务对内隐学习没有影响(Broadbent,1989;Dienes & Scott,2005;Hayes,1989)。需要注意的是双任务条件下人工语法学习成绩没有受影响,并不一定意味着人工语法学习不需要注意,因为次要任务可能过于简单,没有消耗足够多注意。第二,注意负荷促进人工语法学习(Perruchet,2008),注意负荷高时被试没有注意规则。第三,人工语法学习需要注意参与(Dienes,Broadbent & Berry,1991;Chang & Knowlton,2004),注意负荷增大干扰了人工语法学习,是由于内隐知识发生了外显,分类任务成绩主要来源于外显学习。我国学者何智栋(2021)认为听觉人工语法学习是否需要选择性注意参与受到材料熟悉度影响。采用双耳分听技术与人工语法学习范式,材料包括熟悉的英文字母、数字和不熟悉的韩语文字。结果发现:对于听觉人工语法学习,熟悉材料需要选择性注意参与,不熟悉材料不需要选择性注意参与,并且学习材料有无规则不影响选择性注意在听觉内隐学习中起到的作用。

第二节　内隐序列学习与注意关系理论

内隐序列学习与注意关系的核心内容是内隐序列学习是否需要注意参与。Schneider 和 Shiffrin(1977)提出了两种加工过程理论。他们区分了控制性加工和自动加工。控制性加工受个体有意识地控制的,需要应用注意,其容量有限,可灵活地用于变化着的环境。自动加工不受人所控制的加工,无需注意,没有容量限制,而且一旦形成就很难予以改变。内隐序列学习是无目的、自动化的学习过程,许多研究者认为它的加工机制是自动加工。

　　研究者做了许多相关研究,提出了不同理论解释,下面是各个理论假设的主要观点。简单地说,不同种类的注意对内隐学习有不同的影响:心理能量对内隐学习没有影响,而选择性注意则对内隐学习有影响(Johnston & Dark,1986)。

一、注意资源有限假设

　　Nissen 和 Bullemer(1987)认为,双任务条件下内隐学习受到干扰是因为注意资源有限(attentional resource hypothesis),没有足够的注意资源同时完成两项任务。由于注意资源有限(Kahneman,1973),次要任务分散了主要任务的注意资源,导致没有发生学习。Nissen 和 Bullemer(1987)采用序列反应时范式,对双任务条件下的内隐序列学习进行了探讨。双任务条件下的被试对序列刺激做出反应之后,还要完成语音计数任务,每一组段结束后报告该组段内低音出现的次数。结果发现,语音计数任务影响了被试的反应时,次要任务影响了序列学习成绩。Nissen 和 Bullemer(1987)认为内隐序列学习需要注意参与。

二、双重机制假设

　　Cohen,Ivry 和 Keele(1990)进一步对 Nissen 和 Bullemer(1987)的研究进行验证,他们将材料分为单一序列(unique sequence)、模棱两可序列(ambiguous sequence)和混合序列(hybrid sequence)。单一序列中每个字母后面跟随的字母都是确定的,如1-2-3-5-4,5 个位置依次呈现,位置 1 后必定跟随位置 2。模棱两可序列中某个字母后面跟随的字母有多种可能。如1-2-3-2-1-3,当位置 1 第一次出现时,后面跟随位置 2;当位置 1 第二次出现时,位置 3 紧随其后。混合序列则包含单一和模糊两种成分。如1-2-3-1-3-4,位置 2 后始终跟随位置 3,而位置 1 则可能跟随位置 2 或位置 3。结果发现,单独完成序列反应时任务,被试能够内隐地习得三种重复序列,对单一序列的学习最好,对模糊序列的学习最弱。

　　但是,在双任务条件下,对单一序列和混合序列发生了学习,但是模棱两可序列却没有发生学习。为此,Cohen 等人提出了双重机制理论,认为内隐学习存在两种不同的学习机制,其中单一序列通过联结机制学习,模糊序列通过层级编码机制进行学习。联结机制形成对序列刺激的联想,不受次要任务影响,不占用注意资源。层级编码机制形成有关刺激结构的多重记忆表征,受到次要任务影响,需要注意参与。

Curran 和 Keele(1993)验证了 Cohen 等人的双重机制假设。他们将联结机制称为无意学习(unattentional learning),将层级编码称作有意学习(attentional learning)。在一个实验中,他们让被试在学习阶段进行序列反应时任务,然后依次在单任务和双任务条件下间接测量学习效果。结果发现,被试在单任务下的学习成绩约是双任务条件下的两倍。在另一个实验中,他们让被试在双任务条件下学习,然后依次在双任务和单任务条件下测量学习效果。结果发现单任务和双任务测量条件下的学习量无显著差异,和第一个实验观察到的结果不同。Curran 和 Keele 认为,学习阶段有足够注意资源时,有意学习和无意学习都发生了,但当次要任务占用了注意资源时,只发生了无意学习。

三、抑制表达假设

Curran 和 Keele(1993)的研究结果还可以有另外一种解释,即次要任务损害了序列知识的表达。例如在 Curran 和 Keele(1993)第一个实验中,被试在单任务条件下学习,结果在单任务条件下测得的学习量显著多于双任务条件下的。这个实验结果完全可以解释为:在单任务条件下获得的知识因为次要任务的出现而不能表达出来,需要注意资源的是内隐知识的提取过程而不是学习过程。

Frensch 和 Miner(1994)提出了自动学习假设(automatic learning hypothesis),认为内隐序列学习是自动加工,不需要注意参与,次要任务对序列学习不产生干扰。双任务条件下序列学习效应消失,不是序列学习本身受干扰,而是次要任务抑制了序列知识的表达,后来称之为抑制表达假设(suppression hypothesis)。虽然已有研究表明,被试在双任务条件下的序列学习成绩明显差于单任务条件下的序列学习成绩,但是双任务条件下仍旧存在内隐学习效应,只是学习成绩差于单任务条件下的学习成绩。为此,Frensch 认为应该进一步探讨次要任务是影响了序列学习本身,还是影响了学习结果的表达。Frensch,Lin 和 Buchner(1998)研究结果支持了该假设。Frensch,Lin 和 Buchner(1998)使用模棱两可序列,让被试在单任务和双任务条件下学习(语音计数任务)。操控了被试在双任务条件和单任务条件下的练习量:所有被试都接受数量相等的序列反应时任务练习,但有的被试在单任务条件下练习次数较多,有的在双任务条件下练习次数较多。根据双任务条件(DT)和单任务条件(ST)下练习组段的多少,区分出 3 组被试,分别是 6DT/1ST、4DT/3ST、2DT/5ST。6DT/1ST 指被试在有次要任务干扰的情况下学习 6 个组段,然后再在无干扰情况下学习 1 个组段。在测验阶段,所有被试都在单任务条件下表现学习效果。结果发现,不管练习条件如何安排,被试表现出了同样的学习效应。在另一个实验中,同样根据练习条件区分出 3 组被试,不同的是,被试均先接受单任务条件,然后转到双任务条件下练习。3 组被试是 6ST/1DT、4ST/3DT、2ST/5DT。结果发现,反应速度与被试在双任务下的练习量成正比,2ST/5DT 组在学习阶段的反应时最快,6ST/1DT 组的反应时最慢。但是,3 组被试在测验阶段表现出相似的学习水平。Frensch 认为,第二个实验结果与 Curran 和 Keele(1993)的双重机制理论不太一致。因为可以认为研究结果反映了无意学习机制的作用(无意学习是自动化的,因而反应速度较快)。但是,按照双重机制理论,学习阶段的不同练条件会导致不同数量的学习。由于学习在两种机制都能发挥作用的单任务条件下测量的,所以单任务条件下练习较多的被试应该表现出较高的学习水平。该研究结果与双重机制理论不符。除非有意学习在一个组段内完成。这样的话,可以认为上述不同练习条件下的被试实际发生了 7 个组段的无意学习和 1 个组段的有意学习。后来 Frensch 等人证实,练习组段越多,学习效果越好。Frensch 认为,内隐序列学习取决于单个不受注意影响的学习机制,次要任务对序列学习本身没有影响,只是抑制了序列学习的表达,内隐序列学习是一种自动加工过程,不需要注意的参与。

四、组织结构假设

Stadler(1995)对 Cohen、Ivry 和 Keele(1990)的结果提出了疑问,其认为实验结果不能完全说明内隐序列学习需要注意资源,或者说内隐序列学习具有加工容量限制性。序列学习成绩的下降,除了注意的影响,也可能是语音计数任务中的其他因素造成的,例如语音计数任务破坏了序列事件间的联结结构,并非竞争加工资源。Stadler(1995)提出了组织结构假设(organizational hypothesis),认为双任务条件下的内隐序列学习成绩下降,是因为次要任务的随机性(例如语音计数的更新)破坏了序列学习任务的连续性和序列的组织结构,从而造成了序列学习成绩下降。

为此 Stadler(1995)比较了语音计数任务(对刺激位置进行反应的同事进行语音计数)、数字记忆任务(对刺激位置进行反应的同时进行数字记忆)、无次要任务(仅改变序列反应—刺激间隔)3 种条件下的内隐序列学习情况。结果发现 3 种条件下的内隐学习量都显著低于控制组的内隐学习量。由于无次要任务条件下并没有次要任务与序列反应时任务竞争注意资源,只有通过改变反应刺激间隔(response-stimulus interval,简称 RSI),减弱了序列结构的联结,所以内隐学习受损并非竞争注意资源的结果,而是序列组织强度减弱的结果。Stadler 认为,语音计数任务、数字计数任务对内隐学习的干扰也是由于次要任务破坏了序列联结结构引起的。内隐序列学习不受注意资源的影响。

后来其他研究者证实了 Stadler 的研究结果。Ziessler(1998),Ziessler 和 Nattkemper(2001)研究发现,内隐序列学习主要建立在反应—刺激联结基础上;Hoffman(2001)也发现反应刺激的接近性对序列学习有很大影响;张卫(2000)发现反应—刺激间隔影响内隐序列学习。

我国学者张卫、莫雷、许尚侠和王穗苹(2002)也发现,在剔除了注意对序列结构的破坏因素后,内隐序列学习不受注意影响。他们比较了不同负荷(需要分配注意越多,负荷越重)条件对内隐序列学习的影响。实验共有 3种负荷条件:无负荷、数字串记忆负荷、反向反应负荷。反向反应负荷是一种新的、不会破坏序列组织,即对反应—刺激联结不会产生干扰的负荷任务。如果内隐序列学习需要注意,则反向负荷条件下的内隐学习量应与无负荷条件下的内隐学习量有所差别;如果内隐序列学习不需要注意,则反向负荷条件下的内隐学习量与无负荷条件下的内隐学习量无差别,与数字负荷条件下的内隐学习量有差别。结果表明,数字记忆负荷组与无负荷组的内隐学习量有显著差异;但反向负荷组与无负荷组的内隐学习量差异不显著,与数字记忆负荷组有显著差异。结果表明内隐序列学习不受注意影响。

五、任务整合假设

任务整合假设(task integration hypothesis)认为,当两个任务同时呈现,指导语没有明确要求两个任务独立加工时,两个任务将整合为一个(Freedberg et al.,2014;Halvorson,Ebner & Hazeltine,2013;Hazeltine & Schumacher,2016;Schumacher et al.,2018)。

如果两个任务的刺激规则配对,被试习得配对规则,进一步习得试次间关系从而发生序列学习。如果两个任务的刺激随机配对,无法习得配对规则,进而干扰了序列学习,被试不能分离两个任务,按照整合方式加工。需要注意的是,Schmidtke 和 Heuer(1997)认为对任务间规则和任务内规则同时学习。按照 Schmidtke 和 Heuer 的观点,整合后序列长度决定了序列学习是否发生。而 Röttger 等人(2021)则认为整合序列长度对序列学习影响不大,首先对任务间规则进行学习,再对任务内规则进行学习。两个任务刺激配对的难易程度对序列学习影响很大。只有习得了任务间规则后,才可能对序列规则进行学习。

　　Schmidtke 和 Heuer(1997)认为双任务条件下序列学习经常被干扰是因为被试尝试把视觉和听觉刺激整合为一个序列。因为在标准双任务条件下,声音刺激随机呈现,视觉刺激和声音刺激不能被整合为一个规则序列。Schmidtke 和 Heuer(1997)让被试用脚对两个声音中的一个做出反应(go/no go 任务)。有的实验条件下语音不是随机呈现,按照长度为 5 或长度为 6 的序列规则呈现。序列学习任务的序列程度为 6。语音序列和序列反应时序列存在高或低相关。Schmidtke 和 Heuer 发现语音序列长度为 6 时的序列学习成绩高于长度为 5 时的序列学习成绩。他们认为被试把语音任务整合到了序列学习任务中,语音序列长度为 6 时,语音序列和序列学习序列整合为长度 12 的序列;而语音序列长度为 5 时,语音序列和序列学习序列整合为长度 60 的序列。长度为 12 的序列学习更为简单,学习成绩较高。

　　后来研究学者认为,任务整合可能建立在任务刺激或反应间的预测性上。Rah,Reber 和 Hsiao(2000)认为从本质上来说,序列学习任务和语音计数任务的结合是“虚无缥缈”的。语音计数任务降低了序列学习成绩不是由于分散了注意、降低了工作记忆能力、压抑了序列知识表达或干扰了序列组织性,而是因为两任务结合后失去了预测性。Röttger, Haider, Zhao 和 Gaschler(2019)做了系列实验,考察了双任务范式中任务间可预测性对内隐序列学习的影响。实验 1 重复了 Schumacher 和 Schwarb(2009)研究,并在此基础上增加了非空间声音刺激组,进一步控制了声音刺激蕴含的空间编码信息对结果的影响。结果发现空间声音刺激和非空间声音刺激条件下都不存在序列学习。结果不支持压抑假设和 keele 等人(2003)双系统假设。实验 2 操纵了声音辨别任务的反应频率,只需要对 30% 声音刺激做出反应。按照 Schumacher 和 Schwarb(2009)的观点,双任务范式下反应选择阶段受到干扰是内隐序列学习消失的主要原因,30% 反应条件下应该存在序列学习。相关任务条件下,序列学习任务和语音辨别任务存在相关。按照任务整合观点,相关任务条件下应该存在序列学习。但是按照 Schumacher 和 Schwarb(2009)的观点,相关任务条件下反应选择阶段仍旧存在干扰,不存在序列学习。结果发现 30% 反应条件下和相关任务条件下都存在序列学习,支持了 Schmidtke 和 Heuer(1997)的任务整合假设,不支持 Schumacher 和 Schwarb(2009)反应选择假设、Keele(2003)双系统假设。实验 3 降低了次要任务难度,听觉组不需要对听觉刺激做出反应,重复组报告他们听到的内容,不需要进行判断。降低了次要任务难度后,按照 Schumacher 和 Schwarb(2009)反应选择假设,重复组应该存在序列学习。但是按照 Schmidtke 和 Heuer

(1997),Rah 等(2000)的观点,由于语音辨别任务的随机性,不应该发现序列学习。结果发现听觉组存在序列学习,重复组不存在序列学习。结合实验 2 相关任务条件下结果,Schumacher 和 Schwarb(2009)的假设无法进行解释。Schmidtke 和 Heuer (1997),Rah 等(2000)假设较好解释研究结果。实验 4 进一步考察了任务间可预测性对序列学习的影响。结果证实双任务条件下的语音任务和序列反应时任务间可预测性是影响内隐学习的关键因素(Röttger,Haider,Zhao& Gaschler,2019)。

Zhao,Gaschler,Nöhring,Röttger 和 Haider(2020)认为,双任务中序列学习是否受到干扰与两任务一致性有关。序列反应时任务材料上下左右排列,序列规则长度为4;二择一任务要求被试对屏幕中央的1/2 做出判断,刺激随机呈现。结果发现当刺激可预测并且反应一致时(congruent)反应最快,这是由于两个任务发生了整合。在双任务条件下,序列反应时任务是否受到干扰,与两个任务是否发生整合有关。当两个任务整合时,二择一任务没有干扰序列反应时任务;当两个任务没有整合时,二择一任务干扰序列反应时任务。结果表明序列反应时需要注意参与。

任务整合中序列学习如何受到干扰有两种观点:第一种观点认为任务整合对任务间规则和任务内规则同时学习,整合后规则长度是重要因素,整合规则长度越长,序列学习干扰越多(Schmidtke & Heuer,1997)。Schmidtke 和 Heuer(1997)向被试呈现规则长度为 6 的序列反应时任务,听觉 go/no go 任务的规则长度为 5、6 或随机呈现。序列反应时规则和听觉规则整合为长度 12、60 和更长序列。结果发现语音任务随机呈现时,即整合规则最长时,序列学习效应最小;语音规则长度为 5,即整合规则为 60 时,序列学习效应位于中间;语音规则长度为 6,即整合规则为 12 时,序列学习效应最大。第二种观点认为在双任务中序列学习受到干扰,是由于任务整合。当同时呈现两个任务时,被试将整合为一个任务,而不是两个独立任务,首先对任务间规则进行学习,再对任务内规则学习。如果另一个任务是随机的,序列学习将会受到干扰(Freedberg,Wagschal & Hazeltine,2014;Röttger et al. ,2019,2021)。Röttger 等人(2019)采用语音辨别任务,序列规则为 2 阶或然序列。序列反应时任务和随机语音辨别任务同时呈现时,序列学习效应下降(实验1)。当4 个序列位置和语音固定搭配时,这 4 个位置发生序列学习;另外 4 个位置和语音随机搭配时,没有发生序列学习。而且通过离线测验法——事后决策博弈任务(post-decision wagering task,Haider,Eichler & Lange,2011),该测验可以评估被试对哪个序列位置发生了学习。结果表明固定搭配位置发生序列学习,随机搭配没有发生序列学习,即发生了序列位置学习

（ordinal position learning, Lashley, 1951；Schuck, Gaschler, & Frensch, 2012；Schuck, Gaschler, Kreisler, & Frensch, 2012；Terrace, 2005）。

Röttger, Zhao, Gaschler 和 Haider（2021）实验 1 在 Röttger 等人（2019）实验 4 基础上进行改进。Röttger 等人（2019）实验 4 中某个刺激位置（例如位置 1）和语音是固定配对，另一个刺激位置（例如位置 2）和语音是随机配对。位置 1 可能作为序列开始的一个信号（anchor），从而宜化了序列位置学习（ordinal position learning, Schuck, Gaschler, Kreisler, et al. , 2012），而没有相关学习（例如学习序列）。为了排除信号可能对序列位置学习的影响，Röttger, Zhao, Gaschler 和 Haider 实验 1 中位置和声音 1 次固定配对，1 次随机配对，这样 8 个位置都不能作为序列开始的标志（3F-1F-2R-4F-1R-3R-4R-2F；2F-4F-3R-1F-4R-2R-1R-3F）。实验 1 发现固定配对位置反应时小于随机配对位置的反应时，即存在序列位置学习；但没有发生序列学习。表明在双任务中对任务间规则发生了学习（across-task），对任务内规则没有发生学习（within-task）。为了验证任务整合后对任务间规则和任务内规则是同时加工的，还是首先加工任务间规则，再加工任务内规则。实验 2 和实验 3 位置和声音配对在高概率为 75%，低概率为 25%。实验 2 位置和高低音配对概率相等（3H-1L-2L-4L-1H-3L-4H-2H），实验 3 位置和高低音是固定配对（3H-1H-2L-4L-1H-3H-4L-2L）。实验 2 和实验 3 整合序列长度相等，都是 16。如果按照 Schmidtke 和 Heuer（1997）观点，任务整合后对任务间规则和任务内规则是同时加工，由于整合序列长度相同，实验 2 和实验 3 结果应该相似。如果任务整合后首先加工任务间规则，再加工任务内规则（例如序列规则），由于实验 2 需要学习 8 个位置—语音配对，实验 3 只需要学习 4 个位置—语音配对，实验 2 难度更大。实验 3 序列学习成绩应该好于实验 2。实验 2 结果发现存在序列位置学习，但没有发生序列学习。实验 2 结果没有发生序列学习，可能是由于序列位置和声音配对在概率 75% 条件下不会发生。实验 3 降低了难度，只对 4 个位置—语音配对学习。结果发现存在序列位置学习，也存在序列学习。

双任务对儿童和成人影响不同，可能有两方面原因：一是儿童序列学习需要的注意大于成人，那么双任务对儿童的干扰大于成人（detrimental effect）；二是成人试图整合序列反应时任务和次级任务，儿童不进行整合，那么双任务对成年的干扰大于儿童（Coomans, Vandenbossche & Deroost, 2012）。

六、双系统表征理论

Keele, Ivry, Mayr, Hazeltine 和 Heuer（2003）提出了序列学习的双系统表

征理论(dual-system model of sequence representation),这一理论和 Schmidtke 和 Heuer(1997)的任务整合假设有些相似之处。他们认为内隐序列学习存在两个独立表征的系统:单维系统(unidimensional system)和多维系统(multidimensional system)。单维系统的学习形成单维度内的相关,这个系统独立于注意。而多维系统形成不同维度的相关,则需要注意参与。序列学习双系统表征理论的核心观点是多维系统下次要任务破坏序列学习任务,而单维系统下仍旧存在序列学习。单任务条件下,两个系统平行加工,存在序列学习。双任务条件下,听觉刺激不是序列呈现,多维系统不能把听觉和视觉整合在一起,序列学习消失。

双系统表征理论是模块理论(Goschke,1998)的延伸与发展,模块理论认为,不同的序列学习依赖于相关经验的增加,并且经验的增加可以在多重加工系统中同时发生,从而支持了多重独立序列的同时学习(Goschke, 1998)。这个观点支持了序列学习需要利用大脑系统的广泛范围的基本机能,并支持了经验的可塑造(May,2011)和序列学习是大脑从序列事件中逐渐提取出不变的规则的过程。KeeleKeele 等人认为单维系统存在多个模块,每一个模块负责单一刺激维度信息的加工,单维系统相当于模块的下层结构,每一个模块负责单独刺激维度的信息加工的专门化。这个理论支持了来自不同维度(如视觉形状序列和空间位置序列)的事件组成的序列可以同时学习,甚至这些序列互不相关时也能够发生的事实。单维系统假设,关于关联性的内隐获得基于某一个维度(如位置、颜色、形状)的连续刺激。这个理论支持了来自不同维度(如字母序列和空间位置序列)的事件组成的序列可以同时学习的观点,甚至这些序列互不相关时,同时学习也能够发生。

多重序列学习的研究逻辑是利用实验分离和选择性干扰来验证是否存在多重序列学习。如果不同维度的内隐序列学习依赖于不同加工系统,那么就可以通过选择性干扰对不同维度序列学习进行实验分离。选择性干扰就是有选择性地对一个维度的序列学习进行干扰,对另一个维度的序列学习不进行干扰。如果被干扰的序列没有发生学习,而未被干扰的序列发生学习,表明存在多种序列学习。

其一,位置序列和刺激序列同时学习。位置序列与反应有关,而刺激序列与反应无关,位置序列和刺激序列各自遵循一个相互独立的规则。为了测量被试获得的序列知识,10% 的规则刺激由偏离刺激代替。偏离刺激包含两种:一种偏离刺激出现在与原刺激相同的位置上,以干扰刺激序列;另一种偏离刺激刺激保持不变,出现在不同位置上,以干扰反应序列。随着学习次数的增加,被试对所有规则刺激的反应时都明显降低;被试对偏离刺激的反应时都明显高于对规则刺激的反应时。结果表明,被试在内隐序列学习中可以同时获得两种序列知识:位置序列和刺激序列。我国学者刘鑫磊(2018)发现位置序列学习和非位置序列学习有以下几点不同:①客体反应强化能够促进非位置序列的内隐学习,而对位置序列的内隐学习的促进作用极其有限。②对于内隐序列学习,非位置加工和位置加工依赖于不同的加工方式,位置序列的学习包括眼动和注意定向过程,而客体序列的学习则不依赖此过程。③客体认知的加工过程(非位置序列学习)存在不同的维度,且不同维度互相影响的程度存在差异,本研究发现形状维度与颜色维度的联系程度高于与声音维度的。

其二,视觉序列和听觉序列同时学习。向被试呈现视觉刺激(无意义图形符号)和听觉刺激(字母读音)构成的混合序列,视觉刺激和听觉刺激交替呈现。学习一定次数后,把被试随机分为两组,字母改变组和图形改变组。在字母改变组里,字母随机呈现,图形序列规则保持不变;在图形改变组里,图形随机呈现,字母序列规则保持不变。结果发现,字母改变组被试对字母的反应时明显增高,而对图形的反应时没有变化;图形改变组被试对图形的反应时间明显增高,而对字母的反应时没有变化。由此可以认为,对视觉序列和听觉序列发生了学习,而且两种类型的序列学习互不干扰。

双系统表征理论存在两点不足:第一,Keele 等人没有对"维度"(dimension/domain)下严格明确定义。Keele 等人认为维度和通道(modality)等同,但是通道内包含的信息不止一个维度。Haider,Esser 对于维度概念进行了系列研究。她们发现以往内隐序列学习的表征研究中,将动作和知觉作为两个不同概念,知觉序列学习和动作序列学习是相互独立的。但事件编码理论(Theory of event coding,TEC,Hommel,Müsseler,Aschersleben & Prinz,2001)认为动作和知觉在认知系统中的表征方式都是特征编码(feature codes),并不是独立的。Eberhardt,Esser 和 Haider(2017)认为事件编码理论理论中的特征维度(feature dimensions)可以作为内隐学习双系统加工模型的维度。为了验证内隐序列学习是否存在特征维度,Eberhardt,Esser & Haider 采用修订版 SRT 范式(Haider,Eberhardt,Kunde & Rose,2013),刺激位置序列为 1372465,反应位置序列/颜色序列为 164536214235,刺激位置序列和反应位置序列/颜色序列是不相关的。共 10个组段,为了检测是否发生序列学习,第 9 组段为随机组段,其余组段为序列组段。分别对学习阶段(组段 1~7)和测验阶段(组段 8~10)两个阶段进行数据分析。实验 1 存在刺激位置序列和颜色序列,或存在刺激位置序列和反应位置序列,考察是否对颜色序列(颜色条件)或反应位置序列(反应位置条

件)发生学习。结果发现颜色序列和反应位置序列都发生了学习,反应位置
序列的学习量大于颜色序列的(Haider,Eberhardt,Kunde & Rose,2013;Rose,
Haider & Büchel,2010)。Eberhardt 等人认为这是由于颜色序列促进了编码
加工,而反应位置序列促进了反应选择加工。根据颜色序列,可以预测下一
个颜色,但是必须寻找和颜色对应的按键,才能做出反应。但根据反应位置
序列,可以预测下一个反应。这导致了颜色序列和反应位置序列的学习量
不同。实验 2 中设置四种条件,刺激位置序列单独呈现、存在刺激位置序列
和颜色序列、存在刺激位置序列和反应位置序列、存在刺激位置序列和双序
列(颜色序列和反应位置序列符合同一个序列),考察不同条件下是否发生
刺激位置序列学习。组段 9 中的刺激位置序列变为随机呈现,由于刺激位置
序列的改变,需要被试调整注视方向。为了获得更大的刺激位置序列学习
量,只对预期位置和实际位置方向相反的数据进行分析,因为方向相反时反
应时增加的最多。由于组段 9 方向相反的数据只占 20%,进一步按照预期
位置和实际位置距离的远近,分为远、中、近,将组段 9 所有数据进一步分析。
如果被试发生了刺激位置学习,距离越远,反应时或错误率增加越多。结果
发现和颜色序列同时存在时,发生刺激位置序列学习;和反应位置序列同时
存在时,没有发生刺激位置序列学习。实验 3 进一步考察双序列的编码方式
是否影响刺激位置序列。以往研究表明可以通过加权方式(intentional
weighting)让被试有选择性地学习位置序列或颜色序列(Gaschler,Frensch,
Cohen & Wenke,2012;Hommel,2004),实验 3 通过指导语操纵了编码方式。
反应位置条件下(response-location induction condition)强调空间位置编码,颜
色条件下(color induction condition)强调颜色编码。结果发现双序列采用颜
色编码时,刺激位置序列发生学习;双序列采用反应位置编码时,刺激位置
序列没有发生学习。这些研究结果表明内隐学习按照特征编码,空间位置
是内隐学习的一个表征方式,不存在单独的刺激位置或反应位置。Haider,
Esser 等人(2018),Haider,Esser 和 Eberhardt(2020)通过实验验证了内隐学
习系统中的模块不是以特定的运动或感知加工来区分,而是以同时处理动
作和感知所表达的特定的特征来区分的。他们的实验将感知刺激位置序列
转化为运动反应位置序列。结果表明,单纯感知的顺序特征自动地激活相
应的反应位置特征,支持内隐学习系统的模块性是以抽象特征划分的。当
然,这个结果只适用于指导语强调的是位置序列,而不适用于颜色序列。

　　第二,单维系统内的通道如何区分存在问题。是从知觉角度(刺激不同
特征维度的通道,如颜色、形状等),还是从反应角度(反应不同特征维度的
通道,如位置、方向、强度等),抑或是将通道理解为对特征维度的加工(如位

置特征维度,包含刺激和反应成分)。Hommel 等人认为,通道(module)是对特定特征的加工,与特征从属于刺激还是反应无关,Abrahamse, Jiménez, Verwey 和 Clegg(2010)则认为,通道加工应该区分感知觉水平特征加工还是反应特征水平加工。

七、反应选择假设

Schumacher 和 Schwarb(2009)提出了反应选择假设(parallel response selection hypothesis),他们认为只有当两个任务的反应选择平行加工时,双任务条件下的序列学习受到破坏。Schumacher 和 Schwarb 使用了语音辨别任务作为次要任务,语音辨别任务和语音计数任务相似,除了被试对每个声音做出口头报告"高"或"低"。实验 1 中,听觉刺激和视觉刺激呈现间隔 750 ms,序列学习没有受到干扰。实验 2 中视觉刺激和听觉刺激同时呈现,两个任务权重相等时,序列学习效应消失。两个任务权重不等,优先完成序列反应时任务时,存在序列学习效应。他们认为语音辨别任务影响序列学习的反应选择阶段时,序列学习受到破坏。语音辨别任务对序列学习的反应选择阶段没有影响时,发生序列学习。Schumacher 和 Schwarb 的结果还有另一种解释,即任务整合。在相同权重条件下,将规则呈现的序列反应时任务和随机呈现的语音辨别任务进行整合,导致序列学习效应消失(Hazeltine, Ruthruff, & Remington, 2006; Hazeltine & Schumacher, 2016; Schumacher et al., 2018)。Hazeltine 和 Schumacher(2016)提出任务表征(task files),包括刺激和反应相关性、背景信息、目标和其他与任务相关信息。学者提出表征具有层次性(representational hierarchy, Schumacher, Cookson, Smith, Nguyen, Sultan, Reuben & Hazeltine, 2018)。Kahneman 等人(1992)提出客体表征(object files),注意与任务相关的特征以形成表征;Hommel(1998, 2004)提出事件表征(event files),反应选择形成事件表征,包括刺激和反应信息。

八、其他理论假设

除了上述理论假设,还有其他理论假设。例如 Cleeremans 和 Jiménez(1998)提出了干扰外显学习理论。他们认为,序列学习过程中,人们既可以学习到关于序列的内隐知识(基本上是统计知识),也可以学习到关于序列的外显知识(基于规则的知识或片段知识或记忆的样例),学习到的内隐知识和外显知识都会对序列学习成绩产生影响。次要任务对序列的外显知识产生了干扰,从而降低了序列学习成绩。

Jiménez 和 Vázquezl(2005)提出双学习系统理论,他们认为序列、学习任务中存在两种学习系统:外显学习是通过假设检验而进行的学习,需要注意的参与,并且可以由内隐系统对统计知识的学习引起;但是内隐学习是对有关刺激结构统计信息的学习,是一种自动进行的学习,不需要注意的参与。以数声任务作为次要任务,对内隐序列学习与注意的关系进行了探讨。他们发现,对于或然性序列的早期学习阶段,内隐学习成绩不受次要任务的影响,但是当数声任务与序列反应时任务存在关联时,或然性序列的早期学习阶段也会受到次要任务的影响。但是对于确然性序列,次要任务始终会干扰被试对确然性序列的内隐学习成绩,而与学习阶段无关。

Shanks,Rowland 和 Ranger(2005)则提出单一学习系统理论,他们认为,内隐序列学习需要注意的参与,没有注意的参与内隐序列学习无法正常进行,并且人们在内隐序列学习中获得的知识是有意识的,单一的学习系统可以解释外显学习和内隐学习的分离。

第三节　内隐序列学习与注意关系实验研究

内隐序列学习与注意的关系,可以从注意的资源角度或者注意的选择性加工角度加以考察。研究者经常采用双任务范式探讨注意资源。其实验逻辑为:将双任务条件下的成绩与单任务条件下的成绩相比较,如果双任务条件下的成绩低于单任务条件下的成绩,那么可以认为完成任务需要注意参与。注意的选择性加工观点认为,自动加工不需要有意注意参与,仅仅由外部刺激引起。而非自动加工则需要注意有选择地加以发起并监控。考察选择性注意的经典方法是,告知被试注意刺激的某个特定特征,但实际上研究者的目的却是被"忽视"的刺激特征是否影响成绩。内隐序列学习与注意的关系,序列学习需要选择性注意参与,序列学习是否受到次要任务干扰还没有统一(Coomans,Deroost,Zeischka & Soetens,2011)。

需要注意的是内隐学习双任务范式主要考察内隐学习与注意关系,而在双任务干扰(dual task interference)研究领域使用内隐学习范式,主要考察双任务的代价机制(dual task costs)。双任务研究领域使用序列学习范式优势在于,可以通过操纵另一个任务的随机程度(例如 across-task predictability,任务间可预测性),考察序列学习成绩的变化,以此作为双任务代价的指标,这是两个随机任务无法提供的指标;而且还可以考察双任务条件下任务内规则和任务间规则的加工顺序。双任务干扰通常采用的研究方法是比较单任务和双任务条件下的成绩。理想情况下,双任务和单任务条件下其他刺激、反应和认知加工应该保持恒定。但这种研究方法存在不足，该研究方法的一个基本假设是增加一个刺激—反应匹配和增加一个任务是等同的，增加刺激—反应匹配后成绩的下降认为就是双任务干扰(dual task interference)。但是除了任务表征会干扰成绩，增加的刺激、反应和其他加工也会干扰成绩。Schumacher, Cookson, Smith, Nguyen, Sultan, Reuben 和 Hazeltine(2018)提出了新的双任务范式，刺激保持不变而反应改变，可以解决上述不足。呈现面部图片和建筑图片，双手做出按键反应，有些图片需要做出反应，有些图片不需要做出反应。在独立条件下，面部图片和建筑图片的刺激—反应关系是独立的；而在相关条件下，面部图片和建筑图片刺激—反应关系是相关的(两个刺激决定正确反应)。由于有些刺激不需要做出反应，独立和相关条件下包括单手(unimanual)反应和双手(bimanual)反应，从而保证了刺激数量保持不变而反应改变。结果发现在单任务和双任务条件下配对刺激是相同的，反应也是相同的，但成绩不同。在双任务条件下，双手反应明显比单手反应慢，存在双任务干扰；在单任务条件下，单手反应明显比双手反应慢。结果表明双任务代价与任务表征干扰有关，而不是由于增加了刺激、反应或其他加工。

一、注意资源

(一)双任务范式

考察注意资源与内隐序列学习，主要是通过双任务范式，即增加次要任务的方法。次要任务有很多种，不同次要任务需要的注意资源不同，对序列学习的影响不同。很少有研究探讨次要任务完成情况。次要任务对内隐序列学习是否造成干扰还没有统一结论(Jiménez & Vázquez,2005)，而且越来越多的证据表明，次要任务的作用可能不是由于注意资源有限，而是由于次要任务某方面特征干扰了序列学习加工(Heuer & Schmidtke,1996;Coomans, Deroost, Zeischka & Soetens,2011)。双任务对序列学习的影响，不仅减少了注意资源(Wierzchoń, Gaillard, Asanowicz & Cleeremans,2012)，而且两个任务之间的信息整合也会影响序列学习。整合信息的能力存在年龄差异性(Shin,2011)，成人倾向于整合信息。整合学习随着年龄增长而提高。如果成年人试图将随机信息和序列信息进行整合，儿童不进行信息整合，双任务条件下成年人的序列学习受到影响大于儿童。Schmidtke 和 Heuer(1997)，Keele, Ivry, Mayr, Hazeltine 和 Heuer(2003)发现次要任务随机呈现时，序列学习受到干扰；次要任务和序列任务存在相关时，序列学习成绩提高。

序列反应时研究最常采用的次要任务是语音计数任务,人工语法次要任务没有使用过语音计数任务,使用最多的是随机数字生成任务。在语音计数任务中,要求被试完成序列反应时任务,在完成序列反应时任务的同时还伴随一个高声或者低声的音调,要求被试对其中的一种音调(高声或低声)进行计数。每个实验组段结束后,要求被试口头报告音调出现的次数。Nissen 和 Bullemer(1987)最早使用了语音计数任务作为次要任务。次要任务对序列反应时任务的影响有两种:第一,次要任务对序列反应时任务没有影响(Cohen, Ivry & Keele, 1990;Frensch, Buchner & Lin, 1994; Reed & Johnson,1994;Shanks & Johnstone,1998);第二,次要任务干扰序列反应时任务,反应时增加,迁移效应减小(Jiménez & Vázquez,2005;Shanks & Channon, 2002)。

Nissen 和 Bullemer(1987)最早采用双任务范式关注内隐序列学习与注意的关系,使用语音计数任务作为次要任务。他们使用的序列是 2 阶序列,序列长度为 10,前两个刺激位置决定下一个刺激出现的位置。在单任务、双任务条件下测量学习成绩。结果发现次要任务影响了被试的反应时,也就是说分心条件下被试的内隐学习成绩受到了影响,说明内隐序列学习需要注意资源参与。Shanks 和 Channon(2002)也采用语音计数任务作为次要任务,经过 14 组段的学习,结果发现单任务条件下的序列学习成绩显著高于双任务条件下的序列学习成绩。结果表明,由于次要任务分散了注意资源,内隐序列学习受到次要任务的干扰,Shanks 和 Channon 认为内隐序列学习需要注意资源的参与。

Cohen,Ivry 和 Keele(1990)通过改变序列结构复杂性考察序列学习与注意的关系,他们认为序列结构越复杂,需要的注意越多。他们采用的序列有单一(first-order conditionals)序列(例如 A-E-B-D-C),包含 1 阶和 2 阶的混合(hybrid)序列(例如 A-D-B-C-A-B),还有 2 阶序列(例如 A-B-C-B-A-C)。结果发现单任务条件下对 3 种类型序列都发生了学习,双任务条件下对单一和混合序列产生了学习,对 2 阶序列没有学习。结果表明 2 阶序列需要注意,简单的序列不需要注意。

Curran 和 Keele(1993)进一步验证了 Cohen,Ivry 和 Keele(1990)的研究结果。先考察单任务条件下的序列学习量,然后考察双任务条件下的序列学习量。结果发现,在单任务条件下的序列学习量约是在双任务条件下的两倍。在另一个实验中,他们让被试在双任务条件下学习,先在有干扰条件下测量序列学习量,然后在单任务条件下进行测量。奇怪的是,上一个实验中单任务的优势效应消失了,单任务条件下的序列学习量和双任务条件下的一样多。他们认为当序列学习阶段有充分的注意资源时,注意和非注意形式的序列学习都可以出现,但是当序列学习阶段的注意资源被次要任务分散后,只出现了非注意形式的学习。Reed 和 Johnson(1994),Frensch 等(1994)发现双任务下对 2 阶序列存在学习。

　　Stadler(1995)对 Cohen,Ivry 和 Keele(1990)的结果提出了疑问,认为实验结果不能充分说明内隐序列学习需要注意资源参与。被试内隐学习成绩的下降并不能完全归因于注意资源,很可能是语音计数任务中的其他因素引起的,如该任务可能破坏了序列事件间的联结结构。他进一步比较了语音计数任务(对刺激位置做出反应的同时进行音调计数)、数字记忆任务(对刺激位置做出反应的同时进行数字记忆)、无次要任务(仅延长反应—刺激间隔)这 3 种条件下内隐序列学习情况。结果发现无次要任务条件下的序列学习量显著高于语音计数任务条件下、数字记忆任务条件下和无次要任务条件下(仅延长反应—刺激间隔)的序列学习量。无次要任务条件下(仅延长反应—刺激间隔)只是延长了反应—刺激间隔,并没有次要任务分散内隐序列学习任务的注意资源。内隐序列学习受到干扰并不是由于注意资源被分散的结果,而是由于削弱了序列结构的联结强度。Stadler 认为,由于数字记忆任务和语音计数任务等次要任务打断了序列事件间的联结,破坏了序列组织结构,对内隐序列学习产生了干扰,内隐序列学习不需要注意资源的参与。Ziessler(1998,2001),Hoffman(2001)和张卫(2000)等人的研究发现,反应—刺激间隔是内隐序列学习的基础,反应—刺激间隔影响内隐序列学习成绩。

　　由于确然序列存在一定缺陷,Schvaneveldt 和 Gomez(1998)采用或然序列考察内隐序列学习与注意的关系。和确然序列相比,或然序列的错误率可以提供被试预测序列的信息。在确然序列中,错误率非常低而且和反应时存在共变(covary)。在或然序列中,错误率可以作为被试预测序列的指标。实验 1 采用的是 1 阶或然序列,高、低概率序列出现的概率为 80/20;实验 2 采用的是 2 阶或然序列,高、低概率序列出现的概率为 90/10。实验 1 和实验 2 发现,单任务条件下,低概率序列的错误率较高,反映了对序列的预测。实验 3 中被试从单任务转换为双任务,或双任务转换为单任务,采用语音计数任务。结果发现双任务条件下高、低概率序列的反应时存在显著差异,但是错误率没有差异;当从单任务转变为双任务时,反应时和错误率都没有表现出序列学习;当从双任务转变为单任务时,反应时表现出序列学习效应,错误率没有表现出序列学习效应。结果表明注意资源影响了序列学习的表达,不同注意条件下的序列学习成绩差异,可能反映了不同学习加工机制。需要注意的是,本研究没有对被试进行意识外显性测验。

Jiménez 和 Vázquezl(2005)以语音计数任务作为次要任务,探讨次要任务对内隐序列学习的影响。他们发现,在学习的早期,对或然性序列的序列学习成绩不受语音计数任务的影响,而无论在学习的早期还是晚期,语音计数任务都会明显干扰确然性序列的学习成绩。而且,当语音计数任务与序列反应时任务存在相关时,或然性序列的早期学习阶段也会受到语音计数任务的影响。他们认为序列学习任务中存在两种学习系统:外显学习是通过假设检验而进行的学习,需要注意的参与,并且可以由内隐系统对统计知识的学习引起;但是内隐学习是对有关刺激结构统计信息的学习,是一种自动进行的学习,不需要注意的参与。

声音作为次要任务干扰了内隐序列学习(Shanks & Channon, 2002; Wierzchon, Gaillard, Asanowicz & Cleeremans, 2012)。这可能是由于两个任务竞争注意资源(Nissen & Bullemer, 1987);视觉和听觉刺激整合为一个无规则的序列(Heuer & Schmidtke, 1996)或表达受到干扰(Frensch, Wenke & Rünger, 1999)。以往研究要求被试对听觉分心刺激进行反应或注意,没有将声音作为纯粹分心物。Parmentier & Gallego(2020)在序列反应时任务中插入声音分心刺激,不需要对声音进行反应。在学习阶段,被试完成序列反应时任务,经过一段时间学习,被试对序列规则发生学习。在声音分心阶段,每个序列反应时任务前插入一个声音分心刺激,声音刺激有两种,一种是标准声音刺激(概率 83.3%),另一种是新异声音刺激(概率 16.7%)。和以往研究不同的是,被试不需要对声音刺激做出反应。结果发现插入声音分心刺激后,仍旧发生序列学习,但序列反应时有所增加。新异声音刺激和标准声音刺激相比,序列反应时增加量存在显著差异。新异刺激对学习过序列和未学习过序列的干扰程度相同。Parmentier 和 Gallego 认为可预测的刺激或反应不能免除新异刺激的干扰,新异刺激会引起注意。

随着研究的发展,研究者提出了其他次要任务,如符号计数任务、数字记忆任务、语音辨别任务、走神任务等。

有研究采用符号计数任务作为次要任务。Jiménez 和 Méndez(1999, 2001)采用符号计数任务作为次要任务,要求被试对出现在序列反应时任务中的某一特定形状刺激进行计数。实验结果表明,序列学习任务不但没有受到符号计数任务的干扰,而且被试还获得了关于刺激形状与出现位置的相关知识,内隐序列学习不受注意的影响。我国学者葛操、白学军和沈德立(2007)以符号计数任务作为次要任务,要求被试在双任务条件下或者单任务条件下完成序列反应时任务,最后在单任务条件下测试序列学习成绩。

结果发现,单任务条件下和双任务条件下的内隐序列学习成绩差异不显著,而且双任务条件下,学习阶段的序列学习成绩和测试阶段的序列学习成绩也没有显著差异。结果表明,次要任务占用一定注意资源条件下,内隐序列学习仍然发生,内隐序列学习不受注意资源影响。

有研究采用语音辨别任务作为次要任务。Schumacher 和 Schwarb(2009a)改进了传统的语音计数任务,提出了语音辨别任务。序列学习过程中,呈现"高音"或"低音"的声音刺激,与语音计数任务不同的是,语音辨别任务要求被试立即对声音刺激的音调进行高、低判断,并口头回答。而语音计数任务,等到实验组段结束后,才进行口头报告。结果发现当语音辨别任务和序列反应时任务同时呈现时,内隐序列学习成绩降低,内隐序列学习受到语音辨别任务的干扰;当语音辨别任务和序列反应时任务存在一定时间间隔后,内隐序列学习成绩不受语音辨别任务的干扰。

有研究采用随机数字生成任务作为次要任务。Wierzchoń, Gaillard, Asanowicz 和 Cleeremans(2012)采用随机数字生成任务和语音计数任务作为次要任务,考察了不同类型次要任务对序列学习的影响。随机数字生成任务要求被试生成随机数字,被试在随机数字生成任务中必须投入较多注意才可以很好完成该任务(Van der Linden,Beerten & Pesenti,1998),而且可以评估被试随机数字生成任务的成绩。随机数字生成任务的指标为随机指标(randomness index),具体包括 Redundancy 和 pair distribution 指标(Barbasz, Stettner,Piotrowski & Barbasz,2008;Towse & Neil,1998)。该指标反映了被试执行生成随机数字任务时注意投入情况,投入注意越多,生成的数字越随机。随机数字生成任务不受练习影响,可以在整个序列反应时任务中不受练习影响(Jahanshahi,Saleem,Ho,Dirnberger & Fuller,2006)。实验 1a 中采用1/1 随机数字生成任务,要求被试完成序列反应时任务的同时完成随机数字生成任务,两个任务投入相同注意。实验 1b 和实验 2 中采用1/4 随机数字生成任务,要求被试每完成 4 个序列反应后进行 1 次随机数字生成任务。实验 1a、实验 1b 和实验 2 都发现随机数字生成任务干扰了内隐序列学习,减弱了序列学习量。实验 1b 发现 1 ~ 4 组段随机数字生成任务条件下的序列反应时不但没有下降,反而提高,4 ~ 13 组段序列反应时下降。实验 2 也发现类似结果,1 ~ 5 组段随机数字生成任务条件下的序列反应时不但没有下降,反而提高,5 ~ 13 组段随机数字生成任务条件下的序列反应时下降。被试需要对随机数字生成任务适应一段时间。实验 2 结果表明随机数字生成任务和语音计数任务相比,随机数字生成任务对序列反应时任务的影响更大,所造成的干扰更明显。综上所述,内隐序列学习需要注意参与。

有研究采用句子理解任务、词语辨别任务和加法运算任务作为次要任务。Nemeth, Janacsek, Csifcsak, Szvoboda, Howard 和 Howard(2011)首次考察了双任务加工过程中内隐序列学习与语言加工的关系。采用交替序列反应时范式(ASRT),主要任务为交替序列反应时任务,次要任务以听觉形式呈现,包括句子理解任务、词语辨别任务和加法运算任务。句子理解任务要求被试对听到的句子进行正确或错误判断;词语辨别任务要求被试对听到的6个词语中是否包含假词进行判断;加法运算任务要求被试对加法的运算结果进行正确或错误判断。结果发现句子理解任务对序列学习产生了干扰,而词语辨别任务和加法运算任务对序列学习没有产生影响。句子理解任务对序列造成干扰,不是由于次要任务难度或复杂度造成的。因为加法运算任务的错误率高于词语辨别任务和句子理解任务,而且加法运算任务的反应时最慢。被试的主观报告也认为加法运算任务最难。句子理解任务和交替序列反应时任务都包含程序性学习和统计学习,句子加工占用了序列学习的部分资源,导致句子加工干扰了或然序列学习。但究竟是句子的哪方面加工干扰了或然序列学习,需要进一步探讨。

(二)影响因素

次要任务对序列学习的影响受年龄影响。Nejatil, Farshi, Ashayeri 和 Aghdasi(2008)采用双任务范式,以年轻人和老年人为被试,语音计数任务作为次要任务。结果发现,年轻人的序列学习成绩不受语音计数任务影响,老年人在双任务条件下,没有发生序列学习。结果表明老年人的内隐序列学习需要注意参与,而年轻人的内隐序列学习不需要注意参与。Frensch 和 Miner(1994)(实验3)发现双任务条件下(语音任务)老年人的内隐学习下降,Frensch, Lin 和 Buchner(1998)认为老年人的内隐学习受次要任务干扰的程度,与次要任务难度有关。次要任务越难,干扰越大。但是 Gamble, Howard 和 Howard(2014)认为双任务抑制了学习的表达,对内隐学习本身没有影响。

Vandenbossche, Coomans, Homblé 和 Deroost(2014)比较了年轻人(18～25 岁)和老年人(55～75 岁)在双任务条件下的序列学习成绩。双任务包括语音计数任务(2 个语音)和形状计数任务(2 个形状)。语音计数任务和形状计数任务对序列学习的干扰水平不同。语音计数任务打断了序列连续性(Stadler,1995),RSI 间插入的随机语音刺激对序列学习产生干扰。形状计数任务干扰更大,因为:①形状计数任务和序列反应时任务同一感觉通道(视觉),语音计数任务和序列反应时任务是不同感觉通道(视觉—听觉干扰减少,Duncan 等 1997);②计数任务和序列反应时任务同时呈现,语音计数任务是在序列反应时任务之后。结果发现老年人的序列学习成绩低于年轻人的;排除外显意识干扰后,年轻人单任务和双任务条件下的序列学习成绩没有差异;但老年人的序列学习成绩受到次要任务干扰。结果表明双任务条件下序列学习受到干扰,与认知老龄化有关;序列学习需要认知资源参与。

Coomans,Vandenbossche 和 Deroost(2014)还首次考察了次要任务对儿童内隐序列学习的影响。选取符号计数任务作为次要任务,这是因为 8 ~ 10 岁儿童容易完成此任务;另外符号计数任务减少了次要任务对序列学习过程的时间干扰。语音计数任务中,语音打断了序列学习的时间进程。序列学习过程中黑色目标圆点有时被红色目标狗替代,被试记录下红色目标狗出现次数。Coomans 等人认为次要任务对儿童和成人内隐序列学习的影响不同。儿童需要更多注意参与内隐序列学习,另外成人会整合随机呈现的次要任务,儿童则不会。考虑到儿童反应速度、正确率和成年差异太大,对反应时和错误率进行了 Z 转换。结果发现单任务条件和双任务条件下儿童的内隐序列学习量无差异,单任务条件下成人的内隐序列学习量显著大于双任务条件下的。结果表明儿童内隐序列学习不受注意负荷影响,成人内隐序列学习受注意负荷影响。

Coomans,Vandenbossche 和 Deroost(2014)与 Vandenbossche,Coomans,Homblé 和 Deroost(2014)对成年人的结果不一致,一方面可能是由于两个实验序列难度不同。Coomans 等人(2014)实验的序列长度为 8,序列较简单,成年人投入更多资源将两任务进行整合。Vandenbossche 等人(2014)的序列长度为 12,序列较复杂,成年人更专心地完成两项任务,没有将两项任务进行整合。另一方面,两个实验采用的双任务不同,Coomans 等人(2014)使用的是符号计数任务,Vandenbossche 等人(2014)使用的语音计数任务和形状计数任务。

综上所述,次要任务对内隐序列学习的影响主要取决于以下 3 个方面的因素。第一,与序列反应时任务有关因素。序列结构复杂性影响次要任务对序列反应时任务的结果。Jiménez,Vazquéz(2005)发现确然序列比或然序列更容易受到分心注意影响。越复杂的序列越自动学习,越少受到次要任务的影响。序列反应时任务的时间因素也会受到双任务影响(Stadler 等,1995)。独一无二序列(unique)不受注意影响,而模糊序列(ambiguous)需要注意参与(Cohen,Ivry & Keele,1990)。注意对序列反应时的干扰随着练习增加而减弱(比如序列反应时任务达到自动化阶段,Cohen & Poldrack,

2008）。第二，与次要任务类型有关因素。序列学习迁移效应（Transfer learning effect）大小受到次要任务类型影响，不同次要任务的序列学习结果不同（Heuer & Schmidtke，1996；Stadler，1995；Wierzchoń，Gaillard，Asanowicz & Cleeremans，2012），不同次要任务需要注意不同。Roche 等人（2007）发现语音计数任务需要注意少，语音计数任务不是考察注意负荷效应的最理想次要任务。随机数字生成任务是理想选择，需要高注意（Baddeley，1996；Kareev，1992；Rapoport & Budescu，1997）。人工语法实验较多使用随机数字生成任务作为次要任务，没使用过语音计数任务。第三，次要任务和序列反应时任务进行整合。次要任务的成绩和 SOA 会影响序列学习（Frensch 等1994；Hsiao & Reber，2001；Schumacher & Schwarb，2009）。次要任务卷入度高会干扰序列反应时任务（Rah，Reber & Hsiao，2000；Schmidtke & Heuer，1997）。次要任务干扰序列反应时任务的时间连续性会干扰序列反应时成绩，例如延长 SOA，干扰了序列学习的时间组织（Schumacher & Schwarb，2009；Stadller，1995）。序列反应时任务和次要任务重叠度决定了序列学习受次要任务干扰程度（Schumacher & Schwarb，2009），通过操纵任务优先权和 SOA 考察两任务重叠度对序列学习的影响。

分心刺激对序列学习的影响机制是什么？分心刺激既可能影响空间注意资源，也可能影响非空间注意资源，也可能影响分心刺激序列和目标刺激序列之间的相关性；或影响分心刺激物和目标刺激之间的知觉相似性。Remillard（2009）采用 Remillard（2003）的标记刺激位置范式（target-marked locations paradigm，TML），探讨分心刺激对完全知觉序列学习的影响机制。实验 1 分心组增加分心下划线（长度更长），分心下划线和反应下划线颜色相同；无分心组没有分心下划线。结果发现分心刺激干扰了完全知觉序列学习。实验 1 的结果可能是由于分心刺激占据了视觉空间注意资源，也可能是由于分心刺激位置和目标刺激位置发生相关，并且相关性的大小独立于注意，即独立于注意的相关造成的；也有可能是因为分心刺激需要投入非空间注意资源，减少了对目标位置序列进行学习的注意资源，分心刺激消耗了非空间注意资源将会对序列学习产生干扰，即非空间注意资源造成的。为了排除这后两种可能原因，实验 2 操纵了分心刺激的颜色，相同颜色分心刺激组的分心刺激颜色和目标刺激颜色相同；不同颜色分心刺激组的分心刺激颜色和目标刺激颜色不同。按照独立于注意的相关假设，不同颜色分心刺激组和相同颜色分心刺激组的学习成绩没有差异。按照非空间注意资源假设，不同颜色分心刺激组的学习成绩小于无分心刺激组。实验 2 结果发现，不同颜色分心刺激组的学习成绩高于相同颜色分心刺激组的；不同颜色分心刺激的学习成绩和无分心刺激组成绩没有差异。实验 2 排除了独立于注意的相关假设和非空间注意资源假设。实验 3 进一步排除了知觉相似性假设(perceptual similarity account)。按照知觉相似性假设(Keele,Ivry,Mayr,Hazeltine & Heuer,2003),分心刺激和目标刺激的知觉相似性(例如都是红色),对序列学习产生干扰;分心刺激和目标刺激知觉不相似(例如红色和黄色),对序列学习没有影响。这可以解释相同颜色分心刺激组的序列学习受损,不同颜色分心刺激组的序列学习不受影响。实验 3 操纵了分心刺激的呈现时间,相同颜色分心刺激组和实验 2 一样,分心刺激和目标刺激同时呈现;RSI 分心刺激组,分心刺激在 RSI 间隔呈现,两个分心刺激大小、颜色和目标刺激一样。按照知觉相似性假设,无论呈现时间是否相同,两组的学习成绩都没有差异。但是,如果分心刺激对序列学习的影响是由于分心刺激占据了视觉空间注意资源,RSI 分心刺激组的学习成绩高于相同颜色分心刺激组。结果发现 RSI 分心刺激组的学习成绩和无分心刺激组没有差异,无分心刺激组的成绩高于相同颜色分心刺激组的。Remillard(2009)通过 3 个实验,发现能够引起注意的分心物对序列学习产生干扰,而没有引起注意的分心物对序列学习没有影响,只有引起注意的分心物才会对序列学习产生干扰。

(三)其他范式

有研究采用了想法探测(thought probes)任务。Franklin,Smallwood,Zedelius,Broadway 和 Schooler(2016)首次使用想法探测任务考察了注意与序列学习关系。他们认为次要任务本身存在一定缺陷,次要任务不但分散注意,而且会干扰内隐序列学习认知加工本身(Frensch,Lin & Buchner,1998;Stadler,1995)。例如序列反应时任务中呈现分心刺激或者加入其他操作方法,序列反应时任务的刺激间隔改变,这将降低工作记忆中可使用的序列片段(Schmidtke & Heuer,1997)。理论层面上,还不清楚次要任务的难度是否足够大,以至于影响了序列学习。为此 Franklin 等人使用了新的方法——经验取样法(experience sampling),考察注意和内隐序列学习的关系。经验取样法来源于走神(mind-wandering)任务,考察单任务条件下被试与任务无关想法发生的情况,已有研究表明注意力转移到与任务无关想法上的时间大约占了 30% ~ 50%(Kane,Brown,McVay,Silvia,Myin-Germeys & Kwapil,2007;Killingworth & Gilbert,2010)。被试完成序列反应时任务时,还需要完成想法探测任务,想法探测任务包含以下几个问题:看到这个界面前,你的注意力集中在:①完全在任务上;②大部分在任务上;③在任务和无关事情上;④主要在无关事情上;⑤完全在无关事情上。注意资源分配理论可以解释走神与任务成绩正相关还是负相关。走神与任务成绩有以下几种可能:①如果走神和任务需要相同注意资源,专注于任务会降低走神概率,因为可用于走神的注意资源减少;②如果走神和任务需要相同注意资源,走神增加会降低任务成绩;③如果走神和任务不存在竞争注意资源,走神不会降低任务成绩,走神和任务平行加工,互不干扰;④随着任务自动化加工的提高,走神会增加。自动化加工使任务的注意需求减少,有更多注意资源走神。例如序列学习成绩和走神分数存在以下几种可能结果:如果内隐序列学习是自动加工,不需要注意参与,走神和内隐序列学习成绩不存在显著相关;如果内隐序列学习需要注意参与,走神和内隐序列学习成绩存在负相关;如果关注任务干扰内隐序列学习,走神和内隐序列学习成绩存在正相关。实验结果发现,被试走神分数与序列学习成绩显著负相关,越不走神,投入注意越多,序列学习成绩越好。结果表明空间序列反应时任务需要注意参与。

但 Brosowsky,Murray,Schooler 和 Seli(2021)认为,Franklin 等人(2016)的研究存在 3 点不足:第一,实验设计中没有包含外显学习组;第二,使用的意识测验方法效果不理想,Franklin 等人仅使用了包含任务,没有使用排除任务,包含任务无法对内隐学习和外显学习进行区分;第三,Franklin 等人将序列组段和随机组段按照规则排列(2 个随机组段,6 个规则组段,2 个随机组段……),而且没有完整报告整个学习过程,只是报告了早期阶段成绩和晚期阶段成绩,无法得知走神如何影响序列学习。为此 Brosowsky 等人(2021)进行了修订,采用在线实验方式,增加了样本量,200 人参与实验,随机分配到内隐组和外显组。结果发现,走神对内隐序列学习没有影响;随着自动化加工程度的提高,走神概率增加。结果表明内隐序列学习不需要注意参与。但 Brosowsky 等人研究中,需要 5 个按键反应,不同被试可能采用了不同按键策略。

有人从集中注意角度考察内隐序列学习与注意的关系,Stillman,Feldman,Wambach,Howard 和 Howard(2014)首次发现过于集中注意(mindfulness)不利于内隐序列学习。实验 1 采用三联体学习范式(Triplets learning task,TLT),被试为 18～26 岁年轻人。序列学习的指标有两个,一个是差异分数(difference scores)。差异分数的计算方法为高频三联体和低频三联体的差值,分值越大表示学习越多。为了排除个体差异性对差异分数的影响,还有一个指标是相关学习分数(Associative learning scores),相关学习分数的计算方法为三联体的平均反应时和三联体出现次数的相关。相关系数越负,学习越多,对高频三联体反应速度越快(Howard,Dennis & Kelly,

2008)。结果发现差异分数和集中注意存在边缘负相关;相关学习分数和集中注意存在显著负相关。实验2采用交替序列反应时任务范式,被试为63~98岁老年人。序列学习的指标和实验一相同。结果发现差异分数和集中注意存在显著负相关;相关学习分数和集中注意存在边缘负相关。Stillman,Feldman等人首次发现集中注意和内隐序列学习存在负相关,过于集中注意不利于内隐序列学习。当然本研究属于相关研究,集中注意和序列学习并不是因果关系。Chan,Immink和Lushington(2017)操控了被试的集中注意,在序列反应时任务前,首先完成集中注意冥想任务(focused-attention meditation,FAM)。根据被试参加任务情况,分为三组:控制组只完成序列反应时任务;集中注意冥想任务组完成集中注意冥想任务后紧跟着完成序列反应时任务;集中注意冥想任务+组完成集中注意冥想任务后有一段时间休息,再完成序列反应时任务。结果发现和控制组相比,集中注意冥想组在早期随机组段中存在成绩优势。集中注意冥想+组后期序列反应时成绩提高最明显,集中注意冥想+组比集中注意冥想组成绩更稳定。这些结果表明集中注意冥想任务引起的自上而下控制加工改善了以刺激为基础的序列学习,集中注意冥想任务后的休息降低了自上而下加工控制,促进了反应为基础的序列学习。某种程度上可以说,刺激序列学习不受注意影响,反应序列学习需要注意参与。当然,Chan,Immink和Lushington(2017)计算序列学习成绩的方法和之前研究不同。

二、选择性注意

从选择性注意角度考察内隐序列学习与注意的关系,经常采用的方法是,告诉被试注意刺激的某个特定特征,事实上研究者所关注的却是被"忽视"的刺激特征是否影响内隐学习。也有研究者通过其他方法,例如增加分心刺激等。选择性注意是序列学习所必需的,这个观念较为统一(Hoffmann & Sebald,2005),序列的目标刺激信息必须被注意到,序列学习才会发生(Perruchet & Vinter,2002;Coomans,Deroost,Zeischka & Soetens,2011)。选择性注意在内隐学习中究竟发挥什么作用? Logan 和 Etherton(1994)提出了注意假设,该假设认为人们对注意选择的对象进行学习,并且能够迁移到注意选择的相同事物上(Logan,Taylow & Etherton,1996)。编码是注意的必然结果,注意是学习的充分必要条件,内隐学习需要选择性注意的参与。

Willingham,Nissen 和 Bullemer(1989)采用序列反应时任务范式,要求被试对刺激的颜色集中注意且进行反应。如果被试对序列位置进行了学习,那么被试能够预测下一个刺激出现的位置,颜色辨别所需时间也会减少。但是,实验结果并没有发现颜色辨别时间的减少。这个结果可以解释为:对联结维度(位置)的选择性注意是必需的,被试在颜色辨别任务中忽略了空间维度。Mayr(1996)认为 Willingham,Nissen 和 Bullemer(1989)使用材料的空间距离太近,颜色辨别任务也过于简单。即使发生了空间位置序列学习,对颜色辨别反应时间的影响也不大。为此 Mayr 使用了较难的颜色辨别任务,结果表明发生了空间位置序列学习。Mayr(1996)和 Willingham 等人(1989)的实验中都包含了选择性注意,Willingham 等人的实验任务较为简单,空间维度与他们相关不大,忽视了空间位置,没有发生空间序列学习;而Mayr(1996)任务较为复杂,实验程序被试进行方向反应和眼动要求,无法忽视空间位置,发生了空间序列学习。两个实验的区别在于被试是否注意了"无关"的空间维度。由此可见,内隐序列学习需要选择性注意参与。

Jiménez 和 Méndez(1993)实验中使用一种较复杂的序列,还有一种较简单的序列,即刺激的位置可以由当前刺激和另一维度的相互关系中进行推测。被试注视一个色块(色块随机呈现),色块可能出现在 4 个位置,让被试对色块所在位置进行按键反应。色块出现的位置遵循一定序列规则,色块出现的位置可以从色块颜色和下一个色块位置的关系进行预测。结果发现,被试并没有学习简单序列,而学习了复杂序列。结果表明如果被试不注意色块和位置的关系,序列学习就不会发生。但是,该结果也可能是由于维度转换引起的(颜色维度和位置维度),为了消除维度转换的影响,Jiménez 和 Méndez(1999)进一步做了研究。向被试呈现 4 项选择的反应时任务,每个实验中,刺激可能出现在 4 个水平位置,被试对当前刺激的位置尽可能快而准确地按键反应。材料的序列结构由限定状态人工语法产生。序列位置由内在规则产生,刺激的形状由下一刺激的位置决定。单任务条件下被试只需要完成序列反应时任务,双任务条件下被试在完成序列反应时任务的同时,还需要对特定形状的刺激进行计数,每组实验后进行报告。结果发现,内隐序列学习不受注意资源减少的影响,注意的分散对内隐序列学习没有影响,但是选择性注意则是内隐序列学习所必需的。

也有学者通过增加分心刺激方式,考察内隐序列学习与选择性注意的关系。Rowland 和 Shanks(2006a)在目标刺激周围增加 1 个或者 2 个分心刺激,结果发现分心刺激对内隐序列学习没有产生干扰作用,而且与分心刺激的数量无关,结果表明内隐序列学习不需要选择性注意参与。Rowland 和Shanks(2006b)还考察了多重序列学习与选择性注意的关系。屏幕中央同时呈上下两排刺激。实验 1 中,在学习阶段,要求被试只对出现在下面一排的红色圆点进行按键反应,而忽视出现在上面一排的刺激。但是在测验阶段,与学习阶段相反,要求被试只对出现在上面一排的红色圆点进行按键反应,而忽视下面一排出现的刺激。实验 2 中,在学习阶段,同样要求被试对下面一排出现的红色圆点进行按键反应,与实验 1 不同的下面一排增加了分心刺激(绿色的圆点和红色的方框)。上面一排和实验 1 相同。实验 1 结果发现,被试不但学习了下面一排的序列规则,而且也学习了上面一排的序列规则,即发生了多重序列学习。实验 2 结果发现,被试学习了下面一排的序列规则,但是没有学习上面一排的序列规则,即没有发生多重序列学习。他们认为由于实验 2 中增加了分心刺激,被试需要投入更多的注意才能识别目标刺激,从而减弱了对"忽视"刺激的注意。他们由此得出结论认为,多重序列学习需要选择性注意参与。

我国学者李秀君和石文典(2016)采用人工语法学习范式,使用双耳分听技术,在听觉通道同时呈现具有不同规则的字母序列和数字序列,探究被试对注意序列和未注意序列规则的学习情况。结果发现:习得了被选择注意的序列规则,未选择注意的序列规则没有被习得。结果表明人工语法学习需要注意参与,只有选择注意的刺激才能够发生内隐学习。

但有人持反对意见,认为内隐序列学习不需要选择性注意参与。Deroost,Coomans 和 Soetens(2009)考察了分心刺激特征对内隐序列学习的影响。他们要求被试对目标刺激"XO"或"OX"的位置进行相应按键反应。"XO"或"OX"会出现在 4 个水平位置中的一个,并且出现的位置遵循一定的序列规则。高注意负荷条件下目标刺激周围存在 3 个由"YQ"或"QY"组成的分心刺激;低注意负荷条件下目标刺激周围存在 3 个由"MN"和"NM"组成的分心刺激。高注意负荷条件下分心刺激"YQ"或"QY"和目标刺激的"XO"或"OX"特征相似性高于低注意负荷条件下分心刺激"MN"和"NM"和目标刺激的"XO"或"OX"特征相似性,需要更多的注意才能对目标刺激和分心刺激进行辨别。结果发现高、低注意负荷条件下的内隐序列学习成绩差异不显著,说明内隐序列学习不需要选择性注意参与。

Coomans,Deroost,Zeischka 和 Soetens(2011)进一步发现,知觉负荷对知觉序列学习加工本身没有影响,但是影响完全知觉序列学习的表达。Coomans 等人采用完全知觉序列学习范式,通过改变知觉负荷,考察内隐序列学习的自动化加工。被试对目标刺激 XO 或 OX 做出反应,刺激位置按 1 阶限定语法或然序列呈现,但反应不存在序列。如果内隐序列学习是自动化加工,不需要注意资源,高、低知觉负荷条件下的序列学习不存在差异;如果内隐序列学习需要注意参与,高知觉负荷条件下的序列学习成绩比低知觉负荷条件下的差。实验 1 中在学习阶段存在高分心刺激（QY 或 YQ）或低分心刺激（MN 或 NM），测验阶段不存在分心刺激。结果没有发现序列学习。这可能是由于分心刺激突然消失，干扰了完全知觉学习的表达。Willingham、Greenberg 和 Thomas（1997）认为学习条件和测验条件必须相似，学习才能表达出来。实验 2 中，学习阶段有高、低注意负荷两种条件；测验阶段也存在高、低注意负荷两种条件。如果内隐序列学习是自动加工，那么序列学习不受知觉负荷的影响；如果序列学习建立在注意基础上，低知觉负荷条件下序列学习成绩更好。但是测验阶段条件会影响序列学习的表达。Deroost，Coomans 和 Soetens（2009）发现高知觉负荷条件下运动序列知识的表达更好。实验 2 结果发现高知觉负荷测验条件下序列学习成绩好，高知觉负荷有助于序列学习的表达。实验 3 让被试在高知觉负荷或无知觉负荷条件下进行序列学习，测验阶段都存在高知觉负荷。结果发现，无知觉负荷和高知觉负荷条件下的序列学习成绩没有差异，结果表明知觉序列学习不受知觉负荷的影响。

总之，内隐学习和注意关系还没有统一结论，与很多因素有关，例如次要任务难度。如果次要任务过于简单，即便序列学习需要注意参与，也可能导致主要任务和次要任务同时发生学习。需要特别注意的是，次要任务没有发挥作用是否可以证实虚无假设，需要使用贝叶斯模型等统计方法进一步分析虚无假设是否成立。

第四节　内隐序列学习与注意关系的眼动与 ERP 研究

通过前两节我们知道，内隐序列学习与注意关系还没有得出一致结论，研究者提出了不同理论以解释不同结果。可以看出，无论通过增加次要任务（例如语音计数任务、符号计数任务、语音辨别任务等），还是通过增加分心刺激，都是比较不同实验条件下的序列学习成绩是否存在差异，以此考察内隐序列学习与注意的关系，很少有研究关注内隐序列学习的认知加工阶段与注意的关系。以往研究得出了不同的实验结果，很可能是由于不同研究中采取的不同操纵方式，影响了内隐序列学习的不同认知加工阶段，而内隐序列学习的不同认知加工阶段对于内隐序列学习所起的作用不尽相同，不同认知加工阶段对于注意的需求不尽相同。Norman 和 Bobrow（1975）曾提出存在两种加工限制：数据有限（data limits）和资源有限（resource limits）。数据有限是由于材料本身难于辨别引起的；而资源有限则需要更多的注意。

内隐序列学习的早期认知加工阶段与数据有限有关,晚期认知加工则与资源有限有关。以往研究很少从认知加工阶段探讨内隐序列学习与注意的关系,而直接对内隐序列学习与注意关系下结论,导致了不同的研究结果,甚至相反的研究结论。本研究尝试从内隐序列学习认知加工阶段角度进一步探讨内隐序列学习与注意的关系。

关于序列学习的认知加工阶段,研究者认为序列反应时任务的认知加工包含 3 个阶段(Donders,1969;Meyer & Kieras,1997;Pashler,1994;Sternberg,1969)。刺激呈现之后,首先对刺激进行编码——编码阶段(Stimulus encoding),然后选择合适的反应——反应选择阶段(response selection),最后做出反应——反应阶段(response execution)。序列学习哪个加工阶段更为重要? 研究者提出了不同意见。有研究者认为编码阶段更为重要(Clegg,2005;Cohen,Ivry & Keele,1990;Grafton,Salidis & Willingham,2001;Howard,Mutter & Howard,1992;Keele,Jennings,Jones,Caulton & Cohen,1995;Mayr,1996;Verwey & Clegg,2005);有研究者认为反应选择阶段更为重要(Deroost & Soetens,2006;Hazeltine,2002;Schwarb & Schumacher,2009a,b;Willingham,Nissen & Bullemer,1989);有研究者认为反应阶段更为重要(Bischoff-Grethe,Geodert,Willingham & Grafton,2004;Willingham,1999;Willingham,Wells,Farrell & Stemwedel,2000)。

强调编码阶段的研究者认为,序列学习建立在编码基础上。Cohen,Ivry 和 Keele(1990)第一次提出序列学习独立于反应。他们首先要求被试使用右手的 4 个手指完成序列反应时任务,练习 10 个组段后,要求被试只用右手中指进行反应。结果发现效应器发生变化后,序列学习成绩不受影响。表明序列学习建立在刺激序列基础上而不是反应序列基础上,序列学习独立于反应。

Howard,Mutter 和 Howard(1992)让被试完成序列反应时任务,一组被试只需要观察,另一组被试需要做出按键反应。练习 3 个组段后,要求两组被试都进行按键反应。结果发现,无论是观察组被试还是反应组被试,都发生了序列学习,并且两组被试序列学习成绩没有显著性差异。Howard 等人认为序列学习是基于刺激的,因为不需要做出反应,序列学习仍然发生。

Clegg(2005)让被试完成一个改进的序列反应时任务,刺激可能出现在 4 个位置,但只需要做出 2 个反应,对出现在左侧两个位置的刺激进行左按键反应,出现在右侧两个位置的刺激进行右按键反应。学习完 12 个组段后,进行 4 个组段的测验。测验阶段中,对已学习过的序列进行了部分变化,使得有些刺激出现的位置与学习过的序列位置不一致,称为不可预期位置。

结果发现,虽然不可预期位置需要做出的反应没有发生变化,但是不可预期位置的反应时比可预期位置的反应时长。Clegg 认为序列学习建立在刺激基础之上,不需要反应的参与。

强调反应选择阶段的研究者认为,序列学习建立在反应选择基础上。Willingham(1999,实验 1)认为 Howard,Mutter 和 Howard(1992)的外显问卷成绩上,观察组被试的回忆成绩显著高于反应组被试的回忆成绩,可能观察组被试依靠了外显知识。如果排除掉外显知识可能对于实验结果的影响,结果可能完全不同。为此 Willingham 重复了 Howard 等人的研究,结果发现,当观察组外显被试的数据参与统计时,得到的结果和 Howard 等人相一致,观察组被试和反应组被试都发生了序列学习。但是,当观察组发生外显被试的数据不参与统计时,观察组被试的序列学习效应消失了,只有反应组被试存在序列学习效应,Willingham 认为序列学习是基于反应选择的。Willingham(1999,实验 3)进一步验证了上述假设。将被试分为 3 个组别:观察组不用做出反应;控制组学习阶段和测验阶段一直按照匹配方式进行反应;反应组学习阶段按照不匹配方式进行反应,测验阶段按照匹配方式进行反应。练习阶段和测验阶段都对被试的序列知识进行考察。结果发现:练习阶段三组被试都发生了序列学习效应;测验阶段只有控制组和反应组发生了序列学习效应。Willingham(1999)认为序列学习是基于反应的,因为从练习阶段到测验阶段,保持刺激序列没有增加序列学习,而保持反应序列增加了序列学习。

Willingham,Wells,Farrell 和 Stemwedel(2000,实验 2)让被试使用不匹配方式学习序列(同 Willingham,1999),要求被试左右手进行交叉,对目标位置进行按键反应。学习 5 个组段后,被试不用交叉双手,对目标位置进行按键反应。实验结果支持了 Willingham(1999)的结论:序列学习不仅仅是知觉性的,也包括运动成分;不是肌肉运动,而是选择运动。

Verwey 和 Clegg(2005)在序列反应时任务的学习阶段,要求被试用一只手的 3 个手指进行按键反应。在测验阶段,要求被试用学习过的手以及没有学习过的手进行按键反应。结果发现学习过手的反应时比没有学习过手的反应时快。Verwey,Clegg 认为,可能序列学习的后期建立在反应基础上。

Willingham,Nissen 和 Bullemer(1989)最早探讨了序列学习任务究竟学习到了什么。Willingham 等人要求被试对 X 做出反应,共有 4 种颜色,可能出现在 4 个位置。将被试分为 3 组:控制组 X 的颜色和位置都是随机呈现;知觉组 X 的颜色随机呈现,位置遵循序列规则;反应组 X 的位置随机呈现,颜色遵循序列规则。练习阶段要求被试对 X 的颜色做出反应,测验阶段要求被试对 X 的位置做出反应。结果发现:练习阶段知觉组没有发生序列学习,反应组发生了序列学习。测验阶段各个组别之间的序列学习成绩没有显著性差异。Willingham 等人认为序列学习既不是以刺激为基础,也不是以反应为基础,而是以刺激—反应规则为基础。刺激—反应规则指特定的刺激和特定的反应匹配(Willingham, Wells, Farrell & Stemwedel, 2000)。因为练习阶段和测验阶段的刺激—反应规则不同,所以练习阶段已经获得序列规则的被试并没有在测验阶段表现出优势。Willingham(1999)实验结果和Willingham, Nissen 和 Bullemer(1989)的结果不一致。Willingham(1999)的研究中,当从不匹配方式转换到匹配方式时,刺激—反应规则发生了变化,但是序列学习没有受到影响。可能是由于匹配方式条件下要求被试对目标位置进行按键反应,不匹配方式条件下要求被试对目标位置的右侧一个位置进行相应按键。其实并不是两套刺激—反应规则,只是刺激—反应规则的简单变换。

Deroost 和 Soetens(2006)控制任务难度后,刺激—反应不匹配时比刺激—反应匹配时的序列学习成绩好,但以知觉为基础的学习和以反应为基础的学习却没受到影响。他们认为反应选择过程是序列学习的关键,不匹配刺激—反应需要更多反应选择,所以学习成绩更好。

Schwarb 和 Schumacher(2006)让被试完成序列反应时任务。被试随机分为 3 组:单任务组只需要完成序列反应时任务;双任务无时间间隔组,同时呈现序列反应时任务和语音辨别任务;双任务有时间间隔组,序列反应时任务和语音辨别任务存在 750 ms 时间间隔。语音辨别任务中,要求被试对声音进行高低判断并且做出口头报告,记录下两个任务的反应时。结果发现单任务组以及双任务有时间间隔组发生了序列学习,但是双任务无时间间隔组没有发生序列学习。实验结果表明在双任务条件下,只有当两个任务存在反应冲突的时候,序列学习才会受到影响。Schwarb 和 Schumacher(2006)的研究支持了反应选择是序列学习的重要阶段(Deroost & Soetens, 2006;Willingham, Nissen & Bullemer, 1989),反应选择的重要性强调了刺激—反应规则的重要性(Duncan, 1977)。

为此,我们开展 6 项实验,前 2 个实验考察内隐序列学习的编码阶段;后4 个实验考察内隐序列学习的反应选择阶段,研究框架图如 4-1 所示。

实验 1 中,通过改变刺激清晰度的方法,影响内隐序列学习的编码阶段。刺激较清晰时,较容易编码,需要较少注意就可以对刺激进行辨别;刺激较模糊时,较难编码,需要较多注意才可以对刺激进行辨别。在不同刺激清晰度序列中插入探测刺激,借助 ERP 技术的时间优势,通过探测刺激诱发的

P1、N1,考察辨别不同清晰度的刺激所需的注意是否不同,即刺激清晰度是否影响内隐序列学习的编码阶段。识别不同清晰度刺激需要注意相同的话,不同清晰度刺激序列中探测刺激诱发的 P1、N1 不会出现差异;识别不同清晰度刺激需要注意不同的话,不同清晰度刺激序列中探测刺激诱发的 P1、N1 存在差异。实验 2 中,通过增加分心刺激的方法,影响内隐序列学习的编码阶段。没有分心刺激时,较容易编码,需要较少注意就可以觉察到目标刺激所在位置,眼跳反应时较短;有分心刺激时,较难编码,需要较多注意才可以觉察到目标刺激所在位置,眼跳反应时较长。

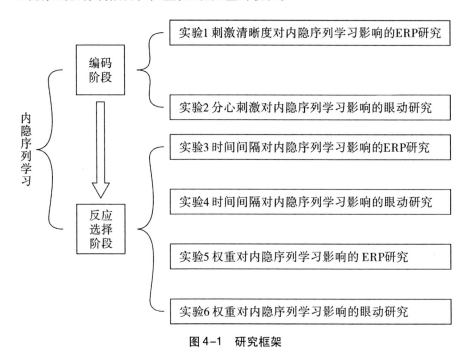

图 4-1　研究框架

后面 4 个实验都增加了语音辨别任务。实验 3 中,序列反应时任务和语音辨别任务,无时间间隔条件下两种任务同时呈现;有时间间隔条件下首先呈现序列反应时任务。无时间间隔条件下,序列反应时任务的反应选择阶段受到干扰,不应该发生序列学习,再认阶段没有新旧组块之分,不会出现 LPC 新旧效应;有时间间隔条件下,序列反应时任务的反应选择阶段没有受到干扰,应该会发生序列学习,再认阶段存在 LPC 新旧效应。在实验 3 基础上,实验 5 进一步操控了任务权重。序列反应时任务和语音辨别任务同时呈现,但是明确告知被试首先对序列反应时任务做出反应,这样的话,虽然序列反应时任务和语音辨别任务时间上没有间隔,但是语音辨别任务不会影响序列反应时任务的反应选择阶段,因为要求被试首先对序列反应时任务进行反应。有任务权重条件下,会发生内隐序列学习,再认阶段存在 LPC 新旧效应。

实验 4 中,序列反应时任务和语音辨别任务短时间间隔条件下两种任务相隔极短时间;长时间间隔条件下首先呈现序列反应时任务。短时间间隔条件下,序列反应时任务的反应选择阶段受到干扰,不应该发生序列学习。长时间间隔条件下,序列反应时任务的反应选择阶段没有受到干扰,应该会发生序列学习。在实验 4 基础上,实验 6 进一步操控了任务权重。序列反应时任务和语音辨别任务时间间隔极短,但是告知被试首先对序列反应时任务做出反应,这样的话,虽然序列反应时任务和语音辨别任务时间间隔极短,但是,语音辨别任务不会影响序列反应时任务的反应选择阶段,因为要求被试首先对序列反应时任务进行反应。有任务权重条件下,会发生内隐序列学习。

本研究的实验假设如下:①高清晰度条件下探测刺激诱发的 N1、P1 波幅小于低清晰度条件下探测刺激诱发的 N1、P1 波幅,高清晰度条件下的反应时小于低清晰度条件下的反应时,高、低清晰度条件下都存在内隐序列学习并且差异不显著;②无分心刺激条件下的眼跳反应时小于有分心刺激条件下的眼跳反应时,有、无分心刺激条件下都存在内隐序列学习并且差异不显著;③序列反应时任务和语音辨别任务无时间间隔时,不存在内隐序列学习,不存在 LPC 新旧效应。序列反应时任务和语音辨别任务有时间间隔时,存在内隐序列学习,存在 LPC 新旧效应;④序列反应时任务和语音辨别任务时间间隔短时,不存在内隐序列学习。序列反应时任务和语音辨别任务时间间隔长时,存在内隐序列学习;⑤序列反应时任务和语音辨别任务无权重时,不存在内隐序列学习,不存在 LPC 新旧效应。序列反应时任务和语音辨别任务有权重时,存在内隐序列学习,存在 LPC 新旧效应;⑥序列反应时任务和语音辨别任务无权重时,不存在内隐序列学习。序列反应时和语音辨别任务有权重时,存在内隐序列学习。

一、实验 1:刺激清晰度对内隐序列学习影响的 ERP 研究

(一)问题提出

注意与内隐序列学习的关系是内隐学习研究中基本问题之一(Deroost,Coomans & Soetens,2009;付秋芳,傅小兰,2006;郭秀艳,2003)。以往探讨注

意与内隐序列学习关系的研究,大多采用双任务范式,使用语音计数任务作为次要任务(Shanks,2003)。有研究发现注意影响序列学习(Curran & Keele,1993;Heuer & Schmidtke,1996;Nissen & Bullemer,1987);有研究发现注意对序列学习没有影响(Frensch,Buchner & Lin,1994;Hsiao & Reber,2001;Reed & Johnson,1994)。注意是否影响内隐序列学习还存在很大争议(Jiménez & Vázquez,2005;Shanks,2003;Shanks,Rowland & Ranger,2005)。为了解释这种不一致结果,研究者提出了不同观点。有人认为次要任务影响了外显序列学习(Cleeremans & Jiménez,1998;Jiménez & Vázquez,2005);有人认为次要任务影响内隐序列学习知识的表达,但对内隐序列学习本身没有影响(Frensch,Lin & Buchner,1998;Frensch,Wenke & Rünger,1999);还有人认为由于次要任务的随机呈现,增加了序列反应时任务试验间的时间间隔,从而破坏了序列结构(Rah,Reber & Hsiao,2000;Schmidtke & Heuer,1997;Stadler,1995)。

采用双任务范式考察注意与内隐序列学习的关系,大都从注意的资源角度出发,因为次要任务占用了部分注意资源,序列任务占用的注意资源就会减少。但是,需要指出的是,注意资源这个概念太笼统,缺乏可操纵性(Navon,1984)。而且,注意资源包括很多种类——听觉注意、视觉注意、空间注意、言语注意等(Navon & Gopher,1979;Wickens,1984),视觉注意资源和听觉注意资源不是同一种注意资源,语音计数任务不一定会占据序列任务的注意资源。而且,语音计数任务作为次要任务存在一定缺陷。首先,语音计数任务包含了许多认知加工过程(例如刺激识别、工作记忆维持、工作记忆更新等),语音计数任务太复杂,很难确定究竟是哪个加工过程影响了序列学习(Stadler,1995)。其次,语音计数任务贯穿于整个实验过程,只需要在实验结束时做出反应,而不是在每一次试验中进行反应。序列反应时实验时间一般较长,语音计数任务很可能在中间某个环节出现某些错误(漏计,错计等),但最后的反应无法反映出来,结果的可靠性存在一定问题。最后,完成这两个任务时,被试所采取的策略也无法控制。有的被试可能首先完成序列任务;有的被试可能首先完成计数任务;有的被试可能在实验早期阶段首先完成序列任务,而在晚期阶段则首先完成计数任务;有的被试可能在实验早期阶段首先完成计数任务,在晚期阶段首先完成序列任务;有的被试可能交替完成两项任务。

从上述文献分析可以看出,通过双任务增加注意负荷,可以比较高、低注意负荷条件下内隐序列学习是否存在以及是否存在差异,但是不能实时地对被试的认知活动进行检测,不能检测被试在高、低注意负荷条件下脑认知活动是否真的存在差异。具有高时间精度的 ERP 实验方法可以有效地解决这些难题(Luck,2005;魏景汉,罗跃嘉,2010)。Handy 和 Mangun(2000)利用 ERP 方法考察了高、低注意负荷条件下的脑认知活动。向被试呈现大写字母 A 或 H,被试对这两个字母分别进行按键反应。第一个实验中,低注意负荷组使用的是标准字母,高注意负荷组使用的字母略有变形:A 的顶端稍微分开,H 的顶端稍微聚拢;第二个实验中,低注意负荷组与实验一相同,高注意负荷组刺激的呈现时间明显缩短,而且紧随一个掩蔽刺激。结果发现注意负荷越高,枕叶外侧的 P1、N1 波幅越大,外纹状皮层活动越强。Fu 等人(2009)、Rorden,Guerrini,Swainson,Lazzeri 和 Baylis(2008)也发现 P1、N1 波幅与注意负荷存在正相关。这些研究表明 P1、N1 可以有效地反映注意负荷,注意负荷越高,P1、N1 波幅越大;注意负荷越低,P1、N1 波幅越小。

因此,本研究在如下两个方面进行了改进:第一,鉴于双任务范式存在的问题,本研究采用单任务范式,通过降低刺激清晰度的方法增加注意负荷。刺激较清晰时,被试投入较少的注意就可以对刺激进行辨别,注意负荷较低;刺激较模糊时,被试投入较多的注意才可以对刺激进行辨别,注意负荷较高。通过这种方法既可以保证反应—刺激联结不被破坏,反应—刺激间隔也保持了恒定(张卫、莫雷、许尚侠、王穗苹,2002)。第二,利用 ERP 实验方法,记录下被试完成序列反应时任务中的脑电,探讨注意负荷对被试脑认知活动的影响。本研究采用了吕勇、胡伟、吴国来和沈德立(2008)的序列结构,在长度为 12 的序列中随机插入 2 个探测刺激。在高注意负荷条件下,由于被试投入了较多的注意,探测刺激诱发的 P1、N1 波幅较大;在低注意负荷条件下,被试投入的注意较少,探测刺激诱发的 P1、N1 波幅较小。

(二)实验方法

1. 实验设计

本实验采用单因素被试内实验设计,自变量为注意负荷,包括 2 个水平:高注意负荷、低注意负荷。

2. 被试

高校在校生 18 人,年龄范围 22～26 岁(平均 24 岁)。均为自愿参与实验,所有被试均为右利手,视力正常或纠正视力正常,无脑外伤及身心健康问题史,均未参加过类似心理学实验,实验后获得少量报酬。

3. 实验材料

实验材料为大写字母 D、L、N、R、E、T、F、I。字母颜色为白色,背景为黑色,字母宽 3.7 cm、高 4.5 cm,呈现于屏幕中央,其中 D、L、N、R 为低注意负荷条件下使用的字母;E、T、F、I 为高注意负荷条件下使用的字母。对于高注意负荷条件下的字母使用 Photoshop 8.0.1 软件,按照单元格大小为 3、6、9、12 方形分别对其进行马赛克处理,共得到 4 种清晰度水平的图片共 16 张,每种清晰度水平下的图片 4 张(图 4-2)。

图 4-2 4 种不同清晰度水平的图片

4.实验程序

(1)序列学习阶段。被试在主试的指导下进行实验。先向一半被试呈现指导语:"您将在屏幕中央看到一个'+'注视点,请注视该注视点,一段时间后'+'自动消失。接着将会出现一个'%'或者一个大写英文字母。出现'%'时,不必做出任何反应,一段时间后'%'会自动消失;当出现大写英文字母后,需要做出按键反应。出现 N、F 后,用左手中指按键盘上的'Q'键;出现 L、T 后,用左手食指按键盘上的'W'键;出现 R、I 后,用右手食指按键盘上的'O'键;出现 D、E 后,用右手中指按键盘上的'P'键。请您集中注意,尽快而准确地做出判断。"另一半被试的指导语中按键顺序倒了过来:"出现 N、F 后,用右手中指按键盘上的'P'键;出现 L、T 后,用右手食指按键盘上的'O'键;出现 R、I 后,用左手食指按键盘上的'W'键;出现 D、E 后,用左手中指按键盘上的'Q'键。"注视点呈现时间为 500 毫秒,大写英文字母呈现时间为 0~4 秒,如果被试在 4 秒内没有做出反应,程序自动换屏,试验之间的时间间隔为 500 毫秒。探测刺激"%"的呈现时间为 500 毫秒。

正式实验前,被试首先进行练习,字母随机呈现,直到被试理解指导语,正确率达到 90% 以上,开始正式实验。正式实验共包括 13 个组段,其中第 12 为随机组段,字母随机呈现。第 1、2、3、4、5、6、7、8、9、10、11、13 为重复序列组段,字母按照一定的序列规则重复出现。低注意负荷的字母序列为:N-L-R-D-L-D-N-R-L-N-D-R,高注意负荷的字母序列为 E-I-T-F-I-F-E-T-I-E-F-T,每个重复序列组段中高、低注意负荷序列各重复 4 遍。4 种清晰度水平的高注意负荷材料,按照清晰度从低到高顺序,分别在组段 1—3、4—6、7—9、10—13 呈现。这样避免了被试对高注意负荷字母产生适应。为了消除顺序效应,每个重复序列组段按照 ABBABAAB 方式对高、低注意负荷序列进行排序。在高、低注意负荷序列中,有 1/6 的字母被探测刺激"％"取代。探测刺激的总数达到 192 个,满足了提取 ERP 的次数需要。为了防止被试意识到序列的存在,每一重复序列组段中,重复序列的起始字母随机选取,但不会出现两个字母重复出现的情况。每个组段结束后,被试闭目休息 30 秒。

(2)意识性水平测试阶段。序列学习阶段结束后,按照过程分离程序(Jacobby,1991),对被试的外显知识和内隐知识进行评估。包含任务中给出序列中的两个相邻字母,让被试按照序列规则填写出下一个字母,每填对 1个记 1 分;排除任务中仍给出序列中的两个相邻字母,但是要求填写两个相邻字母后面那个字母之外的规则序列中余下的那个字母。如果被试按照序列规则填写出字母,每填出 1 个记 1 分。包含任务和排除任务总分各为12 分。

5. EEG 记录

实验在光线和通风良好的电磁屏蔽实验室进行。被试坐在一张舒适的椅子上,电脑显示器与眼睛保持水平,眼睛距离电脑显示器中央位置 1.1 m。通过 NeuroScan 公司的 Stim2 软件将实验材料呈现在电脑显示器的中央位置,该软件同时记录下被试的反应时和正误。记录脑电的仪器为 Neuroscan公司生产的 EEG/ERP 系统,实验中佩戴 Quick-cap64 导电极帽,采用国际10-20 系统导联方法,前额发际下 1 cm 处接地。头皮电阻小于 5 KΩ,模拟滤波带通为 0.05 ~ 100 Hz,采样率为 500 Hz。以位于左眼上下的电极记录垂直眼电(VEOG),位于眼外侧 1.5 cm 处的左右电极记录水平眼电(HEOG)。记录时以左乳突为参考电极,离线数据分析时转换为以双侧乳突的平均值作为参考。

6. 数据分析

(1)行为数据。根据被试在意识性水平测验的成绩,包含任务得分小于或等于排除任务得分,或者包含任务得分小于 4 分为内隐被试,其余被试为外显被试(吕勇等,2008)。3 名外显被试数据被剔除,将 15 名内隐被试的错误反应数据删除(2.3％)。

(2)ERP 数据。对 15 名内隐被试的 EEG 数据进行离线分析。采用Scan 软件的去除眼电伪迹功能,排除眼电伪迹的干扰。数字滤波低通为30 Hz(24 dB/oct)。以探测刺激出现前 100 ms 至探测刺激出现后 600 ms 作为分析时程。以探测刺激出现前 100 ms 为基线,进行基线矫正。波幅大于±100 μV 的在叠加中被自动剔除。分别对高、低注意负荷条件下的探测刺激进行叠加。低注意负荷条件平均叠加了 89 次,高注意负荷条件平均叠加了

88 次。根据已有研究结果与本研究目的,选取 O1、O2、PO3、PO4、PO5、PO6、PO7、PO8 共 8 个电极点,对 P1、N1 成分进行分析。分别对 P1、N1 成分的波幅进行测量,波幅测基线——波峰值,数据以平均值±标准误(SE)表示。

采用 SPSS15.0 统计软件对 ERP 各成分的波幅进行注意负荷(高、低)×左右半球×电极位置(O1/O2、PO3/PO4、PO5/PO6、PO7/PO8)方差分析,对不满足球形检验的统计结果采用 Greenhouse-Geisser 法矫正 p 值。

(三)实验结果

1. 行为结果

(1)正确率。15 名被试的正确率都高于 90%,其中只有 1 名被试的正确率低于 95%。对正确率进行 2(注意负荷:高、低)×11(组段:1—11)重复测量方差分析,结果表明注意负荷、组段及其交互作用均不显著。

(2)反应时。图 4-3 为 15 名有效被试各个组段的平均反应时。首先对 1—11 重复序列组段的反应时进行 2(注意负荷:高、低)×11(组段:1—11)重复测量方差分析,结果表明:注意负荷主效应显著,$F(1,14) = 39.23,p < 0.001$,高注意负荷的反应时(809±191 ms)显著长于低注意负荷的反应时(753±170 ms);组段主效应显著,$F(10,140) = 41.61,p < 0.001$,随着练习进行,反应时逐渐下降;注意负荷和组段之间不存在交互作用。

为了排除练习因素对反应时的影响,插入了随机序列组段 12,进一步对随机序列组段(12)和两侧的重复序列组段(11、13)进行分析。由于高、低注意负荷条件下 1—11 组段反应时基线存在较大差异,为了消除高、低注意负荷条件下反应时基线对 11—13 组段反应时数据的影响(Deroost et al.,2009),对 11—13 组段反应时数据进行线性化处理(取以 10 为底的对数),进行 2(注意负荷:高、低)×2(序列类型:重复序列、随机序列)重复测量方差分析。结果表明:注意负荷主效应显著,$F(1,14) = 8.87,p < 0.05$,高注意负荷的反应时(775±175 ms)显著长于低注意负荷的反应时(722±152 ms);序列类型主效应显著 $F(1,14) = 66.48,p < 0.01$,随机序列的反应时(779±168 ms)显著长于重复序列的反应时(733±163 ms);注意负荷和序列类型交互作用不显著。

最后对高、低注意负荷条件下的内隐序列学习量进行检验,内隐序列学习量计算方法为第 11 组段和第 13 组段反应时的平均数与第 12 组段反应时的差值。对内隐序列学习量进行 2(注意负荷:高、低)方差分析。结果发现,高、低注意负荷之间的内隐学习量差异不显著,$F(1,14) = 1.47,p > 0.05$。(高注意负荷内隐学习量 43±13 ms;低注意负荷内隐学习量 49±16 ms)。

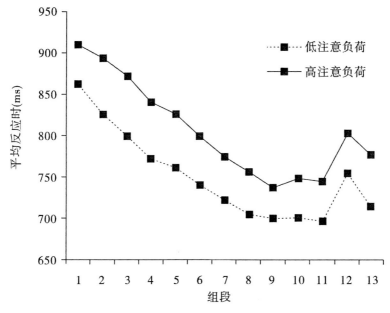

图4-3　不同注意负荷条件下各个组段的平均反应时

2. ERP 结果

通过总平均图(见图4-4)可以发现,两种实验条件在头皮后部都诱发了较明显的 P1(80~120 ms)和 N1(130~170 ms)成分。

对探测刺激诱发的 P1 波幅进行方差分析,结果表明:注意负荷主效应显著,$F(1,14)=10.96$,$p<0.01$,高注意负荷条件下探测刺激诱发的 P1 波幅(2.44 ± 0.28 μV)显著大于低注意负荷条件下探测刺激诱发的 P1 波幅(2.10 ± 0.27 μV);左右半球主效应显著,$F(1,14)=19.13$,$p<0.01$,右半球波幅(2.49 ± 0.10 μV)显著大于左半球波幅(2.05 ± 0.08 μV);电极位置主效应不显著。

对探测刺激诱发的 N1 波幅进行方差分析,结果表明:注意负荷主效应显著,$F(1,14)=7.51$,$p<0.05$,高注意负荷条件下探测刺激诱发的 N1 波幅(-2.26 ± 0.42 μV)显著大于低注意负荷条件下探测刺激诱发的 N1 波幅(-1.93 ± 0.28 μV);左右半球主效应边缘显著,$F(1,14)=4.59$,$p=0.05$,左半球波幅(-2.22 ± 0.08 μV)显著大于右半球波幅(-1.97 ± 0.25 μV);电极位置主效应显著,$F(3,42)=13.28$,$p<0.01$,最大波幅出现在 PO8 电极位置上(-2.79 ± 0.30 μV)。

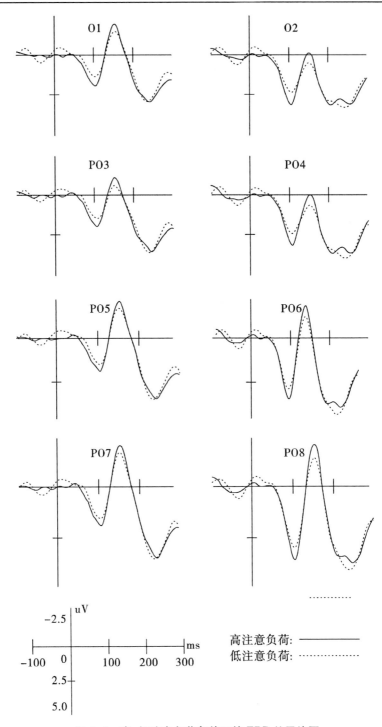

图 4-4　高、低注意负荷条件下的 ERP 总平均图

(四)讨论

本研究通过操纵刺激清晰度,实现了刺激的不同注意负荷。通过这种操纵方式,一方面保障了序列刺激之间的时间间隔保持恒定,序列结构的完整性;另一方面,对序列的反应—刺激联结也没有产生干扰,避免了双任务范式的弊端,增加了实验效度。与此同时借助于 ERP 技术的高时间精度特性,结合反应时数据,不但可以分析注意负荷是否影响内隐序列学习,而且可以进一步分析高、低注意负荷条件下被试的脑活动是否存在差异。

通过 ERP 结果可以看出,高、低注意负荷之间确实存在差异,高注意负荷条件下探测刺激诱发的 P1、N1 波幅显著大于低注意负荷条件下探测刺激诱发的 P1、N1 波幅,波幅主要反映参加脑活动的激活的神经元数量,并反映信息加工时心理负荷的强度(Hillyard & Vento,1998;罗跃嘉、魏景汉,2004)。Handy 和 Mangun(2000)发现,当刺激出现在预期位置时,P1 波幅随着注意负荷的增加而增加。Rorden 等人(2008)发现,N1 波幅随着注意负荷的增加而增加;Fu 等人(2009)发现,注意负荷影响注意选择的早期阶段,P1 波幅随着注意负荷增加而增加。表明对刺激清晰度的操纵实现了预期目的。因为高注意负荷条件下的探测刺激和低注意负荷条件下的探测刺激是同一个刺激"%",探测刺激的物理属性当然一样。而本研究发现,在高注意负荷条件下探测刺激诱发的 P1、N1 波幅显著大于低注意负荷条件下探测刺激诱发的 P1、N1 波幅。很容易发现,两者之间唯一不同之处,就是探测刺激插入高注意负荷序列中,还是插入低注意负荷序列中。为什么探测刺激插入高注意负荷序列中所诱发的脑活动强于插入低注意负荷序列中所诱发的脑活动?而且,探测刺激是随机插入这两个不同注意负荷序列中;这两个序列结构是一样的,长度都是 12,规则也一样。合理的解释是:被试随着练习进行,对序列的注意负荷发生了学习。在刺激呈现前,被试已经能够预测到刺激的清晰程度,并调整了注意水平。当预期将要呈现的刺激清晰度低时,被试的注意便更加集中,以更好地对刺激做出辨别判断;当预期将要呈现的刺激清晰度高时,被试的注意相对比较分散,因为可以很容易对低注意负荷刺激进行辨别判断。该研究结果和 Couperus(2009)研究结果相一致。而且通过 ERP 成分可以发现,英文字母辨别过程中,80 ~ 120 ms 时是右半球相对优势,130 ~ 170 ms 时是左半球相对优势,呈现出一种动态变化的左右半球优势效应。与罗跃嘉、魏景汉、翁旭初和卫星(2001)研究结果相一致,左右半球的功能关系只不过是大脑高级功能加工的动态过程的一个组成部分,两个半球在加工时是分工与合作且不断变化的动态关系。

由上可见,高、低知觉负荷影响了注意的集中程度。高、低注意负荷条件下的内隐序列学习是否存在差异？这需要从反应时数据上进一步进行分析。在本实验中正确率指标上差异不显著,Rosas 等人(2010)发现类似结果。以往考察内隐序列学习发生的指标主要有两个:一个是比较重复序列组段和随机组段的平均反应时,如果重复序列组段的平均反应时显著长于随机组段反应时,表明发生了内隐序列学习。如果重复序列组段的平均反应时与随机组段反应时差异不显著,则表明没有发生内隐序列学习(Nissen & Bullemer,1987);另一个是在重复序列组段中插入一个随机组段,比较随机组段平均反应时和其两侧重复序列组段的平均反应时,即是否存在转换效应(transfer effect)(Willingham et al.,1989)。当从重复序列组段转换到随机组段后,反应时增加。从随机组段转换到重复序列组段后,反应时减少,表明发生了内隐序列学习。当从重复序列组段转换到随机序列组段,从随机序列组段转换到重复序列组段,反应时没有显著变化,表明没有发生内隐序列学习。也有的研究直接用最后一个重复序列组段与第一个组段平均反应时的差作为指标。第一个指标可能受到练习效应的干扰;虽然第二个指标排除了练习效应的干扰,但是前面的大量数据也可能包含了重要信息。为此,本研究在以往指标基础上,充分利用实验数据,以做出更为可靠的结论。分析转换效应时,由于高、低注意负荷的反应时基线存在很大差异。为此对 11—13 组段的数据进行了对数转换,消除了反应时基线差异对结果的影响。实验结果发现,高注意负荷条件下内隐序列学习量 43 ms,低注意负荷条件下内隐序列学习量 49 ms,高、低注意负荷条件下的内隐学习量差异不显著。从反应时数据可以看出,排除了练习和其他能力学习的干扰后,无论注意负荷高低,都发生了内隐序列学习。低注意负荷条件下的内隐序列学习成绩更加明显,但是和高注意负荷条件下的内隐序列学习没有本质差别,与 Jiménez 和 Méndez(1999,2001),Shanks 和 Rowland(2006),Deroost 等人(2009),张卫等人(2002),葛操、白学军和沈德立(2007),付秋芳和傅小兰(2010)的研究结果相一致。

综上所述,ERP 结果表明注意负荷影响了注意的早期阶段。反应时数据结果表明高、低注意负荷条件下都发生了内隐序列学习,虽然低注意负荷条件下内隐序列学习更加明显,但与高注意负荷条件下的内隐序列学习没有本质差异。本研究考察了刺激输入阶段注意对内隐序列学习的影响,今后研究可以通过其他方法,进一步考察注意对内隐序列学习的影响。

（五）结论

在本实验条件下，得出如下结论：

（1）高注意负荷序列探测刺激诱发的 P1、N1 波幅显著大于低注意负荷序列探测刺激诱发的，表明高注意负荷条件下需要更多的注意。

（2）高、低注意负荷条件下都发生了内隐序列学习效应，内隐序列学习量差异不显著，表明内隐序列学习编码阶段不受注意的影响。

二、实验 2：分心刺激对内隐序列学习影响的眼动研究

（一）问题提出

从实验 1 可以看出，对于字母为材料的序列学习，虽然高注意负荷条件下字母较为模糊，较难进行编码，即序列学习的刺激编码阶段受到干扰，但是结果表明高低注意负荷条件下的序列学习本身没有本质差别，说明对于字母为材料的序列来讲，序列学习的编码阶段不受注意影响。那么对于空间为材料的序列学习，序列学习的编码阶段是否受注意影响呢？为此，根据空间材料的特点，结合眼动技术的优势，进一步考察空间为材料的序列学习的编码阶段是否受注意影响。

以往研究大多采用双任务范式，考察内隐序列学习与注意的关系，研究结果还没有统一，研究者提出了不同理论观点来解释研究结果（Shanks，2003；Jiménez & Vázquez，2005；Shanks，Rowland & Ranger，2005）。有研究者尝试通过其他方法探讨内隐序列学习与注意的关系。Rowland 和 Shanks（2006a）通过在目标刺激周围增加分心刺激的方法，发现内隐序列学习不但不受分心刺激影响，而且分心刺激的数量对内隐序列学习也没有影响。Deroost，Coomans 和 Soetens（2009）进一步操纵了分心刺激和目标刺激的特征相似性。要求被试对目标刺激"XO"或"OX"的位置进行相应按键反应。"XO"或"OX"会出现在 4 个水平位置中的一个，目标刺激出现位置遵循一定的序列规则。高注意负荷条件下目标刺激周围存在 3 个由"YQ"或"QY"组成的分心刺激；低注意负荷条件下目标刺激周围存在 3 个由"MN"和"NM"组成的分心刺激。高注意负荷条件下分心刺激和目标刺激的特征相似性高于低注意负荷条件下的，需要更多的注意才能对目标刺激和分心刺激进行辨别。结果发现高、低注意负荷条件下的序列学习成绩没有显著差异。但 Rowland 和 Shanks（2006b）另一项研究发现，没有分心刺激时，可以学习多重序列；存在分心刺激时，多重序列学习消失。结果表明多重序列学习需要注意参与。通过这些研究可以发现，通过增加分心刺激，增加了刺激辨别的难

度,被试需要投入更多的注意才能辨别刺激,这种方法影响了序列学习的刺激编码阶段。但是如果序列学习是对反应序列的学习,那么分心刺激的增加对反应序列不会产生影响,不会影响序列学习成绩。上述研究都要求被试看到目标刺激后,对目标刺激所在位置用手做按键反应。为了进一步控制手按键反应可能对实验结果的影响,本研究使用眼动记录法,被试只需要观察目标刺激所在位置,而不需要用手做出按键反应。

已有研究表明眼动指标和传统的反应时指标一样,可以有效地反映序列学习。Albouy 等人(2006)让被试完成一个序列眼动反应时任务(serial oculomotor reaction time task),记录下被试完成序列眼动反应时任务中的水平眼电和垂直眼电,在水平眼电和垂直眼电基础上确定眼跳反应时。实验结果表明随着序列眼动反应时任务的进行,规则序列的眼跳反应时逐渐减少;当呈现一个新序列时,眼跳反应时又增加。眼跳反应时的数据模式和传统反应时的数据模式是一致的。该研究首次证实了眼动序列学习的存在,并且说明眼跳反应时是反映序列学习的有效指标。Marcus, Karatekin 和 Markiewicz(2006)利用眼动仪直接考察了是否存在眼动序列学习。他们将被试按照反应类型(手、眼动)和序列类型(规则、随机)分配到 4 个组。实验结果发现反应时的数据结果和以往研究相一致。而且预期眼跳频率的数据结果和反应时的数据结果相似。实验结果表明序列反应时任务中,无论是否需要做出按键反应,无论是否存在序列规则,在刺激呈现前,被试已经把注意转移到刺激可能出现的位置上,存在眼动序列学习。Kinder、Rolfs 和 Kliegl(2008)的研究也发现,随着序列反应时任务的进行,规则序列的眼跳反应时逐渐减小;当呈现一个新序列时,眼跳反应时又增加。眼跳反应时的数据结果和传统的反应时的数据结果相一致。该实验结果表明眼跳反应时可以作为衡量内隐序列学习的有效指标。由于年轻人和老年人的手反应速度,病人和健康人的手反应速度存在一定差异,用传统的反应时方法考察序列学习的发展特征以及病理性研究存在一定问题(Helmuth, Mayr & Daum, 2000),使用眼动记录法可以有效地解决这个问题。Karatekin, Marcus 和 White(2007)用眼动记录法考察了序列学习的发展特征,Karatekin, White 和 Bingham(2009)用眼动记录法比较了病人和正常人序列学习的异同。由此可以看出,眼动记录法是探讨序列学习行之有效的方法。

本研究采用眼动实验方法,被试观察目标刺激所在位置,而不需要做出手按键反应,避免了按键反应可能对于实验结果的干扰。通过操控围绕在目标刺激周围分心刺激的方法来增加注意负荷。当目标刺激周围不存在分心刺激时,注意负荷较低,投入较少的注意就可以判断目标刺激所在位置;

当目标刺激周围存在 3 个分心刺激时,注意负荷较高,需要投入较多的注意才可以判断目标刺激所在位置。

(二)实验方法

1. 被试

高校在校生 38 人,年龄 20±2.39 岁。均为自愿参与实验,所有被试均为右利手,视力正常或纠正视力正常,均未参加过类似心理学实验,实验后获得小礼品一份。

2. 实验仪器

采用 EyeLink 2000 眼动仪,采样率为 2000 Hz。实验程序用 Experiment Builder 1.4 编写。实验材料呈现在 21 英寸纯平显示器上,显示器刷新率为 150 Hz,分辨率为 1024×768。实验过程中,被试双眼注视显示器,但只记录右眼的眼动轨迹。

3. 实验材料

实验材料为计算机屏幕上水平排列的 4 个黑色方框,背景为白色。屏幕距被试双眼 90 cm。低注意负荷条件下黑色圆点出现在其中一个方框中;高注意负荷条件下黑色圆点出现在其中一个方框中,而且其他 3 个方框出现分心刺激黑色矩形。

4. 实验设计

采用单因素被试间设计,自变量为注意负荷,有 2 个水平:没有分心刺激(低注意负荷)、有分心刺激(高注意负荷)。因变量是眼跳反应时和意识性水平测验结果。

5. 实验程序

(1)序列学习阶段。

1)本实验个别进行。被试进入实验室后,先熟悉实验室环境,然后发给被试实验流程表,让被试了解实验的过程,被试明白实验过程后,让被试坐在眼动仪前,眼动仪调好之后,要求被试在实验过程中尽量保持头部不动。

2)眼睛校准之后,开始实验。给被试呈现指导语:"您将在电脑屏幕上看到 4 个方框,其中 1 个方框内将会出现圆点。请既快又准地注视该圆点,注视一段时间后电脑自动翻屏。按空格键开始实验。"

3)正式实验前被试首先进行练习,圆点位置随机呈现,直到被试理解了指导语,才开始正式实验。正式实验包括 13 个组段,每个组段包括 96 次试验。其中第 12 为随机组段,圆点位置随机呈现。其他组段为重复序列组段,圆点出现的位置遵循一定的序列规则。序列规则为:4-1-3-2-1-2-4-3-1-4-2-3,这里的1、2、3、4分别代表电脑屏幕从左到右出现的黑色方框的位置。为了防止被试意识到序列规则的存在,每一重复序列组段中,重复序列的起始位置随机选取,但不会出现两个位置重复出现的情况。每个组段结束后,被试短暂休息。

(2)意识性水平测试阶段。序列学习阶段结束后,按照过程分离程序(Jacobby,1991),对被试的外显知识和内隐知识进行评估。包含任务中给出序列中的两个相邻位置,让被试按照序列规则填写出下一个位置,每填对1个记1分;排除任务中仍给出序列中的两个相邻位置,但是要求填写两个相邻位置后面那个位置之外的规则序列中余下的位置。如果被试按照序列规则填写,每填出1个记1分。包含任务和排除任务总分各为12分。

(三)实验结果

数据使用SPSS 15.0和SR公司提供的眼动分析软件"Data Viewer"进行分析。2名被试由于校准存在问题,数据被排除。

1. 意识性水平测验结果

根据被试在意识性水平测验的成绩,包含任务得分小于或等于排除任务得分,或者包含任务得分小于4分为内隐被试,其余被试为外显被试(吕勇、胡伟、吴国来、沈德立,2008)。4名外显被试数据被剔除。

2. 眼跳反应时

图4-5为32名被试在高、低注意负荷条件下各个组段的眼跳反应时。

对1-11组段眼跳反应时进行2(注意负荷:高、低)×11(组段:1-11)混合因素方差分析,结果表明:注意负荷主效应显著,$F(1,30)=9.84$,$p<0.05$,高注意负荷条件下的眼跳反应时(270 ms)长于低注意负荷的(175 ms);组段主效应显著,$F(10,300)=9.19$,$p<0.001$,随着组段的增加,眼跳反应时减小;组段和注意负荷交互作用不显著。

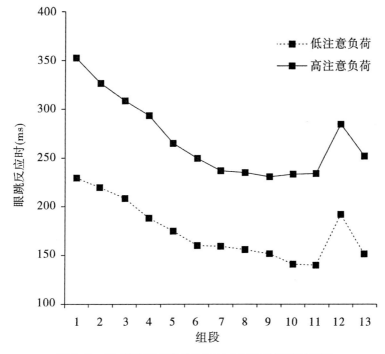

图4-5 高、低注意负荷条件下各个组段的眼跳反应时

3. 内隐学习量

对高、低注意负荷条件下的内隐序列学习量进行检验,内隐序列学习量计算方法为第11组段和第13组段反应时的平均数与第12组段反应时的差值。对内隐序列学习量进行 t 检验。结果表明高、低注意负荷条件下的内隐序列学习成绩量差异不显著,$t(1,30)=0.59$,$p>0.05$(高注意负荷条件下内隐序列学习成绩41 ms;低注意负荷条件下内隐序列学习成绩46 ms)。

(四)讨论

内隐序列学习与注意关系问题是内隐学习领域争议较大的基本问题之一,而且在内隐学习的其他研究领域,如人工语法学习领域、复杂系统控制任务领域,也存在很大争议。以往关于内隐序列学习和注意关系研究中都没有控制眼动。为此,本研究利用眼动测量法,采用 Kinder,Rolfs 和 Kliegl(2008)的内隐序列学习观察范式,被试在序列学习过程中只需要观察,而不需要做出按键反应,对内隐序列学习与注意关系研究进行了新的尝试。

采用眼动测量法考察内隐序列学习,首先需要解决的问题是,被试简单地观察刺激,是否可以发生序列学习? Epelboim, Steinman, Kowler, Edwards, Erkelens, Collewijn 和 Collewijn(1995), Remillard(2003)认为序列学习过程中不会获取眼动序列学习。Howard, Mutter 和 Howard(1992), Seger(1997), Willingham(1999), Kelly 和 Burton(2001), Heyes 和 Foster(2002)认为,如果序列较为简单,比较短或者容易外显;或者序列学习过程中存在少量的按键反应,这些情况下存在眼动序列学习。但是,如果序列变得很复杂,眼动序列学习就会消失。但是,这些研究并不是专门探讨眼动序列学习,都是通过对规则序列或随机序列的按键反应时推测是否发生了眼动序列学习,并没有直接对眼动序列学习进行考察。Albouy, Ruby, Phillips, Luxen, Peigneux 和 Maquet(2006)通过记录被试完成序列反应时任务中的水平眼电和垂直眼电,在水平眼电和垂直眼电基础上确定眼跳反应时,首次证实了眼动序列学习的存在。Marcus, Karatekin 和 Markiewicz(2006), Karatekin, Marcus 和 White(2007), Kinder, Rolfs 和 Kliegl(2008), Karatekin, White 和 Bingham(2009)利用眼动测量法,直接证实了眼动序列学习的存在。通过本研究结果可以看出,无论低注意负荷条件下还是高注意负荷条件下,都存在眼动内隐序列学习。即随着学习组段的不断增加,眼跳反应时逐渐下降,当呈现一个新的序列时,眼跳反应时又有所增加。眼跳反应时的数据模式和传统反应时的数据模式相一致,与以往内隐序列学习的眼动研究结果相一致。

为了考察注意对内隐序列学习的影响,通过增加分心刺激的方法增加注意负荷。从实验结果可以看出,高注意负荷条件下,由于增加了分心刺激,辨别目标刺激所在位置的眼跳反应时比没有分心刺激的眼跳反应时长。说明存在分心刺激时,被试需要投入更多的注意才能觉察目标刺激所在位置。虽然高、低注意负荷条件下的眼跳反应时存在差异,但是,它们之间的内隐学习量没有发现差异。高注意负荷条件下的内隐学习量为 41 ms,低注意负荷条件下的内隐学习量为 46 ms,低注意负荷条件下的内隐学习成绩略高于高注意负荷条件下的内隐学习成绩。实验结果表明,内隐序列学习不需要注意参与。本研究进一步控制反应因素后,实验结果和 Rowland 和 Shanks(2006), Deroost, Coomans 和 Soetens(2009)相一致。从这些研究可以看出,无论被试做出按键反应还是简单地进行观察,都发生了内隐序列学习,而且内隐序列学习成绩与注意负荷高低无关,证实了内隐序列学习不需要注意参与的结论。有一点需要指出的是,虽然本研究中被试只是简单地进行观察,没有进行按键反应,不能据此推论说内隐序列学习是基于刺激的,因为眼动是一种肌肉运动,也是一种反应。内隐序列学习的学习机制还有待于进一步探讨。Rowland 和 Shanks(2006)认为内隐序列学习不受分心刺激影响,可能是由于分心刺激影响内隐序列学习的早期刺激编码阶段,早期刺激编码阶段是对刺激感知觉特征的加工,而内隐序列学习是对复杂信息(例如刺激位置信息相关性)的认知加工。今后的研究,可以进一步探讨影响内隐序列学习的晚期加工阶段后,内隐序列学习是否会受到干扰。

(五)结论

在本实验条件下,得出如下结论:

(1)高注意负荷下眼跳反应时长于低注意负荷条件下的,表明高注意负荷条件下需要更多的注意。

(2)高、低注意负荷条件下都发生了内隐序列学习效应,内隐序列学习量差异不显著,表明内隐序列学习的编码阶段不受注意影响。

三、实验3:时间间隔对内隐序列学习影响的 ERP 研究

(一)问题提出

实验1中,改变了刺激的清晰度,相对于清晰刺激而言,较为模糊的刺激需要投入更多的注意才能对其进行识别。也就是说,刺激的清晰度影响对刺激的编码过程。刺激越清晰越容易被识别,越容易对其进行编码;刺激越模糊越难被识别,越难对其进行编码。实验1的研究结果也证实了这一点,模糊条件下刺激的反应时(809 ms)显著地长于清晰条件下刺激的反应时(753 ms)。并且模糊条件下探测刺激诱发的P1、N1波幅显著大于清晰条件下探测刺激诱发的P1、N1波幅,需要注意的是模糊条件下的探测刺激和清晰条件下的探测刺激是同一个刺激,它们的物理属性完全一样,唯一不同的就是它们出现在不同清晰度刺激构成的序列中。实验1中对刺激清晰度的操控方法,确实影响了刺激加工的编码阶段,但对于内隐序列学习却没有产生根本影响,清晰条件下内隐序列学习量(49 ms)略高于模糊条件下内隐序列学习量(43 ms),但没有达到统计上的显著性差异。实验1的结果表明,编码阶段不是内隐序列学习的主要阶段,与 Clegg(2005),Cohen, Ivry 和 Keele(1990),Grafton, Salidis 和 Willingham(2001),Howard, Mutter 和 Howard(1992),Keele, Jennings, Jones, Caulton 和 Cohen(1995),Mayr(1996),Verwey 和 Clegg(2005)等人强调的编码阶段是内隐序列学习主要阶段的假设不一致。

既然实验1的结果表明编码阶段不是内隐序列学习的主要阶段,那么进一步考察反应选择阶段对内隐序列学习的影响,探讨反应选择阶段是不是内隐序列学习的主要阶段。为此采用心理学研究中常用的双任务范式,其

中一个任务是序列反应时任务,另一个任务是语音辨别任务。与以往研究不同的是,本研究采用语音辨别任务,而不是语音计数任务。一方面语音计数任务过于复杂,包含了刺激识别、工作记忆维持、工作记忆更新等多种认知加工过程(Stadler,1995);另一方面由于序列反应时实验时间一般较长,而语音计数任务只需要在实验结束时做出反应,很可能在中间某个环节出现某些错误(漏计、错计等),但最后的反应无法反映出来,结果的可靠性存在一定问题。而语音辨别任务要求被试在实验过程中对每一个语音进行高、低音辨别,可以很好地解决上述问题。一种条件下,序列反应时任务和语音辨别任务同时呈现,内隐序列学习的反应选择阶段受语音辨别任务的影响;另一种条件下,首先呈现序列反应时任务,一定时间间隔后,再呈现语音辨别任务,与上一种条件下相比,内隐序列学习的反应选择阶段受语音辨别任务的影响较小。

(二)实验方法

1. 实验设计

本实验采用单因素被试间实验设计,自变量为时间间隔,包括 2 个水平:无、有。

2. 被试

高校在校生 30 名,均为自愿参与实验,所有被试均为右利手,视力正常或纠正视力正常,无脑外伤及身心健康问题史,均未参加过类似心理学实验,实验后获得少量报酬。将被试随机分配到两个组别:无时间间隔组和有时间间隔组。

3. 实验材料

序列反应时任务的实验材料为大写字母 N、L、R、D。字母颜色为白色,背景为黑色,字母宽 3.7 cm,高 4.5 cm,呈现于屏幕中央。语音辨别任务的实验材料为频率为 440 Hz 的低纯音和频率为 1760 Hz 的高纯音。

4. 实验程序

(1)序列学习阶段。被试在主试的指导下进行实验。向无时间间隔组一半被试呈现指导语:"您将在屏幕中央看到一个'+'注视点,请注视该注视点,一段时间后'+'自动消失。接着将会同时出现一个大写英文字母和一个声音。出现 N 后,用左手中指按键盘上的'Q'键;出现 L 后,用左手食指按键盘上的'W'键;出现 R 后,用右手食指按键盘上的'O'键;出现 D 后,用右手中指按键盘上的'P'键。听到高音后请口头报告'高';听到低音后请口头报告'低'。请您集中注意,尽快而准确地做出判断。"另一半被试呈现指导语:"您将在屏幕中央看到一个'+'注视点,请注视该注视点,一段时间后'+'自动消失。接着将会同时出现一个大写英文字母和一个声音。出现 N 后,用右手中指按键盘上的'P'键;出现 L 后,用右手食指按键盘上的'O'键;出现 R 后,用左手食指按键盘上的'W'键;出现 D 后,用左手中指按键盘上的'Q'键。听到高音后请口头报告'高';听到低音后请口头报告'低'。请您集中注意,尽快而准确地做出判断。"

向有时间间隔组一半被试呈现指导语:"您将在屏幕中央看到一个'+'注视点,请注视该注视点,一段时间后'+'自动消失。接着将会出现一个大写英文字母,一段时间后出现一个声音。出现 N 后,用左手中指按键盘上的'Q'键;出现 L 后,用左手食指按键盘上的'W'键;出现 R 后,用右手食指按键盘上的'O'键;出现 D 后,用右手中指按键盘上的'P'键。听到高音后请口头报告'高';听到低音后请口头报告'低'。请您集中注意,尽快而准确地做出判断。"另一半被试呈现指导语:"您将在屏幕中央看到一个'+'注视点,请注视该注视点,一段时间后'+'自动消失。接着将会出现一个大写英文字母,一段时间后出现一个声音。出现 N 后,用右手中指按键盘上的'P'键;出现 L 后,用右手食指按键盘上的'O'键;出现 R 后,用左手食指按键盘上的'W'键;出现 D 后,用左手中指按键盘上的'Q'键。听到高音后请口头报告'高';听到低音后请口头报告'低'。请您集中注意,尽快而准确地做出判断。"

注视点呈现时间为 500 ms,被试在 4 秒内没有做出反应,程序自动换屏,试验之间的时间间隔为 500 ms。

正式实验前被试首先进行反应练习,字母随机呈现,直到被试理解指导语,正确率达到90%以上,开始正式实验。正式实验中声音刺激随机呈现。共包括 13 个组段,其中第 12 为随机组段,字母随机呈现。第 1、2、3、4、5、6、7、8、9、10、11、13 为重复序列组段,字母按照一定的序列规则重复出现,序列为:N-L-R-D-L-D-N-R-L-N-D-R。为了防止被试意识到序列的存在,每一重复序列组段中,重复序列的起始字母随机选取,但不会出现两个字母重复出现的情况。每个组段结束后,被试闭目休息 30 s。

(2)意识性水平测试阶段。序列学习阶段结束后,按照过程分离程序(Jacobby,1991),对被试的外显知识和内隐知识进行评估。包含任务中给出序列中的两个相邻字母,让被试按照序列规则填写出下一个字母,每填对 1 个记 1 分;排除任务中仍给出序列中的两个相邻字母,但是要求填写两个相邻字母后面那个字母之外的规则序列中余下的那个字母。如果被试按照序列规则填写出字母,每填出 1 个记 1 分。包含任务和排除任务总分各为 12 分。

(3)再认测试阶段。将"N-L-R-D-L-D-N-R-L-N-D-R"中的 3 个连续字母为一组,共分成 12 个组块。这 12 个组块重复出现 3 遍,以满足分析 ERP 成分的需要。插入内隐序列中没有出现过的字母组块 36 组。再认测试阶段中,首先在屏幕中央呈现"+"号,然后逐个呈现字母组合中的字母。第三个字母呈现结束后,要求被试对刚才出现的字母组合进行新旧判断:刚才出现的字母组合是否在学习阶段出现过? 是的话按"1"键,否的话按"2"键。

5. EEG 记录

实验在光线和通风良好的电磁屏蔽实验室进行。被试坐在一张舒适的椅子上,电脑显示器与眼睛保持水平,眼睛距离电脑显示器中央位置 1.1 m。通过 E-prime 软件呈现实验材料。记录脑电的仪器为 Neuroscan 公司生产的 EEG/ERP 系统,实验中佩戴 Quick-cap64 导电极帽,采用国际 10—20 系统导联方法,前额发际下 1 cm 处接地。头皮电阻小于 5 KΩ,模拟滤波带通为 0.05 ~ 100 Hz,采样率为 500 Hz。以位于左眼上下的电极记录垂直眼电(VEOG),位于眼外侧 1.5cm 处的左右电极记录水平眼电(HEOG)。记录时以左乳突为参考电极,离线数据分析时转换为以双侧乳突的平均值作为参考。

根据被试在意识性水平测验的成绩,包含任务得分小于或等于排除任务得分,或者包含任务得分小于 4 分为内隐被试,其余被试为外显被试(吕勇等,2008)。2 名外显被试数据被剔除。1 名被试的错误率太高,数据被剔除。将 27 名内隐被试的错误反应数据删除(6.45%)。

6. ERP 数据

对 27 名内隐被试的 EEG 数据进行离线分析。采用 Scan 软件的去除眼电伪迹功能,排除眼电伪迹的干扰。数字滤波低通为 30 Hz(24 dB/oct)。以第三个字母出现前 100 ms 至第三个字母出现后 800 ms 作为分析时程。以第三个字母出现前 100 ms 为基线,进行基线矫正。波幅大于±100 μV 的在叠加中被自动剔除。根据已有研究结果与本研究目的,选取 CP3、CPZ、CP4、P3、PZ、P4 共 6 个电极点,对 LPC(300 ~ 800 ms)成分进行分析。对 LPC 成分的平均波幅进行测量,数据以平均值±标准误(SE)表示。

采用 SPSS15.0 统计软件对 LPC 成分的平均波幅进行时间间隔(有、无)×半球(左、中、右)×电极位置(CP3/CP4、CPZ/PZ、P3/P4)方差分析,对不满足球形检验的统计结果采用 Greenhouse-Geisser 法矫正 p 值。

(三)实验结果

1.行为结果

(1)反应时。图4-6为27名被试有、无时间间隔条件下各个组段的平均反应时。

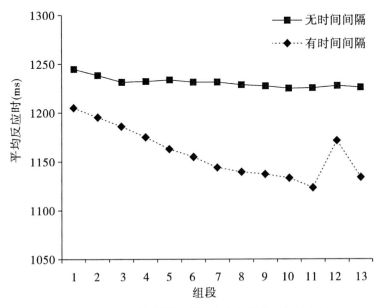

图4-6 有、无时间间隔条件下各个组段的平均反应时

对1—11组段反应时进行2(时间间隔:有、无)×11(组段:1-11)因素方差分析,结果表明:时间间隔主效应显著,$F_{(1,25)} = 8.65$,$p < 0.05$,无时间间隔条件下的反应时(1230 ms)长于有时间间隔(1159 ms)反应时;组段主效应显著,$F_{(10,250)} = 5.32$,$p < 0.001$,随着组段的增加,反应时逐渐减小;组段和时间间隔存在交互作用,$F_{(10,250)} = 2.54$,$p < 0.05$;进一步分析简单效应,结果表明有时间间隔条件下组段效应显著,$F_{(10,130)} = 6.72$,$p < 0.001$。

(2)内隐学习量。对有、无时间间隔条件下的内隐序列学习量进行检验,内隐序列学习量计算方法为第11组段和第13组段反应时的平均数与第12组段反应时的差值。对内隐序列学习量进行单侧 t 检验。结果表明有无时间间隔条件下的内隐序列学习成绩量差异显著,$t_{(1,25)} = 11.55$,$p < 0.001$(有时间间隔条件下内隐序列学习成绩42±11 ms;无时间间隔条件下内隐序列学习成绩1±6 ms)。

2. ERP 结果

通过总平均图(见图4-7)可以发现,有时间间隔条件下存在较明显的 LPC(300~800 ms)成分。

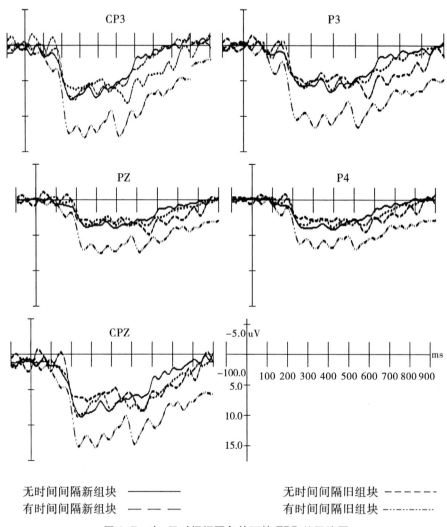

无时间间隔新组块 ———————— 无时间间隔旧组块 ————————

有时间间隔新组块 ——— —— 有时间间隔旧组块 ——·——·——·——

图4-7 有、无时间间隔条件下的 ERP 总平均图

对新旧组块诱发的 LPC 平均波幅进行 2(时间间隔：有、无)×2(新旧)×3(左中右)×2(电极位置：CP3/CP4、CPZ/PZ、P3/P4)混合方差分析,结果表明：新旧主效应显著,$F(1,25) = 18.35$,$p < 0.001$,旧组块的波幅(5.32 ± 0.72 μV)显著大于新组块的波幅(3.41 ± 0.64 μV);新旧和时间间隔存在交互作用,$F(1,25) = 10.61$,$p < 0.05$,进一步进行简单效应检验,结果表明,有时间间隔条件下新旧效应显著,$F(1,13) = 21.19$,$p < 0.001$,旧组块的波幅(7.29 ± 0.91 μV)显著大于新组块的波幅(3.92 ± 1.01 μV)。

(四)讨论

语音辨别任务和序列反应时任务同时呈现,即无时间间隔时,需要对两个任务进行反应,两个任务间存在着认知加工冲突,语音辨别任务干扰了序列反应时任务的认知加工,特别是反应选择阶段。由于内隐序列学习的反应选择阶段受到了干扰,在此情况下没有发生内隐序列学习,学习量只有 1 ms。序列反应时任务呈现一段时间后再呈现语音辨别任务,即有时间间隔时,有时间对序列反应时任务做出反应,内隐序列学习的反应选择阶段受到语音辨别任务的干扰较小,甚至没有受到语音辨别任务的干扰,在此情况下的确发生了内隐序列学习,学习量达到了 42 ms。

再认阶段发现,无论序列反应时任务和语音辨别任务有时间间隔时,旧组块诱发的 LPC 比新组块诱发的 LPC 更为正走向,即发生了 LPC 新旧效应。再认的双加工理论认为,再认分为基于自动提取的熟悉性和意识性提取的回想两个心理加工过程(Curran & Cleary,2003;Herron,Quayle & Rugg,2003;Itiera & Tavlorb,2004),本研究发现的 LPC 新旧效应可能反映了组块的熟悉性加工。本研究的实验材料是英文字母,比汉字、词语、面孔、图画等材料简单。与以往研究不同的是,本研究是对 3 个字母组成的组块进行整体辨别,而不是对单独的字、词、面孔、图画等进行辨别。需要注意的是,为了满足 ERP 分析数据的需要,序列的 12 个组块片段,重复了 3 遍。与只出现过 1 次的新组块相比,可能相对更加熟悉。

(五)结论

在本实验条件下,得出如下结论：

(1)序列反应时任务和语音辨别任务无时间间隔下的反应时长于有时间间隔下的,表明无时间间隔条件下需要更多的注意。

(2)序列反应时任务和语音辨别任务有时间间隔时,存在 LPC 新旧效应,发生了内隐序列学习。序列反应时任务和语音辨别任务无时间间隔时,不存在 LPC 新旧效应,没有发生内隐序列学习。

四、实验 4：时间间隔对内隐序列学习影响的眼动研究

(一)问题提出

实验 2 中,通过操控围绕在目标刺激周围的分心刺激,记录下发现目标刺激所在位置的眼跳反应时。当目标刺激周围不存在分心刺激时,较容易对目标刺激所在位置进行编码,结果表明发现目标刺激所在位置的眼跳反应时较短;当目标刺激周围存在 3 个分心刺激时,需要对目标刺激和分心刺激进行辨别,相对于目标刺激周围没有分心刺激时,较难对目标刺激所在位置进行编码,结果表明发现目标刺激所在位置的眼跳反应时较长。实验 2 中采取增加分心刺激的方法,主要影响了目标刺激所在位置的编码阶段加工,结果表明虽然增加分心刺激条件下,发现目标刺激所在位置的眼跳反应时有所增加,但是仍旧存在内隐序列学习,而且有、无分心刺激条件下的内隐序列学习量没有显著差异。

Rowland 和 Shanks(2006)认为,内隐序列学习不受分心刺激的影响,可能是由于分心刺激影响了内隐序列学习的早期刺激编码阶段,早期刺激编码阶段是对刺激感知觉特征的加工,而内隐序列学习是对复杂信息(例如刺激—反应联结)等的认知加工。为此,在实验 2 的基础上,进一步考察内隐序列学习的晚期加工阶段——反应选择阶段,对于内隐序列学习的影响。

本实验采用心理学研究中常用的双任务范式,一个任务是序列反应时任务,另一个任务是语音辨别任务。语音辨别任务要求被试对实验中出现的声音进行高低音判断,对实验过程中听到的每一个声音都要进行判断。短时间间隔条件下,序列反应时任务和语音辨别任务时间间隔极短,由于需要对两个任务做出反应,两个任务间存在较大冲突,完成序列反应时任务过程中,受到语音辨别任务的较大干扰,内隐序列学习的反应选择阶段受到影响。长时间间隔条件下,首先呈现序列反应时任务,一定时间间隔后,再呈现语音辨别任务。这种条件下,由于有了较长时间间隔,有时间对首先呈现的序列反应时任务做出相应的反应,序列反应时任务完成后,再对语音辨别任务进行反应。与短时间间隔条件下相比,内隐序列学习的反应选择阶段受到语音辨别任务的影响较小。

(二)实验方法

1. 被试

高校在校生 34 名,均为自愿参与实验,所有被试均为右利手,视力正常或纠正视力正常,无脑外伤及身心健康问题史,均未参加过类似心理学实

验,实验后获得少量报酬。将被试随机分配到两个组别:短时间间隔组和长时间间隔组。

2. 实验仪器

采用 EyeLink 2000 眼动仪,采样率为 2000 Hz。实验程序用 Experiment Builder 1.4 编写。实验材料呈现在 21 英寸纯平显示器上,显示器刷新率为 150 Hz,分辨率为 1024×768。实验过程中,被试双眼注视显示器,但只记录右眼的眼动轨迹。

3. 实验材料

序列反应时任务中采用材料:计算机屏幕上水平排列的 4 个黑色方框,背景为白色,黑色圆点可能出现在其中任一个方框中。语音辨别任务中采用的材料:440 Hz 的低纯音和 1760 Hz 的高纯音。

4. 实验设计

本实验采用单因素被试间实验设计,自变量为时间间隔,包括 2 个水平:短、长。

5. 实验程序

(1)序列学习阶段。

1)本实验个别进行。被试进入实验室后,先熟悉实验室环境,然后发给被试实验流程表,让被试了解实验的过程,被试明白实验过程后,让被试坐在眼动仪前,眼动仪调好之后,要求被试在实验过程中尽量保持头部不动。

2)眼睛校准之后,开始实验。短时间间隔组被试的指导语为:"电脑屏幕中央出现 1 个注视点,请注视该注视点的同时进行按键。电脑屏幕上将会出现 4 个方框,其中一个方框内将会出现圆点。请既快又准地注视该圆点。将会呈现一个声音,请口头报告声音的高低。按空格键开始实验。"长时间间隔组被试的指导语为:"电脑屏幕中央出现 1 个注视点,请注视该注视点的同时进行按键。电脑屏幕上将会出现 4 个方框,其中一个方框内将会出现圆点。请既快又准地注视该圆点。圆点呈现一段时间后将会呈现一个声音,请口头报告声音的高低。按空格键开始实验。"

3)正式实验前被试首先进行练习,圆点位置随机呈现,直到被试明白指导语,正确率达到 90%以上,才开始正式实验。正式实验包括 13 个组段,每个组段包括 96 次试验。声音刺激在各个组段随机呈现。其中第 12 为随机组段,圆点位置随机呈现。其他组段为重复序列组段,圆点出现的位置遵循一定的序列规则。序列规则为:4-1-3-2-1-2-4-3-1-4-2-3,这里的 1、2、3、4 分别代表电脑屏幕从左到右出现的黑色方框的位置。为了防止被试意识到序列规则的存在,每一重复序列组段中,重复序列的起始位置随机选取,但不会出现两个位置重复出现的情况。每个组段结束后,被试短暂休息。

（2）意识性水平测试阶段。序列学习阶段结束后,按照过程分离程序（Jacobby,1991）,对被试的外显知识和内隐知识进行评估。包含任务中给出序列中的两个相邻位置,让被试按照序列规则填写出下一个位置,每填对1个记1分;排除任务中仍给出序列中的两个相邻位置,但是要求填写两个相邻位置后面那个位置之外的规则序列中余下的位置。如果被试按照序列规则填写,每填出1个记1分。包含任务和排除任务总分各为12分。

（三）实验结果

数据使用SPSS 15.0和SR公司提供的眼动分析软件"Data Viewer"进行分析。2名被试没有完成口头报告任务且错误率太高,数据被剔除。

1. 意识性水平测验结果

根据被试在意识性水平测验的成绩,包含任务得分小于或等于排除任务得分,或者包含任务得分小于4分为内隐被试,其余被试为外显被试（吕勇、胡伟、吴国来、沈德立,2008）。2名外显被试数据被剔除。

2. 眼跳反应时

图4-8为30名被试长、短时间间隔条件下各个组段的眼跳反应时。

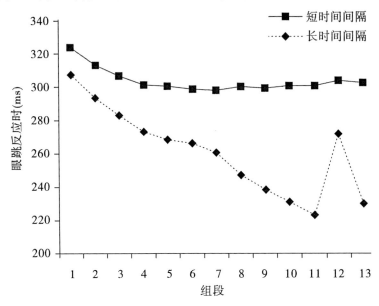

图4-8　长、短时间间隔条件下各个组段的眼跳反应时

对 1—11 组段眼跳反应时进行 2(时间间隔:长、短)×11(组段:1—11)因素方差分析,结果表明:时间间隔主效应显著,$F(1,28)=14.89,p<0.01$,短时间间隔条件下的眼跳反应时(304 ms)长于长时间间隔的(263 ms);组段主效应显著,$F(10,280)=4.59,p<0.001$,随着组段的增加,眼跳反应时逐渐减小;组段和时间间隔存在交互作用,$F(10,280)=1.90,p<0.05$;进一步进行简单效应分析,结果表明长时间间隔条件下组段效应显著,$F(10,140)=4.33,p<0.01$。

3. 内隐学习量

对长短时间间隔条件下的内隐序列学习量进行检验,内隐序列学习量计算方法为第 11 组段和第 13 组段眼跳反应时的平均数与第 12 组段眼跳反应时的差值。对内隐序列学习量进行 t 检验。结果表明长短时间间隔条件下的内隐序列学习成绩量差异显著,$t(1,28)=15.78,p<0.001$(长时间间隔条件下内隐序列学习成绩 46±9 ms;短时间间隔条件下内隐序列学习成绩 2±5 ms)。

(四)讨论

语音辨别任务对序列反应时任务的影响与这两个任务的时间间隔有关。当两个任务时间间隔短时,语音辨别任务干扰了内隐序列学习认知加工过程,此种条件下没有发现内隐序列学习效应;当两个任务时间间隔长时,序列反应时任务中的眼跳反应时虽然有所增加,但是发生了内隐序列学习,长时间间隔条件下的学习量为 46 ms,与实验 2 中低注意负荷条件下的学习量 49 ms,没有显著性变化。该实验结果与实验假设一致,实验结果表明,当内隐序列学习的反应选择阶段受到干扰时,不会发生内隐序列学习;当内隐序列学习的反应选择阶段没有受到干扰时,发生内隐序列学习。

序列反应时任务和语音辨别任务时间间隔长时,被试首先看到的序列反应时任务,理所当然首先对序列反应时任务进行反应。一段时间间隔后才呈现语音辨别任务,对序列反应时任务反应完后,再对语音辨别任务进行反应。在这种情况下,语音辨别任务对序列反应时任务的反应选择阶段没有产生干扰,因为内隐序列学习的反应选择阶段基本上加工完毕,才呈现语音辨别任务。序列反应时任务和语音辨别任务时间间隔短时,这种情况下存在较多可能。被试可能首先对序列反应时任务做出反应,然后对语音辨别任务做出反应;被试也可能首先对语音辨别任务做出反应,然后对序列反应时任务做出反应;被试也可能对这两个任务同时做出反应;被试也可能交替完成这两个任务,一会儿首先完成序列反应时任务,一会儿首先完成语音辨别任务。可以看出,内隐序列反应的认知加工过程,特别是反应选择阶段受到了很大干扰。序列反应时任务和语音辨别任务时间间隔短时,如果通过一定操控方法,控制了被试的反应顺序,内隐序列学习是否会发生呢?下面将进一步探讨。

(五)结论

在本实验条件下,得出如下结论:

(1)序列反应时任务和语音辨别任务短时间间隔下的眼跳反应时长于长时间间隔下的,表明短时间间隔需要更多的注意。

(2)序列反应时任务和语音辨别任务长时间间隔时,存在内隐序列学习。序列反应时任务和语音辨别任务短时间间隔时,不存在内隐序列学习。

五、实验 5:权重对内隐序列学习影响的 ERP 研究

(一)问题提出

实验 3 研究发现,序列反应时任务和语音辨别任务无时间间隔时,没有发生内隐序列学习。这种情况下被试可能首先对序列反应时任务做出反应,然后对语音辨别任务做出反应;也可能首先对语音辨别任务做出反应,然后对序列反应时任务做出反应;也可能对这两个任务同时做出反应;也可能交替完成这两个任务,一会儿首先完成序列反应时任务,一会儿首先完成语音辨别任务。被试对这两个任务反应顺序的不同,直接影响着内隐序列学习加工。如果首先对序列反应时任务做出反应,这种情况应该不会对内隐序列学习造成太大干扰;如果首先对语音辨别任务做出反应,那么序列反应时任务成了次要任务,内隐序列学习效应极有可能消失;如果对两个任务同时做出反应,必定引起心理能量的较大冲突,特别是内隐序列学习的反应选择阶段。

进一步设想,如果可以有效地控制被试的反应顺序,即便在序列反应时任务和语音辨别任务没有时间间隔条件下,也会发生内隐序列学习。因为虽然序列反应时任务和语音辨别任务同时呈现,但是,明确告知被试首先对序列反应时任务进行反应条件下,内隐序列学习加工过程较少受到语音辨别任务的干扰,被试有足够的心理资源对序列进行内隐学习。为了能有效地控制被试的反应顺序,本研究中采用增加权重的方法,即有权重条件下,明确告知被试,首先对序列反应时任务做出反应;无权重条件下,对反应顺序不做具体要求。

(二)实验方法

1. 实验设计

本实验采用单因素被试间实验设计,自变量为权重,包括 2 个水平:无、有。

2. 被试

大学生 30 名,均为自愿参与实验,所有被试均为右利手,视力正常或纠正视力正常,无脑外伤及身心健康问题史,均未参加过类似心理学实验,实验后获得少量报酬。将被试随机分配到两个组别:无权重组和有权重组。

3. 实验材料

序列反应时任务的实验材料为大写字母 N、L、R、D。字母颜色为白色,背景为黑色,字母宽 3.7 cm,高 4.5 cm,呈现于屏幕中央。语音辨别任务的实验材料为频率为 440 Hz 的低纯音和频率为 1760 Hz 的高纯音。

4. 实验程序

(1)序列学习阶段。被试在主试的指导下进行实验。向无权重组一半被试呈现指导语:"您将在屏幕中央看到一个'+'注视点,请注视该注视点,一段时间后'+'自动消失。接着将会同时出现一个大写英文字母和一个声音。出现 N 后,用左手中指按键盘上的'Q'键;出现 L 后,用左手食指按键盘上的'W'键;出现 R 后,用右手食指按键盘上的'O'键;出现 D 后,用右手中指按键盘上的'P'键。听到高音后请口头报告'高';听到低音后请口头报告'低'。请您集中注意,尽快而准确地做出判断。"另一半被试呈现指导语:"您将在屏幕中央看到一个'+'注视点,请注视该注视点,一段时间后'+'自动消失。接着将会同时出现一个大写英文字母和一个声音。出现 N 后,用右手中指按键盘上的'P'键;出现 L 后,用右手食指按键盘上的'O'键;出现 R 后,用左手食指按键盘上的'W'键;出现 D 后,用左手中指按键盘上的'Q'键。听到高音后请口头报告'高';听到低音后请口头报告'低'。请您集中注意,尽快而准确地做出判断。"

向有权重组一半被试呈现指导语:"您将在屏幕中央看到一个'+'注视点,请注视该注视点,一段时间后'+'自动消失。接着将会同时出现一个大写英文字母和一个声音,请首先对大写英文字母进行反应。出现 N 后,用左手中指按键盘上的'Q'键;出现 L 后,用左手食指按键盘上的'W'键;出现 R 后,用右手食指按键盘上的'O'键;出现 D 后,用右手中指按键盘上的'P'键。听到高音后请口头报告'高';听到低音后请口头报告'低'。请您集中注意,尽快而准确地做出判断。"另一半被试呈现指导语:"您将在屏幕中央看到一个'+'注视点,请注视该注视点,一段时间后'+'自动消失。接着将会同时出现一个大写英文字母和一个声音,请首先对大写英文字母进行反应。出现 N 后,用右手中指按键盘上的'P'键;出现 L 后,用右手食指按键盘上的'O'键;出现 R 后,用左手食指按键盘上的'W'键;出现 D 后,用左手中指按键盘上的'Q'键。听到高音后请口头报告'高';听到低音后请口头报告'低'。请您集中注意,尽快而准确地做出判断。"

注视点呈现时间为 500 ms,被试在 4 s 内没有做出反应,程序自动换屏,试验之间的时间间隔为 500 ms。

正式实验前被试首先进行反应练习,字母随机呈现,直到被试理解指导语,正确率达到 90% 以上,开始正式实验。正式实验中声音刺激随机呈现。共包括 13 个组段,其中第 12 为随机组段,字母随机呈现。第 1、2、3、4、5、6、7、8、9、10、11、13 为重复序列组段,字母按照一定的序列规则重复出现,序列为:N-L-R-D-L-D-N-R-L-N-D-R。为了防止被试意识到序列的存在,每一重复序列组段中,重复序列的起始字母随机选取,但不会出现两个字母重复出现的情况。每个组段结束后,被试闭目休息 30 s。

(2)意识性水平测试阶段。序列学习阶段结束后,按照过程分离程序(Jacobby,1991),对被试的外显知识和内隐知识进行评估。包含任务中给出序列中的两个相邻字母,让被试按照序列规则填写出下一个字母,每填对 1 个记 1 分;排除任务中仍给出序列中的两个相邻字母,但是要求填写两个相邻字母后面那个字母之外的规则序列中余下的那个字母。如果被试按照序列规则填写出字母,每填出 1 个记 1 分。包含任务和排除任务总分各为 12 分。

(3)再认测试阶段。将"N-L-R-D-L-D-N-R-L-N-D-R"中的 3 个连续字母为一组,共分成 12 个组块。这 12 个组块重复出现 3 遍,以满足分析 ERP 成分的需要。插入内隐序列中没有出现过的字母组块 36 组。再认测试阶段中,首先在屏幕中央呈现"+"号,然后逐个呈现字母组合中的字母。第三个字母呈现结束后,要求被试对刚才出现的字母组合进行新旧判断:刚才出现的字母组合是否在学习阶段出现过? 是的话按"1"键,否的话按"2"键。

5. EEG 记录

实验在光线和通风良好的电磁屏蔽实验室进行。被试坐在一张舒适的椅子上,电脑显示器与眼睛保持水平,眼睛距离电脑显示器中央位置 1.1 m。通过 E-prime 软件呈现实验材料。记录脑电的仪器为 Neuroscan 公司生产的

EEG/ERP 系统,实验中佩戴 Quick-cap64 导电极帽,采用国际 10-20 系统导联方法,前额发际下 1 cm 处接地。头皮电阻小于 5 KΩ,模拟滤波带通为 0.05 ~ 100 Hz,采样率为 500 Hz。以位于左眼上下的电极记录垂直眼电(VEOG),位于眼外侧 1.5 cm 处的左右电极记录水平眼电(HEOG)。记录时以左乳突为参考电极,离线数据分析时转换为以双侧乳突的平均值作为参考。

(三)数据分析

1. 行为数据

根据被试在意识性水平测验的成绩,包含任务得分小于或等于排除任务得分,或者包含任务得分小于 4 分为内隐被试,其余被试为外显被试(吕勇等,2008)。2 名外显被试数据被剔除,1 名被试的错误率太高,数据被剔除。将 27 名内隐被试的错误反应数据删除(3.25%)。

2. ERP 数据

对 27 名内隐被试的 EEG 数据进行离线分析。采用 Scan 软件的去除眼电伪迹功能,排除眼电伪迹的干扰。数字滤波低通为 30 Hz(24 dB/oct)。以第三个字母出现前 100 ms 至第三个字母出现后 800 ms 作为分析时程。以第三个字母出现前 100 ms 为基线,进行基线矫正。波幅大于 ±100 μV 的在叠加中被自动剔除。根据已有研究结果与本研究目的,选取 CP3、CPZ、CP4、P3、PZ、P4 共 6 个电极点,对 LPC(300 ~ 800 ms)成分进行分析。对 LPC 成分的平均波幅进行测量,数据以平均值 ± 标准误(SE)表示。

采用 SPSS15.0 统计软件对 LPC 成分的平均波幅进行权重(有、无)×半球(左、中、右)×电极位置(CP3/CP4、CPZ/PZ、P3/P4)方差分析,对不满足球形检验的统计结果采用 Greenhouse-Geisser 法矫正 p 值。

3. 实验结果

(1)行为结果。

1)反应时。图 4-9 为 27 名有效被试有、无权重条件下各个组段的平均反应时。对 1-11 组段反应时进行 2(权重:有、无)×11(组段:1-11)因素方差分析,结果表明:权重主效应显著,$F_{(1,25)} = 68.53$,$p < 0.001$,无权重条件下的反应时(1230 ms)长于有权重的(1031 ms);组段主效应显著,$F_{(10,250)} = 20.15$,$p < 0.001$,随着组段的增加,反应时逐渐减小;组段和权重存在交互作用,$F_{(10,250)} = 14.28$,$p < 0.001$;进一步进行简单效应检验,结果表明有权重条件下组段效应显著,$F_{(10,130)} = 30.81$,$p < 0.001$。

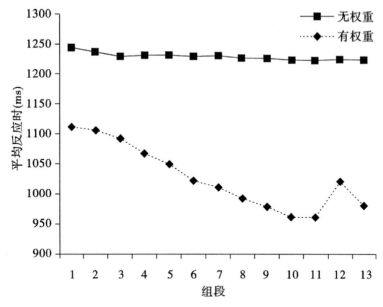

图4-9 有、无权重条件下各个组段的平均反应时

2)内隐学习量。对有无权重条件下的内隐序列学习量进行检验,内隐序列学习量计算方法为第 11 组段和第 13 组段反应时的平均数与第 12 组段反应时的差值。对内隐序列学习量进行 t 检验。结果表明有无权重条件下的内隐序列学习成绩量差异显著,$t(1,25) = 12.46, p < 0.001$(有权重条件下内隐序列学习成绩 51 ± 13 ms;无权重条件下内隐序列学习成绩 1 ± 6 ms。)

（2）ERP 结果。有、无权重条件下的 ERP 总平均图见图4-10。

对新旧组块诱发的 LPC 平均波幅进行 2(权重:有、无)×2(新旧)×3(左中右)×2(电极位置:CP3/CP4、CPZ/PZ、P3/P4)混合方差分析,结果表明:新旧主效应显著,$F(1,25) = 17.60, p < 0.001$,旧组块的波幅($4.69 \pm 0.67$ μV)显著大于新组块的波幅(2.96 ± 0.44 μV);新旧和权重存在交互作用,$F(1,25) = 9.52, p < 0.05$。进一步进行简单效应检验,结果表明有权重条件下新旧效应显著,$F(1,13) = 21.10, p < 0.001$;旧组块的波幅($6.02 \pm 0.85$ μV)显著大于新组块的波幅(3.02 ± 0.49 μV)。

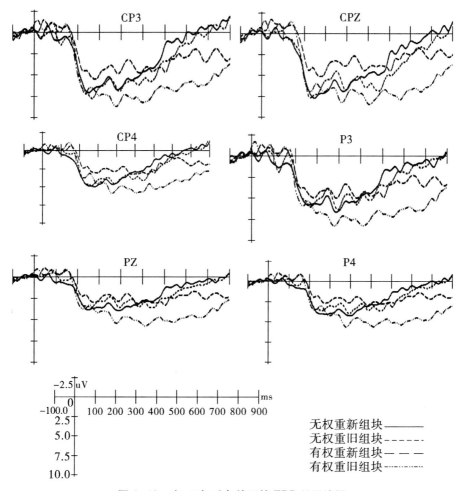

图 4-10　有、无权重条件下的 ERP 总平均图

(四)讨论

　　序列反应时任务和语音辨别任务无时间间隔呈现,无权重条件下,由于需要对两个任务进行反应,而且没有强调反应顺序,造成两个任务间存在着冲突,语音辨别任务对序列反应时任务产生了很大干扰,在此情况下没有发生内隐序列学习,学习量只有 1 ms。有权重条件下,虽然序列反应时任务和语音辨别任务同时呈现,但是由于明确要求被试首先对序列反应时任务进行反应,序列反应时任务和语音辨别任务之间冲突较小,语音辨别任务对序列反应时任务造成的干扰也较小,在此情况下确实发生了内隐序列学习,内

隐学习量达到 51 ms。

通过实验 3 和实验 5 可以发现,序列反应时任务和语音辨别任务有时间间隔呈现,或者两个任务无时间间隔呈现,但是需要明确告知被试首先对序列反应时任务做出反应,才会发生内隐序列学习;反之,序列反应时任务和语音辨别任务无时间间隔呈现,而且没有明确告知被试首先对哪个任务进行反应,就不会发生内隐序列学习。从形式上看,完成两个任务时,为了发生内隐序列学习,一个方法是两个任务间存在一定时间间隔;另一个方法是告知被试首先对哪一项任务进行反应。从本质上看,只要不影响内隐序列学习的反应选择阶段,就会发生内隐序列学习。通过增加时间间隔的方法,由于首先单独呈现序列反应时任务,内隐序列学习对刺激的编码阶段以及反应选择阶段受到语音辨别任务的干扰很少,所以可以发生序列学习;通过增加任务权重的方法,虽然序列反应时任务和语音辨别任务同时呈现,内隐序列学习对刺激的编码阶段受到影响,但实验 1、实验 2 已经证实影响内隐序列学习的早期编码阶段,不会影响内隐序列学习的发生。而且,已经明确告知被试首先对序列反应时任务进行反应,被试为了首先对序列反应时任务进行反应,内隐序列学习的反应选择阶段也不会受到语音辨别任务的干扰,所以可以发生内隐序列学习。

和实验 3 结果相似,再认阶段,有权重条件下,旧组块诱发的 LPC 比新组块诱发的 LPC 更为正走向,发生了 LPC 新旧效应。按照再认的双加工理论,LPC 新旧效应可能与基于自动提取的熟悉性心理加工过程有关。本研究发现的 LPC 新旧效应与以往研究发现结果存在不同,还需要进一步探讨。

(五)结论

在本实验条件下,得出如下结论:

(1)序列反应时任务和语音辨别任务无权重下的反应时长于有权重下的,表明无权重条件下需要更多的注意。

(2)序列反应时任务和语音辨别任务有权重时,存在 LPC 新旧效应,发生了内隐序列学习;序列反应时任务和语音辨别任务无权重时,不存在 LPC 新旧效应,没有发生内隐序列学习。

六、实验 6:权重对内隐序列学习影响的眼动研究

(一)问题提出

在实验 4 研究中,当序列反应时任务和语音辨别任务之间时间间隔短时,眼跳反应时指标上没有发现内隐序列学习。需要注意的是,当两个任务

时间间隔短时,两个任务的反应顺序会对实验结果产生重要影响。被试可能首先看目标刺激所在位置,然后口头回答声音高低;也可能首先口头回答声音的高低,然后再去看目标刺激所在位置;也可能看目标刺激所在位置的同时,口头回答声音的高低;也可能交替完成这两个任务,一会儿首先看目标刺激所在位置,一会儿首先口头回答声音的高低。从中可以看出,如果被试首先完成序列反应时任务,即看目标刺激所在位置的话,内隐序列学习受到的影响较小;但是如果首先完成语音辨别任务,即口头回答声音的高低,序列反应时任务成了次要任务,将会对内隐序列学习产生很大干扰,内隐序列学习极有可能消失。

为此,本研究中,进一步控制了被试的反应顺序。认为即便序列反应时任务和语音辨别任务时间间隔短,如果明确告知被试反应顺序,内隐序列学习也会发生。因为明确告知被试首先对序列反应时任务进行反应,语音辨别任务虽然和序列反应时任务时间间隔短,但它对内隐序列学习的影响,仅限于早期刺激编码阶段。实验1和实验2已经证实,内隐序列学习的刺激编码阶段受到影响情况下,仍旧可以发生序列学习。为了有效地控制被试的反应顺序,采用了增加任务权重的方法,即有权重条件下,告知被试首先对序列反应时任务进行反应;无权重条件下,对反应顺序不做具体要求。

(二)实验方法

1. 被试

大学生34名。均为自愿参与实验,所有被试均为右利手,视力正常或纠正视力正常,无脑外伤及身心健康问题史,均未参加过类似心理学实验,实验后获得少量报酬。将被试随机分配到两个组别:无权重组和有权重组。

2. 实验仪器

采用 EyeLink 2000 眼动仪,采样率为 2000 Hz。实验程序用 Experiment Builder 1.4 编写。实验材料呈现在 21 英寸纯平显示器上,显示器刷新率为 150 Hz,分辨率为 1024×768。实验过程中,被试双眼注视显示器,但只记录右眼的眼动轨迹。

3. 实验材料

序列反应时任务中采用材料:计算机屏幕上水平排列的 4 个黑色方框,背景为白色,黑色圆点可能出现在其中任一个方框中。语音辨别任务中采用的材料:440 Hz 的低纯音和 1760 Hz 的高纯音。

4.实验设计

本实验采用单因素被试间实验设计,自变量为权重,包括 2 个水平:无、有。

5.实验程序

(1)序列学习阶段。

1)本实验个别进行。被试进入实验室后,先熟悉实验室环境,然后发给被试实验流程表,让被试了解实验的过程,被试明白实验过程后,让被试坐在眼动仪前,眼动仪调好之后,要求被试在实验过程中尽量保持头部不动。

2)眼睛校准之后,开始实验。无权重组被试的指导语为:"电脑屏幕中央出现一个注视点,请注视该注视点的同时进行按键。电脑屏幕上将会出现 4 个方框,其中一个方框内将会出现圆点。请既快又准地注视该圆点。将会呈现一个声音,请口头报告声音的高低。按空格键开始实验。"有权重组被试的指导语为:"电脑屏幕中央出现一个注视点,请注视该注视点的同时进行按键。电脑屏幕上将会出现 4 个方框,其中一个方框内将会出现圆点。请既快又准地注视该圆点。将会呈现一个声音,请口头报告声音的高低。请首先注视该圆点,然后对声音刺激做出反应。按空格键开始实验。"

3)正式实验前被试首先进行练习,圆点位置随机呈现,直到被试明白指导语,正确率达到90%以上,才开始正式实验。正式实验包括 13 个组段,每个组段包括 96 次试验。声音刺激在各个组段随机呈现。其中第 12 为随机组段,圆点位置随机呈现。其他组段为重复序列组段,圆点出现的位置遵循一定的序列规则。序列规则为:4-1-3-2-1-2-4-3-1-4-2-3,这里的 1、2、3、4 分别代表电脑屏幕从左到右出现的黑色方框的位置。为了防止被试意识到序列规则的存在,每一重复序列组段中,重复序列的起始位置随机选取,但不会出现两个位置重复出现的情况。每个组段结束后,被试短暂休息。

(2)意识性水平测试阶段。序列学习阶段结束后,按照过程分离程序,对被试的外显知识和内隐知识进行评估。包含任务中给出序列中的两个相邻位置,让被试按照序列规则填写出下一个位置,每填对 1 个记 1 分;排除任务中仍给出序列中的两个相邻位置,但是要求填写两个相邻位置后面那个位置之外的规则序列中余下的位置。如果被试按照序列规则填写,每填出 1 个记 1 分。包含任务和排除任务总分各为 12 分。

(三)实验结果

数据使用 SPSS 15.0 和 SR 公司提供的眼动分析软件"Data Viewer"进行

分析。2 名被试未能完成口头报告任务,数据被剔除。

1. 意识性水平测验结果

根据被试在意识性水平测验的成绩,包含任务得分小于或等于排除任务得分,或者包含任务得分小于 4 分为内隐被试,其余被试为外显被试(吕勇等,2008)。2 名外显被试数据被剔除。

2. 眼跳反应时

图 4-11 为 30 名被试在有、无权重条件下各个组段的眼跳反应时。

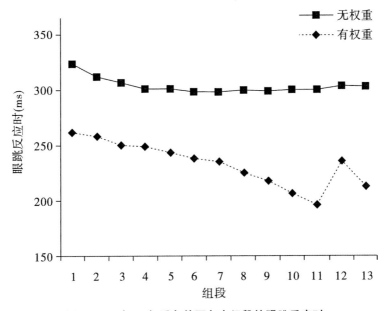

图 4-11　有、无权重条件下各个组段的眼跳反应时

对 1—11 组段眼跳反应时进行 2(权重:有、无)×11(组段:1—11)因素方差分析,结果表明:权重主效应显著,$F(1,28)=140.81,p<0.001$,无权重条件下的眼跳反应时(304 ms)长于有权重的(235 ms);组段主效应显著,$F(10,280)=5.55,p<0.001$,随着组段的增加,眼跳反应时逐渐减小;组段和权重存在交互作用,$F(10,280)=2.36,p<0.05$,进一步进行简单效应检验,结果表明,有权重条件下组段效应显著,$F(10,140)=7.80,p<0.001$。

3. 内隐学习量

对有无权重条件下的内隐序列学习量进行检验,内隐序列学习量计算方法为第 11 组段和第 13 组段眼跳反应时的平均数与第 12 组段眼跳反应时的差值。对内隐序列学习量进行 t 检验。结果表明有无权重的内隐序列学习成绩量差异显著,$t(1,28)=11.20,p<0.001$(有权重条件下内隐序列学习成绩 33 ± 9 ms;无权重条件下内隐序列学习成绩 2 ± 5 ms)。

(四)讨论

无权重条件下,由于需要对两个任务做出反应,语音辨别任务对内隐序列学习的刺激编码阶段和反应选择阶段产生很大干扰,没有发生内隐序列学习,从眼跳反应时可以看出,学习量只有 2 ms。而有权重条件下,明确要求被试首先对序列反应时任务进行反应,语音辨别任务只影响了序列学习的早期刺激编码阶段。由实验 2 得知,影响序列学习的早期刺激编码阶段,对序列学习不会造成根本性影响,内隐序列学习仍旧存在。本研究结果表明,这种情况下确实发生了内隐序列学习,内隐学习量为 51 ms。

实验 3 中,当序列反应时任务和语音辨别任务存在时间间隔时,发生了内隐序列学习。本研究中,增加了任务权重,即告知被试首先对哪个任务进行反应,也发生了内隐序列学习。从本质上看,只要不影响内隐序列学习的反应选择阶段,就会发生内隐序列学习。通过增加任务权重的方法,内隐序列学习对刺激的编码阶段受到影响,但实验 1、实验 2 已经证实影响内隐序列学习的早期编码阶段,不会影响内隐序列学习的发生。而且,已经明确告知被试首先对序列反应时任务进行反应,被试为了首先对序列反应时任务进行反应,内隐序列学习的反应选择阶段也不会受到语音辨别任务的干扰,所以存在内隐序列学习。通过增加时间间隔的方法,由于首先单独呈现序列反应时任务,内隐序列学习对刺激的编码阶段以及反应选择阶段受到语音辨别任务的干扰很少,所以发生了序列学习。

(五)结论

在本实验条件下,得出如下结论:

(1)序列反应时,任务和语音辨别任务无权重下的眼跳反应时长于有权重下的,表明无权重需要更多的注意。

(2)序列反应时,任务和语音辨别任务有权重时,存在内隐序列学习;序列反应时任务和语音辨别任务无权重时,不存在内隐序列学习。

七、总讨论

(一)从认知加工阶段探讨内隐序列学习与注意关系

内隐序列学习与注意的关系是内隐学习研究的基本问题之一(Deroost, Coomans & Soetens,2009;付秋芳、傅小兰,2006;郭秀艳,2003),目前还没有得出一致结论,有的研究发现内隐序列学习需要注意参与(Curran & Keele,1993;Heuer & Schmidtke,1996;Nissen & Bullemer,1987);有的研究发现内隐序列学习不需要注意参与(Frensch,Buchner & Lin,1994;Hsiao & Reber,2001;Reed & Johnson,1994),内隐序列学习是否需要注意参与还存在很大争议(Jiménez & Vázquez,2005;Shanks,2003;Shanks,Rowland & Ranger,2005)。为此,本研究试图寻找整合不同研究结果的途径。按照信息加工论观点,从外部刺激输入到最后做出反应,包含几个认知加工阶段。内隐序列学习与注意关系的研究中,有的研究进行的操作可能影响了早期刺激编码阶段;有的研究进行的操作可能影响了反应选择阶段;有的研究进行的操作可能影响了反应输出阶段;有的研究进行的操作可能对早期刺激编码阶段或反应选择阶段或反应输出阶段都产生了影响。而影响内隐序列学习的不同认知加工阶段,对内隐序列学习所造成的影响可能不同。为此,进行了系列实验,探讨影响内隐序列学习的编码阶段和反应选择阶段,对内隐序列学习造成的影响。

1. 编码阶段

实验1和实验2主要考察的是内隐序列学习的刺激编码阶段。实验1中,通过操控刺激清晰度的方法,影响内隐序列学习的早期刺激编码阶段。低注意负荷条件下的刺激较清晰,刺激较容易辨别,即较容易对刺激进行编码;高注意负荷条件下的刺激较模糊,刺激较难辨别,即较难对刺激进行编码。ERP结果也验证了刺激清晰度的确影响了早期编码阶段,高注意负荷条件下探测刺激诱发的P1、N1波幅显著大于低注意负荷条件下探测刺激诱发的P1、N1波幅。高注意负荷条件下刺激较模糊,需要投入较多的注意才能对刺激进行辨别,诱发的P1、N1波幅就较大;低注意负荷条件下刺激较清晰,投入较少的注意就可以对刺激进行辨别,诱发的P1、N1波幅较小。虽然高、低注意负荷条件下内隐序列学习的编码阶段受到刺激清晰度的影响,但是内隐序列学习本身没有本质差别,高、低注意负荷条件下都发生了内隐序列学习,而且内隐学习量没有显著差异。实验2中,通过增加分心刺激的方法,影响内隐序列学习的早期刺激编码阶段。低注意负荷条件下没有分心刺激,刺激较容易辨别,即较容易对刺激进行编码;高注意负荷条件下存在分心刺激,目标刺激较难辨别,即较难对目标刺激进行编码。从眼跳反应时可以看出,低注意负荷条件下的眼跳反应时小于高注意负荷条件下的眼跳反应时,表明分心刺激的增加,确实影响了内隐序列学习的早期刺激编码阶段。和实验1结果相类似,虽然内隐序列学习的早期刺激编码阶段受到影响,但是内隐序列学习本身并没有发生本质变化。有、无分心刺激条件下都发生了内隐序列学习,并且有、无分心刺激条件下的内隐学习量没有显著性差异。

通过实验1和实验2,可以看出,内隐序列学习的刺激编码阶段受到干扰后,辨别刺激所需要的时间(反应时或者眼跳反应时)有所增加,需要投入的注意(P1、N1波幅的增大)有所增加,但是对内隐序列学习本身没有根本性影响。因此认为,干扰内隐序列学习的编码阶段,内隐序列学习仍旧存在。

2. 反应选择阶段

前面2个实验表明内隐序列学习的编码阶段受到干扰后,仍然发生内隐序列学习。后面的4个实验,通过增加语音辨别任务的方法,探讨了内隐序列学习的反应选择阶段受到干扰后,是否发生内隐序列学习。实验3中序列反应时任务和语音辨别任务呈现方式有两种:有时间间隔和无时间间隔。当两种任务呈现无时间间隔时,内隐序列学习的反应选择阶段受到语音辨别任务的干扰,结果没有发现内隐序列学习;当两种任务呈现有时间间隔时,内隐序列学习的反应选择阶段没有受到语音辨别任务的干扰,结果发现了内隐序列学习。在实验3基础上,进一步设想,内隐序列反应时任务和语音辨别任务无时间间隔呈现时,由于完成两种任务存在“冲突”,特别是反应选择阶段会受到很大干扰,才导致了内隐序列学习消失。如果通过一定的方法,内隐序列反应时任务和语音辨别任务无时间间隔呈现时,两种任务间不存在“冲突”,特别是反应选择阶段不受到彼此干扰,会不会发生内隐序列学习呢? 为此,实验5中,增加了任务权重,即告知被试首先完成序列反应时任务。结果表明,两种任务无时间间隔呈现,无任务权重条件下,不存在内隐序列学习;两种任务无时间间隔呈现,有任务权重条件下,存在内隐序列学习。

通过实验3、4、5、6,可以发现,无论是做出手按键反应,还是简单地眼动,反应选择阶段不受干扰时,存在内隐序列学习;反应选择阶段受到干扰时,不存在内隐序列学习。为此,认为内隐序列学习的反应选择阶段是核心加工阶段,关系到内隐序列学习的是否发生。

(二)采用新的研究方法探讨内隐序列学习与注意关系

以往关于内隐序列学习与注意关系的研究(Curran & Keele,1993;Heuer & Schmidtke,1996;Nissen & Bullemer,1987;Frensch,Buchner & Lin,1994;Hsiao & Reber,2001;Reed & Johnson,1994),都是行为实验,以反应时

作为指标。根据空间序列学习和字母序列学习的特点,结合 ERP 技术和眼动技术的特征,进行了大胆尝试。

1. ERP 法

Eimer,Goschke,Schlaghecken 和 Stürmer(1996)最早采用 ERP 方法对内隐序列学习进行探讨。在 Eimer 等人经典研究中,采用 Oddball 范式,让被试对按一定的顺序重复呈现的大写字母序列做出按键反应。其中,符合序列规则的标准刺激有时会被偏差字母所取代,取代的位置是随机的。序列呈现后将被试分为内隐组和外显组。结果发现两组被试对序列结构都发生了学习。对于外显组被试来说,与标准刺激相比,偏差刺激诱发的 N2b 波幅明显增大,P3b 波幅稍有增大,而内隐组被试没有发现这一效应。Eimer 等人认为,N2b 波幅的增大可能反映被试获得了序列规则的外显知识。Rüsseler 和 Rösler(2000)采用 ERP 方法考察了序列反应时任务中的反应序列学习和刺激序列学习。他们同样采用 oddball 范式,规则刺激偶尔被偏差刺激取代。偏差刺激分为两种:一种是不符合刺激序列规则但是符合反应序列规则(知觉偏差刺激);另一种是既不符合刺激序列规则又不符合反应序列规则(运动偏差刺激)。结果发现两种类型的偏差刺激和两类被试之间的 LRP 存在差异。内隐组被试对刺激序列不敏感,只对反应序列敏感。他们由此认为内隐序列学习是一种基于反应的学习。Rüsseler,Kuhlicke 和 Münte(2003)为了考察不同类型被试序列学习的错误监测加工问题,采用 ERN 成分对被试的错误监测加工进行了研究。刺激材料为 A、B、C、D 4 个字母,目标刺激在 50% 的情景中符合某个规则,而在另 50% 的情景下是随机的。每次呈现 3 个字母,其中包含一个目标刺激(居中)和两个干扰刺激(外周),如 BAB,或包含一个目标刺激和两个中性刺激,如 XAX。实验前控制被试的学习定向,将被试分为外显和内隐两组。结果发现,外显组被试的 ERN 波幅显著大于内隐组被试,表现出更多的纠错倾向。Rüsseler,Hennighausen,Münte 和 Rösler(2003)在实验中将被试分成有意学习组和无意学习组。之后向被试呈现刺激序列,序列包含标准刺激、运动偏差刺激和知觉偏差刺激。行为结果表明两组被试都学习到了序列知识,有意学习组被试的学习效应更显著。ERP 的结果发现有意学习组被试偏差刺激的 N2b 和 P3b 波幅更大,但是无意学习组的被试没有发现这一结果。Miyawaki,Sato,Yasuda,Kumano 和 Kuboki(2005)采用 Oddball 范式,考察了外显知识和有意学习对 N2 和 P3 的影响。序列包含标准刺激和偏差刺激,实验前通过指导语控制被试的学习定向,即有意学习和无意学习。在序列反应时任务结束后,根据加工分离程序分离出被试获得的外显知识。结果发现有意学习组和无意学习组被试都学到了序列知识,偏差刺激诱发的 N2 与外显知识有关,但 P3 与外显知识几乎没有关系。因此,N2 和 P3 可能反映了外显学习的不同方面。P3 更多地反映了被试主观估计的反应概率和实际出现的刺激产生偏差时被试脑电上的变化。已有研究表明 N200(Schlaghecken,Stürmer & Eimer,2000;Miyawaki,Sato,Yasuda,Kumano & Kuboki,2005)、P300(Schlaghecken,Stürmer & Eimer,2000;Miyawaki,Sato,Yasuda,Kumano & Kuboki,2005;Rüsseler,Hennighausen,Münte & Rösler,2003;Amenedo & Escera,2000;Atienza,Cantero,Grau,Gómez,Dominguez-Marín & Escera,2003)、CNV(Trillenberg,Verleger,Wascher,Wauschkuhn & Wessel,2000;Stadler,Klimesch,Pouthas & Ragot,2006)、LRP(Rüsseler & Rösler,2000)、ERN(Rüsseler,Hennighausen,Münte & Rösler,2003)、MMN(Tubau,Escera,Carral & Corral,2007)可以作为内隐序列学习的脑电成分,由此可以看出,事件相关电位法可以作为考察内隐序列学习行之有效的方法。

实验 1 中,比较了高、低注意负荷条件下探测刺激诱发的 P1、N1 波幅。低注意负荷条件下的刺激较为清晰,容易辨别;高注意负荷条件下的刺激较为模糊,较难辨别。探测刺激"%"随机插入到高、低注意负荷序列中。ERP结果表明,高注意负荷条件下探测刺激诱发的 P1、N1 波幅显著大于低注意负荷条件下探测刺激诱发的 P1、N1 波幅。高、低注意负荷条件下探测刺激是同一个刺激,它们的物理属性当然一样。高注意负荷序列条件下探测刺激诱发的 P1、N1 强于低注意负荷序列条件下探测刺激诱发的 P1、N1,可能是由于随着学习次数的增加,被试对刺激的知觉负荷产生了预期,在刺激呈现之前,已经预想到将要呈现刺激的清晰程度,并根据预期,调整注意水平。当预期将要呈现的刺激清晰度高时,投入的注意水平较低,因为清晰刺激很容易辨别;当预期将要呈现的刺激清晰度低时,投入的注意水平较高,因为模糊刺激较难辨别,需要投入更多的注意,才能对模糊刺激进行辨别。正是借助于 ERP 技术的高时间精度特性,才可以很直观地看到,对刺激清晰度的操纵方法,是行之有效的,达到了预期目的。

实验 3 和实验 5 中,采用经典的"学习—再认"范式,首先让被试进行序列反应时任务,学习阶段完成后,再让被试对 3 个字母组成的组块进行再认。实验 3 包含两种实验条件,无时间间隔条件下序列反应时任务和语音辨别任务同时呈现;有时间间隔条件下,序列反应时任务呈现一段时间后,再呈现语音辨别任务。从反应时指标来看,有时间间隔条件下发生了内隐序列学习;无时间间隔条件下没有发生内隐序列学习。实验 5 也包含两种实验条件,无权重条件下对同时呈现的序列反应时任务和语音辨别任务的反应顺序不做任何要求;有权重条件下对同时呈现的序列反应时任务和语音辨别任务的反应顺序是,首先对序列反应时任务进行反应,最后对语音辨别任务进行反应。从反应时指标上来看,有权重条件下发生了内隐序列学习;无权重条件下没有发生内隐序列学习。再认阶段的 ERP 结果却发现,对于实验3和实验5,学习阶段存在内隐序列学习,再认阶段旧组块诱发的 LPC 平均波幅显著大于新组块诱发的 LPC 平均波幅,即出现了 LPC 新旧效应。研究认为,发生内隐序列学习后,对序列的熟悉感越来越高。有研究认为 N400 新旧效应与熟悉感有关(孟迎芳、郭春彦,2009;樊晓燕、郭春彦,2005;王湘、程灶火、姚树桥、赵仑,2005;王湘、程灶火、姚树桥,2007),N400 新旧效应和 LPC 新旧效应有待进一步探讨。

2. 眼动法

序列学习过程中,是否存在预期眼跳? Miyashita, Rand, Miyachi 和 Hikosaka(1996)以猴子为研究对象,考察猴子的预期眼跳。结果发现:目标刺激呈现前,猴子做出预期眼跳,并且随着学习次数的增加,预期眼跳正确率越来越高。Kawashima, Tanji, Okada, Sugiura, Sato, Kinomura, Inoue, Ogawa 和 Fukuda(1998)要求健康成年人记住刺激出现的位置和顺序,目标刺激可能出现在 25 个位置。序列组按照序列规则呈现刺激;控制组随机呈现刺激,记录下被试学习过程中的眼动。结果发现:序列组被试的眼跳反应时随着练习次数的增加逐渐减小,控制组被试的眼跳反应时没有随着练习次数的增加而逐渐减小。Albouy, Ruby, Phillips, Luxen, Peigneux 和 Maquet(2006)以眼跳反应时为指标,首次验证了内隐眼动序列学习的存在。让被试完成序列眼动反应时任务(serial oculomotor reaction time task)。记录下被试完成序列眼动反应时任务时的水平眼电和垂直眼电。在水平眼电和垂直眼电基础上确定眼跳反应时。结果发现:眼跳反应时的数据模式和经典序列反应时任务的数据模式相似。随着练习次数的增加,眼跳反应时逐渐减少;当呈现新的序列时,眼跳反应时增加。Marcus, Karatekin 和 Markiewicz(2006)在序列反应时任务中记录下被试的手按键反应和眼动。按照反应类型(手、眼动)和序列类型(规则、伪随机)将被试分配到 4 个组。结果发现:反应时数据结果和以往研究相一致。预期眼跳的数据模式和反应时数据模式相似。即使伪随机组的被试也存在许多预期眼跳。结果表明:预期眼跳可以作为序列学习的指标;在刺激呈现前,无论是否需要做出手按键反应,无论是否存在序列规则,被试把注意转移到刺激可能出现的位置。Kinder, Rolfs 和

Kliegl(2008)采用了新的序列反应时范式,在该任务中,被试只需要观察目标刺激而不需要做出按键反应,以眼跳反应时作为因变量。结果发现随着练习次数的增加,眼跳反应时逐渐减小;当呈现新的序列时,眼跳反应时又有所增加。眼跳反应时的数据模式和传统反应时的数据模式相一致。结果表明眼跳反应时和反应时一样,可以作为衡量内隐序列学习的有效指标。

为此,以眼跳反应时为指标,进行了一系列眼动实验,探讨内隐序列学习与注意的关系。实验2中,通过增加分心刺激的方法,比较了低注意负荷条件(无分心刺激)和高注意负荷条件(有分心刺激)条件下的眼跳反应时,结果发现:高、低注意负荷条件下的眼跳反应时都随着练习次数的增加而逐渐减小,存在内隐序列学习,而且高、低注意负荷条件下的内隐学习量没有显著差异。实验4中,通过增加语音辨别任务的方法,比较了序列反应时任务和语音辨别任务长、短时间间隔条件下的眼跳反应时,结果发现:长时间间隔条件下的眼跳反应时随着练习次数的增加而逐渐减小,存在内隐序列学习;但是短时间间隔条件下的眼跳反应时没有随着练习次数的增加而逐渐减小,没有发现内隐序列学习。在实验4基础上,实验6进一步增加了任务权重,结果发现:无权重条件下的眼跳反应时没有随着练习次数的增加而减小,没有发现内隐序列学习;但有权重条件下的眼跳反应时随着练习次数的增加而逐渐减小,发现存在内隐序列学习。从这些实验可以看出,虽然被试只是简单地进行观察,没有进行按键反应,也可以发生内隐序列学习。但需要注意的是,眼动也是一种反应。

第五章 | 内隐学习发展与脑损伤患者研究

第一节 内隐学习发展的理论研究

一、内隐学习发展理论

随着年龄增长,对于内隐学习是否存在年龄差异性,学者们从不同研究视角,提出了不同发展理论,目前还没有统一结论(Bogaerts, Siegelman, & Frost,2021)。Frost,Armstrong,Siegelman 和 Christiansen(2015)认为,学习出现个体差异性的原因有两个:一个是视觉、听觉等刺激编码存在差异;另一个是对刺激表征以及表征分布特征的加工速度存在差异。与多巴胺基因型(dopamine genotype, Simon, Stollstorff, Westbay, Vaidya, Howard & Howard,2011)、白质密度(Bennett, Madden, Vaidya, Howard & Howard,2011)和生活经验(例如音乐训练和视频游戏等)等因素有关(Romano-Bergstrom, Howard & Howard,2011)。由于不同学者采取不同范式研究同一理论,或采取相同范式研究不同理论,存在交叉重叠现象(Bogaerts, Siegelman & Frost,2021),本研究从不同研究视角对其进行概述。

(一)程序性学习视角

有人认为程序性学习包含两个子成分:序列学习和统计学习,序列学习指对较长刺激序列的学习(5-12),统计学习指对项目间频率或可能性关系的学习(Kóbor, Takács, Kardos, Janacsek, Horváth, Csépe, et al. ,2018;Simor, Zavecz, Horvath, Elteto, Török, Pesthy, Nemeth, et al. ,2019)。程序性学习的发展模型有 3 种:①恒定模型。Reber(1993)认为程序性学习随着年龄增长保持不变,儿童、年轻人、老年人的程序性学习成绩没有差异。这是由于与程序性学习有关的脑区(例如基底神经节和小脑),很早就发育成熟,并且不受神经损伤的影响(Reber,1993)。②倒 U 模型(inverted U-shape trajectory)。

程序性学习随着年龄增长发生改变,因为程序性学习脑区-前额纹状体(frontostriatal)随着年龄增长而发生改变(Thomas, Hunt, Vizueta, Sommer, Durston, Yang & Worden, 2004),Lukács 和 Kemény(2015)发现 30 岁时达到顶峰,年轻人程序性学习成绩高于儿童和老年人。③儿童优化模型(children better model)(Juhasz, Nemeth & Janacsek, 2019)。Janacsek, Fiser 和 Nemeth(2012)认为婴幼儿到青少年是程序性学习的发展高峰期,然后随着年龄增长而下降。该模型建立在独立竞争学习机制基础上,自由学习机制(model-free learning mechanism),以基底神经节为脑基础,检测概率性知识;可以对简单技能发生学习,例如序列反应时任务的概率性知识进行更好地加工。基础学习机制(model-based learning mechanism),前额叶和内侧颞叶为脑基础。Janacsek 等人认为青少年之前程序性学习属于自由学习机制,青少年之后则属于基础学习机制,随着年龄增加内部模型也增加,导致了程序性学习成绩下降。Zwart, Vissers, Kessels 和 Maes(2019)的元分析结果表明程序性学习存在年龄差异,12 岁时程序性学习成绩最好。但是采用不同数据分析方法,结果不一致。对原始反应时和正确率进行标准化处理后,支持倒 U 模型(模型 2a);而使用反应时和正确率原始数据,支持儿童优化模型(模型 2b),有研究表明原始反应时数据更敏感。(见图 5-1)

程序性学习是否存在年龄差异,在实证研究和理论上还存在争议。一个解决办法是对程序性学习的不同加工成分进行区分,考察程序性学习不同加工成分的发展特征。有人认为程序性学习包含两个成分:统计学习(statistical learning/task-specific learning)和一般技能学习(general skill learning/task-general learning)。统计学习是关于任务中结构知识的学习,包含重复序列和统计信息;一般技能学习指刺激加工和反应的速度越来越快,独立于结构知识。以往研究很少将两种成分进行区分(Pan & Rickard, 2015;Robertson, 2007),一定程度上造成了程序性学习是否存在年龄差异性相互矛盾结果。年龄对一般技能学习和统计学习有何影响?研究发现起初反应较慢的,后来一般技能学习成绩的提升空间更大(Bhakuni & Mutha, 2015;Jiang, Capistrano, Esler & Swallow, 2013)。按照这个观点,儿童和老年人刚开始时比年轻人的反应慢,一般技能学习成绩提高的更多。Juhasz, Nemeth 和 Janacsek(2019)考察了一般技能学习和统计学习的发展特征。以 270 名 7~85 岁为被试,完成交替序列反应时任务,该任务包含了一般技能学习和统计学习。高、低概率三联体成绩的差异代表了统计学习,而随着组段增加反应时的减少代表了一般技能学习。研究发现当使用原始反应时数据进行分析时,一般技能学习呈现 U 形学习曲线,儿童和老人的一般技能学习强于年轻

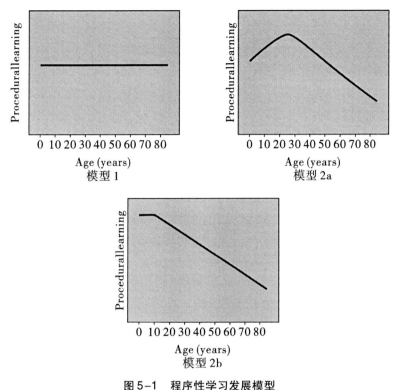

图 5-1　程序性学习发展模型

注:模型 1-恒定模型;模型 2a-倒 U 模型;模型 2b-儿童优化模型

人和成人。但是,控制不同年龄组的反应基线差异后(通过比率成绩或只对反应基线相似的被试数据进行分析),结果发现儿童存在一般技能学习优势,但老年人的一般技能学习优势消失。统计学习表现出递减发展趋势(gradual decline),不受反应基线影响。结果表明一般技能学习受反应基线影响,起初反应较慢时,一般技能学习有更大提升空间,统计学习不受反应基线影响。

(二)内隐学习视角

内隐学习的发展观主要有三种:一是发展恒定观点(the developmental invariance model)(Meulemans, Van der Linden & Perruchet, 1998; Vinter & Perruchet, 2000; Thomas & Nelson, 2001; Karatekin, Marcus & White, 2007),该观点认为内隐学习随着年龄变化不发生改变,婴幼儿很小时就拥有了和成人同样的内隐学习能力(Clohessy, Posner & Rothbart, 2001; Saffran, Aslin & Newport, 1996)。Amso 和 Davidow(2012)以 7 ~ 11 个月的婴儿,6 ~ 10 岁、

12～16岁的青少年以及20～30岁的成人为被试,使用眼动仪,发现内隐学习能力不随年龄的发展而改变,婴幼儿的眼跳潜伏期与成人类似。Amso和Davidow认为统计学习能力没有发展变化。基底神经节(basal ganglia)和小脑(cerebellum)等与内隐学习有关的脑区很早就发育成熟,而且大脑损伤对内隐学习影响不大(Reber,1993)。需要指出的是很多支持内隐学习没有年龄差异的研究采用的都是较为简单的实验范式(刘兴宇、杨伊生、姜淞秀,2017)。二是年龄变化观点(age-related changes models)。有人认为内隐学习存在年龄差异,儿童和成人的内隐学习强于婴儿的(Fletcher,Maybery & Bennett,2000;Janacsek,Fiser & Nemeth,2012;Kirkham,Slemmer,Richardson & Johnson,2007;Maybery,Taylor & O'Brien-Malone,1995;Thomas,Hunt,Vizueta,Sommer,Durston,Yang 等,2004;Weiermann & Meier,2012)。Thomas,Hunt,Vizueta,Sommer,Durston和Yang等人(2004)不但发现儿童和成人存在学习差异,而且激活的脑区不同(海马和顶叶)。Weiermann和Meier(2012)发现序列学习存在年龄差异,认为内隐序列学习相关的脑区(例如额纹状体),儿童尚在发育期,并且儿童和成人获取序列知识的方式不同。Nemeth,Janacsek和Fiser(2013)认为序列学习和统计学习从11岁开始具有不同发展特征,统计学习能力下降,高阶序列学习能力增强。三是递减发展观点(gradual decline)(Janacsek,Fiser & Nemeth,2012)。Janacsek,Fiser和Nemeth(2012)使用交替序列反应时范式,序列规则为或然序列(例如1R2R3R4R),考察了4～85岁不同年龄被试的序列学习成绩。原始反应时数据表明11岁达到序列学习高峰期。该研究结果扩展了传统的能力发展2阶段理论:11岁时达到顶峰,60岁时下降。

Daltrozzo和Conway(2014)进一步提出了内隐、外显序列学习毕生发展模型。序列学习包含2个子系统:基础系统(basic)和专家系统(expert)。基础系统出现时间很早,基础系统的感觉通道特异性预测机制(modality-specific predictive mechanisms)是自动和内隐的,通过自下而上加工方式获取序列的具体结构信息(例如组块和转换概率),可以通过简单循环网络模拟(simple recurrent networks)。专家系统建立在自上而下外显跨通道机制和回忆机制基础上,受目的性和注意的影响。专家系统获取更抽象的序列知识,从婴幼儿到成人增加;由于工作记忆和感觉记忆下降,老年人的专家系统降低。

有人认为内隐学习和外显学习存在差异,从动作学习发展角度进行解释。Fitts和Posner(1967)将动作学习分为3个阶段:第一个阶段是认知阶段,尝试理解动作能力,运用规则和策略管理该能力;第二个阶段是联结阶段;第三个阶段是自动化阶段,认知控制降低,动作技能自动化。这三个阶段不是完全分开的,而是由一个阶段逐渐发展为另一个阶段。内隐学习没有认知阶段,不需要或很少需要工作记忆参与,但认知阶段在外显学习中发挥重要作用(Steenbergen, Van der Kamp, Verneau, Jongbloed-Pereboom & Masters,2010)。Jongbloed-Pereboom, Nijhuis-van der Sanden 和 Steenbergen(2019)首次同时考察了内隐学习和外显学习的发展特征,比较了视觉工作记忆对不同年龄被试内隐学习和外显学习的影响,并考察了儿童和成人的手灵活性(manual dexterity)。要求儿童和成人需要完成内隐学习和外显学习任务。外显学习条件下,被试按键正确时灯亮,按键错误时灯不亮,通过试误发现序列规则。内隐学习条件下,对亮灯的按键进行反应。结果发现外显学习存在年龄效应,受视觉工作记忆影响;而内隐学习不受年龄和视觉工作记忆影响。

　　内隐学习是否存在年龄差异还没有统一结论,有3个未解决的方法学问题,可能是造成不一致的原因。第一,控制变量未得到有效控制。例如 Meulemans, Van der Linden 和 Perruchet(1998)和 Thomas, Hunt, Vizueta, Sommer, Durston, Yang 和 Worden(2004)控制了随机刺激出现位置的频率,但没有控制1阶转换频率。序列学习的发展研究,没有使用同一任务,所有年龄组应该使用同一任务(Koch, Sundqvist, Thornberg, Nyberg, Lum, Ullman, Barr, Rudner & Heimann, 2020)。相同任务难度应该适中,因为 Kidd, Plantadosi 和 Aslin(2012)研究发现,婴儿更容易停止对过于简单或过于复杂的事件的观察,而不太可能终止对中等复杂性事件的观察(序列长度为8)。另外内隐学习结果混入了外显学习成分(Howard & Howard, 2001; Lum, Conti-Ramsden, Morgan & Ullman,2014)。第二,采用的研究方法存在较大异质性(heterogeneity)。异质性的来源有学习效应操作定义不同、指标不同和分析方法不同(董月晴、孟迎芳,2020; Koch, Sundqvist, Thornberg, Nyberg, Lum, Ullman, Barr, Rudner & Heimann,2020)。例如,有的研究考察组段效应(随着组段增加成绩变化);有研究考察刺激类型效应(例如高、低概率刺激);有的研究考察序列反应时任务中成绩的改变;有的研究考察序列反应时任务后一段时间后的巩固(consolidation)或复述(retrieval)。De Guise 和 Lassonde(2001)选取原始反应时指标;Meulemans, Van der Linden 和 Perruchet(1998)使用随机试验和序列试验的差值,以及原始分值和比例分值;Thomas, Hunt, Vizueta, Sommer, Durston, Yang 和 Worden(2004)使用随机试验和序列试验的 Z 分数差值。Zwart, Vissers, Kessels 和 Maes(2019)通过元分析发现,如果对原始数据进行标准化处理后,儿童到年轻人的序列学习能力呈现增长趋势;但是如果使用原始数据,儿童到年轻人的序列学习能力保持恒定。第三,不同年龄组的反应基线存在差异。由于儿童的肌肉控制能力还没有发育成熟,和成人存在反应基线差异。当不同组别的反应基线存在差异时,对不同组别存在的成绩差异进行解释时可能存在问题(Chapman, Chapman, Curran & Miller, 1994; Faust, Balota, Spieler & Ferraro, 1999; Knight & Silverstein, 2001; MacDonald & Carter, 2002; Miller, Chapman, Chapman & Collins, 1995; Salthouse & Hedden, 2002)。对反应基线的不同处理方法可能导致不同结果(Karatekin, Marcus & White, 2007; 林颖、周颖, 2006)。反应时原始分数存在问题,因为原始分数的基线存在组别差异。内隐学习成绩存在年龄差异可能是因为年轻人正确率更低、反应更慢。解决不同年龄组被试反应基线不同的常用方法是使用 Z 分数法(Christ, White, Mandernach & Keys, 2001)。也有人对反应时和正确率原始数据进行对数转换,进行对数转换一方面可以增加不同年龄组间的方差齐性(homogeneity of variance),另一方面允许乘法效应(multiplicative effects)(如基线成绩越差,学习成绩越好)(Karatekin, Marcus & White, 2007)。如果手按键反应的正确率和预期眼跳率不符合正态分布,可以进行反正弦转化(arcsine transformation, Kirk, 1995)。眼动记录法可以从根本上消除不同年龄组存在反应基线差异,因为第一年眼动系统已经发育成熟(Braddick & Atkinson, 2011; Scerif, Karmiloff-Smith, Campos, Elsabbagh, Driver & Cornish, 2005)。但年龄太小婴儿眼跳潜伏期和成人存在差异,Koch 等人(2020)发现,9 个月婴儿眼跳潜伏期高于成人将近 2 倍,为此对数据进行了 Z 转换。

鉴于年龄较小儿童认知和行为特点,内隐学习的发展研究实验设计需要注意以下几点:第一,任务难度要适当,难度不能太大,也不能太简单。难度太大,儿童无法完成内隐学习任务;难度太简单,成人很容易发生外显。为此序列学习的长度较短,学习的次数较少(Koch, Sundqvist, Thornberg, Nyberg, Lum, Ullman, Barr, Rudner & Heimann, 2020)。为了保证儿童能习得序列规则以及成人内隐知识不发生外显。要选用对儿童具有吸引力的实验材料,例如可以使用卡通人物,并且每个试次采用不同图片(Robertson, 2007)。这样可以吸引婴幼儿注意,并且成人不容易意识到规则存在。由于婴幼儿存在方向偏爱效应(directional biases),卡通人物按照顺时针或逆时针呈现,顺时针和逆时针的顺序需要平衡。第二,儿童和成人必须采用同一个任务,这样不同年龄组被试的内隐学习成绩才具有可比较性。

二、认知发展机制

(一)认知发展理论

有人从认知发展机制角度探究内隐学习的发展。Karmiloff-Smith 在《超越模块性——认知科学的发展观》一书中对认知发展机制的论述似乎可以解释内隐学习的发展性。Karmiloff-Smith 在书中论述了表征的发展变化,她提出相同的知识可以多重水平和形式加以表征和储存。她将知识表征区分出 4 个不同水平:第一个水平为水平 I,在这一水平上表征是对外界环境中的刺激材料进行分析和反应的程序。信息以程序方式编码,呈内隐状态,且相互独立,这种表征能使个体掌握行为。第二个水平她称之为 E1,这时的表征已是外显的,它的组成成分已可用作材料进行操作,较具灵活性,但它还没有通达意识,还不能用言语报告。第三和第四个水平分别是 E2 和 E3,这时表征已通达意识,并能用言语加以报告,同时,和其他领域的知识发生了联结。Karmiloff-Smith 打破了原本知识限于内隐和外显的二分法,认为个体早期获得的许多熟练行为与逐渐形成的内隐知识(内隐学习的最初结果)有关,而这些呈现内隐水平(水平 I)的知识最终可能转变为外显知识(水平 E3),其中经历了反复的表征重述(representational redescription,RR)过程(达到水平 EI、E2、E3 的过程)。

Salthouse(1996)提出的加工速度理论也可以解释学习功能随年龄增加而逐渐衰减现象。他的实验研究表明,加工速度衰减机制是时间有限机制(time-limited mechanisms)和同步加工机制(simultaneity mechanism)。按照同步加工机制,先前加工的产物必须参与到后续加工中,以建立联结。成年个体随着年龄的增长,越来越多先前加工的产物到后续加工完成时已经丢失。由于信息无法被利用,从而影响对新联结的学习。

范例提取效率发展差异也可以解释学习的年龄效应。按照 Salthouse(1996)的观点,随着年龄的增长,先前加工的产物越来越不能被后续加工利用,而如果提取是以范例的形式进行的,就必然要求对特定项目进行更多的复述。Jenkins 和 Hoyer(1997)的研究表明,成人被试达到自动化所需的时间上存在年龄差异,这是因为范例学习效率随年龄增长而衰退。Lincourt 和 Hoyer(1996)也通过研究证实,范例学习机制效率确实存在年龄差异。

上述几个理论通过加工能力的年龄差异来解释学习的年龄效应,按照这个逻辑,在高度复杂的情境结构中,老年人的内隐学习之所以不如年轻人,是因为老年人的某些信息加工能力发生了衰退。但是,这种推理有一个前提假设,即反映老年人加工能力衰退的加工机制在学习中发挥着重要的作用。外显学习通常涉及个体的注意力、记忆力、加工速度等,因而外显学习通常都表现出年龄效应。但是,内隐学习的加工机制还不清楚。因此,我们能否根据内隐学习的年龄效应来推演具有年龄效应的加工机制在学习中扮演的角色?如果这个推理逻辑成立,当研究表明内隐学习没有年龄差异时,我们可以认为,内隐学习不涉及那些有年龄效应的加工机制(如注意的作用),或这些机制没有起主要作用。这个推理结合上述对高度复杂结构中内隐学习的推理,我们会发现:有年龄差异的加工机制确实影响着内隐学习,但这种影响只是在结构比较复杂的时候才表现出来,这可能是因为结构复杂化导致学习对加工机制中某种特定能力或资源的要求提高了,因而老年人的衰退效应显现出来。也就是说,一般难度的内隐学习对这种加工能力或资源的要求非常低,即使老年人这方面能力衰退了,仍能保证学习正常进行。由此我们可以总结出关于内隐学习机制的两个理论假设:①内隐学习涉及某种有年龄效应的加工机制;②内隐学习对其中涉及的加工能力的需求阈限很低。由于我们无法确定结构复杂化到底影响了哪种加工机制,因而只能笼统地对内隐学习做出这样的推理。但这给我们一个启示:研究内隐学习的年龄效应对于弄清注意、工作记忆、范例表征等在内隐学习中的作用具有重要意义。如果将学习的年龄效应研究有针对性地与特定内隐学习机制的研究(如注意在内隐学习中的作用)结合起来,也许能在一定程度上解决内隐学习机制研究的某些争论,有助于我们更深入地理解内隐学习的机制。

(二)内隐学习发展的脑机制

年轻人内隐序列学习的神经机制包括纹状体(striatal)和内侧颞叶(medial temporal lobe, MTL,包括海马)(Henke, 2010; Dennis & Cabeza, 2011)。内侧颞叶系统习得速度快,发生于学习早期阶段;而纹状体系统习得速度慢,逐渐建立事件间相关关系,越来越重要(Howard & Howard, 2013)。从成人早期开始,纹状体结构和功能开始下降,纹状体多巴胺整体水平以及多巴胺受体密度也下降(Backman, Lindenberger & Nyberg, 2010),内侧颞叶则相对稳定并保持不变(Hedden & Gabrieli, 2005; Howard & Howard, 2013)。Howard 和 Howard(2012)提出纹状体老化假设(striatal aging hypothesis),内隐或然序列学习随着年龄增加而下降是由于纹状体为基础的学习系统下降,纹状体老化不但表现在灰质结构和功能随着年龄发生改变,也表现为白质密度下降(Bennett, Madden, Vaidya, Howard & Howard, 2010,

2011)。很多研究支持了纹状体老化假设,Negash,Boeve,Geda,Smith,Knopman,Ivnik 等人(2007)发现,纹状体受损的皮质基底综合征病人(Corticobasal syndrome,CBS)的交替序列学习受损,纹状体多巴胺对于交替序列学习和三联体学习非常重要。Simon,Vaidya,Howard 和 Howard(2012)使用 fMRI 发现年轻人和老年人纹状体激活和内隐序列学习相关。学习晚期阶段,年轻人比老年人更依赖纹状体,老年人比年轻人更依赖海马系统。结果表明年轻人和老年人序列学习存在纹状体系统和基底神经节系统平衡。纹状体系统受损后,老年人更加依赖基底神经节系统(Dennis & Cabeza,2011;Simon,Vaidya,Howard & Howard,2012)。

三、影响因素

(一)序列类型

内隐学习是否存在年龄差异,受序列类型影响,序列较简单时,没有年龄差异;序列复杂时,存在年龄差异。以往序列学习研究使用了不同类型序列,例如 1 阶序列(Nissen & Bullemer,1987;Lum et al. 2010)、2 阶序列(Karatekin et al. ,2007)和交替序列(Barnes,Howard,Howard,Gilotty,Kenworthy,Gaillard et al. ,2008;Barnes,Howard,Howard,Kenealy & Vaidya,2010;Howard & Howard,1997,2013;Nemeth,Janacsek,Balogh,Londe,Mingesz,Fazekas,et al. ,2010;Nemeth,Janacsek & Fiser,2013)。Howard 和 Howard(2013)认为,确然序列学习没有年龄差异(Howard & Howard,1989,1992;Gaillard,Destrebecqz,Michiels & Cleeremans,2009),但或然序列学习(例如交替序列反应时或三联体学习)随着年龄增加而呈现渐进下降趋势(gradual decline)(Howard & Howard,1997;Howard,Howard,Japikse,Cara,Thompson & Somberg,2004),中年人开始下降(34~53 岁),老年人下降更为明显(65~73 岁,76~80 岁)(Howard & Howard,1997)。而且老年人即便经过大量练习,也不能学会 3 阶序列(Howard & Howard,1997;Howard,Howard,Japikse,Cara,Thompson & Somberg,2004),而且成人 1 阶和 2 阶序列学习的神经机制不同(Clark,Barham,Ware,Plumridge,O'Sullivan,Lyons,Fitzgibbon,Buck,Youssef,Ullman,Enticott & Lum,2019;Lum,Mills,Plumridge,Sloan,Clark,Hedenius & Enticott,2018)。老年人复杂内隐学习任务的成绩下降。Curran(1997)的研究发现当内隐学习的序列结构特征发生变化时,年轻的成年人可以同样很好地学习成对和高阶序列,但是老年人只是对成对序列的学习较好。Vandenbossche,Coomans,Homblé 和 Deroost(2014)采用序列反应

时双任务范式,发现年轻人内隐学习效果更好;在控制了外显知识后,双任务与单任务相比,老年人的内隐学习成绩显著下降。内隐或然序列学习随着年龄增加而下降的原因可能是纹状体为基础的学习系统功能下降。

我国学者刘兴宇、杨伊生和姜淞秀(2017)对初、高中生内隐学习的年龄差异进行了考察。实验1采用字母序列,发现初、高中生在简单内隐序列学习上不存在显著差异。实验1中虽然排除了非内隐被试,但超过半数的被试察觉到了字母顺序序列的存在。虽然被试无法正确回忆出4个或超过4个连续的字母序列,但回忆任务是在实验后进行的,无法保证在实验过程中被试具有关于字母序列的外显知识,也无法保证被试在实验过程中采用复述之类的加工策略,内隐学习成绩可能受到外显学习的干扰。实验2采用双维度内隐序列学习范式,将实验任务和内隐学习测量分割在两个相互独立的维度上,从实验设计上彻底将内隐学习和外显学习相分离。实验2存在两个维度序列:颜色序列和字母序列。学习阶段为字母判断任务,测验阶段为颜色判断任务。实验结果发现,初中生没有对颜色序列发生内隐学习,高中生对颜色序列发生了内隐学习。并且,内隐知识主观测验中,被试未觉察到学习阶段颜色存在序列,实验效应未混入外显学习的成分。内隐学习的年龄差异不仅与任务材料的复杂程度有关,还与学习的内容有关。内隐学习与年龄的关系会受到任务难度的影响。实验任务简单时,初、高中学生在内隐序列学习上没有显著差异;而实验任务较复杂时,高中生表现出了明显的内隐序列学习,而初中生则没有。这种内隐学习的年龄差异可能源于不同的工作记忆发展水平。Cherry和Stadler(1995)发现,有认知优势的老年人可以表现出与年轻成年人相似的内隐学习优势,而认知优势较弱老年人的内隐学习成绩下降。外显记忆需求可能会影响老年人的内隐学习,但对年轻人影响较小,这表明内隐学习在成年早期和晚期可能具有不同神经回路(Rieckmann & Bäckman,2009)。

(二)动作能力

老年人序列学习能力下降,可能是由于老年人肌肉动作能力的下降。为了排除老年人肌肉动作能力下降对结果的干扰,Howard,Howard,Dennis和Kelly(2008)提出了三联体学习任务(Triplets learning task,TLT)。在三联体学习任务范式中,2阶序列指第一个刺激可以预测出第三个目标刺激;1阶序列指第二个刺激可以预测出第三个目标刺激。Howard等人发现年轻人和老年人三联体学习的早期阶段没有差异,但是老年人成绩处于较低水平。老年人1阶或2阶三联体学习下降(Howard et al.,2008;Stillman et al.,

2012），最简单的1阶或然序列学习存在年龄差异。内隐序列学习中可能混有外显序列学习成分。因为年轻人比老年人获得了更多外显知识，年轻人的外显序列学习更好，而不是内隐序列学习。但三联体学习或交替序列反应时存在年龄差异不是由于外显知识造成的，因为：第一，意识测验表明没有外显知识；第二，交替序列反应时可以通过操纵内隐和外显指导语，外显获取序列知识，研究发现内隐知识独立于外显知识；第三，老年人和年轻人交替序列学习的保持时间至少1年，符合内隐学习的特征（Howard & Howard，2013）。

（三）任务需求敏感性

儿童和成人内隐学习存在差异，可能是由于儿童对于内隐学习任务需求和流程的改变更为敏感。研究表明序列反应时任务范式的改变对成人没有影响。Hodel，Markant，Van Den Heuvel，Cirilli-Raether 和 Thomas（2014）以4岁儿童和成人为被试，固定速度（fixed-paced）和自定义速度（self-paced）呈现序列刺激。自定义速度和固定速度呈现刺激，使得内隐学习的反应需求、注意需求、正确率反馈和任务动机等发生改变。结果发现学前儿童的序列学习成绩低于成人的；自定义速度条件下学前儿童的序列学习成绩优于固定速度条件下的，正误反馈对自定义速度条件下学前儿童的序列学习成绩没有影响。结果表明不同年龄被试对任务需求（task demands）的敏感性不同，造成了内隐序列学习存在年龄差异。

第二节　内隐学习发展的实验研究

一、儿童序列学习

针对年轻人和儿童序列学习的 ERP 研究相对较多。研究发现出生后婴儿已经具有统计学习能力，4个月大的婴儿可以学习非母语（Teinonen，Fellmann，Näätänen，Alku & Huotilainen，2009；Friederici，Mueller & Oberecker，2011），9个月大的婴儿熟悉词诱发的 ERP 分布和波幅与非熟悉词不同（Vihman，Thierry，Lum，Keren-Portnoy & Martin，2007），11个月发生了语音学习，2岁半对语义和语法发生了学习（Kuhl & Rivera-Gaxiola，2008）。但在儿童内隐学习研究中，内隐学习如何定义以及如何测量内隐学习（例如内隐学习包括多少意识成分，使用了多少注意资源等）还存在异议（Perruchet &

Amorim,1992；Robertson & Pascual-Leone,2003；Schvaneveldt & Gomez,1998；Shanks,Rowland & Ranger,2005；Sun,Slusarz & Terry,2005）。为此,Russeler,Henninghausen,Munte 和 Rosler(2003)的研究中使用了无意学习(incidental)和有意学习(intentional),而没有使用内隐学习和外显学习。有研究发现,儿童内隐学习成绩和成人相比没有差异,有研究发现儿童成绩优于成人的,有研究发现儿童成绩低于成人的。

（一）和成人无差异

儿童序列学习方面的研究相对较少。Meulemans,Van der Linden 和 Perruchet(1998)首次对儿童序列学习进行了探讨。发现 6 岁、10 岁和成人的内隐序列学习和外显序列学习都没有差异,而且 1 个星期后序列知识保持量也相似。这个结果表明 6 岁开始具有序列学习能力,并且儿童期保持不变。Lum 团队持有相同观点（Lum,Kidd,Davis & Conti-Ramsden,2010）。Koch,Sundqvist,Thornberg,Nyberg,Lum,Ullman,Barr,Rudner 和 Heimann(2020)以 9 月龄的婴儿和成人为被试,9 月龄的婴儿也是目前序列反应时研究中年龄最小的被试。为了确保婴幼儿能学会序列规则以及成人序列知识不发生外显,使用了卡通图片,并且每个试验采用不同图片（Robertson,2007）,这样可以吸引婴幼儿注意,并且成人不容易意识到规则存在。序列反应时任务难度降低,图片出现位置只有 3 个,序列长度为 5。共包含 5 个组段,其中第 4 组段为随机组段,其余组段为规则组段。考虑到婴幼儿序列学习存在方向偏爱效应（directional biases）（Bulf,de Hevia,Gariboldi & Cassia,2017）,材料按照顺时针或逆时针方向排列。由于婴幼儿的动作控制能力没有发育成熟,使用 Tobii 眼动仪记录下被试观看图片时的眼动,以眼跳潜伏期（saccade latency）为因变量（Kenward,Koch,Forssman,Brehm,Tidemann,Sundqvist,et al. ,2017）,眼跳潜伏期指刺激呈现到眼跳启动的间隔时间,表示转移注意力的速度。由于婴幼儿反应基线是成人 2 倍,对其进行了 Z 分数转换,由于 Z 分数转换存在争议（Janacsek,Fiser & Németh,2012；Lukács & Kemény,2015；Zwart,Vissers,Kessels & Maes,2019）,对原始数据和 Z 分数同时进行分析,结果相一致。结果发现成人和 9 个月大的婴儿的眼跳潜伏期都发生了序列学习,序列学习成绩没有差异。

Karatekin,Marcus 和 White(2007)首次比较了儿童无意序列学习和有意序列学习,比较了不同年龄阶段被试的外显序列学习。考察了 4 个年龄阶段,8 ~ 10 岁、11 ~ 13 岁儿童,14 ~ 17 岁年轻人以及大于 18 岁的成人。序列为 3-2-4-3-1-4-2-3-4-1,控制了序列特征,例如连续位置的转化（例如

1-2-1），而且不包括特征明显的片段，例如 1-2-3-4。随机组段中，刺激位置出现频率和规则序列相匹配。结果发现预期眼跳、眼跳反应时和反应时都存在内隐序列学习，而且不存在年龄差异。但是在有意序列学习中发现了年龄差异。结果表明 8~10 岁已经具有内隐序列学习的能力，而有意序列学习能力在发展阶段，还没有发展成熟。该研究验证了 Marcus，Karatekin 和 Markiewicz（2006）的结果，无意学习组段中，手反应时并没有随着预期的增加而下降，这可能是由于测量本身导致的。手按键反应时的地板效应（floor effect）比眼动指标更明显，而且屏幕的刷新频率为 60 Hz，可能由于测量精度不够，无法测量出手反应时的细微提高，无法测量出手反应时随着预期而下降。需要指出的是，Karatekin，Marcus 和 White（2007）的研究中，由于没有中央注视点，试验与试验之间没有固定的注视位置；而且无法记录到刺激呈现前被试做出的预期眼跳。眼跳反应时不是理想的因变量。被试序列学习的时间比较短，总共 6 个组段，每个组段 100 个试验。前 5 个组段为无意序列学习，具体排列方式为随机、序列、序列、随机和序列。第 6 个组段为有意序列学习。内隐序列学习的时间过短，导致没有表现出年龄差异。

Jongbloed-Pereboom，Nijhuis-van der Sanden 和 Steenbergen（2019）使用自制反应盒，首次考察了视觉工作记忆对不同年龄被试内隐学习和外显学习的影响，儿童和成人需要完成内隐学习和外显学习任务。在本研究中，内隐学习和外显学习操作定义不同于以往研究。外显学习条件下，被试按键正确时灯亮，按键错误时灯不亮，通过试误发现序列规则。内隐学习条件下，对亮灯的按键进行反应，他们还对儿童和成人的手灵活性（manual dexterity）进行了测试。结果发现外显学习存在年龄效应，受视觉工作记忆影响；内隐学习不受年龄和视觉工作记忆影响。

吴国来、沈德立、白学军和沃建中（2006）考察了小学五年级学生、初中二年级学生和大学生的序列学习。由于不同年级段学生的基线反应时不同，采用比例值作为指标，将每个被试的反应时换算成比例值——（组段 5-组段 6）/（组段 5+组段 6），组段 5 为随机组段，组段 6 为序列组段。结果发现，大中小学生的序列学习无显著差异，但序列学习的意识成分随着年龄增加而增加。

（二）和成人有差异

有人认为内隐空间序列学习的脑机制是额叶-纹状体（fronto-striatal）脑区，但是儿童的额叶-纹状体还没有发育成熟，内隐学习成绩不如成人。Thomas 和 Nelson（2001）发现 4 岁、7 岁和 10 岁儿童的内隐学习没有差异。

Thomas 和 Nelson 认为序列反应时的手按键反应在 4 到 10 岁没有发展,但是其他测量指标,例如对正确位置的预期按键存在年龄差异。Thomas,Hunt,Vizueta,Sommer,Durston,Yang 和 Worden(2004)使用 FMRI 比较了 7 ~ 11 岁儿童和成年人的序列学习是否存在差异。被试完成经典序列反应时任务,确然序列和随机序列交替呈现。结果发现,成年人的序列学习成绩高于儿童的,并且成年人的学习速度比儿童快。前运动皮层(premotor cortex)、壳核(putamen)、海马(hippocampus)、颞下皮层(inferotemporal cortex)和顶叶(parietal cortex)的激活存在年龄差异,表明运动反应执行功能存在年龄差异。对内隐学习不存在发展变化观点提出了挑战,支持了内隐学习和外显学习平行发展的观点。

大脑双侧化加工与胼胝体(corpus callosum)是否成熟有关,12 岁左右胼胝体发育成熟,具有了双侧化加工的能力。De Guise 和 Lassonde(2001)考察了 4 个年龄段被试,分别为 6 ~ 8 岁、9 ~ 11 岁、12 ~ 14 岁和 15 ~ 16 岁,在单手或双手条件下对序列反应时任务进行反应。结果发现单手条件下都发生了序列学习,双手条件下只有年龄较大(大于 12 岁)组发生了序列学习。

我国学者刘湍丽和刘希平(2010)以小学三年级、初一、高二和大三学生为被试,学习的序列分为高统计结构序列和低统计结构序列。结果发现,各年龄段被试都发生了序列学习,不同年龄段被试的序列学习存在显著差异,小学三年级到初中一年级是儿童内隐序列学习的快速发展时期。各年龄段被试对高统计结构序列的学习成绩好于低统计结构序列的,序列学习的外显成分随着年龄增长而提高。需要指出的是,本研究序列学习的指标为反应时,而没有计算反应时差值。周铁民和林雪(2017)以小学生、初中生、高中生和大学生为被试,以数声和数形为次级任务,考察了不同次级任务对不同年龄被试内隐序列学习的影响。数声任务中目标刺激后出现枪声或 1000 Hz 纯音,要求被试对枪声进行计数;数形任务要求被试对出现的"△"进行计数,而且"△"在每组段出现的时机、次数与数声任务中的枪声完全对应。实验 1 研究发现,对于大学生被试,数形次级任务比数声次级任务造成的干扰更大,但对内隐序列学习本身没有显著影响。实验 2 以小学生、初中生、高中生和大学生为被试,结果发现小学生在数形次级任务条件下内隐序列学习消失,其他组别均发生了内隐序列学习。这可能是由于数声任务为视觉—听觉的同时性干扰,数声任务中记忆与序列学习分别占用两种通道能量,而数形任务为视觉—视觉的继时性干扰,数形任务中被试对形状干扰项的记忆及对序列规则的学习均依赖于视觉通道能量。形状计数对内隐学习的影响大于声音计数对内隐学习的影响。小学生相对于初中生、高中生和大学生,拥有的认知资源更少,在单任务序列学习中其注意资源足够,发生了内隐序列学习。数声次级任务干扰了内隐序列学习,但未达到使内隐序列学习完全消失的水平。而较为复杂的数形任务占用的注意资源较多,分配到序列学习任务中的注意资源不足以发生内隐序列学习,内隐序列学习消失。其他年龄较大被试由于拥有的注意资源总量较多,内隐序列学习不受次级任务干扰,仍旧发生了内隐序列学习。周铁民和林雪认为内隐序列学习对于注意资源的能量需求或存在远低于外显学习的多个阈限水平,内隐序列学习需要注意的参与。双任务对儿童和成人影响不同,可能有两方面原因:一是儿童序列学习需要的注意大于成人,双任务对儿童的干扰大于成人(detrimental effect);二是成人试图整合序列反应时任务和次级任务,儿童不进行任务整合,双任务对成年的干扰大于儿童(Coomans,Vandenbossche & Deroost,2012)。

有研究发现,在跨模态即跨通道的学习中,婴儿表现出比成人更大的优势。6个月和12个月大的婴儿已经学会了根据先前的听觉刺激预测视觉刺激(Emberson,Richards & Aslin,2015;Kouider,Long,Stanc,Charron,Fievet,Barbosa & Gelskov,2015)。Rohlf,Habets,Frieling 和 Röder(2017)使用 ERP技术,发现6个月大的婴儿能够通过单纯的被动暴露来快速进行跨通道的学习,而成人只有在任务相关的情况下才学习到相同的跨通道模式。

二、老年人序列学习

有研究采用序列反应时范式发现老年人(大于65岁)的序列学习能力没有下降(Gaillard,Destrebecqz,Michiels & Cleeremans,2009;Howard & Howard,1989,1992;Salthouse,McGuthry & Hambrick,1999),但是老年人的外显知识减少。Dennis,Howard 和 Howard(2006)采用听觉交替序列反应时范式,也发现老年人的序列学习没有下降,但外显知识减少。

有研究发现老年人的序列学习能力下降。Curran(1997)采用序列反应时任务,结果发现无论何种序列结构,老年人的序列学习成绩下降。Harrington 和 Haaland(1992)采用空间序列反应时任务,也发现老年人序列学习成绩下降。有研究采用交替序列反应时范式,同样发现老年人序列学习成绩下降(Howard & Howard,1997;2001;Howard,Howard,Japikse,Cara,Thompson & Somberg,2004;Howard,Howard,Dennis,Yankovich & Vaidya,2004;Nemeth,Janacsek,Londe,Ullman,Howard & Howard,2010)。这些研究结果表明老年人的序列学习下降,外显知识没有年龄差异。

老年人序列学习成绩是否下降,可能与任务难度有关。在简单知觉任务和动作任务中,序列学习基本不存在年龄差异,但是在复杂序列学习任务中是否存在年龄差异还不清楚。为此 Wiegand,Westenberg 和 Wolfe(2021)采用混合搜索任务(hybrid search task),采用真实物体图片作为目标刺激,目标刺激有 4 或 16 个,目标刺激随机出现或出现顺序遵循序列规则。被试从4 或 16 张图片中寻找目标刺激,通过鼠标做出反应。实验 1 没有告知被试目标刺激存在规则,实验 2 告知被试目标刺激存在规则。结果发现年轻人和老年人在目标刺激规则呈现条件下的反应快于随机呈现条件下的,但是老年人只在 4 个目标刺激条件下存在序列学习效应。结果表明,存在外显序列知识时可以预测出下一个刺激,有利于混合搜索。老年人由于执行功能下降,序列学习效应受到认知负荷大小的影响。

有研究采用 fMRI 法探究了序列学习大脑激活的年龄差异性。Daselaar,Rombouts,Veltman,Raaijmakers 和 Jonker(2003)发现老年人的学习速度比年轻人慢,但年轻人和老年人序列学习的大脑激活没有差异。Aizenstein,Butters,Clark,Figurski,Stenger 和 Nebes(2006)发现内隐学习和外显学习中纹状体和前额叶激活存在年龄差异性。Rieckmann,Fischer 和 Bäckman(2010)发现年轻人和老年人的序列学习成绩没有差异,但是大脑激活存在差异。年轻人纹状体激活增加但内侧颞叶激活下降,老年人纹状体和内侧颞叶激活都增加。老年人内侧颞叶激活增加可能是由于补偿机制(Rieckmann & Bäckman,2009)。

总之,老年人存在内隐序列学习,和年轻人相比,老年人的序列学习有所下降,而且外显知识减少。即使老年人的序列学习没有下降,也可能是由于不同的加工。结果的不一致也可能是由于不同研究间的任务难度、样本和方法差异造成的。

三、毕业发展研究

内隐学习毕生发展研究中存在的一个难题,即从婴幼儿到老年,选择同一个研究范式。另外注意的偏好、跨情境的选择以及重复性也是婴幼儿内隐学习研究中面临的困难(Aslin,2014)。

Weiermann 和 Meier(2012)首次考察了不同年龄段的内隐序列学习,采用任务序列范式(task sequence learning,TSL)。采用任务序列范式而没采用序列反应时范式,基于以下考虑:第一,当复杂任务(Curran,1997;Dennis,Howard & Howard,2006;Howard & Howard,2001;Howard,Howard,Japikse,DiYanni,Thompson & Somberg,2004)或者使用次级任务时(Frensch & Miner,1994;Nejati,Garusi,Farshi,Ashayeri & Aghdasi,2008)存在年龄差异。任务序

列范式比序列反应时任务难,所以使用任务序列范式比序列反应时范式更容易发现年龄差异。序列反应时任务中,被试对刺激进行反应,刺激—反应匹配关系很直接,不需要更高的认知加工。但是任务序列任务,每一个刺激都需要转换为更高一级的概念,才能做出正确判断。而且任务序列任务是任务序列或刺激类型序列,而不是刺激序列。有研究发现年轻人在不同范式条件下都存在内隐序列学习(Cock & Meier,2007;Gotler,Merian & Tzelgov,2003;Heuer,Schmidtke & Kleinsorge,2001;Koch,2001;Koch,Philipp & Gade,2006;Meier & Cock,2010;Weiermann,Cock & Meier,2010),但是还没有研究采用任务序列范式考察儿童和老年人的序列学习。第二,任务序列范式生态学效度更高。一方面任务序列范式比序列反应时任务更有趣,更能吸引儿童的兴趣,这对于儿童完成实验至关重要。另一方面,生活中的很多规则包含多个规则,任务序列范式更符合实际。Weiermann 和 Meier 以 50 名儿童(7 ~ 16 岁)、50 名年轻人(20 ~ 30 岁)和 50 名老年人(大于 65 岁)为被试。选择这几个年龄段,是因为有研究发现 18 ~ 39 年轻人和 40 ~ 59 中年人的序列学习没有差异(Gaillard,Destrebecqz,Michiels & Cleeremans,2009;Salthouse,McGuthry & Hambrick,1999),和老年人的序列学习成绩存在年龄差异(Curran,1997;Dennisdeng,2003;Howard & Howard,1997,2001;Howard,Howard,Japikse,DiYanni,Thompson & Somberg,2004)。结果发现年轻人的反应速度比儿童和老年人快。老年人在前四个序列组段中的反应时改善最大,这可能是由于老年人起始阶段的反应时最慢造成的。当序列组段消失呈现随机组段时,3 个年龄组的反应时都变慢,表明发生了序列学习,而且 3个年龄组的序列学习量没有差异。但是排除外显序列知识后,内隐序列学习出现了年龄差异。儿童组和老年组内隐序列学习消失;而年轻人组的内隐序列学习成绩不受外显序列知识的影响。结果表明内隐序列学习的加工过程存在年龄差异。

　　Janacsek,Fiser 和 Nemeth(2012)使用交替序列反应时范式,序列规则为或然序列(例如 1R2R3R4R),考察了 4 ~ 85 岁不同年龄被试的序列学习。原始反应时数据表明 4 ~ 12 岁成绩较好,12 岁时达到序列学习高峰期,60 岁时成绩显著下降。Janacsek 等人采用计算学习模型(computational learning model)对此进行解释,认为个体在 12 岁之前还没有形成内部的学习模型,在接收到外界环境信息后,还是依据原始的信息进行内隐学习。4 ~ 12 岁的内隐学习不会受到自己的固有的学习模式和社会经验的影响,而且内隐学习的成绩较高,效率较好。Jost,Conway,Purdy 和 Hendricks(2011)的研究也支持了这个结果。他们研究了儿童和成人内隐视觉统计学习的神经生理学相关性,结果发现 9~12 岁儿童在学习的早期阶段(在实验的前两个组段)就出现与学习相关的 P300 成分,而成人被试群体要在后两个组段才会出现 P300 成分的改变。12 岁之前的内隐学习不受自身学习模式的影响。但 Lukács 和 Kemény(2015)认为,30 岁到达顶峰,呈倒 U 形曲线。

后来 Nemeth,Janacsek 和 Fiser(2013)进一步对不同年龄组的三联体学习、统计学习、序列学习和最大化学习进行了比较。三联体学习(Triplet learning)指低频三联体反应时和高频三联体反应时之差;统计学习(Statistical learning)指随机低频三联体反应时和随机高频三联体反应时之差;序列学习(Sequence learning)指随机高频三联体反应时和规则三联体反应时之差;最大化学习(Maximized learning)指随机低频三联体反应时和规则三联体反应时之差。Nemeth,Janacsek 和 Fiser 以 288 名不同年龄为被试,分为 5 个年龄组:11~13 岁、14~15 岁、16~18 岁、19~29 岁和 30~39 岁。结果发现外显序列学习没有年龄差异,内隐序列学习效应消失。外显统计学习没有年龄差异,内隐统计学习成绩呈渐进下降趋势。外显三联体学习成绩没有年龄差异,保持不变,19~39 岁组前半部分的成绩好于后半部分成绩。内隐三联体学习成绩 11~13 岁三联体学习成绩最好,11~13 岁组后半部分的成绩高于其他组,前半部分的成绩和其他组没有差异。最大化学习(统计学习和序列学习总效应)和三联体学习结果相类似,内隐学习条件下 11~13 岁的成绩最好,外显学习条件下没有年龄差异。11~13 岁组外显知识显著低于其他组,并且获取外显知识的时间显著比其他组慢。内隐序列学习效应消失可能是由于交替序列反应时任务较难,需要更多学习时间才能发生内隐序列学习。

我国学者林颖和周颖(2006)以小学二年级学生、大学三年级学生、退休老人(56~78 岁)为被试,完成序列反应时任务。结果发现 3 个年龄组被试的反应速度存在年龄差异,但内隐序列学习成绩没有差异。但是使用不同统计方法,结果不一致。张卫(2000)在比较序列知识的内隐学习量时,直接对变式序列和学习序列的平均反应时进行比较;而林颖和周颖则以变式序列和学习序列的平均反应时之差来衡量内隐学习量。林颖和周颖认为使用不同统计方法结果不一致,可能是由于平均反应时分析中的序列变式主效应反映了两个部分:序列改变前被试的反应时差异和序列改变后由序列变式导致的反应时差异。由于前一部分的反应时是被试对同一学习序列的反应时,无本质差异,它参与统计会大大缩小序列变式导致的反应差异,从而无法区分出序列变式的效应。因此仅仅比较不同序列的平均反应时,存在问题:一个问题是序列改变前对同一序列的反应时参与到序列变式效应的检测中,缩小了序列变式的效应;另一个问题是如果反应时基线不同(如不同年龄段被试的反应时),基本反应速度的差异将虚假地夸大内隐学习的差异。因此,林颖和周颖认为内隐学习量应该使用被试对变式序列和学习序列的平均反应时之差来表示。需要注意的是,林颖和周颖的实验设计有些因素没有有效控制。同形异模条件下只有 4 个位置联结和前面组段的序列相同,而不是所有 12 个位置联结和前面组段的序列相同;在异形同模条件下,有 1 个位置联结和前面组段的序列相同,不是完全异形。这些未控制因素对结果产生干扰。

还没有研究表明内隐学习具有跨文化特异性,但是未来研究中可以针对中国群体,了解中国群体不同年龄段内隐学习的发展特征以及发展常态(董月晴、孟迎芳,2020)。

第三节　脑损伤患者研究

一、外显记忆缺陷患者的研究

(一)科萨科夫综合征患者研究

科萨科夫综合征(又称健忘症,Korsakoff's syndrome)患者通常在中间颞叶区(包括海马)或间脑受到损伤。Nissen 实验室对健忘症患者的研究表明,健忘症患者存在内隐序列学习。因此研究者们认为,内隐序列学习不依赖于间脑。但是,对于中间颞叶区与内隐序列学习的关系,还存在争论。因为许多脑功能理论都强调中间颞叶区在高阶联结学习中的作用,例如,海马与形成组块和结构学习(configural learning)有关。如果因为健忘症患者能表现出内隐序列学习,从而否定中间颞叶区在序列学习中的作用,那等于认为,高阶联结学习与内隐序列学习无关。但是,研究表明,内隐序列学习不是单纯的配对联结,而是存在更为复杂的学习机制。因此,研究者们认为,应谨慎做出中间颞叶区不影响序列学习的结论。

为了解释行为研究与 Nissen 等人研究结果之间的不一致,有研究者提出,健忘症患者之所以能发生内隐序列学习,有两种可能:①Nissen 等人采用的序列本身的特点可能仅导致配对学习,所以不受中间颞叶损伤的影响;②患者的海马和颞叶结构没有受损,且间脑与序列学习无关。Reber 和 Squire(1994)针对这两种可能对 6 个间脑损伤患者和 2 个海马损伤患者作了进一步研究。研究采用了较复杂的序列,光靠配对联结无法习得。结果证实,健忘症患者确实能内隐地习得序列。但值得一提的是,虽然健忘症患者与正常控制组的学习效应无显著差异,但却比控制组小。这个细微差别可能多少反映了外显知识的作用。Reber 和 Squire 的发现,使那些强调中间颞叶(尤其是海马)对复杂联结学习具有重要作用的理论面临挑战。有研究者认为,健忘症患者脑损伤部位可能是争论的关键。到底是理论的问题还是解剖学上的问题,还有待将来的研究去论证。目前,这方面的研究可以告诉我们的就是,健忘症患者受损的脑部位对内隐序列学习的影响不大。

(二)阿尔茨海默病患者研究

　　阿尔茨海默病(Alzheimer's disease)患者的脑损伤部位比较广泛,通常是边缘体、颞皮层和背部联结皮层。一半阿尔茨海默病患者最初症状都是记忆缺失,到后来学习和保持也会出现严重问题。研究表明,任何需要意识控制和提取的任务,阿尔茨海默病患者都难以完成(Simon et al.,1994)。Knopman 和 Nissen(1987)研究了阿尔茨海默病患者的内隐序列学习情况。结果发现阿尔茨海默病患者的反应较慢,反应时约是控制组的两倍,但在确然序列转为随机序列时,表现出与控制组无异的内隐学习成绩。然而,大多数控制组被试报告说注意到序列的重复性,而 28 个阿尔茨海默病患者中只有一个注意到这一点。外显知识的差异以及阿尔茨海默病患者过慢的基本反应时使两组被试的数据失去可比性,因此无法确定阿尔茨海默病患者是否发生了与正常人一样的内隐学习。Ferraro,Balota 和 Connor(1993)进一步用痴呆评价量表区分出轻度的和极轻度的阿尔茨海默病患者。和老年控制组相比,极轻度阿尔茨海默病患者的反应速度和内隐学习成绩都没有差异。但是,轻度组则反应较慢,而且基本没有发生内隐学习。这一次研究者没有测量被试的外显知识。研究结果说明,阿尔茨海默病患者的在内隐序列学习上存在缺陷。

　　对外显学习和记忆缺失患者的研究结果不太一致。但我们可以得出两点结论:①科萨科夫综合征患者表现出较正常的内隐序列学习,说明内隐序列学习可能不依赖于间脑及中间颞叶区的活动,而这些区域被认为是外显学习和记忆的关键部位;②在阿尔茨海默病患者身上得到的结果不太相同,这可能反映了此类患者比较分散且异质的神经病理学模式。

二、纹状体失能患者的研究

　　亨廷顿病(Huntington disease,HD)患者和帕金森病(Parkinson disease,

PD)患者是纹状体失能患者,有研究表明,技能学习取决于纹状体的完整性
(Gabrieli,1994;Mishkin et al. ,1987;Squire,1992)。研究者考察了亨廷顿病
患者和帕金森病患者的序列学习情况。

Knopman 和 Nissen(1991)报告了首例亨廷顿病患者序列学习缺失的研
究。13 个亨廷顿病患者中有 4 个在随机组段的反应甚至比序列组段更快。
但控制组在生成任务和主观报告中表现出较多的外显知识。而且两组被试
在 20 ~ 60 分钟后还能在序列反应时任务中表现出他们的序列知识。因
此,该研究不能肯定亨廷顿病患者的序列学习是否真的不如正常控制组。
Willingham 等人(1993)进一步研究表明,控制组在随机组段的反应时增长量
极其显著地大于亨廷顿病患者,而后者的反应时增长量与零水平无显著差
异。另外,两组都没有在生成任务中表现出外显知识。也就是说,两组被试
的成绩差异可以肯定地归结为内隐学习的差异。Willingham 等人的研究表
明,亨廷顿病患者无法进行内隐序列学习。

帕金森病患者主要在于基底神经节失能。关于帕金森病患者的研究大
多表明,这类患者难以内隐地习得序列知识(Ferraro et la. ,1993;Pascual-
Leone et al. ,1993)。但由于这些研究不能确定反应时差异、外显知识以及序
列本身特征对序列学习成绩的影响,Jackson 等人(1995)通过对实验的精心
设计,明确地提出:基底神经节失能患者不能进行内隐序列学习。基底神经
节失能会破坏配对联结学习,但患者可能对非序列发生学习。

Clark,Lum 和 Ullman(2014)对 27 篇帕金森患者的序列学习文献,共 505
名帕金森患者和 460 名正常被试数据进行了元分析。结果发现帕金森患者
的序列学习成绩比正常人的差,结果表明帕金森患者的内隐序列学习能力
受损。当然元分析方法的一个缺陷是,该方法属于相关研究设计,无法得到
因果推论(Lum,Ullman & Conti-Ramsden,2013)。

Meissner,Krause,Südmeyer,Hartmann 和 Pollok(2018)对比了帕金森患
者和正常人的序列学习。实验组段分为 5 大部分,前 80 个试验中刺激随机
呈现,称为随机组段;接着进行了 120 次试验,刺激按照序列呈现,称为练习
组段;后面再进行 80 个试验,刺激按照序列呈现,称为序列学习结束组段
(End of Acquisition,EoA)。序列学习结束组段后有 80 个随机试验,称为干
扰组段(Interference);最后是 80 个按照序列呈现的刺激,称为干扰敏感性组
段(Susceptibility to interference,Sin)。序列学习成绩计算方法为(Random-
EoA)/ Random × 100,分值越大表示敏感性示序列学习越好;序列抗干扰敏
感性成绩计算方法为(Interference-Sin)/ Interference × 100,分值越大表示序
列越不容易受干扰。结果发现,帕金森患者的序列学习低于正常人的,而且

帕金森患者的序列学习抗干扰比正常人差,更易受到后面随机刺激的干扰。

帕金森患者的序列学习研究没有得出一致结果,可能是由于是否采用多巴胺治疗(dopaminergic medication)造成的。Ruitenberg, Duthoo, Santens, Seidler, Notebaert 和 Abrahamse(2016)以帕金森患者为被试,采用序列学习范式,帕金森患者治疗当天和治疗次日分别完成序列学习任务,记录下被试做出反应的鼠标运动轨迹,考察了治疗状态对序列学习的影响。序列学习任务共 16 个组段,每个组段 32 个试验。其中 1 到 4 组段随机呈现,5 到 16 组段随机和序列交替呈现(例如 SRSR 或 RSRS)。序列组段中,长度为 4 的确然序列重复呈现 8 遍。通过鼠标运动轨迹,进一步分析做出序列反应的起始时间(initiation time)、运动时间(movement time)、运动正确率(movement accuracy)和运动速率(velocity)。结果发现帕金森患者多巴胺治疗当天完成序列反应时任务的起始时间比多巴胺治疗次日的起始时间慢;但是多巴胺治疗当天完成序列反应时任务的运动正确率高于多巴胺治疗次日的。结果表明多巴胺治疗增强了帕金森患者的序列学习的执行功能,但损坏了计划加工。

三、基底神经节异常患者的研究

基底神经节在内隐序列学习中发挥着重要作用,但基底神经节的具体功能仍是个令人困惑的问题。基底神经节与学习和序列控制都有关系,纹状体对学习特定的刺激—反应联结来说是必不可少的。但如果要学习更复杂的表征,它可能就不那么重要了(McDonald et la. ,1993;Packard et al. ,1989)。而神经心理学的大量研究已经证实,正常人、科萨科夫综合征患者、亨廷顿病患者和帕金森病患者在序列反应时任务中习得的不仅仅是配对联结。因此,如果只有基底神经节,似乎无法发生内隐序列学习。另外,许多研究发现,基底神经节具有控制序列的功能。一些研究者认为,基底神经节执行的是一系列转换或选择的功能。具体来说,是从感觉导向(sensory-guided)控制转为外部导向(externally-guided)控制(Aldridge et al. ,1993);或是对与行为有关的皮层信号的选择和保持(Jackson et al. ,1994;Robertson et al. ,1990)。如果序列是通过组块或层级表征的形式被习得的,那么这种选择和保持的功能明显是不可缺少的(Keele et al. ,1992),因为当一个新的组块被激活时,原来的组块必定被抑制。

注意缺陷多动障碍(也称多动症)和特纳综合征(Turner syndrome)患者的基底神经节出现异常,但很少有研究探究多动症和特纳综合征患者的序列学习。Takács, Shilon, Janacsek, Kóbor, Tremblay, Németh 和 Ullman(2017)

采用交替序列反应时任务,考察了特纳综合征、多动症、特纳综合征-多动症患者和正常儿童的程序性学习,结果发现 4 个组别都存在序列学习,而且序列学习成绩没有差异。和之前的研究结果相一致,特纳综合征和多动症患者的序列学习成绩不受影响。本研究表明基底神经节异常不一定导致序列学习受损。但 Rosas, Ceric, Tenorio, Mourgues, Thibaut, Hurtado 和 Aravena(2010)采用 ERP 方法考察了 6 ~ 11 岁儿童的序列学习,以注意缺陷多动症儿童和正常儿童为被试,结果发现,两组儿童都发生了序列学习,但是两组儿童的 P600 波幅存在差异。多动症患者内隐学习能力是否受损有待于进一步探究。

发育性语言障碍(developmental language disorder, DLD)是由于基底神经节异常造成的(Ullman & Pierpont, 2005; Ullman & Pullman, 2015; Ullman, Earle, Walenski & Janacsek, 2020),特别是尾状核(caudate)和豆状核(putamen)。研究发现,发育性语言障碍患者的尾状核显著变小(Badcock, Bishop, Hardiman, Barry & Watkins, 2012; Herbert, Ziegler, Makris, Bakardjiev, Hodgson, Adrien, Kennedy, Filipek & Caviness, 2003),而豆状核显著变大(Lee, Nopoulos & Bruce Tomblin, 2013)。对于发育性语言障碍患者的序列学习是否受损存在两种不同观点。一种观点认为序列学习受损。程序性记忆受损假说(procedural deficit hypothesis, PDH)认为基地神经节异常导致程序性记忆下降,从而序列学习成绩下降。Obeid, Brooks, Powers, Gillespie-Lynch 和 Lum(2016)通过元分析发现,发育性语言障碍患者的序列学习成绩只有正常人的一半。还有一种观点认为序列学习保持不变。Lum 和 Clark(2021)认为程序性记忆没有受损。Lum 和 Clark 认为先前研究所采用的反应时指标存在问题。发育性语言障碍患者的运动控制存在问题(Hill, 2001),而且反应时基线比正常人更高(Bishop, 2002),可能由于按键反应的低效性导致发育性语言障碍患者的序列学习成绩差。Lum 和 Clark 认为可以采用眼动作为反应,因为序列学习的眼动反应和按键反应是独立系统,而且都需要基底神经节参与。常见眼动指标有眼跳幅度(saccadic amplitude)、眼跳正确率(pre-saccadic and post-saccadic fixation accuracy)和眼跳潜伏期(saccadic latency)。已有研究发现,序列反应时任务的眼跳潜伏期数据模式和反应时相似,眼跳潜伏期随着序列学习练习次数的增加而逐渐降低,插入随机组段后增加。眼跳潜伏期的下降是由于习得了序列知识,因为可以对刺激位置进行预测,执行眼跳会更快,但是随机组段中无法预测刺激位置,眼跳潜伏期增加。近来 Lum(2020)发现健康成人的眼跳幅度比眼跳潜伏期更敏感,眼跳幅度指试次间的眼动距离。随着序列学习次数的增加,眼跳幅度减小;但是随机组段中,眼跳幅度增加。而且眼跳幅度的减小与预测性注视存在相关,眼跳幅度越小,刺激出现前的注视位置距离刺激将要出现的位置越近。这个与眼动理论相一致,眼跳到预期位置(Hayhoe,Mckinney,Chajka & Pelz,2012;Tabata,Miura & Kawano,2008)。序列发生学习后,眼动系统根据习得的序列知识计划眼跳。Lum 和 Clark(2021)采用按键反应和眼动反应,发现发育性语言障碍患者在序列反应时任务中,按键反应时成绩下降,但眼跳幅度(saccadic amplitude)、眼跳正确率(pre-saccadic and post-saccadic fixation accuracy)和眼跳潜伏期(saccadic latency)成绩没有下降。先前研究发现发育性语言障碍患者的序列学习成绩受损,可能是由于按键反应存在困难;也可能是由于程序性记忆在更新按键反应时存在困难。

四、运动皮层的作用

Pascual-Leon 等人(1994)运用 TMS 来图解运动皮层在序列学习各阶段的运动反应区。结果显示,在学习阶段早期,运动地图在大小和广度上都有所扩张,但几次练习后,又缩回基线水平。学习进行到组段 6 时,被试开始能够报告序列;学习进行到组段 9 时,所有被试都已先后报告出序列。Paseual-Leon 等人指出,运动地图会一直扩张,直到被试表现出完全的外显知识。而且就在被试报告的那一刻,运动地图缩回基线水平。因此,研究者认为,运动地图扩张说明运动皮层会影响内隐学习,而缩回基线水平反映了学习状态向外显的转变。Stadler(1994)对这一观点提出了疑问。他注意到,在 Pascual-Leon 等人的实验中,被试在获得外显知识之前的反应时过快。事实上,当反应时小于 100 ms 时,运动地图会持续增长。被试如此之快的反应速度通常被认为是预期反应效应,而预期反应是以外显知识为基础的。因此,Stadler 认为,早在被试报告序列知识之前,可能已经获得外显知识,而那时运动地图仍处于扩张状态。所以,不能确定运动皮层对内隐学习的作用。

Grafton 等人(1995)对序列学习做了 PET 研究。他们测量了有分心任务和无分心任务条件下被试局域脑血流量(rCBF)的变化。根据被试在两种学习条件下的主观报告,研究者将分心条件下的学习视作内隐学习,而单任务下的学习被视作外显学习。当被试进行内隐学习时,研究者在左感觉运动皮层、左辅助运动皮层、左顶叶皮层及纹状体双侧区域发现了与学习有关的活动。Grafton 等人指出,Alexander 等人(1990)表明这些区域是负责自主运动控制的运动回路的一部分。由于被试全都是用右手来反应的,因而 Grafton 等人强调,这些区域的激活支持了内隐学习受对侧运动区域控制的观点。在外显学习的时候,Grafton 等人在右前额叶、右基底神经节和顶叶——

枕叶双侧区域发现了与学习有关的活动。前额皮层的右后边和顶叶皮层已被证实能促进空间工作记忆（Jonides et al. ,1993；Wilson et al. ,1993）和长时记忆提取的某些方面（Buckner et al. ,1995；Curran et al. ,1997；Schacter et al. ,1996）。

Hazeltine 等人（1997）对 Grafton 等人的研究做了很有意义的推广。他们用颜色视觉刺激代替了上述研究中的空间位置刺激。当被试在双重任务下学习时,研究者在左初级运动皮层、左辅助运动区域、左视神经床和顶叶双侧区域发现了与学习有关的激活现象。这个结果基本与 Grafton 等人在空间位置研究中观察到的对侧运动区一致。但是,在单任务条件下,与空间序列研究相比,颜色序列研究的结果发生了戏剧性的变化。研究者在次前额叶、前运动区域、视神经床、颞叶和枕叶观察到与学习有关的活动的右后侧化趋势,还观察到带状脑回前部的双侧活动。所有这些区域都符合颜色刺激外显学习的脑机制（包括次级前额皮层和颞皮层在内的神经网络）,而与空间刺激外显学习的脑机制不符（包括高级背侧前额叶和顶叶在内的神经网络）。分析单任务和双任务条件下发现的所有结果,研究者的结论是:内隐学习和外显学习所涉及的脑区极少重叠,前者很大程度上取决于与刺激无关的对侧运动区,而后者依靠的是适应具体刺激特征的大脑区域。Rauch 等人（1995,1998）采用 PET 和 FMRI 技术研究了序列学习,得到了类似结果。

神经影像学研究揭示了基底神经节之外的序列学习的神经基础,包括前额皮层、顶皮层和运动皮层区（初级运动皮层、前运动皮层和辅助运动皮层）。关于运动皮层区的发现似乎与行为研究的某些结果矛盾。行为研究认为,内隐序列学习不是单纯基于刺激或反应的,而可能是基于刺激—反应的。Curran（1998）提出,运动皮层区的活动反映的可能是高级的反应准备,而不是学习本身。这在一定程度上缓解了两种研究结果的矛盾。

五、关于其他病症患者的研究

阅读障碍患者（dyslexia）的序列学习能力是否受损,研究结果还没有统一。Lum,Ullman 和 Conti-Ramsden（2013）使用元分析方法,对 14 篇研究结果进行了整合,包含了 314 名阅读障碍患者和 317 名正常被试。结果发现阅读障碍患者的序列学习成绩下降。阅读障碍患者序列学习是否下降可能与序列学习具体任务类型有关。Henderson 和 Warmington（2017）比较了阅读障碍患者（dyslexia）和正常成年人完成不同序列学习任务的情况,需要完成序列反应时任务和 Hebb 重复任务（Hebb repetition task）。结果发现阅读障碍患者和正常成年人都发生序列学习,虽然阅读障碍患者的反应时比正常成年人慢,但序列学习没有显著差异。正常成年人在 Hebb 重复任务表现出序列学习,但是阅读障碍患者在 Hebb 重复任务中没有发生序列学习。结果表明阅读障碍患者序列学习能力与序列学习具体任务类型有关。

越来越多证据表明,负性情绪对需要较多注意资源的外显认知产生破坏。Janacsek,Borbély-Ipkovich,Nemeth 和 Gonda(2018)进一步考察了负性情绪对需要较多注意资源的内隐认知的影响,首次考察了重度抑郁症患者(major depressive episode,MDE)的内隐学习。以重度抑郁症患者和正常人为被试,完成交替任务反应时任务。结果发现重度抑郁症患者的序列学习成绩比正常人差,而且 24 小时后的序列学习发生了遗忘,正常人 24 小时后没有发生遗忘。

孤独症(旧称自闭症,autism)患者是否存在序列学习困难还没有统一结论。Foti,De Crescenzo,Vivanti,Menghini 和 Vicari(2015)对孤独症患者的内隐学习能力进行了元分析,内隐学习任务包括序列反应时任务、交替序列反应时、追踪旋转任务和背景线索任务。对 11 篇研究 193 名孤独症患者数据和 214 名正常人数据进行了元分析,结果发现孤独症患者的内隐学习能力和正常人没有差异。Clark 和 Lum(2017)采用二阶元分析方法(Tamim,Bernard,Borokhovski,Abrami & Schmid,2011),得出相同结果。Clark 和 Lum对不同患者的序列学习能力进行了二阶元分析。结果发现帕金森患者、特定性语言障碍、阅读障碍、精神分裂症和发展性协调障碍患者的序列学习成绩相同,受损相同;但孤独症患者的序列学习成绩没有受损。Zwart,Vissers和 Maes(2018)发现,孤独症患者社交能力受损越严重,序列学习成绩越高。Zwart 等人以孤独症患者和正常人为被试,并测量孤独症患者的社交反应量表得分,完成序列反应时任务。结果发现孤独症患者确然序列成绩和社交反应量表得分成正相关。孤独症患者确然序列学习成绩越高,社交能力受损越严重。

脊髓损伤(spinal cord injury,SCI)患者的内隐序列学习能力受损。Bloch,Tamir,Vakil 和 Zeilig(2016)发现脊髓损伤患者的反应时基线和正常人没有差异,脊髓损伤患者的智商、记忆等和正常人也没有差异。但是脊髓损伤患者没有发生内隐序列学习,正常人存在内隐序列学习。

精神分裂症(schizophrenia)患者的序列学习能力是否受损还不清楚,抗精神病药物治疗(antipsychotic medications)是否影响序列学习也不清楚。Remillard(2014)认为,这是由于研究方法存在缺陷造成的,改进研究方法才能更好地解决这些问题。第一,序列反应时研究中如果使用的序列类型是确然序列,必须保障所使用的两个序列的结构相似,这是使用确然序列进行序列学习研究的一个金标准。精神分裂症为被试的序列学习研究,没有控制规则序列和随机序列的规则,使用的是确然序列。确然序列和随机序列反转试验(reversal)发生的概率不同,反转试验的反应更慢、正确率更低,即表现出独立于学习的反应偏向效应(learning-independent bias),这会导致规则试验的反应时快于随机试验的。第二,没有对学习到何种序列知识进行进一步细分,只是将规则刺激和随机刺激的反应时差值作为序列学习成绩,无法得知究竟 1 阶序列知识、2 阶序列知识还是更高价序列知识存在学习困难。第三,没有对序列知识的获取和序列知识的表达进行区分。

目前脑损伤患者研究还没有统一结论,一方面需要不断改进研究方法(Remillard,2014),对不同干扰因素进行更有效的控制。另一方面,传统认知神经科学相关脑理论需要更新。传统认知科学脑功能模块说认为不同脑区承载不同认知功能,但 Anderson(2010)提出了神经复用理论,认为不同脑区所承载的认知功能并非单一的,最初为了一个认知目的而建立的低级神经回路在进化或个体发展中被突破(开发、回用、复用),用于支持新的不同的高级认知功能的发展,新的认知功能被整合到已形成的脑区,而这些脑区(或低级神经回路)仍可以继续保留其原有的功能。如布洛卡区不仅涉及语言加工,还涉及动作相关和与图像相关的加工,如动作准备、动作排序、动作识别和想象。因此,神经复用理论的核心是低级神经回路可用于或复用于各种不同的认知任务和领域,反对传统认知科学脑功能模块说的观点。

第六章　内隐统计学习

第一节　内隐统计学习概述

一、内隐统计学习概念

自从 Saffran,Aslin 和 Newport(1996)提出统计学习(Statistical learning, SL)概念,统计学习研究就呈现井喷式发展。目前统计学习概念还没有统一(Frost,Armstrong & Christiansen,2019)。Bertels 等人认为,统计学习过程是内隐的,称之为内隐统计学习(implicit statistical learning),简称为统计学习。统计学习指从外界输入的时间信息和空间信息中发现概率规律并以此规律学习新事物(Saffran, Aslin & Newport, 1996;Saffran & Kirkham, 2018;Siegelman,Bogaerts,Kronenfeld & Frost,2018;于文勃、王璐、瞿邢芳、王天琳、张晶晶、梁丹丹,2021)。Frost,Armstrong 和 Christiansen(2019)认为统计学习指从环境中习得刺激间的时间或空间规律。更具体而言,统计学习指从环境中通过视觉、听觉,在语言或非语言材料中,习得关于时间或空间、相邻或不相邻的转换和分布特征的能力,无论是否包含动作成分,都可以塑造行为(Frost, Armstrong, Siegelman & Christiansen, 2015;Siegelman, Bogaerts, Christiansen & Frost,2017)。不能认为所有学习行为都属于统计学习,例如不包含单个刺激重复出现学习(词频效应);也不能认为统计学习就是统计学习测验测出来的(类似于智商就是智力测验测出来的)。我国学者认为统计学习指个体在外部环境的连续刺激流中逐渐发现刺激统计规律的过程(徐贵平、范若琳、金花,2020)。大量研究表明统计学习普遍存在,比如听觉统计学习,纯音(pure tones)、电脑噪声(computer noises)、日常声音(everyday sounds);视觉统计学习,抽象形状(abstract shapes)、风景图片(landscapes)、空间位置(positions)。统计学习对人具有重要作用,可以易化加工(调节注

意和预期）、塑造表征和整合经验（决策和记忆）（Sherman,Graves & Turk-
Browne,2020）。

统计学习概念被提出后，也有研究者开始关注统计知觉（statistical
summary perception），即对所接收到刺激的总体感知（Ariely,2001;Alvarez &
Oliva,2008）。与统计学习不同，统计知觉强调的是个体对所接收到的某一
系列刺激进行平均之后的知觉情况。个体即使没有识别出系列刺激中的单
独个体，也能够提取系列刺激的平均信息，如平均大小（Treisman,1982）和平
均位移等。从表面上看，统计学习和统计知觉存在根本的差异：统计学习是
基于经验提取规律，并能够习得刺激之间存在的特定联系（如某一客体总是
伴随另一客体出现），而统计知觉则是提取系列刺激的某一统计属性。然
而，从本质上而言，两种加工都存在内部计算的过程（Turk-Browne,2012），即
两者皆涉及总样本，均从该样本中进行统计计算（如转接概率或均值）。
Zhao,Ngo,Mckendfick 和 Turk-Browne（2011）采用一项空间视觉统计学习任
务，对统计学习与统计知觉的相互影响进行探讨。在该研究中，给3组被试
呈现分布在不同网格中且方向不同的线段，分别要求被动观看、判断所有线
段的平均方向位于垂直线的左侧还是右侧（即进行统计知觉任务）和进行控
制任务，并在学习阶段结束后，要求被试判断当前出现的线段是否在学习阶
段出现过。结果发现，被试在学习阶段所进行的统计知觉任务，会对后续的
统计学习任务绩效产生影响。该结果表明，统计学习与统计知觉两者之间
存在一定联系。

也有人将统计学习等同于内隐学习（Batterink et al.,2019;Christiansen,
2018;Perruchet &Pacton,2006），因为二者都是无意识学习，并认为统计学习
和序列学习是同一种机制（Perruchet & Pacton,2006;Daltrozzo & Conway,
2014）；但有人认为统计学习和序列学习不是同一种机制（Tal,Bloch,Cohen-
Dallal,Aviv,Ashkenazi,Bar & Vakil,2021），统计学习和序列学习是程序性记
忆的两个子成分（Kóbor,Takács,Kardos,Janacsek,Horváth & Csépe,2018;
Simor,Zavecz,Horvath,Elteto,Török,Pesthy & Németh,2019）。Kóbor,Takács,
Kardos,Janacsek,Horváth,Csépe 和 Németh（2018）在交替序列反应时任务中
将统计学习和序列学习进行了区分。统计学习指视觉刺激组块（配对或三
联体）频率信息的学习；而序列学习指多个刺激（通常5~12个）顺序信息的
学习。统计学习操作定义指随机低频三联体反应时和随机高频三联体反应
时之差，它们拥有相同序列特征（都是随机），但是统计特征不同（高频/低
频），高频三联体反应时比低频三联体反应时更快。序列学习指随机高频三
联体和规则高频三联体反应时之差，它们拥有相同统计特征（都是高频），但

是序列特征不同(一个随机,另一个属于序列),规则高频三联体反应比随机高频三联体快。

如何区分统计学习和序列学习是难点。一种方法是采用交替序列反应时范式,该范式是研究统计学习和序列学习的有力工具(Howard & Howard,1997;Németh,Janacsek & Fiser,2013)。由于统计学习的学习速度快(1 个学习周期内),没有外显线索时序列学习慢(4~5 天,Howard & Howard,1997)。为了提高序列学习速度,使用线索交替序列反应时任务(Cued Alternating Serial Reaction Time task)(Németh,anacsek & Fiser,2013),就可以在一个学习周期对统计学习和序列学习进行比较。在线索交替序列反应时任务中的刺激分为 3 类:规则刺激、随机高频刺激和随机低频刺激。序列学习指随机高频刺激和规则刺激反应时之差。这两类刺激的统计特征相同,都属于高频三联体的第三个刺激,但是序列特征不同,一个是规则刺激,另一个是随机刺激。规则刺激比随机高频刺激反应快。统计学习指随机低频刺激和随机高频刺激反应时之差。这两类刺激拥有相同序列特征,都属于随机刺激。但是统计特征不同,一个属于高频三联体,另一个属于低频三联体。序列学习来源于序列规则学习,而统计学习来源于频率学习。通过反应时和正确率的组段效应分析序列学习和统计学习的发展趋势(Németh,Janacsek & Fiser,2013)。另一种方法是通过实验设计。序列学习中包含了两种主要学习过程:统计学习和序列学习(Tal,Bloch,Cohen-Dallal,Aviv,Ashkenazi,Bar &Vakil,2021)。统计学习指被试对任务语法的学习,例如哪些刺激转换发生概率高,哪些刺激转换不可能发生;序列学习指被试对特定序列规则的学习。为了将统计学习和序列学习分离,Tal,Bloch,Cohen-Dallal,Aviv,Ashkenazi,Bar 和 Vakil(2021)设定了两种实验条件:固定序列组(fixed-sequence group,FS)和随机序列组(random-sequence group,RS),这两组具有相同的统计特征。即每个位置出现的频率相等(1、2、3、4 出现概率 25%);1 阶转换概率(first-order transitions)相等(例如 12、13、14 出现概率 33.3%);反转(reversal,例如 212、232、242)频率相等(1%);2 阶转换概率(second-order transitions)相等(例如 21 出现 3 或 4 的概率 44.1%)。但固定序列组存在序列规则,随机序列组不存在序列规则。记录下反应时和眼动。结果发现预期眼跳指标上序列学习存在 3 种学习:①尝试对序列进行预测的学习;②对序列进行预测时对限定性规则的学习;③预测序列的学习。而且预期眼跳指标上还发现序列学习加工过程存在个体差异性;但反应时指标上具有相似的序列学习效应,没有表现出个体差异性。

统计学习和序列学习具有以下 4 点不同。第一,统计学习和序列学习的发展轨迹不同(Németh,Janacsek & Fiser,2013)。Amso 和 Davidow(2012)认为婴幼儿的统计学习能力没有发展变化。但 Németh,Janacsek 和 Fiser(2013)认为序列学习和统计学习从 11 岁开始具有不同发展特征。统计学习下降,高阶序列学习能力增强。序列学习是渐进发展(gradual process),统计学习习得速度很快,并且统计学习表征稳定,不会随着学习次数增加而发生改变(Simor,Zavecz,Horváth,Éltetö,Török,Pesthy,Gombos,Janacsek & Németh,2019)。统计学习的学习速度快(1 个学习周期内),没有外显线索时序列学习慢(4~5 天,Howard & Howard,1997)。由于统计学习和序列学习的学习速度不同,为了在一个学习周期对统计学习和序列学习进行比较,Kóbor,Takács,Kardos,Janacsek,Horváth,Csépe 和 Németh(2018)使用了线索交替序列反应时任务(Cued ASRT task)(Németh,anacsek & Fiser,2013),提高了序列学习的学习速度,就可以在一个学习周期对统计学习和序列学习进行比较。Kóbor,Takács,Kardos,Janacsek,Horváth,Csépe 和 Németh 比较了统计学习和序列学习在反应时和脑电指标上的差异。反应时指标上发现统计学习的习得速度很快,序列学习呈渐进发展趋势。序列学习和统计学习都存在 P1 成分,P1 没有随着学习次数增加而改变;序列学习和统计学习都存在 N2 成分;随着序列学习的发展,P3 波幅发生改变,统计学习 P3 波幅没有发生改变。Kóbor,Horváth,Kardos,Takács,Janacsek,Csépe 和 Németh(2019)进一步采用交替序列反应时范式,首次考察了 2 阶非连续转换概率学习(second-order nonadjacent transitional probabilities)的脑电特征。在交替序列反应时任务中,不仅包含了三联体频率信息,还包含了次级转换概率信息(second-order transitional probabilities)。高频三联体最后一个试验,可以由三联体第一个试验预测出来概率高,而低频三联体最后一个试验由第一个试验预测出来的概率低。反应时结果发现存在序列学习和统计学习。脑电结果发现,序列刺激诱发的 P3 波峰大于随机刺激诱发的;低频随机刺激诱发的晚期 P3 波幅大于高频随机刺激诱发的。刺激锁时和反应锁时的脑电结果相类似。

第二,序列学习和统计学习的脑机制不同(Simor,Zavecz,Horváth,Éltetö,Török,Pesthy,Gombos,Janacsek & Németh,2019)。内隐序列学习与腹侧嗅周皮层(ventral perirhinal cortex)有关,外显学习与基底神经节有关。知觉统计学习与双侧海马有关,运动统计学习与基底神经节和运动区有关,与海马无关。有人从基于模型的学习(model-based learning)和免模型学习(model-free learning)探究统计学习(Daw,Niv & Dayan,2005)。基于模型的学习和免模型学习系统是两种不同的学习系统,具有不同的认知神经机制。

免模型学习的神经环路包含部分基底神经节,主要是背外侧纹状体;基于模型学习的神经环路包含内侧颞叶(包括海马)和默认神经网络(Buckner & DiNicola,2019)。研究发现,抑制背外侧前额叶有助于免模型学习更好发挥作用(Smittenaar,FitzGerald,Romei,Wright & Dolan,2013)。但以往研究抑制单侧 DLPFC,左右大脑间补偿可能对结果造成干扰;而且采取的是确然序列。Ambrus,Vékony,Janacsek,Trimborn,Kovács & Németh(2020)通过 rTMS 对双侧背外侧前额叶抑制,采用交替序列反应时范式,并对统计学习保持阶段进行了考察。结果发现双侧背外侧前额叶被抑制 24 小时后,统计学习成绩提高。

第三,压力对序列学习和统计学习的影响不同。Toth-Faber,Janacsek,Szollosi,Keri 和 Németh(2020)采用线索交替序列反应时任务,一组被试有压力条件下完成线索交替序列反应时任务,另一组被试无压力条件下完成线索序列反应时任务。结果发现压力提高了统计学习成绩,但对序列学习成绩没有影响,降低了序列学习知识的外显性。结果支持应激性记忆转移理论(stress-induced memory shift),该理论认为压力可以使认知目标导向学习转化为习惯性、程序性学习。

第四,白天睡眠 delta 和 theta 震荡激活预示着序列学习的提高,但无法预测统计学习。

二、内隐统计学习类型

Conway(2020)认为,内隐统计学习包括 3 个维度:统计规则、学习次数和指导语。Turk-Browne(2012)认为,从时间和空间两个维度,可将规律(regularities)分为 3 种:物理规律(physical regularities)、语义规律(semantic regularities)和象征性规律(token regularities)。物理规律是基于客观环境的物理特性并通过不断地演变和训练而形成的联系,如苹果在重力的影响下会垂直向下掉落;语义规律是指客体根据概念和类别所产生的联系,如树木通常生长在室外环境中;象征性规律是指在短时间内所习得的客体与其特征之间所发生的联系,如下雨天人们在室外往往会撑伞。

具体到统计学习领域,按照规律类型将统计学习分为 3 类:条件统计学习、分布统计学习和线索统计学习。条件统计学习指两个事件之间的预测性关系,例如转换概率(transitional probabilities, TPs)(Saffran, Aslin & Newport,1996a)。统计学习的核心概念是转换概率,指相邻元素出现的概率关系。例如 X 出现 100 次,X-Y 出现 30 次,X-Y 转换概率为 30%。转换概率比发生频率更能准确地表述两事件间的紧密关系(Aslin, Saffran &

Newport,1998)。比如"the man"很常见,但是 the 后面可以出现很多词,the 和 man 的转换概率低。转换概率可以进一步细分为连续转换概率(adjacent,例如 X-Y)和非连续转换概率(nonadjacent,例如 X-A-Y,A 指随机事件)。分布统计学习反映的是事件的集中趋势或典型特征,分布统计结构包括频率、变异性和背景(context)。线索统计学习指对事件可觉察特征和不可觉察特征之间相关性的加工,包括线索发掘和加权(Thiessen,Kronstein & Hufnagle,2013)。

统计学习还可以按照不同标准分为多种类型:听觉(Endress & Mehler,2009)或视觉(Kirkham,Slemmer & Johnson,2002),听觉加工和视觉加工与刺激知觉特征有很大关系。同时呈现的听觉刺激加工难度大,序列呈现的听觉刺激更易于加工;但同时呈现的视觉刺激更易于加工。言语(Pelucchi,Hay & Saffran,2009)或非言语(Gebhart,Newport & Aslin,2009);时间或空间(Fiser & Aslin,2002);连续或非连续(Gomez,2002;Newport & Aslin,2004),(Siegelman,Bogaerts,Kronenfeld & Frost,2018)。非连续统计规则,例如英语中的 is Ving,is 和 ing 中间有动词(Lany & Shoaib,2019)。在同一领域,具体规则也不相同(Bogaerts & Christiansen,2020)。

听觉非连续规则。听觉非连续规则为 AXC,第一个刺激 A 可以预测第三个刺激 C,第二个刺激随机呈现,例如 tagi-male-sira,tagi-fuse-sira,tagi-pofi-sira。填充刺激为 XXX,3 个刺激都随机呈现,例如 male-fuse-posi。非规则刺激为 XXC,前两个刺激随机呈现,第三个刺激为目标刺激。在词语检测任务中(word-monitoring task),要求对字符串的第三个刺激进行反应,目标刺激为 C,共有 3 个。当目标刺激出现时,按鼠标左键;当目标刺激未出现时,按鼠标右键,记录下反应时。为了控制反应倾向性(response bias)对结果的干扰,López-Barroso,Cucurell,Rodríguez-Fornells 和 de Diego-Balaguer(2016)将正确率指标转换为辨别力指标(discrimination indexes),即 d′(d prime scores)。d′越大辨别力越好,学习得越好;d′越趋于零,辨别力越差。计算两个不同 d′。第一个是辨别规则刺激和违背规则刺激的能力;第二个是辨别规则刺激和违背类型刺激的能力。结果发现反应时是成人听觉非连续规则学习的有效指标。Lammertink,Van Witteloostuijn,Boersma,Wijnen 和 Rispens(2018)进一步发现反应时也是儿童听觉非连续规则学习的有效指标。Lammertink 等人以 46 名儿童为被试,采用 López-Barroso,Cucurell,Rodríguez-Fornells 和 de Diego-Balaguer(2016)的非连续规则学习任务,对任务进行了改进,以适用于儿童。非连续语法规则为 tep X lut 和 sot X mip,为了记录下第三个刺激的反应时,设计了词语检测任务。词语检测游戏要求儿童帮助猴子"Appie"捡香蕉。呈现 3 个假词串,当听到目标词时按绿色按键;当听到非目标词时按红色按键。有两个版本,一个版本目标词是 lut,另一个版本目标词是 mip。共包含 3 类刺激:目标词、非目标词和填充项目(filler items)。填充项目不包含非连续规则,和非目标词一样,需要做出红色按键反应。记录下在线指标—反应时和离线指标—语法判断成绩。结果发现反应时指标上儿童发生了非连续规则学习,但正确率指标上没有发生非连续规则学习。

Deocampo,King 和 Conway(2019)对不同材料的连续规则学习和非连续规则学习进行了考察。视觉—空间序列中的刺激和空间序列反应时任务类似,视觉—音节序列中的刺激为音节字母串。结果发现对视觉—空间序列或视觉—音节序列的连续和非连续规则都发生了学习,连续规则学习成绩高于非连续规则的。而且非连续规则学习和语言测验成绩成正相关,连续规则学习和工作记忆成绩成负相关。连续规则和非连续规则的学习存在差异性。第一,连续规则更加稳定,不连续规则随着时间而下降。第二,空间刺激和语音刺激的非连续规则学习相似,连续规则学习不同。这些结果表明可以同时对连续规则和非连续规则发生学习,非连续规则更容易受到干扰,连续规则学习和非连续规则学习具有不同认知加工机制。需要说明的是 Deocampo,King 和 Conway(2019)视觉—空间序列材料和序列反应时任务材料相似,但任务要求不同。本任务是序列再现任务(sequence reproduction task)。整个序列呈现后,要求被试根据记忆对序列进行再现(对反应速度没有要求),学习的指标是序列再现的正确率。

下面重点介绍听觉统计学习和视觉统计学习。

(一)听觉统计学习

听觉统计学习(Auditory statistical learning,ASL)的听觉材料包括:音节材料(Stllable,Saffran,Aslin & Newport,1996a)、语音音节(speech syllables,Saffran,Newport & Aslin,1996b)、乐音(tones,Saffran,Johnson,Aslin & Newport,1999)、摩斯密码(morse code,Shook,Marian,Bartolotti & Schroeder,2013)和人工语言(sung language,Schön & François,2011)。

在经典听觉统计学习任务中,Saffran,Aslin 和 Newport(1996a)发现 8 个月大的婴儿就能够发现语音信息中的统计线索。研究者设计了 4 个固定的音节组,其中每个音节组由 3 个音节组成,并且它们的组合顺序是固定的(例如:bidaku,golabu,tupiro,padoti)。研究者将这 4 个固定的音节组随机地、反复地拼接在一起,由此产生了一段无间隔的语音流(例如 bidakupadotigolabupadotibidaku……)。随后,研究者将这一语音流播放给 8 个月大的婴儿听。2 分钟后,研究者用去习惯化的实验范式对这些婴儿进行测验。用于测试的材料包括 3 种音节组:①学习阶段出现过的固定音节组(例如 tupiro),其音节组合概率为 1;②学习中未出现过的随机音节组,(例如 dapiku),其音节组合概率为 0;③音节组合概率介于 0 和 1 之间的音节组,这些组合中的前两个音节与第三个音节在学习阶段相邻呈现的概率小于 1(如 pirogo),或者组合中的第一个音节与后两个音节在学习阶段相邻呈现的概率小于 1(如 butupi)。测验结果发现,婴儿对音节组合概率为 1 的音节组的关注时间最短,而对音节组合概率低于 1 的音节组的关注时间较长。也就是说,他们对出现过的固定音节组更加熟悉,而对其他两种音节组比较陌生。由于不同的音节组以及音节组内单个音节之间都没有时间间隔,而且所有音节的物理属性也经过了标准化,因此音节之间的统计关系,即组合概率(co-occurrence probability)是用于提取固定音节组的唯一线索。以上的研究发现表明,8 个月大的婴儿已经能够在 2 分钟内发现连续语音流中的统计线索。

Aslin,Saffran 和 Newport(1998)进一步研究发现,当组合概率相同时,婴儿甚至能够发现语音流中更为复杂的统计线索—条件概率(conditional probability),即反映组合内音节之间预测性的一个指标。不仅对听觉材料发生统计学习,对其他材料也发生了统计学习,如无意义图形(Turk-Browne, Jungé & Scholl,2005)、真实场景(Brady & Oliva,2008)和类别客体(Otsuka, Nishiyama,Nakahara & Kawaguchi,2013)。

(二)视觉统计学习

视觉统计学习(Visual statistical learning,VSL)中视觉材料包括:几何形状(geometrical shapes, Fiser & Aslin, 2002)、颜色形状(colored shapes, Kirkham,Slemmer & Johnson,2002)和卡通图片(Arciuli & Simpson,2011, 2012a,b)。

在经典视觉统计学习任务中(Turk-Browne, Jungé & Scholl,2005),向被试呈现无意义视觉形状刺激,在熟悉阶段(familiarization phase),包含 8 个三联体,转换概率为 1,三联体间转换概率为 1/7,三联体重复出现,但同一个三联体不会连续重复出现。在测验阶段,进行 2 择 1 迫选(two-alternative forced choice,2AFC)(Turk-Browne, Jungé & Scholl,2005)。

Sigurdardottir, Danielsdottir, Gudmundsdottir, Hjartarson, Thorarinsdottir 和 Kristjánsson(2017)对形状视觉统计学习任务进行了改进,包括熟悉阶段、单形状再认阶段、测验阶段和意识测验阶段。熟悉阶段,呈现 6 对形状

(pairs),一次呈现一个形状,重复72遍,共864个试次。并加入掩盖任务:摆动辨别任务(jiggle detection task),形状刺激不是呈现在中央位置,而是呈现在距离中央位置有一定距离(0.2°),但很快回到中央位置。形状刺激发生摆动的概率为1/6,144个试次。单形状再认阶段,呈现12个旧形状,12个新异形状,重复4遍,共48个试次。被试需要判断哪个形状在熟悉阶段出现过。测验阶段,6个旧配对形状,6个新配对形状。6个新配对形状是由旧配对形状中的单形状重新组合而成。重复12遍,共72个试次。这样就可以确保测验阶段的新旧配对形状的二次统计学习是相等的。如果更倾向于选择旧配对形状,表明发生了视觉统计学习。最后是统计学习意识性水平测验。询问被试是否注意到形状出现的顺序遵循一定规则。有3种可能:第一个是无意识(no awareness),没有注意到规则的存在;第二个是潜意识(vague awareness),发现形状出现的顺序遵循一定规则,但无法具体描述;第三个是意识(some awareness),发现形状出现的顺序遵循一定规则,并能具体描述出部分配对形状。

Jones,Thaddeus,Amarelle,Caroline,Gijs 和 Catherine(2018)提出了线索视觉统计学习任务。呈现4类图片:目标刺激、分心刺激、高频线索(high frequency cue)和低频线索(low frequency cue)。高频线索75%概率出现目标刺激,25%概率出现分心刺激;而低频线索25%概率出现目标刺激,75%概率出现分心刺激。目标刺激或分心刺激出现后,在IPAD上进行按键反应。

三、内隐统计学习研究范式

统计学习研究一般分为两个阶段:熟悉阶段和测验阶段。在熟悉阶段,对二联体/三联体(Pairs/triplet)进行学习,一般有掩蔽任务。根据研究需要确定材料学习次数和学习时间,例如无意义形状,学习6分钟(Fiser & Aslin,2002)、5分钟(Turk-Browne & Scholl,2009);有意义图片,学习20分钟(Brady & Oliva,2008;Otsuka,Nishiyama,Nakahara & Kawaguchi,2013);真实图片,学习13~29分钟(Jun & Chong,2018)等。测验阶段,进行迫选测验和意识性测验。研究路线主要有两条:一是学习序列结构,二是通过语法线索学习类别结构。经常使用的内隐统计学习研究范式有以下几种(Obeid,Brooks,Powers,Gillespie-lynch & Lum,2016):

(一)三联体统计学习范式

三联体统计学习范式(Triplet learning,TP)统计学习研究领域采用最多的研究范式(Frost,Armstrong & Christiansen,2019)。通常采用"学习后进行测验"的方式来考察统计学习的效果并进而推断统计学习的发生机制。也就是说,在这些统计学习研究中,被试首先看到或听到由统计规则组织而成的材料,但没有被告知学习材料是如何组织起来的。事后进行二选一的迫选测验,判断两两出现的刺激里哪个在学习阶段出现过的刺激。若被试认为符合统计规则的刺激更加熟悉,就表明被试提取了学习材料的统计规则。三联体内部转换概率(transitional probabilities,TPs)较高(例如刺激 1 可预测刺激 2,刺激 2 可预测刺激 3),三联体间的转换概率较低(三联体 A 的刺激 3 无法预测出三联体 B 的刺激 1)(Witteloostuijn,Lammertink,Boersma,Wijnen & Rispens,2019)。

(二)预测—目标范式

Jost,Conway,Purdy,Walk 和 Hendricks(2015)在经典 oddball 范式(Squires,Squires & Hillyard,1975)基础上,提出了预测—目标范式(predictor-target paradigm)。屏幕中央呈现不同颜色圆点,一次呈现一个,其中某颜色圆点为目标刺激。目标刺激出现时,进行按键反应。每个试次包含 1~5 个填充圆点,填充圆点消失后出现可预测性圆点。可预测性圆点有 3 类:高可预测性、低可预测性和零可预测性,三类可预测性圆点出现的概率相同。高可预测性圆点后面 90% 概率出现目标刺激,10% 概率出现填充刺激;低可预测性圆点后面 20% 概率出现目标刺激,80% 概率出现填充刺激;零可预测性圆点后面 100% 出现填充刺激,不会出现目标刺激。

Daltrozzo,Emerson,Deocampo,Singh,Freggens,Branum-Martin 和 Conway(2017)对预测—目标范式进行了改进。圆点颜色共有 6 种,随机选择一种颜色作为目标刺激颜色,一种颜色圆点作为标准刺激,一种颜色圆点作为高可预测性刺激(high predictability predictor,HP),一种颜色圆点作为低可预测性刺激(low predictability predictor,LP)。每个试次中,呈现几个标准刺激,然后呈现高/低可预测性刺激,高/低可预测性刺激出现的概率均为 50%。高可预测性刺激后 90% 概率出现目标刺激,10% 概率出现标准刺激;而低可预测性刺激后 20% 概率出现目标刺激,80% 概率出现标准刺激。

Daltrozzo 和 Valdez(2018)用声音刺激替代了视觉刺激,标准刺激、高可预测性刺激、中可预性刺激和低可预性刺激从 200 ms、400 ms、600 ms、800 ms 和 1000 ms 白噪音进行随机选取,目标刺激为 50 ms 白噪音。并且仿照序列学习操纵定义,给出了统计学习操作定义:反应速度随着刺激可预测性的增加而变快(例如高可预测性刺激的反应速度快于低可预测性的)。Singh,Daltrozzo 和 Conway(2017)增加了材料难度,用汉字取代了颜色圆点,目标刺激为微笑或悲伤表情符号,结果发现存在统计学习。

除此之外,还有其他研究范式。Chun 和 Jiang(1998)提出了背景线索任务范式(Contextual Cueing,CC),是视觉搜索任务,在分心刺激背景中(例如10~12 个旋转字母 L)寻找目标刺激(例如旋转字母 T)。目标刺激遵循序列规则,目标刺激位置由分心刺激布局决定。要求被试对目标刺激的旋转角度进行反应。和序列反应时任务相似,如果对序列规则发生了学习,被试可以通过背景线索预测刺激位置,对序列呈现的目标刺激反应变快。Fiser 和 Aslin(2001)提出了观察学习范式(Observational Learning,OL),观察学习任务考察在复杂视觉情景中形状组合的统计学习。两个形状按照某种空间布局(水平、垂直或斜线)成对呈现。学习阶段,在 3×3 矩阵中,呈现几对形状组合,形状组合中形状出现的位置存在一定规则。2 择 1 迫选测验阶段,学习阶段的形状组合和随机形状组合混合在一起,被试从 2 个形状组合中选出熟悉的 1 个,正确率作为因变量。

统计学习范式的改进主要有以下 4 个方面。第一,改变刺激,例如视觉形状刺激代替语音刺激,空间序列刺激代替时间序列刺激。第二,改变规则,例如非连续序列代替连续序列、三联体概率多样化、三联体规则数量增加(同一感觉通道或不同感觉通道)。第三,更换被试,即由成人到儿童、由正常人到病人等,例如孤独症、失读症;由人到动物,例如猴子、老鼠、鸟。第四,改变研究手段,由早期行为实验到眼动实验、脑电实验、TMS 实验、核磁实验等。

四、统计学习影响因素

(一)统计分布

以往统计学习研究采用的是相同频率分布,例如配对刺激/三联体出现次数相同。然而真实环境中,刺激出现频率是不同的,遵循的是 Zipfian 分布(skewed Zipfan distribution),即少数刺激出现频率高,大部分刺激出现频率低,频率下降并不是线性的(Piantadosi,2014;Zipf,1949)。研究发现听觉和视觉刺激频率都符合 Zipfian 分布(Clerkin, Hart, Rehg, Yu & Smith,2017;Lavi-Rotbain & Arnon,2020)。Lavi-Rotbain 和 Arnon(2021)采用视觉统计学习任务,比较了均匀分布(uniform distribution)(所有三联体都出现 24 次)和Zipfian 分布(出现次数分别为 92、22、12、8、6 和 4 次)对统计学习的影响,结果发现 Zipfian 分布下统计学习成绩好于均匀分布下的,均匀分布低估了统计学习成绩。

（二）统计规则

统计学习规则有 2 个因素：可预测性（predictability）和距离（distance）。刺激间可预测性指标为转换概率，转换概率是自下而上的信息（于文勃、王璐、瞿邢芳、王天琳、张晶晶、梁丹丹，2021）。Siegelman，Bogaerts，Kronenfeld 和 Frost（2018）发现，不同转换概率的学习速度不同，转换概率为 1 的三联体学习速度最快，转换概率为 0.6 的三联体学习速度最慢，转换概率为 0.8 的学习速度位于中间。

虽然视觉统计学习和语音统计学习都认为转换概率对统计学习产生重要影响，但研究发现视觉和听觉的统计学习结果相关较低（Siegelman & Frost，2015）。而且对于个体发展来说，视觉统计学习能力随着年龄逐渐提高，而听觉形式下则没有明显变化（Arciuli & Simpson，2011；Raviv & Arnon，2018）。Emberson，Misyak，Schwade，Christiansen 和 Goldstein（2019）发现，对于同一年龄段的婴儿来说，听觉统计学习能力要强于视觉统计学习能力，听觉模态下的统计学习能力可能要发展得更早、更快。不能将视觉统计学习结果直接推广到听觉模态，而在听觉模态下考察转换概率对统计学习效果的影响，不仅有助于探究听觉统计学习过程的特点，也有助于在一般领域下揭示其普遍性和独特性。

转换概率对语音统计学习研究方面，Bogaerts，Siegelman 和 Frost（2016）在实验中设置了 0.6、0.8 和 1.0 三种转换概率强度。结果发现，当转换概率从 0.6 提升到 0.8 时，被试的正确率仅有小幅度的提高，但从 0.8 提升到 1.0 时，被试的正确率有了显著提高。我国学者于文勃、王璐、瞿邢芳、王天琳、张晶晶、梁丹丹（2021）采用 Bogaerts，Siegelman & Frost（2016）的方法，同时考察了转换概率和词长期待对语音统计学习任务的影响。高转换概率为 1，低转换概率为 0.6。结果发现在高转换概率条件下，无论是符合词长期待（两音节迫选）还是不符合词长期待（三音节迫选），被试分辨目标词和非词正确率都高于随机水平，表现出统计学习效应。但在低转换概率条件下，符合词长期待（两音节迫选）时发生统计学习，但不符合词长期待（三音节迫选）未发生统计学习。结果表明自下而上信息（转换概率）和自上而下信息（词长期待）共同影响语音统计学习。

刺激间距离指标为刺激 a 和 b 之间刺激的数量，刺激 a 和 b 之间没有间隔（距离为 0），称之为连续规则，刺激 a 和 b 之间有其他刺激的话，称之为非连续规则（Kuppuraj，Duta，Thompson & Bishop，2018）。不同类型规则的统计学习速度，主要有两种观点：第一种观点认为不同类型规则的统计学习速度存在差异。有人认为首先对连续规则进行学习,再对非连续规则进行学习(Gómez,2002);有人认为先对确然非连续规则学习,再对或然连续规则学习(Romberg & Saffran,2013);还有人认为确然连续规则的学习速度最快,确然非连续规则的学习速度最慢,或然连续规则的学习速度居中(Kuppuraj,Duta,Thompson & Bishop,2018)。第二种观点认为不同类型规则的统计学习速度一样(Siegelman,Bogaerts,Christiansen & Frost,2017)。

Kuppuraj,Duta,Thompson 和 Bishop(2018)对 Gómez(2002),Saffran 和 Romberg(2013)研究进行了以下几点改进。①使用了在线和离线指标。因为不同类型统计学习的结果一样,但学习时间进程可能存在差异。离线指标无法考察统计学习的时间进程。②之前研究使用无意义音节,虽然无意义音节可以严格控制实验材料,减少先前语言知识的影响。使用熟悉字词可以降低实验难度,统计学习更容易发生;而且提高了研究的外部效度。③Gómez(2002),Saffran 和 Romberg(2013)采用被试间设计,本研究采用被试内设计。④以往研究中三联体间发生频率和统计结构存在混淆。Romberg 和 Saffran(2013)研究中,非连续刺激频率远高于连续或然刺激频率;在 Gómez(2002)研究中,三联体中间刺激的频率相差很大。需要控制每个统计结构的频率。⑤本研究插入了 2 个随机组段,可以将练习效应和统计学习效应相分离。Kuppuraj,Duta,Thompson 和 Bishop(2018)采用基于序列搜索的目标检测任务(target detection within serial search task procedure),材料为真实词语图片及其语音。统计规则为 4 类:确然连续规则 A1-S1-B1(adjacent deterministic sequence),连续转换概率为 1;或然连续规则 C1-S2-D1/C1-S2-D2(adjacent probabilistic sequence),连续转换概率为 0.5;确然非连续规则 E1-R-F1(non-adjacent deterministic sequence),R 指随机刺激,非连续转换概率为 1;还有随机三联体 R-R-R。结果发现反应时指标和正确率指标上都存在统计学习效应,连续统计学习的学习成绩好于非连续统计学习的,反应时指标表明确然连续统计规则的学习速度最快,非连续确然统计规则的学习速度最慢,连续或然统计规则的学习速度居中。重测信度表明本研究采用的基于序列搜索的目标检测任务信度较高(r=0.67)。

(三)注意

统计学习具有自动化(automatically)、伴随性(incidentally)和自发性(spontaneously)等特点。有研究者认为,由于在学习阶段并不告知被试有统计规律的存在,也不提供任何反馈信息,且不要求被试注意特定的信息,因此被试只能从肯定例证(positive instances)中进行学习,而不可能采用分析加工或假设验证的策略进行学习(Perruchet & Pacton, 2006)。关于统计学习与注意关系,存在以下两种观点。

第一,统计学习不受注意的影响。Saffran, Newport, Aslin, Tunick 和 Barrueco(1997)将听觉统计序列作为"背景"刺激,考察被试在完成无关视觉任务的同时,是否能同时对听觉序列进行统计学习,结果发现即使被试未被要求对听觉刺激进行加工,却也习得了听觉序列中的统计结构。虽然该研究未严格操作被试的注意分配,但作者仍认为被试的统计学习能力不受注意的影响。而且有研究发现,统计学习不受外显指导语的影响(Arciuli, Torkildsen, Stevens & Simpson, 2014; Battefink, Reber, Neville & Paller, 2015)。Arciuli, Torkildsen, Stevens 和 Simpson(2014)将被试分为两组,实验开始时告知其中一组被试刺激序列存在规律性,要求他们在学习阶段找出这些规律,并在测试阶段完成相关测试;对于另一组被试,不提供任何与统计结构相关的指导语。结果发现,两组被试的统计学习绩效无显著差异。也就是说,统计学习可能是自动发生的过程,并不受有意(intentional)学习行为的影响。

第二,统计学习受注意影响。有研究者发现,只有当目标刺激与非目标刺激存在物理连接时,才能加工非目标刺激的统计规律,因此他们认为统计学习需要注意的参与(Baker, Olson & Behrmann, 2004)。对此,Turk-Browne, Jungé 和 Scholl(2005)认为,在这些研究的学习阶段,被试对刺激规律的存在一无所知,因此并不能肯定视觉统计学习是前注意(pre-attention fashion)的初级视觉加工过程,还是被试将注意持续分配到统计结构的结果。因此,他们试图通过调配被试在学习阶段的注意分配来确定统计学习的性质。在他们研究中,在学习阶段给被试呈现由 24 个图形组成的刺激序列,其中 12 个图形为红色,另 12 个图形为绿色,分别构成 4 个三联体。在整个刺激序列中,每次呈现一个图形,红色与绿色图形随机交替出现,但同一颜色类别的图形按三联体顺序随机出现。在实验中,让被试选择性注意某一种颜色,对该颜色序列中重复出现的图形进行按键反应(重复刺激探测任务)。随后测试阶段的结果显示,被试只习得了所注意颜色的图形序列所隐含的统计结构,而未能习得非注意的统计结构,即选择性注意会限制视觉统计学习的成绩。由此,Turk-Browne 等人认为,视觉统计学习具有自动化和非自动化两种特性,是受注意调节的自动化过程。Turk-Browne, Jungé 和 Scholl(2005)的研究中之所以发现统计学习受选择性注意的影响,可能与被试的统计运算能力及所采用的研究范式有关。不过,也有研究采用了同样的范式,却没有证实视觉统计学习受选择性注意的影响(Musz, Weber & Thompson-Schill,

2015)。统计结构会自动捕获被试的注意,即被试会自动加工所隐含的统计规律(Zhao,Al-Aidroos & Turk-Browne,2013)。

　　Vickery,Park,Gupta 和 Berryhill(2018)发现任务需求和反应需求影响注意,从而影响统计学习。在实验 1 和实验 2 的熟悉阶段,要求被试对性别(男、女)或位置(室内、室外)做出判断,统计规则为二联体(pair)。根据任务需求(相同任务、不同任务)和反应需求(相同反应、不同反应),二联体配对共同 4 种:相同任务相同反应、相同任务不同反应、不同任务相同反应和不同任务不同反应。再认阶段对新旧二联体进行熟悉性判断。实验 1 和实验 2 的唯一区别在于,实验 1 左、右两只手做出反应,为了排除使用不同手对结果的干扰,实验 2 只用一只手做出反应。结果发现,当熟悉阶段任务或反应发生改变时,反应时增大;相同反应条件下的正确率显著高于随机水平,发生统计学习。进一步分析发现,相同反应条件下的正确率显著高于不同反应条件下的;相同任务条件下的正确率显著高于不同任务条件下的。实验 2 结果和实验 1 相似,区别在于相同任务条件下的正确率边缘显著高于不同任务条件下的。实验 3 熟悉阶段需求被试对闪烁(jiggle,flicker)刺激进行反应,结果发现 4 种条件下的正确率显著高于随机水平,均存在统计学习。前 3 个实验表明,反应需求影响统计学习,任务需求可能影响统计学习。为了直接比较反应需求和任务需求对统计学习的影响,实验 4 将实验 1 和实验 3 进行整合,通过网络进行在线实验,被试随机分配到类别辨别组(categorization group)和探测组(detection group),类别辨别组任务同实验 1,探测组同实验 3。结果发现探测组不同任务条件下正确率显著高于随机。类别辨别组,任务需求或反应需求发生改变时正确率下降,统计学习成绩下降。结果表明,不同任务需求或反应需求影响注意,从而影响视觉统计学习。

(四)刺激特征

　　刺激往往包含多种不同类型的统计规则,统计学习过程中究竟提取了怎样的统计规则依赖于呈现刺激的特征。研究表明,在语音的统计学习中,学习者能够提取音节之间的何种统计关系会受到音节组合中音节特征的影响。Gomez(2002)给学习者呈现由 3 种音节组合(如 AXC)随机呈现产生的语音流。结果发现,当居中音节 X 变异较小时,学习者习得了相邻音节的组合(例如 AX 或 XC),而音节 X 变异性较大时,学习者习得了非相邻音节之间的组合规则(即 A 和 C 的关系)。也就是说,学习者首先能够习得相邻音节的组合,而当相邻音节的组合不是一种可靠的统计线索时,学习者就会注意学习材料中其他的统计线索。视觉图形的统计学习也会受到图形呈现特征的影响。Fiser 和 Aslin（2005）发现，当较小的结构单元（包括 2 个图形）嵌入在较大的结构单元（由 3 个或 4 个图形组成）中时，学习者只习得大的结构单元，而没有习得嵌入其中的局部结构单元。而当小的结构单元和大的结构单元相互独立时，学习者可以同时习得两种结构单元。这一结果表明，结构单元之间的嵌入性（embeddedness）使得学习者只提取整体结构之间的统计规则。Turk-Browne，Isola，Scholl 和 Treat（2008）发现，当形状和颜色共变时（即刺激中的每一个物体都是一个特定的形状和一个特定颜色的集合体），学习者习得了物体与物体之间的统计规则，而当形状和颜色之间的共变性被打乱时（即一个特定形状的物体多次出现时其颜色不同），被试习得了物体的局部特征之间的统计规则，即习得了形状与形状之间或者颜色与颜色之间的统计规则，表明共变性（covariance）制约着学习者提取的是整个图形的统计关系还是单个特征之间的统计关系。这些研究都表明学习者会根据呈现刺激的特征，选择性地提取不同的统计规则。

（五）感觉通道

感觉通道既可以习得听觉呈现的刺激之间的统计关系，也可以习得视觉呈现的刺激之间的统计关系，但大量研究表明不同刺激感觉通道的统计学习存在差别。例如，Conway 和 Christiansen（2005）向被试呈现基于相同统计规则的视觉序列、听觉序列和反应序列，并直接比较了视觉、听觉和触觉通道的统计学习。由于听觉信息（语音流）总是在时间维度上，视觉信息更多的是在空间维度上，而触觉信息既可以在空间维度上也可以在时间维度上，因此实验假设序列呈现方式（时间维度上）会导致听觉统计学习的成绩更好。实验结果表明，听觉统计学习的成绩要优于视觉统计学习以及触觉统计学习的成绩，另外，触觉序列学习者对序列的起始信息更敏感，而听觉序列学习者对序列的末尾信息更敏感。这些结果表明，统计学习受感觉通道的制约。

（六）个体差异性

Daltrozzo 和 Valdez（2018）采用声音统计学习范式，实验组被试接受催眠后暗示（posthypnotic suggestion，PHS），控制组被试在清醒条件下接受暗示。暗示对控制组被试统计学习产生了增强作用，高可预测性条件下的反应时小于低可预测性的；高可预测性条件下中顶区（centro-parietal）P600 波幅大于低可预测性的。催眠后暗示对实验组被试结果不一致。对于低催眠性被试，反应时效应的方向发生了改变，低可预测性条件下的反应时小于高可预测性的;高催眠性被试的反应时数据和控制组相似,高可预测性条件下的反应时小于低可预测性的,但统计学习的 P600 成分和控制组相反,低可预测性条件下右侧 P600 波幅大于高可预测性条件下的。催眠后暗示对统计学习产生了影响,但不能说催眠后暗示增强了统计学习。关于统计学习个体差异性详见本章第二节内容。

五、内隐统计学习的脑机制

借助脑电记录及脑成像技术,可以更直接、实时地观测统计学习的时间进程以及脑激活模式;还有助于从神经基础上考察统计学习与其他学习的区别与联系。研究发现与统计学习相关的脑区有大脑左侧颞上回(superior temporal gyrus)、右侧纹状体(right striatum)和右侧颞叶内侧记忆系统(right medial temporal memory system)(武秋艳、邓园,2012)。

但统计学习的脑区与学习时间长短有关,在不同时间计量尺度上,统计学习的脑机制不同。以小时为计量单位,语言统计学习与额下回(inferior frontal)和颞上回(superior temporal)有关;动作序列与纹状体有关(Janacsek, Shattuck, Tagarelli, Lum, Turkeltaub & Ullman,2020)。以天和周为计量单位,统计学习与海马和内侧前额叶(medial prefrontal cortex)有关(Tompary & Davachi,2017;Richards, Xia, Santoro, Husse, Woodin, Josselyn & Frankland, 2014)。以月和年为单位,语义统计学习与前颞叶(anterior temporal cortex)有关,空间、背景线索、图式统计学习与内侧前额叶(medial prefrontal cortex)有关,事件脚本统计学习与后内侧皮质(posterior medial cortex)有关(Baldassano, Hasson & Norman,2018)。统计学习和情景记忆相关脑区海马。海马包括三突触体通路(trisynaptic pathway, TSP)和单突触体通路(monosynaptic pathway, MSP)两个通道。情景记忆通过三突触体通路编码,统计学习通过单突触体通路编码(Sherman, Graves & Turk-Browne,2020)。

统计学习有些脑区的激活还与刺激发生的通道无关。这些脑区包括左侧额下回(left inferior frontal gyms)、海马旁回(parahippocampal cortex)、海马回(hippocampus)和颞叶内侧记忆系统(medial temporal lobe, MTL)。Turk-Browne, Scholl, Chun 和 Johnson(2009)认为,海马回和尾叶(caudate)与统计学习密切相关,它们可能代表了两条平行的统计学习加工通路:一条涉及海马,海马的参与表明个体生成了更抽象的知识信息,以便在更广泛的新情境中表达统计规律;另一条涉及尾叶,尾叶的参与则使知识以客体的具体视觉特征的方式保存下来,从而精确再现所加工的情境(Hartley, Maguire, Spiers & Burgess,2003)。

由于视、听觉统计学习的材料性质不同,两者的神经机制存在差异。

(一)视觉统计学习

视觉形状刺激统计学习激活的脑区有:外侧枕叶皮质区(lateral occipital cortex)、颞下回(inferior temporal gyrus)。

Turk-Browne,Scholl 和 Chun 等人(2009)采用 fMRI 技术考察了学习者对视觉图形序列的统计学习过程。在实验中,研究者给被试呈现包含一定统计规律的视觉图形序列,同时采用 fMRI 技术对被试的大脑进行扫描。结果发现,学习者在没有意识到统计规则的情况下,有规则的图形序列更多地激活了右脑的纹状体以及位于右侧颞叶内侧记忆系统的海马,表明右侧纹状体以及海马皮层与提取图形序列中的统计规则有关。因为内侧颞叶和海马是陈述性记忆的主要神经基础,并与序列学习和结构学习有关,所以他们认为统计学习可能与其他类型的联想学习和记忆存在潜在联系。学习存在规律的统计结构,还激活外侧枕叶皮层(lateral occipital cortex,LOC)和腹侧颞枕叶皮层(ventral occipito-temporal cortex,VOTC),这两个脑区被认为只参与视觉信息的加工,且外侧枕叶皮层主要参与形状和客体的加工(Malach, Reppas,Benson,Kwong,Jiang,Kennedy & Tootell,1995),而腹侧颞枕叶皮层主要参与符号和单词的加工(Baker,Liu,Wald,Kwong,Bermer 和 Kanwisher, 2007)。这说明这些区域对统计序列中的信息比较敏感。

(二)听觉统计学习

听觉刺激统计学习激活的脑区有:左侧颞叶、顶叶下皮质(inferior parietal cortices)、额颞叶网络(包括额下回,inferior frontal gyrus)、和发音有关的运动区域、左侧额下回(left inferior frontal gyrus)的岛盖部(pars opercularis)和三角部(pars triangularis)。海马在编码、表征巩固(consolidation)以及不同感觉通道时间、空间特性链接中发挥着重要作用。基底神经节、丘脑和内侧颞叶记忆系统共同完成统计学习任务。丘脑在序列事件编码中发生 alpha-gamma 和 theta-gamma 同步振荡激活(Frost, Armstrong,Siegelman & Christiansen,2015)。

Karuza,Newport,Aslin,Starling,Tivarus 和 Bavelier(2013)对含有三联体结构的语音刺激序列进行了研究。结果发现左侧额下回的岛盖部和三角部得到激活。他们认为,左侧额下回是大脑的序列处理器,人体通过它计算统计规律并形成统计结构表征来进行序列的学习。McNealy,Mazziotta 和 Dapretto(2006)比较了依赖统计线索和语音线索提取语音流规则时的脑区激活。实验中的语音流分为只包含统计线索的语音流,同时包含统计线索和语音线索的语音流以及没有任何线索的语音流。行为测验的结果表明学习者不能区分出这三种语音流,然而脑扫描的结果表明:与没有统计线索的语音流相比,包含统计线索的语音流引起了更强的左侧颞上回(left superior temporal gyrus,STG)的激活,语音线索则进一步增强了该脑区的激活程度。研究者认为这一结果揭示了学习者基于统计规则将连续语音流切分为单独的词汇所依赖的脑神经基础。相较于随机语音刺激序列,隐含三联体结构的语音刺激序列将诱发左侧颞叶皮层(left lateralized temporal cortices)和顶叶下皮层、左侧额下回的岛盖部和颞下三角部以及双侧颞上回后侧(bilmeral posterior superior temporal gyms)和腹侧前运动皮层的上部区域(superiorpart of the ventral premotor cortex,svPMC)出现更明显的激活。

已有的神经生理学研究表明,统计结构的加工起始于与刺激性质有关的特异性脑区,而对多通道进行整合的脑区(如海马回)则会调节统计结构的加工。不过,在统计学习中,刺激的特异性脑区是只作用于刺激特征的加工,还是也参与统计运算的加工过程,还存在争议。有研究表明,海马受损会导致统计学习能力消失,也就是说,刺激的特异性脑区可能不参与统计运算过程,不过仍需进一步深入研究。

第二节 统计学习个体差异性研究的离线和在线测验法

自从 Saffran,Aslin 和 Newport(1996)提出统计学习(Statistical learning,SL)概念,统计学习研究得到快速发展。统计学习是指从外界输入的时间信息和空间信息中发现概率规律并以此规律学习新事物(Saffran,Aslin & Newport,1996;Saffran & Kirkham,2018;Siegelman,Bogaerts,Kronenfeld & Frost,2018;于文勃、王璐、瞿邢芳、王天琳、张晶晶、梁丹丹,2021)。人们可以从环境中通过视觉、听觉,在语言或非语言材料中,习得关于时间或空间、相邻或不相邻的统计特征,统计学习可以易化加工、塑造表征和整合经验(Sherman,Graves & Turk-Browne,2020)。统计学习研究采用最多的是三联体学习范式,包含两个阶段:熟悉阶段(familiarization phase)和测验阶段(test phase)。熟悉阶段向被试呈现一连串刺激(视觉或听觉),被试不知道刺激遵循一定规则(pairs/triplets),三联体重复出现。三联体的第一个刺激可以预测出后两个刺激,三联体的呈现顺序是随机的。三联体内的转换概率(transitional probabilities,TPs)高于三联体间的。在熟悉阶段,被试被动的注意刺激,没有记录下统计学习相关信息。在测验阶段进行离线测验,离线测验一般采用二择一迫选问卷(two-alternative forced-choice questions,2-AFC),向被试呈现三联体和新异刺激,被试需要判断哪个刺激更熟悉,正确判断得分作为统计学习指标。如果得分显著高于随机水平(above-chance performance),就认为发生了统计学习。

以往统计学习研究更多关注的是群体水平成绩(group-level performance),近年来越来越关注统计学习的个体差异性(individual difference),重视个体的统计学习成绩(Growns,Siegelman & Martire,2020;Lany & Shoaib,2019)。统计学习存在个体差异性的原因有两个:一是视觉、听觉等刺激编码存在个体差异;二是对刺激表征以及表征分布统计特征的加工速度存在个体差异(Frost,Armstrong,Siegelman & Christiansen,2015)。统计学习个体差异性研究主要有两个研究方向。一个研究方向是统计学习能力与其他认知能力相关研究(特别是语言能力),例如语言能力、社交能力相关(Parks,Griffith,Armstrong & Stevenson,2020);另一个研究方向是通过统计学习个体差异研究探究统计学习的认知机制(Frost,Armstrong,Siegelman,& Christiansen,2015),例如内隐、外显知识对统计学习的影响(Bertels,Boursain,Destrebecqz,& Gaillard,2015)等。

一、统计学习个体差异性研究存在的问题

虽然统计学习个体差异性研究取得了一些成果,但统计学习个体差异性研究和群体水平研究采用了相同的统计学习任务,还存在如下问题。

(一)统计学习与序列学习

有学者将统计学习与序列学习作为一个概念,但实际上统计学习与序列学习是两个不同概念,两者既有区别又有联系。统计学习和序列学习都是程序性记忆的子成分(Kóbor,Takács,Kardos,Janacsek,Horváth & Csépe,2018;Simor,Zavecz,Horvath,Elteto,Török,Pesthy,Németh,2019)。有人认为统计学习和序列学习是同一种机制(Daltrozzo & Conway,2014);有人认为统计学习和序列学习不是同一种机制(Tal,Bloch,Cohen-Dallal,Aviv,Ashkenazi,Bar & Vakil,2021)。Kóbor,Takács,Kardos,Janacsek,Horváth,Csépe 和 Németh(2018)从理论定义和操作性定义角度对统计学习和序列学习进行了区分。Kóbor 等人(2018)认为统计学习指视觉刺激组块(配对或三联体)频率信息的学习;而序列学习指多个刺激(通常 5~12 个)顺序信息的学习。统计学习操作定义指随机低频三联体反应时和随机高频三联体反应时之差,它们拥有相同序列特征(都是随机),但是统计特征不同(高频/低

频)。序列学习指随机高频三联体和规则高频三联体反应时之差,它们拥有相同统计特征(都是高频),但是序列特征不同(一个随机,另一个属于序列)。总体而言,统计学习和序列学习有以下几点不同:第一,统计学习和序列学习的发展轨迹不同。Németh,Janacsek 和 Fiser(2013)认为序列学习和统计学习从 11 岁开始具有不同发展特征,统计学习下降,序列学习能力增强。序列学习是渐进发展(gradual process),统计学习得速度很快,并且统计学习表征稳定,不会随着学习次数增加而发生改变(Simor,Zavecz,Horváth,Éltetö,Török,Pesthy,Gombos,Janacsek & Németh,2019)。第二,序列学习和统计学习的脑机制不同。内隐序列学习与腹侧嗅周皮层(ventral perirhinal cortex)有关,外显序列学习与基底神经核(basal ganglia)有关。知觉统计学习与双侧海马有关,运动统计学习与基底神经核(basal ganglia)和运动区有关,与海马无关(Rose,Haider,Salari & Büchel,2011;Simor,Zavecz,Horváth,Éltetö,Török,Pesthy,Gombos,Janacsek & Németh,2019)。第三,压力对序列学习和统计学习的影响不同。压力提高了统计学习成绩,但对序列学习成绩没有影响,降低了序列学习知识的外显性(Toth-Faber,Janacsek,Szollosi,Keri & Németh,2020)。

(二)统计学习个体差异性研究的信效度低

统计学习个体差异性研究有一个基本研究假设:不同统计学习任务成绩可直接比较,不同统计学习任务评估统计学习能力的信效度相同。但研究发现不同统计学习任务测验成绩相关度低,有三个原因:①任务需求(task demands)不同;②测验任务的心理测量特征不同(psychometric properties of the measures);③统计学习的高度碎片化结构(highly fragmented construct)。统计学习测验成绩相关低,是由于统计学习的碎片化结构造成的,还是由于任务的测验特征或任务需求造成的,还没有统一结论。Siegelman 和 Frost(2015)认为统计学习任务间相关度低可能是由于任务间差异过大造成的。Erickson,Kaschak,Thiessen 和 Berry(2016)认为,即便统计学习具有高度碎片化结构,相似统计学习任务考察的是统计学习的同一成分,相似统计学习任务成绩应该具有相关。如果统计学习任务成绩不相关,意味着统计学习任务不是统计学习的有效测验。Erickson 等人使用 4 个相似的声音统计学习任务,测验阶段包含迫选测验和熟悉性评定(李克特 5 点量表)。统计学习成绩增加了复合分数(Composite scores)指标,将 4 个任务的迫选成绩和熟悉性评定成绩进行平均。结果发现任务间的相关度低,相关度低可能是由于测量的信度低造成的。Erickson 等人认为,复合分数会提高测验的信度。

鉴于儿童还没有发育成熟,和成人在认知能力上存在差异,儿童和成人应当使用不同版本的统计学习能力测验,将统计学习能力测验分为统计学习能力测验儿童版和统计学习能力测验成人版,但目前儿童和成人被试使用相同的测验。有证据表明统计学习个体差异性研究信效度低对儿童被试的干扰更大,儿童的成绩更不稳定、可信度更低。因为儿童的正确率低于成人(Raviv & Arnon,2018),意味着更多儿童处于随机水平;且统计学习的迫选测验对儿童来说是个难题,儿童在二择一判断任务中很难做出决策,二择一测验成绩不是统计学习成绩的良好指标。而且二择一测验中目标三联体和新异三联体的重复出现进一步增加了决策难度;测验项目的数量较少,注意波动对整体成绩的影响很大。儿童统计学习个体差异研究使用的统计学习任务比成人的更局限(Arnon,2020;Kidd & Arciuli,2016)。例如已有研究表明统计学习和语言相关性,儿童和成人存在差异,成人为中等相关(r = 0.4~0.6),儿童相关性低(r = 0.1~0.34)(Siegelman,Bogaerts,Christiansen & Frost,2017)。而且儿童的研究结果不统一,Kidd 和 Arciuli(2016)发现儿童统计学习和语言不相关,而 Spencer,Kaschak,Jones 和 Lonigan(2015)发现儿童统计学习和语言低相关。这可能是由于统计学习任务可信度低造成的。

为了考察儿童统计学习任务的可信度,Arnon(2020)使用 3 项统计学习任务,语音听觉任务(linguistic auditory task)、非语音听觉任务(nonlinguistic auditory task)和视觉任务(visual task)。可信度指标有两类:①内部可信度,分半信度和 Cronbach's alpha 系数;②重测信度(test-retest reliability)。结果发现成人的成绩具有可信度,但儿童(8 岁)的成绩不具有可信度。Arnon 认为儿童统计学习任务信度低可能是由于:第一,统计学习能力本身不稳定,容易受到其他认知能力的影响,例如记忆和注意。儿童更容易受到这些影响。第二,儿童统计学习能力是稳定的,但是统计学习能力测验存在问题,例如测验项目的数量和难度、测验的意识性水平等。儿童统计学习能力测验的影响因素有:①任务难度。儿童统计学习测验正确率低,意味着测验对于儿童来讲比较困难。正确率低造成成绩分布不够广泛,不符合能力测验要求。应当降低测验难度,但是没有降低难度的适当方法。如果减少三联体数量将会降低对记忆的要求,但是会影响到统计结构,三联体间概率发生改变。如果增加重复次数,也不能解决问题。Siegelman,Bogaerts,Kronenfeld,和 Frost(2018)通过在线测验发现,视觉统计学习三联体重复 7 次后,统计学习成绩不再提高;Batterink(2017)、Batterink 和 Paller(2017)发现听觉统计学习重复 3 次后,统计学习成绩不再提高。也许增加学习阶段和测验阶段时间延迟,会提高统计学习正确率。Németh 和 Janacsek(2011)发现 12 小时延迟甚至 1 个礼拜延迟,学习成绩提高。②疲劳。测验阶段儿童疲劳效应更加明显,导致了信度降低(Török,Janacsek,Nagy,Orbán & Nemeth,2017)。③任务的意识性水平。儿童更容易受到意识性水平的影响,任务的意识性水平越低,信度越高。因此寻求信效度高的统计学习任务是统计学习个体差异性研究的根本。

(三)离线测验问题

统计学习个体差异性研究的第二个基本研究假设:统计学习的迫选测验是统计学习的良好指标。但迫选测验是统计学习的离线测验,不是统计学习的良好指标(Siegelman,Bogaerts,Christiansen & Frost,2017)。离线测验(offline measures)是统计学习完成后对统计学习成绩进行测量,而不是对统计学习过程本身进行测量(Batterink & Paller,2017;Siegelman,Bogaerts,Kronenfeld & Frost,2018)。

离线测验存在以下几点不足:第一,测验阶段测验数量少。个体差异性测验需要测验数量多,以增加样本间变异性,减少测验误差。统计学习任务一般包含 8 个(甚至 4 个)三联体,测验阶段只需要 4~8 次判断,三联体不重复的话,测验阶段测验数量少。一个解决方法是重复呈现三联体,大部分研究采用的也是这种方法。但是大量重复会对结果造成干扰,不知道测验阶段成绩是由于熟悉阶段习得的,还是由于测验阶段重复而习得的。测验阶段项目重复出现,对项目进行二次学习,对结果产生干扰。还有一种解决方法是增加测验项目类型和数量(Siegelman,Bogaerts,Christiansen & Frost,2017)。为此统计学习测验任务的第一个标准是测验需要有大量但很少重复的测验项目。

第二,大部分被试成绩处于随机水平,降低了研究效度。如果大部分被试处于随机水平,即使整体成绩高于随机,大部分数据也是无效的。成绩高于随机水平,可能是由于猜测造成的。为此统计学习测验任务的第二个标准是测验应该反映出大部分被试的可靠成绩。

第三,所有测验项目都是相同类型和同等难度。测验阶段项目的难度相同,测验的区分度差,不利于区分个体间差异。迫选测验项目主要有目标三联体(转换概率为 1)和新三联体(转换概率为 0)两类。测验项目属于相同类型和同等难度,会导致两方面问题:一个是理论问题,相同类型测验项目重复施测只能检测出能力的一部分。为此统计学习测验任务的第三个标准是测验能检测出能力的范围足够大。另一个是统计问题,按照项目反应理论,相同类型和同等难度测验只能检测出相同分布区域的信息,这将导致低统计学习者回答完全错误(除了猜对的)或高统计学习者回答完全正确,低统计学习者之间或高统计学习者之间无法进行区分。这将不可避免增加测验误差和降低任务可信度。经典的智力测验和工作记忆测验包含不同难度测验,可以区分不同被试。为此统计学习测验任务的第四个标准是测验能够反映出不同分布的信息。可以通过改变测验项目难度实现。

为此 Siegelman,Bogaerts 和 Frost(2017)对视觉统计学习离线测验进行了 3 点改进,降低了噪声和提高了测验敏感性。第一,增加测验阶段的项目数量,降低三联体的重复次数;第二,测验项目的难度和类型不同,提高了测验的区分度,能够覆盖绝大部分统计学习能力范围;第三,使得更多被试的成绩高于随机水平。在视觉统计学习任务的熟悉阶段,包含 16 个视觉形状,组合成 8 个三联体,其中 4 个三联体转换概率 0.33,4 个三联体转换概率 1。每个三联体重复 24 遍,看 10 分钟时间。告知被试看刺激,然后回答问题,没有掩蔽任务(cover task)。在测验阶段,包含 42 个不同难度测验项目。42 个项目有以下不同:①反应不同,再认测验(pattern recognition)要求被试从备选选项中选出熟悉性项目,共 34 个再认测验;完型任务(pattern completion)要求被试补充三联体缺失的部分,共 8 个完型任务。测验分值为 0 ~ 42 分。②测验项目分为配对(pair)和三联体。③目标转换概率不同(1 或 0.33)。④新异刺激转换概率不同(0 ~ 0.5)。⑤分心刺激数量不同(2、3、4)。⑥新异刺激(foil)位置偏差的数量不同。

二、解决途径——在线测验

针对离线测验存在的不足,有人提出了在线测验(online measures),在线测验指记录下统计学习过程中被试的反应,在线测验的主要目的在于记录下熟悉阶段的学习过程(Siegelman,Bogaerts,Christiansen & Frost,2017;Siegelman,Bogaerts,Kronenfeld & Frost,2018)。通过在线测验法,一方面可以将统计学习的认知加工过程进行区分,例如刺激的知觉编码和分布特征的学习;另一方面可以得到统计学习的学习曲线,而且可以避免测验阶段的干扰,统计学习成绩更加可靠。统计学习在线测验法主要有:反应时法、眼动记录法、事件相关电位和脑磁图(Batterink & Paller,2017;Daltrozzo & Conway,2014)。

（一）反应时法

1. 自定义速度法

以往统计学习研究要求被试被动地观看刺激串，而自定义速度法（self-paced）则要求被试主动按键呈现下一个刺激。自定义速度法假设三联体刺激的按键速度快于随机刺激串。例如 Karuza，Farmer，Fine，Smith & Jaeger（2014）；Witteloostuijn，Lammertink，Boersma，Wijnen & Rispens（2019）；Siegelman，Bogaerts，Kronenfeld & Frost（2018）采用了自定义速度法，被试通过按键主动控制刺激的呈现速度，记录下每个刺激的反应时。Karuza，Farmer，Fine，Smith 和 Jaeger 使用非连续人工语法范式（aXb），结果发现可预测刺激的按键快于不可预测刺激的，并且随着练习次数的增加，可预测刺激和不可预测刺激的反应时差异逐渐增大。Siegelman，Bogaerts，Kronenfeld 和 Frost 发现三联体第一个刺激反应时长于三联体第二个和第三个刺激。Witteloostuijn，Lammertink，Boersma，Wijnen & Rispens（2019）进一步考察了反应时是否适用于儿童，以 5~8 岁儿童为被试，结果发现可预测性刺激的反应时短于不可预测性刺激的，表明儿童发生了统计学习，反应时是儿童统计学习的有效指标。

2. 反应时

不同于自定义速度法，按键是为了控制刺激的呈现速度；反应时法中的按键是认知加工过程的反应，需要被试根据目标刺激做出相应按键反应。Misyak，Christiansen 和 Tomblin（2010）首次提出了非连续性人工语法的反应时测量。听觉刺激遵循语法规则 aXb，刺激 a 预测刺激 b（非连续性规则），X 指刺激随机呈现。被试听声音刺激的同时，屏幕上呈现 6 个非词，要求被试点击相应的非词。结果发现对可预测性位置所在的非词刺激（例如 aXb 中的 b）反应速度比不可预测性位置所在的非词刺激快（例如 aXb 中的 a）。当 aXb 语法规则消失后，这种效应消失。结果表明被试能够区分可预测性声音和不可预测性声音。听觉统计学习的另一种在线测验方法是滴答检测任务（click detection task），要求被试对声音刺激中出现的滴答声做出反应。滴答声出现在词语之间或词语之中，结果发现滴答声出现在词语之间时的反应速度快于词语之中的。Gómez，Bion 和 Mehler 等人认为这是由于词内转换概率高，词间转换概率低造成的。Qi，Sanchez Araujo，Georgan，Gabrieli 和 Arciuli（2018）提出了目标检测任务（target detection task），呈现听觉或视觉刺激三联体，被试对 12 个刺激中的目标刺激进行按键反应，目标刺激是三联体的最后一个刺激，是可预测性刺激。结果发现成人和儿童对视觉刺激存在统计学习,反应变快;听觉刺激不存在统计学习效应。由于练习和统计学习都会造成反应时的下降,为了排除练习可能对反应时的干扰,采用了干扰峰值设计(disruption peak),即在非连续规则组段中,插入一个不符合非连续规则的组段。即第1、2、3组段为非连续规则组段,第4组段不符合非连续规则,第5组段为非连续规则组段,称为恢复组段(recovery)。如果被试对非连续规则发生了学习,在第4干扰组段中,目标刺激和非目标刺激的反应时慢于其他组段的,反应时的这种差异称之为干扰峰值。研究表明成人(López-Barroso, Cucurell, Rodrígez-Fornells & de Diego-Balaguer, 2016)和儿童(Lammertink, Van Witteloostuijn, Boersma, Wijnen & Rispens, 2018)的干扰峰值都能有效反映规则统计学习。

(二)眼动记录法

眼动记录法不需要被试做出按键反应,在自然条件下观看刺激,对观看刺激过程中的眼动反应进行记录。Karimian, Kazemi 和 Najimi(2020)比较了语言发育迟缓儿童(3岁)和正常儿童的统计学习能力,分析了他们统计学习过程中的眼动。有3个屏幕,刺激出现在其中一个屏幕,儿童需要注视刺激所在屏幕,通过摄像机记录下儿童的眼动和头动。实验完成后对录像进行逐帧分析,获取眼动或头动数据,儿童的反应包括预期观察(anticipatory look)和反应观察(reactionary look)。结果发现两组儿童的统计学习成绩没有差异,统计学习成绩和语言能力不相关。结果表明统计学习能力和语言发育迟缓不相关。需要注意的是,本研究没有使用眼动仪,眼动数据通过对录像进行手动分析得来,精确度存在问题。

(三)事件相关电位

事件相关电位技术广泛应用于统计学习研究,可以清楚地揭示统计学习发生和发展的时间进程(Daltrozzo 和 Conway,2014;Kóbor, Horváth, Kardos, Takács, Janacsek, Csépe & Németh, 2019; Kóbor, Takács, Kardos, Janacsek, Horváth, Csépe & Németh,2018)。主要有两种研究思路:第一,记录下统计学习熟悉阶段的 EEG,对三联体第一个刺激和第三个刺激诱发的 ERP 进行比较(Abla, Katahira & Okanoya,2008)。指标是熟悉阶段的三联体启动效应(triplet onset effect),即三联体的第一个刺激诱发的 ERP(N1 和 N400)大于三联体第三个刺激诱发的。第二,记录下统计学习测验阶段的 EEG,对熟悉三联体和新异三联体诱发的 ERP 进行比较(François & Schön,2011)。指标是测验阶段的熟悉性效应(familiarity effect),即熟悉材料诱发的 ERP(N1、P2、N400)大于非熟悉材料诱发的。

1. 三联体启动效应

在听觉和视觉统计学习中,均发现三联体启动效应(triplet-onset effect),即三联体的首元素所诱发的 N400 波幅比第二、三个元素更明显,听觉统计学习(Abla, Katahira & Okanoya, 2008)和视觉统计学习(Abla 和 Okanoya, 2009)均存在明显的 N400 成分。Sanders, Newport 和 Neville(2002)以成人非音乐家为被试,语音(speech)为刺激材料,语音构成三音节词(trisyllabic words,例如 babupu 等)。结果发现三音节词的第一个语音诱发了更大的 N1 和 N400,存在三联体启动效应。有学者进一步通过 ERP 分析了统计学习的发生发展的时间进程。Abla, Katahira 和 Okanoya(2008)呈现连续声音流同时记录脑电活动,将学习过程分为三个阶段。脑电结果发现,在刺激出现后约 400 ms 的时候,靠近额中央区位置出现一个明显 N400,这一 ERP 效应可能和大脑中提取统计规则的过程有关。研究者进一步根据迫选测验的结果将被试分为高表现组、中等表现组以及低表现组,并比较不同表现组在加工声音流时的 N400 效应。结果发现,尽管行为测验结果表明所有被试都习得了统计规则,但不同组之间的 ERP 效应却不相同。在高表现组中,N400 效应出现在学习的第一个阶段。在中等表现组中,N400 效应出现在学习的第三个阶段。而低表现组在学习的任何阶段都没有出现 N400 效应。不同表现组之间的学习效应出现的时间不同,这表明学习者成功提取统计规则的速度不同。高表现者能够更快地提取统计规则,中等表现组在较晚阶段才提取了统计规则,而低表现组可能需要更长的时间提取统计规则。Cunillera, Càmara, Toro, Marco-Pallares, Sebastián-Galles, Ortiz, Pujol 和 Rodríguez-Fomells(2009)有类似发现。隐含统计结构的音节刺激序列在呈现 1 分钟后便可诱发显著的 N400 成分,在 2~4 分钟时 N400 的波幅达到最大,而后随着刺激序列呈现时间的继续增加(5 分钟后),N400 的波幅呈减小趋势。Cunillera 等人认为,N400 成分的变化特点显示听觉统计学习的发生非常迅速。尽管行为结果表明所有被试都习得了统计规则,但不同学习绩效的被试之间存在不同的 N400 效应。Batterink 和 Paller(2017)发现统计学习是渐进获取的。呈现给被试 3 音节的无意义人造词和随机音节串,记录下统计学习过程的脑电。统计学习的 EEG 指标为神经夹带(neural entrainment)。结果发现规则音节流中的 3 音节词的神经夹带高于随机音节的,随着学习次数的增加这种效应更加明显;而且 3 音节诱发的 N400 波幅大于随机音节串诱发的,随着学习次数的增加这种效应更加明显,并且和离线反应时任务成绩正相关。结果表明统计学习知识是渐进获取的(gradual acquisition of knowledge），由新异刺激逐渐转换为熟悉刺激。视觉统计学习的学习速度有类似结果。Abla 和 Okanoya（2009）采用形状视觉统计学习。将视觉统计学习的学习阶段分为三个子阶段，并根据测试阶段的表现将被试分为高学习者、中等学习者和低学习者。只有高学习者在第一个组段表现出三联体启动效应，诱发了更大 N400。结果表明，被试提取统计规律的速度不同，高绩效组比低表现组所需要的时间更短。

除了常用的 N1 和 N400，还有其他指标，例如 P300 和 MMN。Jost，Conway，Purdy，Wall 和 Hendricks（2015）以成人、青少年（9～12 岁）和儿童（6～9 岁）为被试，考察了统计学习的神经发展特征。结果发现不同年龄组被试的高可预测性刺激诱发了 P300 成分，不同年龄组没有差异。结果表明统计学习能力没有年龄差异，6 岁时统计学习能力达到了成人水平。Singh，Daltrozzo 和 Conway（2017）考察了统计规则意识性对视觉统计学习的影响。被试完成视觉统计学习任务后，通过规则意识性问卷（Pattern Awareness Questionnaire）测量了统计规则的意识性水平，发现意识性高的被试反应时指标和 P300 指标上表现出统计学习效应。Kóbor，Horváth，Kardos，Takács，Janacsek，Csépe 和 Németh（2019）首次考察了 2 阶非连续转换概率学习（second-order nonadjacent transitional probabilities）的脑电特征。高频三联体最后一个刺激，可以由三联体第一个刺激预测出来概率高；而低频三联体最后一个刺激由第一个刺激预测出来的概率低。脑电结果发现，规则刺激诱发的 P300 波幅大于随机刺激诱发的；低频随机刺激诱发的 P300 波幅大于高频随机刺激诱发的。统计结构元素间转换概率的变化会诱发不同的失匹配负波（MMN），Koelsch，Busch，Jentschke 和 Rohrmeier（2016）称其为统计失匹配负波（statistical mismatch negativity）。Koelsch 等人给被试呈现的语音刺激序列中，三联体前两个元素的转换概率固定不变，而第二、三个元素间的转换概率存在高、中、低三种情况，记录被试加工统计结构元素时的脑电变化。结果发现，个体在加工第三个元素时，相较于高转换概率条件，中和低转换概率会诱发更显著的失匹配负波，将其命名为统计失匹配负波。

有学者通过统计学习三联体启动效应考察音乐训练对统计学习是否有促进作用。Mandikal Vasuki，Sharma，Ibrahim 和 Arciuli（2017a）采用听觉统计学习和视觉统计学习范式，记录了音乐家和非音乐家熟悉阶段的脑电。结果发现，听觉统计学习任务中，音乐家的行为数据优于非音乐家的。但音乐家和非音乐家视觉统计学习的行为数据没有差异。脑电结果和行为结果类似，听觉统计学习任务中，音乐家在第一时间段表现出 N1 和 N400 三联体启动效应；视觉统计学习任务中，音乐家和非音乐家表现出 N1 三联体启动效应。结果表明音乐家和非音乐家的声音统计学习存在差异。Mandikal Vasuki 等人（2017b）进一步考察了音乐训练对儿童视觉和听觉统计学习影响，对 9～11 岁儿童进行了考察。行为结果发现音乐训练提高了声音统计学习成绩，未提高视觉统计学习成绩。脑电结果发现，听觉统计学习和视觉统计学习，音乐组儿童比非音乐组表现出更明显的三联体启动效应。结果表明音乐训练对视觉统计学习和听觉统计学习都起到促进作用。尽管儿童在视觉统计学习中表现出音乐训练的促进效应（行为表现没有差异，但是在脑电波幅上差异显著）。需要注意的是，仅有一项研究发现音乐训练对儿童视觉统计学习可能存在增强效应，这一结果还需得到重复验证；另外，有可能是因为视觉学习中以图片序列呈现的三联体任务对成年被试来说太容易，被试在完成任务时出现了天花板效应，因此，成人被试和儿童被试在视觉统计学习的音乐训练的促进效应上才出现了矛盾的 ERP 结果。Mandikal Vasuki 等人认为儿童音乐能力高低与统计学习能力存在相关。

2. 熟悉效应

有学者通过熟悉效应（familiarity effect），考察了音乐训练对统计学习的影响。François 和 Schön（2011）使用基于人工语法结构（Sung language）的语音和旋律材料，以音乐家和非音乐家为被试，记录下统计学习时的事件相关电位。结果发现在语音测试阶段中，音乐家被诱发的 N1 波幅显著大于非音乐家，而且在750～850 ms 的时间窗口内，音乐家表现出对已习得三联体显著的熟悉性效应，而非音乐家则没有出现这种效应；在旋律测试阶段，音乐家的 N1 和 P2 波幅都显著大于非音乐家，且在 350～550 ms 表现出熟悉性效应，而非音乐家在该时间窗则没有出现这种效应。将语音和旋律晚期时间窗诱发的成分都视为类 N400 效应，尽管这一效应在语音测试中有所延迟，但音乐家和非音乐家的显著差异表明了音乐训练对听觉序列统计学习可能存在促进效应。François，Chobert，Besson 和 Schön（2013）记录并对比了音乐训练组儿童和绘画训练组儿童经过 2 年的培训后，在言语听觉统计学习任务中的 ERP，发现音乐组儿童对语音切分的熟悉性效应显著大于绘画组，为音乐训练对听觉统计学习的促进效应提供了来自纵向设计的 ERP 证据。François，Jaillet，Takerkart 和 Schön（2014）进一步将时间分为 4 部分，比较了 N400 波幅。音乐家和非音乐家在第一个时间段 N400 波幅大，这是由于正在形成三联体。其余时间段音乐家的 N400 波幅表现出线性增加趋势，但是音乐家在后两个时间段达到顶峰，在第四时间段下降，呈现倒 U 形学习曲线（inverted U）。音乐家学习曲线的渐近线是因为三联体的巩固，波幅下降是因为三联体的重复,出现了熟悉性效应。这项研究表明,音乐家组的被试具有更高的听觉统计学习效率,反映为更早饱和的 N400 学习曲线。

(四)脑磁图

和事件相关电位类似,脑磁图(magnetoencephalography,MEG)可以记录下统计学习的发生发展过程。Altamura,Carver,Elvevag,Weinberger 和 Coppola(2014)使用脑磁图对统计学习不同学习阶段的脑活动进行了考察。他们将学习过程分为 4 个阶段,结果发现,统计学习的不同学习阶段会涉及不同的脑区。统计学习初期,在颞叶和与运动区诱发出显著的 α 波和 β 波;统计学习后期,在右侧顶枕区和左侧颞中叶诱发出显著的 α 波。Altamura,Carver,Elvevag,Weinberger 和 Coppola 认为这些脑电成分的激活反映了脑神经对规律信息的自动化加工。

有人通过 MEG 系列研究证实了音乐训练对听觉统计学习和视—听跨通道统计学习具有促进作用。Paraskevopoulos 等人(2011)首次使用 MEG 技术对比了音乐家和非音乐家的听觉统计学习能力,考察了音乐家和非音乐家在探测人工声音序列中违规刺激的神经活动。发现音乐家的 P50 效应(标准音和违规音之间的差异波)显著大于非音乐家,说明长期的音乐训练可能强化了听觉皮层基于先行习得信息的转换概率辨识新异听觉事件的能力。Paraskevopoulos 等人(2017)还采用 MEG 技术对比了音乐家和非音乐家与听觉统计学习相关的皮质网络功能连接,证实了音乐训练经验与支持听觉统计学习的皮质网络塑造有关。Paraskevopoulos 等人(2017)的图论结果表明,与非音乐家相比,音乐家听觉统计学习神经网络具有更大的密度和效率,音乐家在听觉统计学习中激活的皮层网络包含了更广泛的组织结构,包括双侧颞叶后部、双侧顶内小叶、双侧颞中回和前扣带回。此外,额下回在支持统计学习的皮质网络中也是一个重要的活动节点,与听觉统计学习有关。但是 Paraskevopoulos 等人(2017)发现,与非音乐家相比,音乐家的额下回活动有所减弱,这可能是因为音乐家在统计学习加工过程中涉及了更多不同的活动源,因此额下回区域的激活相对较小。Paraskevopoulos 等人(2018)首次对多模态统计学习的音乐训练促进效应进行了 MEG 研究。该研究考察了音乐家和非音乐家在听觉、视觉和视—听跨通道三联体统计学习的 MEG 神经活动源,结果发现:在探测违反统计规则的听觉刺激时,音乐家被试的右侧颞上回、前辅助运动区的右侧额上回部分、左侧中央前回和右侧额下回活动明显增强,且和非音乐家差异显著;在探测违反统计规则的视—听刺激时,音乐家被试的右侧颞上回和前辅助运动区的右侧额上回部分活动明显增强,且和非音乐家组差异显著;但是,视觉统计学习,音乐家和非音乐家的组间差异并不显著。Paraskevopoulos 等人(2018)还采用皮层网络分析考察了统计学习任务中皮层区域之间的信息流强度,结果发现:在右侧颞上回从右侧额上回所接收到的信息量、右侧颞上回送往右侧颞横回与左侧额下回的信息量、左侧额下回从右侧颞上回和右侧额上回接收到的信息量以及左侧额下回送往右侧颞横回的信息量上,音乐家和非音乐家表现出显著的组间差异;而且,与非音乐家相比,音乐家的统计学习皮质网络各节点间的平均信息流显著增加,结果表明音乐训练可能增强了支持视—听跨通道统计学习的皮质网络连通性。

三、研究展望

统计学习个体差异性研究取得了不少研究成果,成为统计学习一个重要研究方向和研究趋势。但是统计学习个体差异性研究在理论和研究方法方面还存在不足(Erickson, Kaschak, Thiessen & Berry, 2016; Siegelman, Bogaerts & Frost,2017)。今后需要进一步加强统计学习理论研究;并在统计学习理论研究基础上,通过在线测验法和离线测验法,获取更丰富的统计学习行为指标和神经活动指标,整合不同尺度的多模态数据,以探究统计学习个体差异的认知神经机制。

(一)统计学习个体差异性理论

统计学习个体差异性研究存在的问题,从根本上说,是由于统计学习个体差异性理论缺乏造成的。统计学习能力是单一能力还是不同成分构成的能力? 这是统计学习个体差异性研究需要回答的一个基本问题,但关于这个问题还存在争议,有人认为统计学习能力是单一能力,有人认为统计学习能力由不同成分构成。理论与方法相辅相成,理论的不统一,造成统计学习个体差异性研究的方法差异,进而造成不统一甚至相互矛盾的研究结果。目前,统计学习理论主要集中在统计学习的认知机制,特别是统计学习的表征机制(Frost, Armstrong, Siegelman 和 Christiansen,2015)。例如统计模型认为统计学习表征方式是刺激间的转换概率(Frank, Goldwater, Griffiths 和 Tenenbaum,2010);组块/聚类模型认为统计学习表征方式是统计相关单元(statically coherent units)即组块(chunk)(Slone & Johnson,2018);贝叶斯模型通过假设—验证的方式来解释人类的统计学习过程(Goldwater, Griffiths &Johnson, 2009),通过提取—整合模型采用提取(extraction)和整合(integration)来解释统计学习(Thiessen, Kronstein 和 Hufnagle,2013)。统计学习个体差异性研究的时间较短,统计学习个体差异性理论研究很少,还处于起步阶段。Siegelman 等人提出了统计学习个体差异性的理论框架,有待进一步探讨。鉴于在母语、二外、音乐、动作等不同领域已证实存在统计学习,本文提出多元统计学习理论(Multiple statistical learning),认为统计学习能力是多元的,不是一种能力而是一组能力,统计学习能力不是以整合的方式存在而是以相互独立的方式存在,包含以下几种统计学习能力:语言统计学习能力(linguistic statistical learning)、空间统计学习能力(spatial statistical learning)、音乐统计学习能力(musical statistical learning)、运动统计学习能力(kinesthetic statistical learning)、数学统计学习能力(mathematical statistical learning)。当然,除了这几种统计学习能力,随着统计学习研究的深入,可能还会发现其他种类统计学习能力。

(二)统计学习能力测验

能力测验需要满足一定标准,比如分半信度(split-half reliability)、重测信度(test-retest reliability)、内部效度(internal validity)、成绩的变异性等。如果不能满足这些标准,不能作为能力测验(Siegelman, Bogaerts, Kronenfeld & Frost,2018)。目前统计学习能力测验还未被广泛接受和使用,与统计学习能力测验本身存在的问题有很大关系。未来统计学习能力测验研究还需要进一步解决以下两大问题。

第一,统计学习能力测验的信效度问题。统计学习在线测验信度低,这可能是由于反应时成绩依赖于被试的反应速度,反应速度快的被试反应时成绩提高的少,降低了统计学习成绩;或是由于次要任务消耗了部分注意资源而降低了统计学习成绩、降低了研究的信度和效度。统计学习能力测验效度低,有如下几点原因:①统计学习研究以高概率三联体学习为主,但真实环境中不只包含三联体规律,而且也不局限于高概率三联体;②真实环境中的规律更抽象、更复杂;③统计学习研究的材料格式上统一,例如相同大小或类别。真实环境中规律包含材料的很多特征都不是统一的;④统计学习研究往往在短时间对材料学习重复学习多遍,但真实环境中的规律需要很长时间,而且很少重复出现(Bogaerts, Frost & Christiansen, 2020;Lavi-Rotbain & Arnon,2021);⑤统计学习研究通过迫选测验对学习效果进行评估,迫选测验无法得知统计学习发生发展的时间进程,敏感性低(Frost, Armstrong & Christiansen, 2019;Siegelman, Bogaerts, Christiansen & Frost, 2017;Siegelman, Bogaerts, Kronenfeld & Frost, 2018),需要更为高效的能力测验解决这些问题。

第二,统计学习在线测验成绩和离线测验成绩相关性问题。有研究发现在线测验成绩和离线测验成绩高相关(Karuza,Farmer,Fine,Smith & Jaeger,2014);有研究发现在线测验成绩和离线测验成绩不相关(Franco,Galliard,Cleeremans & Destrebecqz,2015)。统计学习在线测验和离线测验成绩低相关,一方面反映出统计学习理论问题,例如在线测验和离线测验分别反映了统计学习的不同成分(Misyak,Christiansen & Tomblin,2010);在线测验和离线测验分别反映了统计学习的内隐知识或外显知识(Bertels,Franco & Destrebecqz,2012)。另一方面表明在线测验的信度低,在线测验不准确(inaccurate)或不稳定(unstable)。

第三,在线测验中的次要任务可能干扰了统计学习,次要任务分散了注意资源,降低了统计学习成绩。离线测验能够提供经过大量练习后的学习效果,在线测验能够直接反映统计学习整个过程。统计学习能力测验需要进一步整合离线测验和在线测验,更全面地反映统计学习。

第三节　转换概率对不同难度视觉统计学习影响的在线测量

自从 Saffran,Aslin 和 Newport(1996)提出统计学习概念(Statistical learning,SL),统计学习研究得到快速发展(Bogaerts,Frost & Christiansen,2020;邓珏、叶子青、周加仙,2021;Frost,Armstrong & Christiansen,2019;徐贵平、范若琳、金花,2020)。统计学习指从外界输入的时间信息和空间信息中发现概率规律并以此规律学习新事物(Frost,Armstrong,& Christiansen,2019;官群、赵建蓉、姚茹,2018;Saffran & Kirkham,2018;Siegelman,Bogaerts,Christiansen & Frost,2017;Siegelman,Bogaerts,Kronenfeld & Frost,2018)。统计学习的核心概念是转换概率(transitional probabilities,TPs),指元素出现的概率关系。例如 X 出现 100 次,X-Y 出现 30 次,X-Y 转换概率为 30%。人们可以从外界环境中通过视觉或听觉,从言语或非言语材料中,获取连续或不连续的时间或空间统计特征,统计学习可以易化加工、塑造行为和整合经验(Sherman,Graves & Turk-Browne,2020)。

统计学习研究最常采用的是三联体统计学习范式(Triplet learning,TP)(Frost,Armstrong & Christiansen,2019)。包含两个阶段:熟悉阶段(familiarization phase)和测验阶段(test phase)。熟悉阶段向被试呈现一连串刺激(视觉或听觉),被试不知道刺激遵循一定规则(pairs/triplets),三联体重复出现。三联体的第一个刺激可以预测出后两个刺激,三联体的呈现顺序是随机的。三联体内的转换概率(transitional probabilities,TPs)高于三联体间的。在熟悉阶段,被试被动的注意刺激或完成无关掩蔽任务,熟悉阶段没有记录下统计学习相关信息。在测验阶段,对转换概率进行离线测量。离线测量一般采用2择1迫选问卷(two-alternative forced-choice questions,2-AFC),向被试呈现三联体和新异刺激,被试需要判断哪个刺激更熟悉,正确判断得分作为统计学习指标。如果得分显著高于随机水平(above-chance performance),就认为发生了统计学习(Witteloostuijn, Lammertink, Boersma, Wijnen & Rispens,2019)。

上述统计学习研究方法存在两点不足:第一,离线测量法本身存在问题,表现在4个方面。①离线测量反映出来的统计学习成绩是最终成绩,无法得知统计学习得过程中的刺激编码、规则学习、记忆等成分对统计学习有何影响,无法考察统计学习的认知机制。②离线测量只能得到是否发生统计学习,无法得知统计学习具体过程,无法得知统计学习的速度和质量,无法得到统计学习轨迹(线性曲线、对数曲线还是有或无突变曲线)。③离线测量反映的统计学习成绩是不纯粹的。离线测量包含了其他认知加工,在离线测量阶段被试需要外显回忆并做出决策,包含了编码、记忆和决策等认知加工过程。而且离线测量过程中三联体需要多次呈现,在此期间可能发生了二次学习。被试的迫选结果不仅来自熟悉过程中的学习也来自迫选任务中的二次学习。④迫选测验不适合考察个体差异,特别不适合儿童。因为5~12岁儿童的迫选测验成绩呈增加趋势(Raviv & Arnon,2018),迫选测验不能完全评估儿童的统计学习成绩。

第二,统计学习研究内容单一,生态效度低。表现在2个方面:①绝大多数统计学习研究采用三联体的转换概率为1.0,缺乏多样性。只有几项研究采用了不同转换概率。例如Siegelman,Bogaerts,Kronenfeld和Frost(2018)发现视觉形状二联体转换概率为1.0和0.8时发生统计学习,转换概率为0.6时没有发生统计学习。Bogaerts,Siegelman和Frost(2016)发现听觉三联体转换概率从0.6提升到0.8时,被试的正确率仅有小幅度的提高,但从0.8提升到1.0时,被试的正确率有了显著提高。于文勃、王璐、瞿邢芳、王天琳、张晶晶、梁丹丹(2021)发现听觉三联体转换概率的高低(0.6和1.0)对两音节词正确率没有影响;对三音节词正确率产生影响,高转换概率三音节词的正确率低于两音节词的。②绝大多数统计学习研究使用的统计规则较为简单,绝大多数是三联体,难度单一,效度低(Bogaerts & Christiansen,2020)。研究发现可以对高阶统计规则发生学习,例如Remillard(2011)在序列反应时任务（serial reaction time task，SRTT），Szegedi-Hallgató，Janacsek 和 Nemeth（2019）在交替序列反应时任务（Alternating Serial Reaction Time task，ASRT）中，发现对四联体规则发生了学习，四联体学习发生的时间晚于三联体的。

针对以上两点不足，本研究从以下两方面进行了改进。第一，研究方法方面，将在线测量法和离线测量法结合起来，提供反应时和正确率指标，统计学习指标更为丰富。在线测量法可以记录下被试统计学习整个过程的反应，得到统计学习发生发展的时间进程，进而得到统计学习曲线（Siegelman，Bogaerts，Christiansen & Frost，2017）。在线测量法对统计学习反应过程进行实时记录，可以有效避免离线测量法的混淆变量对统计学习的干扰，得到的反应时指标更为纯净、有效。第二，研究内容方面，同时操纵转换概率和难度，提高研究效度。以往研究单独考察转换概率或难度其中一个因素对统计学习的影响，还没有研究同时考察转换概率和难度两个因素对统计学习的影响。鉴于 Siegelman，Bogaerts，Kronenfeld 和 Frost（2018）转换概率为 0.6 时，反应时指标上没有发生统计学习。Bogaerts，Siegelman 和 Frost（2016）发现听觉三联体转换概率从 0.6 提升到 0.8 时，被试的正确率仅有小幅度的提高，从 0.8 提升到 1.0 时，被试的正确率有了显著提高。本研究采用的转换概率为 1.0 和 0.8。如果转换概率过低，三联体、四联体统计学习需要更长时间，学习时间过长可能造成难度较低的三联体统计学习出现天花板效应。

综上所述，本研究综合采用在线测量法和离线测量法，考察转换概率对不同难度视觉统计学习的影响。研究假设如下：①难度较低的三联体视觉统计学习，高、低转换概率条件下发生统计学习，高转换概率条件下的统计学习成绩高于低转换概率条件下的；②难度较高的四联体视觉统计学习，高、低转换概率条件下发生统计学习。

一、实验 1：转换概率对三联体视觉统计学习的影响

（一）被试

在校大学生 40 人，其中男性 21 名，女性 19 名，平均年龄为 21.1±0.93 岁。视力或矫正视力正常，均为右利手，之前均未参加过类似统计学习实验。被试在完成实验后得到一份小礼物。

（二）实验设计

采用单因素被试间实验设计，自变量为转换概率，有 2 个水平：高转换概率（1.0）和低转换概率（0.8），因变量为反应时和正确率。被试随机分配到高转换概率组或低转换概率组。

（三）实验材料

电脑屏幕上下左右排列四个黑色方框，背景为白色，圆点出现在其中一个方框，上、下、左、右 4 个方框分别对应 F、K、D、J 键，材料如图 6-1 所示。

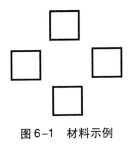

图 6-1　材料示例

（四）实验仪器

实验仪器为戴尔电脑，17 英寸纯平显示器，显示器分辨率为 1024×768 像素，刷新率为 85 Hz。被试眼睛与屏幕的距离为 60 cm。实验程序采用 E-prime 2.0 进行编制。

（五）实验程序

实验程序参照经典统计学习范式，分为学习阶段和测验阶段两部分（于文勃等，2021）。

1. 学习阶段

三个连续视觉刺激构成一个三联体，总共 12 个三联体。高转换概率条件下三联体的 3 个位置的顺序是固定不变的（例如 1-2-4，3-2-1，1-2-3，1-3-4，2-1-3，2-1-4，2-3-4，3-1-2，3-2-4，3-4-1，4-2-1，4-1-3）；低转换概率条件下三联体的前两个位置保持不变，第 3 个位置出现的概率为0.8。例如三联体 ABC，AB 后面 80% 概率出现 C，20% 概率出现其他刺激（Bogaerts et al. ,2016）。三联体前两个视觉刺激为黑色圆点，第 3 个视觉刺激为红色圆点，红色作为线索，提供线索是为了提高统计学习的学习速度，在较短时间内能够发生统计学习（Jones，Thaddeus，Amarelle，Caroline，Gijs & Catherine，2018）。视觉刺激出现后，被试必须在 2 秒内做出按键反应，否则自动翻屏。

学习阶段共包括 16 个组段，总共呈现 1152 个视觉刺激。在每个组段 12 个三联体随机出现两次，72 个视觉刺激。每个三联体重复出现 32 次。三联体遵循规则为：同一个三联体不能连续重复出现（例如 1-2-4-1-2-4）且两个相同三联体也不能连续重复出现（例如 1-2-4-3-2-1-1-2-4-3-2-1）；统计学习任务正式开始前，首先完成练习，熟悉实验流程。

2.测试阶段

在学习阶段完成后，进入测试阶段，要求被试完成二选一迫选任务。向被试连续呈现两个三联体，一个是学习阶段出现过的三联体，另一个是学习阶段未出现过的伪三联体。三联体的视觉刺激呈现时间 300 ms，两个三联体时间间隔为 1000 ms。要求被试对三联体和伪三联体做出熟悉性判断，选择出哪个视觉刺激串更为熟悉，数字"1"键代表第一个选项，数字"2"键代表第二个选项。

（六）结果与分析

采用 SPSS 21.0 进行数据分析。2 人未完成实验，数据被剔除。删除 3 个标准差以外的数据（0.3%）。

1.在线测量—反应时

为了降低测量误差，将 16 个组段分为 4 个时间段（epoch），每个 epoch 包括 4 个组段（Siegelman，Bogaerts，Kronenfeld & Frost，2018）。高、低转换概率三联体第一个刺激和第三个刺激的反应时如图 6-2 所示。

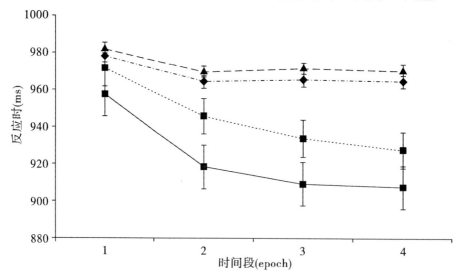

图 6-2　高、低转换概率三联体第一个刺激和第三个刺激的反应时

方差分析表明,位置主效应显著,$F(1,36)=784.65$,$p<0.001$,$\eta_p^2=0.88$。第三个刺激的反应时($M=934$ ms)显著小于第一个刺激的反应时($M=971$ ms),两者相差 37 ms,差值 95% CI $=[35.37,38.66]$,$p<0.001$。epoch 主效应显著,$F(3,108)=177.53$,$p<0.001$,$\eta_p^2=0.83$。多重比较显示,随着第 1 到第 3 时间段的增加,反应时显著降低($p<0.001$);第 4 和第 3 时间段的反应时差异不显著($p>0.05$)。转换概率主效应不显著($p>0.05$)。转换概率和位置交互作用显著,$F(1,36)=93.47$,$p<0.001$,$\eta_p^2=0.72$。简单效应分析表明,高转换概率条件下第一个位置的反应时($M=968$ ms)显著长于第三个位置的反应时($M=923$ ms),两者相差 45 ms,差值 95% CI $=[42.02,47.70]$,$p<0.001$。低转换概率条件下第一个位置的反应时($M=974$ ms)显著长于第三个位置的反应时($M=945$ ms),两者相差29 ms,差值95% CI $=[27.29,31.01]$,$p<0.001$。与低转换概率相比,高转换概率的位置效应更加明显。位置和 epoch 交互作用显著,$F(3,108)=127.48$,$p<0.001$,$\eta_p^2=0.78$。简单效应分析表明,第一个位置第一个时间段反应时(980 ms)显著高于第二时间段(967 ms)、第三时间段(969 ms)和第四时间段(968 ms),$ps<0.001$,第 2、3、4 时间段的反应时差异不显著,$ps>0.05$。第三个位置第一到第三时间段反应时随着 epoch 增加显著降低,$ps<0.001$,第三和第四时间段的反应时没有差异($p>0.05$)。转换概率、位置和 epoch 交互作用显著,$F(3,108)=3.49$,$p=0.018$,$\eta_p^2=0.08$。在高转换概率第一个位置,第一个时间段反应时显著高于第二、第三和第四时间段的,$ps<0.001$,第二、三、四时间段的反应时差异不显著,$ps>0.05$。在高转换概率第三个位置,第一到第三时间段反应时随着 epoch 增加显著降低,$ps<0.001$,第三和第四时间段的反应时没有差异($p>0.05$)。在低转换概率第一个位置,第一个时间段(epoch)反应时显著高于第二、第三和第四时间段的,$ps<0.001$,第二、三、四时间段的反应时差异不显著,$ps>0.05$。在低转换概率第三个位置,第一到第三时间段反应时随着 epoch 增加显著降低,$ps<0.001$,第三和第四时间段的反应时没有差异($p>0.05$)。其他交互作用均不显著($ps>0.05$)。

统计学习量的计算方法为三联体第一个刺激反应时和第三个刺激反应时的差值(Siegelman, Bogaerts, Kronenfeld & Frost, 2018),高、低转换概率三联体的统计学习量如图 6-3 所示。为了考察高、低转换概率三联体是否发生了统计学习,分别将高转换概率三联体和低转换概率三联体的统计学习成绩和 0 进行比较,进行单侧 t 检验。结果发现,高转换概率三联体的统计学习成绩显著高于 0,高转换概率三联体发生统计学习,$M=44.86$ ms,$t(18)=33.18$,差值 95% CI $=[42.01,47.70]$,$p<0.001$,Cohen'd $=7.60$。

低转换概率三联体的统计学习成绩显著高于0,低转换概率三联体发生统计学习,$M = 29.18$ ms,$t(18) = 32.54$,差值95% CI $= [27.29, 31.06]$,$p<0.001$,Cohen'd $=7.46$。对高、低转换概率三联体的统计学习成绩进行 F 检验,结果发现,转换概率主效应显著,$F(1, 36) = 93.47$,$p<0.001$,$\eta_p^2 = 0.72$,高转换概率三联体的统计学习量显著大于低转换概率三联体的。epoch 主效应显著,$F(3, 108) = 127.48$,$p<0.001$,$\eta_p^2 = 0.78$;事后多重比较发现,随着第一时间段到第三时间段的增加,统计学习量逐渐增大($ps < 0.001$),第三时间段和第四时间段的统计学习量差异不显著($p>0.05$)。转换概率和 epoch 的交互作用显著,$F(3, 108) = 3.49$,$p = 0.018$,$\eta_p^2 = 0.09$。简单效应分析表明,在第一、二、三、四时间段,高转换概率三联体统计学习量显著大于低转换概率的($ps<0.001$)。

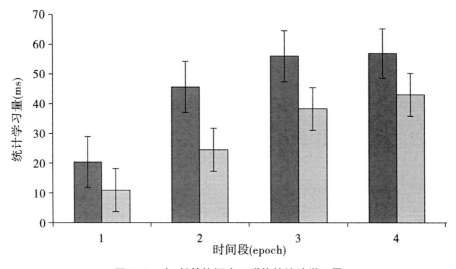

图6-3　高、低转换概率三联体的统计学习量

2. 离线测量—正确率

为了考察高、低转换概率三联体的正确率是否高于随机水平,分别将高、低转换概率三联体的正确率和随机水平(0.5)进行比较,进行单侧 t 检验。结果发现高转换概率三联体条件下正确率为0.66,显著大于0.5,$t(18) = 7.25$,差值95% CI $= [0.11, 0.20]$,$p<0.001$,Cohen'd $=1.65$。低转换概率三联体条件下正确率为0.59,显著大于0.5,$t(18) = 11.34$,差值95% CI $= [0.07, 0.10]$,$p<0.001$,Cohen'd $=2.60$。为了考察高、低转换概率三联体

的正确率是否存在显著差异,进行 t 检验,结果发现高转换概率三联体的正确率显著大于低转换概率三联体的, $t(36)=3.19$,差值 95% CI $=[0.03,$ $0.12],p=0.003,$ Cohen'd $=1.03$ 。

3.在线测量—离线测量相关性

为了考察在线测量的有效性,对在线测量成绩和离线测量成绩进行相关分析(Siegelman,Bogaerts,Kronenfeld & Frost,2018),结果发现,在线测量成绩和离线测量成绩存在显著相关, $r=0.81,p<0.001,$ 95% CI $=[0.71,$ $0.89]$ 。在线测量法能有效测量位置三联体统计学习。

(七)讨论

实验 1 考察了高、低转换概率对三联体视觉统计学习的影响。在线测量—反应时指标上,发现存在练习效应。无论转换概率高低,第一个刺激第一时间段的反应时显著高于其他 3 个时间段的。高、低转换概率条件下都发生了统计学习,并且高转换概率条件下的统计学习成绩优于低转换概率条件下的。离线测量—正确率指标上,高、低转换概率条件下都发生了统计学习,高转换概率条件下的正确率显著高于低转换概率条件下的。本研究结果与 Bogaerts,Siegelman,Frost(2016),Siegelman,Bogaerts,Kronenfeld 和 Frost (2018),于文勃、王璐、瞿邢芳、王天琳、张晶晶、梁丹丹(2021)的相一致,即转换概率影响统计学习。需要指出的是,本研究与他们的实验材料和实验参数不同:本研究采用的是视觉刺激,使用的是听觉刺激;本研究使用的是位置刺激,Siegelman,Bogaerts,Kronenfeld 和 Frost(2018)使用的是形状刺激;本研究转换概率为 0.8 和 1.0,Bogaerts,Siegelman 和 Frost(2016),Siegelman,Bogaerts,Kronenfeld 和 Frost(2018)转换概率为 0.6、0.8 和 1.0,而于文勃、王璐、瞿邢芳、王天琳、张晶晶、梁丹丹(2021)转换概率为 0.6 和 1.0;而且本研究在呈现材料时,第三个刺激颜色作为线索,三联体第三个刺激的颜色和前两个刺激不同,有助于统计学习的发生。位置统计学习的时间进程方面,本研究的反应时指标和统计学习量指标发现位置三联体统计学习主要发生在前三个时间段内,第三时间段和第四时间的反应时、统计学习量都没有显著差异。结果表明,在线测量成绩和离线测量成绩存在显著相关,表明在线测量法是有效的,和 Siegelman,Bogaerts,Kronenfeld 和 Frost (2018)的结果相一致,在线测量法能够有效测量位置统计学习。当统计学习难度增加,由三联体统计学习转变为四联体统计学习时,转换概率对四联体统计学习的影响是否存在不同呢? 通过实验 2 进行探究。

二、实验2:转换概率对四联体视觉统计学习的影响

(一)被试

在校大学生40人,其中男性19名,女性21名,平均年龄为21.2±0.84岁。视力或矫正视力正常,均为右利手,之前均未参加过类似统计学习实验。被试在完成实验后得到一份小礼物。

(二)实验设计

采用单因素被试间实验设计,自变量为转换概率,有两个水平:高转换概率四联体(1.0)和低转换概率四联体(0.8),因变量为反应时和正确率。被试随机分配到高转换概率四联体组或低转换概率四联体组。

(三)实验材料

同实验1。

(四)实验仪器

同实验1。

(五)实验程序

同实验1。

1. 学习阶段

同实验1,不同之处在于统计规则为四联体,4个位置构成四联体。

2. 测试阶段

同实验1。

(六)结果与分析

采用SPSS 21.0进行数据分析。4人未完成实验,数据被剔除。删除3个标准差以外的数据(0.3%)。

1. 在线测量——反应时

将16个组段分为4个时间段(epoch),每个epoch包括4个组段。不同转换概率四联体第一个刺激和第四个刺激的反应时如图6-4所示。

方差分析表明,位置主效应显著,$F(1,34)=645.10$,$p<0.001$,$\eta_p^2=0.88$。第四个刺激的反应时($M=943$ ms)显著短于第一个刺激的反应时($M=971$ ms),两者相差28 ms,差值95% CI $[26.36,28.90]$,$p<0.001$。epoch主效应显著,$F(3,102)=167.31$,$p<0.001$,$\eta_p^2=0.83$。多重比较显示,

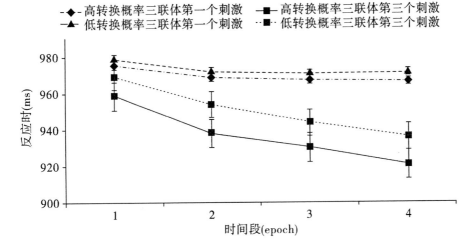

图6-4 高、低转换概率四联体第一个刺激和第四个刺激的反应时

随着第一到第四时间段的增加,反应时显著降低($p<0.001$)。转换概率主效应不显著($p>0.05$)。转换概率和位置交互作用显著,$F(1,34)=60.73,p<0.001,\eta_p^2=0.64$。简单效应分析表明,第一个位置高、低转换概率条件下反应时差异不显著,$ps>0.05$。第四个位置高、低转换概率条件下反应时差异边缘显著,$F(1,34)=3.64,p=0.065,\eta_p^2=0.09$,高转换概率条件下的反应时($M=937$ ms)小于低转换概率条件下的($M=951$ ms),两者相差14 ms,差值95% CI $=[-0.9,28.34],p<0.001$。位置和epoch交互作用显著,$F(3,102)=285.79,p<0.001,\eta_p^2=0.89$。简单效应分析表明,第一个位置随着epoch增加,反应时显著降低,$F(3,105)=27.95,p<0.001,\eta_p^2=0.45$。第一个时间段反应时(977 ms)显著高于第二时间段(970 ms)、第三时间段(969 ms)和第四时间段(969 ms),$ps<0.001$,第2、3、4时间段的反应时差异不显著,$ps>0.05$。第四个位置随着epoch增加,反应时显著降低,$F(3,105)=303.67.95,p<0.001,\eta_p^2=0.89$。第1时间段(964 ms)、第2时间段(946 ms)、第3时间段(937 ms)和第4时间段(928 ms)反应时随着epoch增加显著降低,$ps<0.001$。其他交互作用均不显著($ps>0.05$)。

　　高转换概率四联体和低转换概率四联体的统计学习量如图6-5所示。为了考察高转换概率四联体和低转换概率四联体是否发生了统计学习,分别将高转换概率四联体和低转换概率四联体的序列学习成绩和0进行比较,进行单侧t检验。结果发现,高转换概率四联体的统计学习成绩显著高于0,高转换概率四联体发生统计学习,$M=32.51$ ms,$t(17)=29.59$,差值95%

CI=[30.19,34.83],$p<0.001$,Cohen'd =6.96。低转换概率四联体的统计学习成绩显著高于0,低转换概率四联体发生统计学习,$M=22.75$ ms,$t(17)=37.71$,差值95% CI =[21.48,24.01],$p<0.001$,Cohen'd =8.90。对高、低转换概率四联体的统计学习量进行 F 检验,结果发现,转换概率主效应显著,$F(1,34)=60.72$,$p<0.001$,$\eta_p^2=0.64$。高转换概率条件下的统计学习量(32.52 ms)显著大于低转换概率条件下的(22.74 ms)。epoch 主效应显著,$F(3,102)=285.78$,$p<0.001$,$\eta_p^2=0.89$;事后多重比较发现,随着 epoch 增加,统计学习量逐渐增大($p<0.001$),1~4 时间段统计学习量分别为13.42 ms、24.28 ms、32.11 ms、40.71 ms。转换概率和 epoch 交互作用不显著($p>0.05$)。

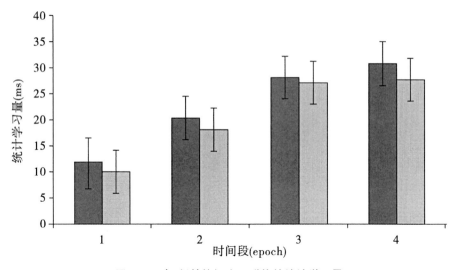

图6-5　高、低转换概率四联体的统计学习量

2. 离线测量—正确率

　　为了考察不同转换概率四联体的正确率是否高于随机水平,分别将高转换概率四联体和低转换概率四联体的正确率和0.5 进行比较,进行单侧 t 检验。结果发现高转换概率四联体条件下正确率为 0.59,显著大于 0.5,$t(17)=14.58$,差值95% CI =[0.08,0.10],$p<0.001$,Cohen'd =3.46。低转换概率四联体条件下正确率为 0.59,显著大于 0.5,$t(17)=7.40$,差值95% CI =[0.07,0.12],$p<0.001$,Cohen'd =1.75。为了考察高转换概率四联体和低转换概率四联体正确率是否存在显著差异,进行 t 检验,结果发

现高转换概率四联体和低转换概率四联体的正确率差异不显著（$p>0.05$）。

3. 在线测量—离线测量相关性

为了考察在线测量的有效性，对在线测量成绩和离线测量成绩进行相关分析，结果发现，在线测量成绩和离线测量成绩存在显著相关，$r=0.69$，$p<0.001$，95% CI $=[0.56, 0.79]$。在线测量法能有效测量位置四联体统计学习。

（七）讨论

实验 2 在实验 1 基础上增加了难度，探讨了转换概率对四联体视觉统计学习的影响。在线测量—反应时指标上，发现存在练习效应，无论转换概率高低，第一个刺激第 1 时间段的反应时显著高于其他 3 个时间段。高、低转换概率条件下都发生了统计学习，但高、低转换概率条件下的统计学习成绩差异不显著。离线测量—正确率的结果和反应时结果相类似，高、低转换概率条件下都发生了统计学习，高、低转换概率条件下的正确率没有显著差异。实验 1 和实验 2 结果表明，转换概率对三联体和四联体统计学习的影响存在差异，该结果和于文勃、王璐、瞿邢芳、王天琳、张晶晶、梁丹丹（2021）的结果类似，于文勃等人（2021）发现，两音节和三音节条件下，转换概率对语音统计学习的影响存在差异，转换概率和词长期待共同影响个体语音统计学习。在学习次数相同条件下，由于四联体统计学习难度较大，四联体的统计学习效果较低，导致高、低转换概率条件下的四联体学习没有表现出差异性。三联体统计学习难度较小，高、低转换概率条件下的三联体学习更容易表现出差异性。由于四联体统计学习难度增大，统计学习需要更多时间。反应时指标和统计学习量指标发现四联体统计学习发生在 4 个时间段内，而实验 1 发现三联体统计学习主要发生在前三个时间段内。在线测量成绩和离线测量成绩存在显著相关，表明在线测量法是有效的（Siegelman, Bogaerts, Kronenfeld & Frost, 2018），在线测量法能够有效考察位置四联体统计学习。

三、总讨论

本研究通过 2 个实验分别考察了转换概率对三联体和四联体位置统计学习的影响。结果发现：①三联体位置统计学习，无论在线测量的反应时指标还是离线测量的正确率指标，高、低转换概率条件下都发生了统计学习，高转换概率条件下的统计学习成绩好于低转换概率条件下的。②四联体位置统计学习，无论在线测量的反应时指标还是离线测量的正确率指标，高、低转换概率条件下都发生了统计学习。统计学习量指标上，高转换概率条件下的统计学习成绩好于低转换概率条件下的;但高、低转换概率条件下的正确率没有显著差异。

(一)在线测量法和离线测量法

统计学习研究主要采用离线测量,离线测量指统计学习完成后对统计学习成绩进行测量,而不是对统计学习过程本身进行测量。在熟悉阶段和测验阶段均存在统计学习,在熟悉阶段表现为对输入信息的感知编码、对分布信息的识别和对组合单元的记忆;在测验阶段表现为迫选任务中的二次学习。统计学习测验阶段的影响因素有:三联体重复出现引起的二次学习;倾向于选择第二个目标等。为了得到更纯净的统计学习指标,有学者提出了统计学习在线测量法,在线测量法指记录下统计学习过程中被试的反应,在线测量法记录下熟悉阶段整个学习过程(Siegelman,Bogaerts,Christiansen & Frost,2017)。采用离线测量法得到的统计学习成绩,不但包含统计学习成分,还包含其他成分。本研究在四联体条件下在线测量成绩和离线测量成绩不统一,很可能是由于离线测量成绩包含了其他成分。为此 Siegelman,Bogaerts,Kronenfeld 和 Frost(2018)认为,统计学习研究应该采用可以检测整个学习过程的在线测量法,而不采用学习整体评估的离线测量法。

目前统计学习在线测验法还需要解决两大问题:一是在线测验法的信效度问题。在线测验法信度低可能是由于:①反应时成绩依赖于被试的反应速度,反应速度快的被试反应时成绩提高的少,降低了统计学习成绩;②由于次要任务消耗了部分注意资源而降低了统计学习成绩(Franco,Galliard,Cleeremans & Destrebecqz,2015)。这对统计学习的在线测量法来说是个挑战,降低了研究的信度和效度。统计学习研究效度低有如下几点原因:①统计学习研究以高转换概率三联体学习为主,但真实环境中不只包含三联体规律,而且也不局限于高转换概率三联体;②真实环境中的规律更抽象、更复杂;③统计学习研究的材料格式上统一,例如相同大小或类别。真实环境中规律包含材料的很多特征都不是统一的;④统计学习研究往往在5~15分钟内对材料学习8~30遍,但真实环境中的规律需要很长时间,而且很少重复出现。Siegelman,Bogaerts,Kronenfeld 和 Frost(2018)证实了统计学习在线测验法的信度和效度。

二是在线测验成绩和离线测验成绩相关性问题。有研究发现在线测验成绩和离线测验成绩高相关(Karuza,Farmer,Fine,Smith & Jaeger,2014);有研究发现在线测验成绩和离线测验成绩低相关(Franco,Galliard,Cleeremans & Destrebecqz,2015;Dale,Duran & Morehead,2012)。本研究发现无论三联体统计学习还是四联体统计学习,在线测验成绩和离线测验成绩存在高相关。统计学习在线测验和离线测验成绩低相关,一方面可能反映出理论问题,在线测验和离线测验反映了统计学习的不同成分(Misyak,Christiansen & Tomblin,2010);或者在线测验和离线测验分别反映了内隐知识和外显知识(Bertels,Franco & Destrebecqz,2012)。另一方面可能表明在线测验的信度低,在线测验不准确(inaccurate)或不稳定(unstable)。统计学习的在线测量法和离线测量法反映了不同理论观点,离线测量法能够提供经过大量练习后的学习效果,在线测量法能够直接反映学习整个过程。目前统计学习研究很少考察统计学习的时间过程,在线测量法应用较少,还处于初级阶段。

(二)转换概率和难度对视觉统计学习的影响

转换概率是统计学习的核心概念,是影响统计学习的重要因素。以往统计学习研究绝大多数将转换概率设定为1.0。本研究采用的转换概率为0.8和1.0,反应时指标上表明高、低转换概率条件下均存在三联体统计学习和四联体统计学习。和Siegelman,Bogaerts,Kronenfeld & Frost(2018)的二联体统计学习结果一样,他们也发现0.8和1.0转换概率条件下存在二联体统计学习。需要注意的是本研究和Siegelman,Bogaerts,Kronenfeld & Frost(2018)存在几点不同。Siegelman等人使用的是二联体,本研究使用的是三联体和四联体;Siegelman等人采用被试内设计,对0.6、0.8、1.0不同转换概率二联体都进行学习,本研究是被试间设计。在难度较低的三联体视觉统计学习条件下,高转换概率的统计学习成绩好于低转换概率的统计学习成绩。在难度较高的四联体视觉统计学习条件下,正确率指标上高、低转换概率的统计学习成绩没有差异。这可能是由于四联体难度较大,学习次数较少(32次),高、低转换概率条件下的四联体统计学习还没有全部完成,高、低转换概率下的四联体统计学习没有表现出差异。于文勃、王璐、瞿邢芳、王天琳、张晶晶、梁丹丹(2021)发现,听觉统计学习转换概率的高低对两音节词正确率没有影响,对三音节词正确率产生影响,低转换概率三音节词的正确率下降,低转换概率三音节迫选条件下,被试没有表现出统计学习效果。这可能由于视觉或听觉感觉通道不同,造成了统计学习结果存在差异(Bogaerts,L.,Frost,R.,& Christiansen,2020)。Bogaerts,Siegelman和Frost(2016)发现转换概率和呈现时间共同影响语音统计学习,于文勃等人(2021)发现转换概率和词长期待共同影响语音统计学习,本研究进一步发现转换概率和难度共同影响视觉统计学习。

四、结论

在本实验条件下,得出如下结论:转换概率是视觉统计学习的影响因素,难度是视觉统计学习的影响因素,转换概率和难度共同影响视觉统计学习效果。

第七章 | 内隐学习新进展

第一节 眼动记录法在序列学习研究中的应用

自从 1967 年 Reber 首次提出内隐学习概念,内隐学习已有 50 多年的研究历史(Cleeremans et al.,2019)。在 50 多年的研究历程中,发展出了人工语法(Reber,1967)、序列反应时(Nissen & Bullemer,1987)、复杂系统加工等范式,其中序列反应时范式得到了广泛应用(郭秀艳,2003)。随着科学技术的发展,新的技术运用到内隐学习研究中,例如 ERP、fMRI 和眼动记录法。

在经典序列反应时任务中,屏幕中央水平排列 4 个空间位置,目标刺激出现在其中一个位置,被试对目标刺激所在位置进行相应按键反应。序列反应时任务的典型结果是,在学习阶段,规则序列的反应时逐渐下降;在迁移阶段,随机序列取代规则序列后,反应时突然增加(Nissen & Bullemer,1987)。传统的按键反应存在以下两点问题,而眼动记录法可以很好地解决这些问题(Zolnai et al.,2022)。第一,传统的按键反应看似简单,实则复杂。通过按键进行反应,包含了手指位置序列学习、手指动作序列学习、触压感序列学习和眼动序列学习等过程(Helmuth et al.,2000)。传统的按键反应,无法将这几种学习分离开来。眼动作为序列反应时任务的一种反应,眼动反应中序列刺激位置和眼跳位置是重合的,不需要学习刺激—反应匹配关系,是最简单的反应形式,可以较好地解决按键反应过于复杂这个问题(Vakil et al.,2017)。第二,按键反应适用人群受限。有些病人(例如帕金森病人、瘫痪病人等)运动能力受损,无法完成按键反应。而且病人、儿童或老年人与成人的按键反应时基线有很大差异(Albouy et al.,2006;Helmuth et al.,2000),用按键反应时作为因变量开展序列学习的发展或病理研究非常困难(Helmuth et al.,2000;Koch et al.,2020)。眼动记录法可以很好地解决这个问题。因为眼动受年龄和疾病的影响较小,眼动在 1 岁前就已经发育成

熟,眼动记录法适用于序列学习的发展研究或病理研究(Marcus et al.,
2006)。下面系统介绍序列学习的眼动指标及应用。

一、序列学习的眼动指标

序列学习的眼动研究,通常采用空间序列反应时任务(Kinder et al.,
2008)。在屏幕呈现4个位置,目标刺激出现在其中一个位置,被试眼睛移
动到目标刺激所在位置,注视很短时间即可,使用眼动仪记录眼动,不需要
做出按键反应。序列学习表现为两方面:一方面在学习阶段,随着学习次数
的增加,眼跳反应时逐渐下降;另一方面在迁移阶段,呈现新序列或随机序
列后,眼跳反应时突然增加,即迁移效应(transfer effect)。Medimorec,Milin
和Divjak(2021)考察了采用眼动记录法,考察了眼动是不是空间序列学习所
必需的。要求被试眼动和禁止眼动条件下完成空间序列反应时任务,结果
发现,禁止眼动条件下序列学习成绩下降,Medimorec等人认为眼动是空间
序列学习所必需的。

利用眼动记录法考察序列学习,首先需要解决的一个问题是选取什么
眼动指标。所选取的眼动指标应该和经典的反应时指标具有共变性
(covary)。纵观已有研究,序列学习的眼动指标主要有:预期眼跳率
(frequency of anticipatory eye movements)、眼跳反应时(saccadic response
time)、预期指数(anticipation index)和眨眼频率(eyeblink rate)。Schwizer
Ashkenazi,Sacher和Vakil(2020),Vakil,Hayout,Maler和Schwizer Ashkenazi
(2022)认为,序列学习的眼动指标和反应时指标相比有两大优点:①预期正
确率(correct anticipation)是预期反应的直接指标(direct measure),反应时是
预期反应的间接指标(indirect measure),预期反应反映了序列学习;②眼动
指标更纯净(purer measure),按键反应包含了动作成分、一般学习成分等其
他成分。

预期眼跳(anticipatory eye movements)比反应时指标更敏感。眼跳反应
时没有随着练习次数增加而递减,没有发现一般能力学习效应(general skill
learning),反而呈增加趋势,和ASRT按键反应的经典结果不一致。这可能
是由于任务时间长,出现疲劳;或是与任务规则结构有关,被试在出现低概
率三联体时,仍然按照高概率三联体进行预测;或是一般能力学习效应与动
作反应有关;或是眼动校准间隔太长,导致了眼跳反应时增加。

眼跳反应时指刺激呈现到第一次发生眼跳的时间(Marcus et al.,
2006)。Kinder等人(2008)采用新的序列反应时材料,材料上下左右排列,
不是传统的水平排列。被试只需要观看刺激位置而不需要做出按键反应,

以眼跳反应时作为因变量,眼跳反应时指从刺激呈现到眼跳至目标位置对应的时间。结果表明存在眼动序列学习,随着学习进行,眼跳反应时逐渐减小;当呈现一个新序列时,眼跳反应时突然增加,眼跳反应时的数据模式和传统反应时的数据模式相一致。结果表明眼跳反应时可以作为序列学习的有效指标。也有学者通过脑电等设备记录下水平眼电和垂直眼电,在水平眼电和垂直眼电基础上进一步分析眼跳反应时。例如 Albouy 等人(2006)通过此方法,发现眼跳反应时的数据模式和按键反应时的数据模式相似,首次验证了眼动序列学习的存在。但 Zolnai 等人(2022)发现眼跳反应时没有随着练习次数增加而递减,没有发现一般能力学习效应(general skill learning),反而呈增加趋势,和交替序列反应时任务的按键反应经典结果不一致。Zolnai 等人认为这可能是由于:①任务时间长,出现疲劳;②与任务规则结构有关,被试在出现低概率三联体时,仍然按照高概率三联体进行预测;③一般能力学习效应与动作反应有关;④眼动校准间隔太长,导致了眼跳反应时增加。Zolnai 等人认为预期眼跳比眼跳反应时指标更敏感。

预期指数和预期眼跳率相类似,是关于预期眼跳的指标。计算方法为眼睛所在位置到目标位置的距离/上一个目标位置到目标位置的距离,0 代表最大预测,表示目标出现前,眼睛已经注视到目标所在位置;1 代表无预测,没有离开上一个位置。Wang 等人(2019)使用复杂的序列规则,以预期指数为指标。结果表明预期指数可以作为序列学习的指标。

固着(Stuck)指上一个目标刺激消失后,在下一个目标刺激呈现前,仍然注视上一个目标刺激所在位置。Schwizer Ashkenazi,Sacher 和 Vakil(2020)考察了创伤性脑损伤对内隐序列学习的影响,采用眼动序列反应时范式,眼跳反应时、预期正确率和固着次数为因变量。结果发现,在眼跳反应时指标上,创伤性脑损伤被试的内隐序列学习成绩下降;但是在预期正确率指标上,在学习阶段,创伤性脑损伤被试的内隐序列学习成绩提高,干扰阶段和回归阶段的成绩却下降;在固着次数指标上,创伤性脑损伤被试的固着次数更多。固着次数的增加导致正确或错误预期的数量降低,导致对下一个刺激的反应倾向性下降。他们认为固着是导致创伤性脑损伤患者内隐序列学习成绩下降的主要原因。

眨眼频率、序列学习、自发眨眼频率和大脑多巴胺能神经元的激活水平紧密相关(Eckstein et al.,2017)。Anton 等人(2018)认为序列反应时任务中的自发眨眼频率和序列反应时任务中反应时逐渐下降相似。Anton 等人(2018)通过睡眠记录仪(Morpheus recorder system)记录下静息态和序列反应时任务过程中的眨眼、水平眼动和垂直眼动。Anton 等人(2018)发现存在序列学习,当迁移组段使用随机试验或新的规则序列时,正确率下降并且反应时增加。眨眼频率反映了多巴胺能神经元的激活水平,随机试验和第二迁移组段的眨眼频率增加;反应时和眨眼频率存在正相关;眨眼频率能够反映出正确率和反应时的迁移效应。结果表明眨眼频率可以作为序列学习和多巴胺能神经元激活水平耦合关系的指标。

有研究对传统按键反应和眼动反应进行了比较(Marcus et al.,2006;Vakil et al.,2017)。Marcus 等人(2006)发现无论需要做出眼动反应还是按键反应,刺激出现前,被试都内隐或外显地将注意转移到刺激将要出现的位置,表现出预期眼跳。Vakil 等人(2017)采用空间序列反应时范式,通过眼动(ocular activated,OA)或按键(manual activated,MA)做出反应。

为了分析预期眼跳,刺激—刺激之间插入空白屏,并且按键反应条件下也记录了眼动。使用 SMI 眼动仪记录下眼跳反应时和预期眼跳率。结果发现眼动反应和按键反应主要存在两点差别:第一,随机组段是否回到基线水平。随机组段下眼跳反应时和预期眼跳率回到基线水平,但按键反应的预期眼跳率和反应时成绩都好于基线水平。这可能是由于按键反应条件下序列学习还包含了其他加工,例如对刺激—反应匹配关系的学习。眼动反应的指标更纯净。第二,外显序列知识对预期眼跳率的影响不同。外显序列知识对按键反应的预期眼跳率没有影响,但影响了眼动反应的预期眼跳率。Vakil 等人(2017)认为,眼动指标比按键反应时更纯净,而且可以直接考察被试的预期反应。

二、眼动在序列学习领域的应用

(一)序列学习机制

序列学习机制还存在争论,序列学习究竟习得了什么知识,是知觉学习还是动作学习? 内隐序列学习是否需要注意参与? 这些问题是内隐学习领域的基本问题(Cleeremans & Dienes,2008)。

1.序列学习的表征

序列学习是知觉学习还是动作学习还没有统一结论,动作学习的研究结果较为统一,争议的焦点在于是否存在纯粹的知觉学习(Coomans et al.,2012)。为了考察是否存在纯粹的知觉学习,不需要做出按键反应,不存在动作学习,通过眼动仪记录下序列反应时任务中的眼动,考察在不存在动作学习条件下,序列学习是否发生;如果发生了序列学习,说明存在知觉学习。

第一个需要回答的问题是对序列只进行观察,不做出按键反应,是否会发生眼动序列学习。有人认为仅通过观察可以发生序列学习（Bird & Heyes,2005）,有人认为仅通过观察不能发生序列学习（Kelly & Burton, 2001）。以往研究得出的结论不一致,与研究设计存在差异有关。观察内容不同（只是观察刺激还是观察刺激和榜样行为）、指导语不同、序列类型不同和难度不同、规则组段和随机组段安排顺序不同、观察时间不同、外显知识不同等,都可能造成结果的不一致。越来越多研究表明观察序列会发生学习（Tanaka & Watanabe,2018）。

第二个需要回答的问题是眼动在序列学习中发挥什么作用。有人认为序列学习不需要眼动参与（Coomans et al. ,2012）;有人认为序列学习需要眼动参与（Marcus et al. ,2006;Press & Kilner,2013）;有人认为序列学习不需要眼动参与,但眼动促进序列学习,特别是刺激间隔距离较远时（Massing et al. ,2016,2018;Vieluf et al. ,2015）。

Marcus 等人（2006）关于眼动在序列学习中的作用做了探讨,但是没有禁止眼动。无法得知被试在手按键反应时是否学习了眼动序列,也不知道眼动是否和手按键反应存在相关。有研究通过减小刺激间空间距离,使得刺激空间上非常接近,需要最小的眼动,从而限制了眼动（Willingham et al. ,1989,实验3）,没有发现空间序列学习。对这些结果的解释是学习的不是注意转移而是刺激—反应序列（Willingham et al. 1989）,或者即使学会了眼动序列,但对手按键反应时的作用很小（Helmuth et al. ,2000）。Coomans 等人（2012,2014）为了限制和禁止被试眼动,使用材料的视角很小（0.63°和1°）,结果发现限制和禁止眼动对序列学习没有影响,结果表明序列学习不需要眼动。Higuchi 和 Saiki（2017）采用背景线索范式,实验1中被试不允许眼动,始终注视中央位置。结果发现禁止眼动条件下,被试对刺激的空间分布发生了学习。并且禁止眼动条件下的学习速度（实验1）快于允许眼动条件下的学习速度（实验2）。

Massing 使用眼动仪,围绕眼动在序列学习中的作用进行了系列研究。Vieluf 等人（2015）使用 Tobii 眼动仪,记录下凝视时间和眼跳次数。一组被试允许自由眼动,另一组被试注视某一位置,限制眼动。结果发现两组被试都发生了动作序列学习,但允许眼动组被试的反应速度比注视组快。结果表明眼动不是动作序列学习必需的,但是眼动能促进动作序列学习。后来Massing 等人（2016）进一步控制了刺激大小对结果的影响。使用 Tobii 眼动仪,采用2（眼动:允许、注视）×2（刺激:小、大）被试间实验设计,结果发现四组被试的成绩都提高,大刺激条件下允许眼动的成绩好于注视的成绩;小刺激条件下允许眼动和注视的成绩没有差异。结果表明眼动不是动作序列学习的必要因素,但当刺激视角较大时眼动会促进动作序列学习。为了考察眼动促进了知觉加工还是动作加工过程,Massing 等人(2018)使用 Tobii 眼动仪,采用2(眼动:允许、注视)×2(练习类型:观察练习、身体练习)被试间实验设计,结果发现眼动对观察练习和身体练习下的序列学习都产生促进作用,结果表明眼动对于序列学习的知觉加工和动作加工都具有重要影响。

2. 序列学习与注意的关系

内隐学习和外显学习是一种学习系统还是两种学习系统,还存在争议。该问题的关键是内隐学习与注意关系问题。外显学习需要注意参与,内隐学习是否需要注意参与,还没有统一结论(Cleeremans et al.,2019)。序列学习与注意关系研究中,常用的研究方法是通过增加分心刺激,比较不同注意负荷条件下的序列学习成绩。通过眼动记录法,可以更直观地看到分心刺激对序列反应时任务的影响,存在分心刺激时,眼跳反应时更长,眼跳次数增加。

卢张龙等人(2011)采用空间序列反应时范式,使用 EyeLink 眼动仪,以眼跳反应时为指标,考察了内隐序列学习与注意的关系。高注意负荷条件下存在分心刺激,低注意负荷条件下没有分心刺激。结果发现高、低注意负荷条件都存在序列学习,高、低注意负荷对序列学习量没有影响。Lu 和 Li(2018)进一步考察了注意负荷对多重序列学习的影响。实验包含两个序列:主序列和次序列,分别呈现在屏幕上下两行。被试眼睛观看主序列目标刺激,不需要做出按键反应。他们还操纵了注意负荷:高注意负荷条件下,主序列存在分心刺激;低注意负荷条件下,主序列不存在分心刺激。眼跳反应时指标上发现高、低注意负荷条件下主、次序列都发生了序列学习,序列学习量没有差异。结果表明单重或多重序列学习不受注意影响。

(二)序列学习的发展与临床研究

序列学习是否存在年龄差异还没有统一结论,有两个未解决的方法学问题可能是造成不一致的原因。第一,通过哪些指标来反映年龄差异性还没有统一,例如使用反应时、Z 分数差值等。第二,不同年龄组别的反应基线不同。当不同组别的反应基线存在差异时,对不同组别存在的成绩差异进行解释可能是不恰当的(MacDonald & Carter,2002)。对反应基线的不同处理方法可能导致不同结果。如果使用反应时原始分数进行,是存在问题的,因为原始分数的基线存在组别差异。内隐学习成绩存在年龄差异可能是因为年轻人正确率更低、反应更慢(Karatekin,Marcus & White,2007)。Karatekin,Marcus 和 White(2007)以 8 ~ 10 岁、11 ~ 13 岁儿童,14 ~ 17 岁年轻人及大于 18 岁的成人为被试,首次使用眼动仪记录被试眼动,比较了儿童和成人无意序列学习和有意序列学习。为了消除不同年龄组反应基线差异问题,对手反应时和正确率指标进行了对数转换。结果发现预期眼跳率、眼跳反应时和按键反应时指标都存在序列学习,无意序列学习没有发现年龄差异,但是在有意序列学习中存在年龄差异。结果表明 8~10 岁已经具有内隐序列学习的能力,而有意序列学习的能力还没有发展成熟。该研究验证了Marcus,Karatekin 和 Markiewicz(2006)的结果,无意学习组段中,手反应时并没有随着预测的增加而下降,这可能是由于测量方式导致的。手反应时的地板效应(floor effect)比眼动指标更明显,而且屏幕的刷新频率为 60 Hz,可能由于测量精度不够,无法测量出手反应时的细微提高,无法测量出手反应时随着预测而下降。需要指出的是,Karatekin,Marcus 和 White(2007)的研究中,由于没有中央注视点,试验与试验之间没有固定的注视位置;而且无法记录到刺激呈现前被试做出的预期眼跳。被试学习序列的时间比较短,总共 6 个组段,每个组段 100 个试验。前 5 个组段为无意序列学习,具体排列方式为随机、序列、序列、随机和序列。第 6 个组段为有意序列学习。内隐序列学习的时间过短,导致没有表现出年龄差异。

Kavakci 和 Dollaghan(2019)进一步以 4~6 岁儿童为被试,使用 Tobii 眼动仪,以眼跳反应时作为指标,对空间序列进行学习。由于儿童年龄较小,采用的位置序列长度为 8,共学习了 200 试次。结果发现 4~6 岁儿童对位置序列都发生了学习。Koch,Sundqvist,Thornberg,Nyberg,Lum,Ullman,Barr,Rudner 和 Heimann(2020)以 9 个月婴幼儿和成人为被试,采用序列反应时任务范式。由于婴幼儿的动作控制能力没有发育成熟,使用 Tobii 眼动仪记录下被试观看图片时的眼动,以眼跳反应时为因变量。序列反应时任务难度降低,图片出现位置只有 3 个,序列长度为 5。共包含 5 个组段,其中第 4 组段为随机组段,其余组段为规则组段。结果发现成人和 9 个月婴儿的眼跳反应时都发生了序列学习。结果表明 9 个月婴儿拥有序列学习能力。

在序列学习的临床病人研究方面,Karatekin 等人(2009)以 8~19 岁的精神病人、多动症和正常人为被试,通过眼动或手按键做出反应,比较了不同组被试的无意和有意空间序列学习。结果发现精神病人和多动症患者的无意序列学习成绩没有下降,但预期眼跳率降低。精神病人的有意序列学习成绩下降。结果表明精神病人和多动症患者对规则的反应能力没有受损,但是有意发现、提取并预测规则的能力下降。

Bloch,Tamir,Vakil 和 Zeilig(2016)以瘫痪病人为被试,发现瘫痪病人的内隐序列学习成绩下降。为了进一步考察瘫痪病人内隐序列学习成绩下降是由于认知功能下降造成的还是肌肉运动能力受损造成的,Bloch,Shaham,Vakil,Ashkenazi 和 Zeilig(2020)首次以四肢瘫痪病人为被试,采用眼动序列反应时范式(oculomotor serial reaction time task),使用 SMI 眼动仪,以预期眼跳率和眼跳反应时为因变量。结果发现四肢瘫痪病人和正常人的序列学习成绩没有差异。结果表明四肢瘫痪病人与正常人按键反应时的序列学习存在差异,是由于肌肉运动能力受损造成的,而不是由于认知能力下降。

三、总结与展望

眼动记录法在序列学习研究中得到了一些运用,提供了预期眼跳率、眼跳反应时和眨眼频率等新的序列学习指标,为序列学习表征研究、序列学习与注意关系研究以及序列学习的发展与临床研究提供了新的研究方法和研究视角,有助于进一步深入认识序列学习机制。但是眼动记录法在序列学习研究中存在一些问题。第一,眼动作为一种反应形式,实际上对被试的反应提供了正误反馈(正确率100%),提高了序列知识的外显性。第二,眼动记录法在序列学习研究中的运用时间较短,序列学习眼动实验对于头动、走神等引起的无效试验还没有统一定义,需要进一步提高眼动数据的有效性。第三,眼动实验法可以提供丰富的数据,但目前数据分析中仅使用了部分眼动数据,需要对眼动数据进一步深入挖掘(Kavakci & Dollaghan,2019;Koch et al. ,2020;Tal & Vakil,2020)。今后序列学习研究,可以借助眼动记录法,将序列反应时任务中的动态发展过程记录下来,对眼动数据进行深入分析,进一步考察序列学习表征机制的时间发展特征;可以将眼动记录法和 ERP 法结合起来,进一步排除眼动对脑电数据的干扰,更有效地探究序列学习的认知神经机制。

第二节　时域分析在内隐学习研究中的应用

脑电技术具有较高的时间分辨率,在心理学、神经科学等领域得到广泛应用(胡理、张治国,2020)。1929 年 Berger 首次记录了人类头皮的脑电活动(Electroencephalography,EEG,Berger,1929),揭开了对人类 EEG 研究的序幕。随着研究的深入,研究者们的研究兴趣从自发脑电活动转移到了事件相关电位(Event Related Potentials,ERPs)。20 世纪 60 年代以后,主要通过使用时域内 ERP 分析方法探究认知活动和脑电活动之间的关系(Bastiaansen,Mazaheri & Jensen,2012)。时域 ERP 分析方法假设每一次事件诱发的脑电活动相似,而自发脑电活动是随机的。时域 ERP 分析方法把每一次事件出现的时刻作为数据分析的标准时刻点,将每一个试次的 EEG 信号按照标准时刻点对齐后进行叠加并求平均。由于随机出现的噪声会在叠加平均过程中相互抵消,叠加平均后的脑电信号就是事件诱发的脑电活动,代表了大脑对该事件的认知加工过程(Luck,2005;Woodman,2010)。序列学习研究者结合序列学习与时间紧密相关特点,将时域 ERP 分析广泛应用到序列学习脑电研究中(郭秀艳、姜珊、龚嵘,2008;Daltrozzo & Conway,2014)。

一、序列学习脑电研究范式

序列学习脑电研究采用的范式主要有两种:第一种,序列学习 ERP 研究大多采用与 Oddball 范式相结合的方法。Oddball 范式的实验过程是采用两种或多种不同刺激持续交替呈现,不同类型刺激出现的概率显著不同,出现较多的刺激称为大概率或标准刺激(standard stimuli),偶然出现的刺激称为小概率或偏差刺激(deviant stimuli)。Oddball 范式的使用比较灵活,所以研究者可以根据实验需要进行各种变换。另一种是 Jost,Conway,Purdy 和 Hendricks(2011)提出的序列学习 ERP 研究范式。该范式包括不同颜色视觉刺激、高频刺激和偏差刺激。偏差刺激分为预测刺激和目标刺激,被试对目标刺激做出反应。预测有 3 种:高预测(目标刺激出现概率 90%)、低预测(目标刺激出现概率 20%)和零预测(目标刺激出现概率为 0),被试不知道预测刺激和目标刺激存在固定概率关系。序列学习表现在两个方面:一个是高预测条件下的反应时成绩提高;另一个是高预测条件下诱发的 ERP 波幅更大。Jost 等人发现预测刺激呈现 300 ~ 600 ms 后出现了类似 P300 的成分,作为序列学习的指标。

需要注意的是,以往脑电研究中,眼电经常被作为伪迹进行处理。但有的学者通过眼电数据获取眼动。例如 Young 和 Sheena(1975)通过 EOG 数据获取眼动;Joyce,Gorodnitsky,King 和 Kutas(2002)通过 EOG-EEG 数据获取眼动。近年 Sun,Cynthia,Hsiao 和 Tang(2020)提出了只通过 EEG 数据获取眼动。采用眼跳任务范式(saccadic eye movement task),通过 SOBI-DANS 方法(second-order blind identification,SOBI)方法获取水平眼动和垂直眼动,发现眼跳方向和眼跳距离影响水平眼电和垂直眼电。通过 SOBI-DANS 分析方法,可以有效解决脑电研究中眼动对脑电数据的干扰,并且可以得到闭眼状态下的眼动。而且采集脑电数据时,不需要限制眼动,可以自由眼动。在自然阅读、睡眠、神经反馈等领域具有重要应用价值。

二、序列学习常见 ERP 成分

人工语法 ERP 研究中经常采用的指标有：ELAN（early left anterior negativity）、P600、ERN（error related negativity）、N200、SNW（slow negative wave）、N400、MMN 和 P300。真实语言 ERP 研究中常用指标有 ELAN 和 P600。序列学习 ERP 研究主要考察 N2 和 P3 成分（Kóbor, Takács, Kardos, Janacsek, Horváth, Csépe & Németh, 2018）。Daltrozzo 和 Conway（2014）对序列学习常见 ERP 成分及其功能性解释、潜伏期和分布（最大波幅）进行了总结。

N200 是刺激出现以后 200 ms 左右出现的负向波，主要发生在 200 ~ 450 ms，在额中央（frontocentral）位置，反映了大脑对刺激的初步加工，预期和实际事件的不匹配（Folstein & van Petten, 2008；Kóbor, Takács, Kardos, Janacsek, Horváth, Csépe & Németh, 2018），N200 是一个复合波，由 N2a 和 N2b 两部分组成。有人认为 N200 不受序列学习意识性影响（Ferdinand, Mecklinger & Kray, 2008；Ferdinand, Rünger, Frensch & Mecklinger, 2010）。但 Eimer, Goschke, Schlaghecken 和 Stürmer（1996），Schlaghecken, Stürmer 和 Eimer（2000）以及 Miyawaki, Sato, Yasuda, Kumano 和 Kuboki（2005）的研究发现，N200 与外显知识有着密切的关系。Eimer, Goschke, Schlaghecken 和 Stürmer（1996）采用 Oddball 范式让被试对按一定的顺序重复呈现的大写字母序列做出按键反应。其中，符合序列规则的标准刺激有时会被偏差字母所取代，取代的位置是随机的。序列呈现后将被试分为内隐组和外显组。结果发现两组被试都发生了序列学习。对于外显组被试来说，与标准刺激相比，偏差刺激呈现后引发的 N2b 振幅更大，P3b 振幅稍有增大，而内隐组被试没有发现这一效应。因此，可以推论 N2b 振幅可能反映了被试获得的关于序列规则的一部分外显知识。Eimer 等人实验 2 中的偏差刺激要比实验 1 中的多，实验 2 更为复杂。结果发现 P3b 振幅的增大只在实验 2 中出现，即只在复杂的条件下偏差刺激的 P3b 振幅才有所增大。Schlaghecken, Stürmer 和 Eimer（2000）采用 Oddball 范式，使用较为复杂的序列作为刺激序列，应用加工分离程序的逻辑，将外显组块分离出来。结果发现对于外显组块，偏差刺激引发的 N2b 和 P3b 振幅更大，Schlaghecken 等人认为组块加工在外显知识获得过程中起着重要的作用。Miyawaki, Sato, Yasuda, Kumano 和 Kuboki（2005）采用 Oddball 范式和数字序列对外显知识和有意学习是如何影响偏差刺激的 N2 和 P3 振幅变化进行了研究。序列包含标准刺激和偏差刺激，实验前通过指导语引发被试的有意学习和无意学习，即控制了被试的学习定向。任务结束后,根据加工分离程序的逻辑将被试获得的外显知识分离出来,结果发现接受两种指导语的被试都学到了序列知识。根据回归方程的拟合结果,偏差刺激 N2 成分变化主要与外显知识有关,P3 的变化与外显知识几乎没有关系。因此,N2 和 P3 似乎反映了外显学习的不同方面。P3 更多地反映了被试主观估计的反应概率和实际出现的刺激产生偏差时被试脑电上的变化。

P300 是在刺激呈现后 300 ms 左右出现的正波,主要发生在 300 ~ 500 ms,P300 经常伴随着 N200 出现,越来越多的研究认为 P300 与突然出现的新异刺激有关,反映了刺激有意加工以及决策,P300 受意识性影响,只有当序列知识外显时才存在 P300 成分。在序列学习的研究中,研究者通常在规则序列中插入偏差刺激,偏差刺激作为一种新异刺激常常会引发 P300 的变化。Rüsseler,Kuhlicke 和 Munte(2003)在实验中他们将被试分为有意学习组和无意学习组。向被试呈现刺激序列,序列包含标准刺激、运动偏差刺激和知觉偏差刺激。行为结果表明两组被试都习得了序列知识,有意学习组被试的学习效应更显著。ERP 的结果表明有意学习组被试知觉偏差刺激和运动偏差刺激的 N2b 和 P3b 振幅都有所增大,但是无意学习组的被试没有发现这一效应。这一结果表明内隐学习和外显学习具有不同的表征方式。低可预测性刺激诱发的 P300 波幅大还是高可预测性刺激诱发的 P300 波幅大,还存在争议。有研究发现,低预测性刺激诱发的 P300 波幅更大,例如当序列知识外显条件下低可预测性刺激诱发的 P300 波幅大(Eimer,Goschke,Schlaghecken & Stürmer,1996;Ferdinand,Mecklinger & Kray,2008;Fu,Bin,Dienes,Fu & Gao,2013;Rüsseler,Hennighausen,Münte & Rösler,2003;Rüsseler & Rösler,2000;Schlaghecken,Stürmer & Eimer,2000);当序列知识内隐条件下低可预测性刺激诱发的 P300 波幅大(Jongsma,Eichele,Van Rijn,Coenen,Hugdahl,Nordby & Quiroga,2006;Jongsma,Van Rijn,Gerrits,Eichele,Steenbergen,Maes & Quiroga,2013;Mars,Debener,Gladwin,Harrison,Haggard,Rothwell & Bestmann,2008;Rose,Verleger & Wascher,2001);无论序列知识外显或内隐,低可预测性刺激诱发的 P300 波幅大(Batterink,Reber,Neville & Paller,2015;Batterink,Reber & Paller,2015)。但有研究发现,高可预测性刺激诱发的 P300 波幅大,例如当序列知识外显条件下高可预测性刺激诱发的 P300 波幅大(Batterink,Reber & Paller,2015;Fogelson,Shah,Scabini & Knight,2009);当序列知识内隐条件下高可预测性刺激诱发的 P300 波幅大(Baldwin & Kutas,1997;Daltrozzo,Emerson,Deocampo,Singh,Freggens,Branum-Martin & Conway,2017;Jost,Conway,Purdy,Walk & Hendricks,2015;

Rose，Verleger & Wascher，2001；Rüsseler，Münte & Wiswede，2018；Stadler，Klimesch，Pouthas & Ragot，2006）；无论序列知识外显或内隐，高可预测性刺激诱发的 P300 波幅大（Fogelson & Fernandezdel-Olmo，2013）。Kóbor，Horváth，Kardos，Takács，Janacsek，Csépe 和 Németh（2019）认为在高结构性序列任务中（包括长度较短的重复性序列）高可预测性刺激诱发的 P300 波幅增大。Kóbor 等人认为在交替序列反应时任务中，不仅包含了三联体频率信息，还包含了 2 阶转换概率信息（second-order transitional probabilities）。高频三联体最后一个试验，可以由三联体第一个试验预测出来概率高，而低频三联体最后一个试验由第一个试验预测出来的概率低。首次考察了 2 阶非连续转换概率学习的脑电特征。反应时结果发现存在序列学习和统计学习。脑电结果发现，序列刺激诱发的 P300 波幅大于随机刺激诱发的。刺激锁时和反应锁时的脑电结果相类似，表明序列学习是 S-R 学习。

　　关于 P1 成分有两种不同观点。一种观点认为当能预测到刺激出现位置时 P1 波幅增大，当不能预测到刺激出现位置时 P1 波幅减小（Luck & Kappenman，2012）；还有一种观点认为规则组段刺激的 P1 波幅下降，随机组段刺激的 P1 波幅增大（Lum，Lammertink，Clark，Fuelscher，Hyde，Enticott & Ullman，2019；Thomas，Hunt，Vizueta，Sommer，Durston，Yang & Worden，2004）。为了避免序列知识外显，Lum，Lammertink，Clark，Fuelscher，Hyde，Enticott 和 Ullman（2019）对 SRT 范式进行了改进，为了避免方框（boxes/borders）作为刺激出现位置的外部线索，降低序列知识的意识性，并且使用了不同形状和不同颜色的视觉刺激。Lum 等人发现 P1 平均波幅数据模式和反应时数据模式类似，规则刺激诱发的 P1 波幅显著下降，随机刺激诱发的 P1 波幅显著增加；N1 和 P3 没有表现出序列学习效应。Lum 等人认为规则刺激诱发的 P1 波幅下降是由于视觉注意资源的下降，而不是由于唤醒水平或疲劳造成的，因为后面随机组段刺激的 P1 波幅没有下降。研究没有发现 N1 成分，因为 N1 波幅改变与刺激特征有关（Vogel & Luck，2000），Lum 等人研究中的刺激特征保持不变。没有发现 P3 成分，因为本研究是内隐序列学习，P3 成分与外显序列学习有关。

　　CNV 是伴随性负变化的缩写（contingent negative variation），它是研究被试对于刺激的预期估计时一个很好的指标。Walt 和 Cooper 等人（1976）首先发现了 CNV。在测量反应时，先给出一个预备信号（如一个短音或闪光），令被试听（或看）到命令信号后尽量快地作出按键反应，则可在预备信号和命令信号之间观察到脑电发生负向偏转。Trillenberg，Verleger，Wascher，Wauschkuhn 和 Wessel（2000）采用预备命令信号范式研究 CNV 振幅时发现了主观预测效应。即当命令信号的概率逐渐增大时,随着预备和命令信号之间时间间隔的增大,CNV 振幅也增大。Stadler、Klimesch、Pouthas 和 Ragot (2006)对 CNV 和 P300 进行比较,也发现了同样的主观预测效应。

LRP 是运动准备偏侧电位的缩写(lateralized readiness potential),它也是与预期相关的另一个指标,是反应选择和反应激活的标志。Eimer 等人 (1996)研究发现内隐组和外显组以及实验前、后半部分的 LRP 差异显著,因此他推测由于 LRP 反映了预期加工,可以认为被试学到了序列知识,并且可以运用学到的知识为下一次反应做准备,Rüsseler 和 Roster(2000)也证实了 LRP 预期效应。

与错误有关的 ERP 成分有错误相关负波(error negativity,Ne;error-related negativity,ERN)和错误正波(error positivity,Pe)。Ne 是当注意到所执行的反应和反应选择的结果不匹配时产生的错误监测指标,是反应—锁时负波,是对错误反应的自动化识别,是一种纠错电位。发生错误后 50 ~ 150 ms,在额中央叶(fronto-central)波幅最大。Ne 后面常常出现 Pe,Pe 是反应—锁时正波,发生错误后 100 ~ 500 ms,在顶中央叶波幅最大。Pe 反映了对错误的意识性评估。经过 3 ~ 6 次叠加,就可以获取 Ne 和 Pe 成分。Rüsseler、Kuhlicke 和 Munte(2003)发现,外显组被试的 ERN 振幅显著大于内隐组被试,表现出更多的纠错倾向。Rüsseler 等人为了考察不同类型被试序列学习的错误监测加工问题,采用 ERN 成分对被试的错误监测加工进行了研究。刺激材料为 A、B、C、D 4 个字母,目标刺激在 50% 的情景中符合某个规则,而在另 50% 的情景下是随机的。每次呈现 3 个字母,其中包含 1 个目标刺激(居中)和 2 个干扰刺激(外周),如 BAB,或包含一个目标刺激和两个中性刺激,如 XAX。实验前控制被试的学习定向,将被试分为外显和内隐两组。结果发现,外显组被试的 ERN 振幅显著大于内隐组被试,表现出更多的纠错倾向,外显组被试对规则存在的意识激活了他们对规则的有意学习,进而导致了策略差异。但 Horváth、Kardos、Takács、Csépe、Nemeth、Janacsek 和 Kóbor(2020)认为,Ne 和 Pe 对成绩提高和适应任务敏感,但不受统计规则的影响,不能作为序列学习学习指标。Horváth 等人以 Ne(error negativity,Ne)和 Pe(error positivity,Pe)为指标,采用线索交替序列反应时任务范式,首次考察了统计学习过程中错误加工的神经机制。结果发现无论是规则刺激还是随机刺激,错误反应诱发的 Ne 波幅都随着学习次数增加而降低,错误反应诱发的 Pe 波幅都随着学习次数增加而增加。

MMN 是失匹配负波的缩写(mismatch negativity),是听觉序列学习的研究中经常考察的成分。典型实验采用听觉的 Oddball 范式,分别在被试双耳中呈现标准刺激和偏差刺激。让被试注意一只耳听到的声音,而不注意另一只耳听到的声音,并对偏差刺激进行反应。结果发现在约 250 ms 内偏差刺激都比标准刺激引起更高的负波。用偏差刺激引起的 ERP 减标准刺激引起的 ERP,得到差异波,则可见到在 100 ~ 250 ms 出现了一个明显的负波。Tubau,Escera,Carral 和 Corral(2007)对不同类型被试的韵律感差异进行了考察,结果发现外显组被试对偏差音(违背韵律的音调)的 MMN 振幅显著大于内隐组被试。Van Zuijen, Simoens, Paavilainen, Näätänen 和 Tervaniemi (2006)将 P300 和 MMN 作为序列学习与注意关系的考察指标。

三、时域分析在内隐学习研究中的应用

(一)具体表征和抽象表征的 ERP 研究

Pulvermüller 和 Assadollahi(2007)使用真实语言材料,通过 ERP 方法对序列学习的具体表征和抽象表征进行区分,操纵了序列的具体特征(例如转换概率)和抽象特征(例如句法规则)。结果发现非法字符串和合法字符串存在 MMN 差异,但是具体特征对结果没有影响。Pulvermüller 和 Assadollahi 认为真实语言学习是对抽象规则的学习,而不是具体特征的学习。但是,该结果还有另外一种解释:句法加工中存在具体表征和抽象表征,但是 MMN 对抽象表征更加敏感,具体表征对 ERP 结果没有表现出影响,不代表不存在具体表征。Lelekov,Dominey 和 Garcia-Larrea(2000)采用人工语法范式,向被试呈现不同表面结构但抽象规则相同的序列(例如 ABCBAC 和 DEFEDF),结果发现非法抽象规则材料诱发了类似 P600 成分,但是非法表面结构没有发现 ERP 成分。对于结果解释与 Pulvermüller 和 Assadollahi (2007)类似,无法排除具体表征的学习。与此相反,Schröger, Bendixen, Trujillo-Barreto 和 Roeber(2007)发现了具体表征的 MMN 成分。Schröger 等人使用了标准和偏差语音对。语音对第一个语音为 900 Hz 固定频率语音或 600 ~ 1200 Hz 随机频率的语音。第一个语音为 900 Hz 序列称之为具体规则,第一个语音为随机频率语音序列称之为抽象规则。语音对的第二个语音刺激进行记录,结果发现具体规则和抽象规则下的偏差语音对均诱发了 MMN。总之,ERP 结果支持了具体表征和抽象表征,结果不一致可能是由于实验设计不同和 ERP 作为序列学习表征机制指标的敏感性不足造成的。

(二)意识和注意的 ERP 研究

目前内隐和外显序列学习的 ERP 研究主要有 3 种途径:①以二分法将外显学习定义为意识,将内隐学习定义为无意识,根据被试是否获得外显规则

知识区分内隐和外显被试,发现外显与内隐序列学习脑区(郭秀艳、姜珊、龚嵘,2008;Baldwin & Kutas,1997;Eimer,Goschke,Schlaghecken & Stürmer,1996;Carter,O'Doherty,Seymour,Koch & Dolan,2005;Rüsseler,Hennighausen & Rösler,2001;Rüsseler & Rösler,2000;Schlaghecken,Stürmer & Eimer,2000;Yang & Li,2012)。②根据被试是否有目的地学习序列规则,考察有意学习和无意学习脑区(Rüsseler,Hennighausen,Münte & Rösler,2003;Rüsseler,Kuhlicke & Münte,2003)。③考察中央区 P300、纹状体-大脑皮质联结程度与意识发展进程间的关系,证实渐进意识的存在及其脑机制(Destrebecqz et al.,2005;Huang et al.,2017)。

需要注意的是,无论采取什么研究范式,几乎所有的 ERP 成分都受注意影响(Correa,Lupiáñez,Madrid & Tudela,2006)。序列学习研究中的 ERP 成分可能是由于自上而下的注意加工造成的,而不是由于序列学习诱发的。例如,Sanders,Newport 和 Neville(2002)发现学习过的假词和未学习过的假词相比,N100 波幅增大,他们认为 N100 是序列学习的指标。但是,还存在另一种解释,那就是随着假词越来越熟悉,假词识别越来越快,更容易获取注意,N100 增大是由于对假词的注意诱发的。以往的 ERP 研究往往忽略注意效应,而把 ERP 成分作为序列学习的指标。例如 Abla,Katahira 和 Okanoya(2008)和 Sanders,Newport 和 Neville(2002)将 N100 和 N400 的增大作为序列学习的指标;Rose,Verleger 和 Wascher(2001)将 P300 的增大作为序列学习指标,Cunillera,Càmara,Toro,Marco-Pallarès,Sebastián-Gallès,Ortiz 等人(2009)将 P200 作为序列学习指标。这些指标都可能是由于注意造成的,而不是由于序列学习。

已有 ERP 研究表明,序列学习存在内隐成分(Batterink & Neville,2013),ERP 研究表明很少注意条件下依然发生了序列学习(Carral,Corral & Escera,2005;Saarinen,Paavilainen,Schöger,Tervaniemi & Näätänen,1992)。Baldwin 和 Kutas(1997),Schröger,Bendixen,Trujillo-Barreto 和 Roeber(2007)采用人工语法范式,Batterink 和 Neville(2013)使用自然语言同样发现了内隐学习。例如 van Zuijen,Simoens,Paavilainen,Näätänen 和 Tervaniemi(2006)考察了序列学习中的注意,记录下独立于注意的 MMN 和依附于注意的 P300。结果发现,没有注意到偏差刺激的被试只存在 MMN,而注意到偏差刺激的被试还存在 P300。Van Zuijen 等人认为内隐序列学习和外显序列学习具有不同的神经机制。

当然,上述 ERP 成分也有可能是外显学习造成的,大量研究考察了序列学习的外显成分(Baldwin & Kutas,1997;Eimer,Goschke,Schlaghecken &

Stürmer, 1996；Rüsseler, Hennighausen, Münte & Rösler, 2003；Rüsseler, Kuhlicke & Münte, 2003；Rüsseler & Rösler, 2000；Schröger, Bendixen, Trujillo-Barreto & Roeber, 2007；Schlaghecken, Stürmer & Eimer, 2000）。例如Schröger, Bendixen, Trujillo-Barreto 和 Roeber（2007）使用听觉抽象规则，发现内隐和外显序列学习。标准语音对和偏差语音对的频率不同，设置了三种条件操纵对规则的注意情况：①忽略组，被试观看无音视频；②分心组，被试判断语音对的第二个语音是长还是短；③规则组，告知被试规则后对偏差语音对进行判断。结果发现序列学习可以是内隐的也可以是外显的，取决于被试是否有意学习规则。外显序列学习的学习效应（ERP 指标和行为指标）比内隐序列学习大。例如，Baldwin 和 Kutas（1997）发现外显序列学习的行为指标是内隐序列学习的 2 倍，P300 效应也是类似结果。Eimer, Goschke, Schlaghecken 和 Stürmer（1996）发现了类似的效应加倍（effect size doubling），N200 波幅也增大。Rüsseler 和 Rösler（2000），Schlaghecken, Stürmer 和 Eimer（2000）发现只有外显被试存在 N200 和 P300 成分。但是有人提出反对意见，例如 Rüsseler, Kuhlicke 和 Münte（2003）发现内隐学习和外显学习条件下的行为结果和 ERP 结果没有差异，这个结果可能是由于使用了不常使用的范式造成的。Rüsseler, Hennighausen, Münte 和 Rösler（2003）采用了经典的序列学习范式，发现只有有意学习被试存在 N2b 和 N3b 成分，无意学习被试没有发现 ERP 效应。

　　总之，已有 ERP 研究支持内隐和外显序列学习的存在。序列反应时任务中，规则刺激诱发的脑活动逐渐降低，偏差刺激诱发的脑活动增强，但结果不一致。Poldrack 等人（2005）发现确然序列，右侧背外侧前额叶活动增强，随着自动化程度提高而下降。Seidler 等人（2005）发现随着自动化程度提高，右侧背外侧前额叶活动增强。Destrebecqz 等人（2005）认为这可能是由于确然序列容易外显，而与陈述性记忆加工有关的内侧颞叶和前额叶有关。序列学习效应大小受目的性和外显知识的影响。需要注意的是，由于注意影响所有的 ERP 成分，结果可能是由注意造成的，而不是序列学习。

第三节　时频分析在内隐学习研究中的应用

　　20 世纪 80 年代以来，研究者发现时域 ERP 成分只是一种特定类型的事件相关脑电信号，事件发生后，大脑对事件认知加工所对应的脑电活动中还有其他类型的事件相关脑电活动，与事件加工相关的 EEG 活动有以下几种类型：频率反应（frequency response，Ijspeert，2008）；振幅反应（amplitude response，Klimesch，2012）；相位重置（phase resetting，Gruber & Müller，2005）和新增成分（additive response，Mäkinen，Tiitinen & May，2005）。

图7-1列出了大脑对事件的4类反应类型。①频率反应（图7-1A）是某频率的自发EEG活动在事件出现后变化了振荡频率，这一类大脑活动多见于单细胞放电或者人们在有节律运动的时候中枢系统某节律细胞的活动。②振幅反应（图7-1B）是事件发生后某频率EEG自发电活动能量增加（或减小），每个试次中该频率的能量都有所增加（或减小），不过每个试次事件相关电活动相位是随机的，叠加平均时相互抵消了，ERP平均波形无法捕捉到此类事件相关脑电活动。③相位重置（图7-1C）是所有试次的相位都会因事件出现而变得一致，这类活动是相位锁定活动。求平均波形时，此类活动会出现在平均波形中，产生所熟知的ERP成分。④新增成分（图7-1D），即事件发生后每个试次都会出现与自发活动相互独立的新增成分。这些活动的相位相似，强度相似，求平均波形时，也会呈现在平均结果中，产生熟知的ERP成分（武侠、钟楚鹏、丁玉珑、曲折，2018）。

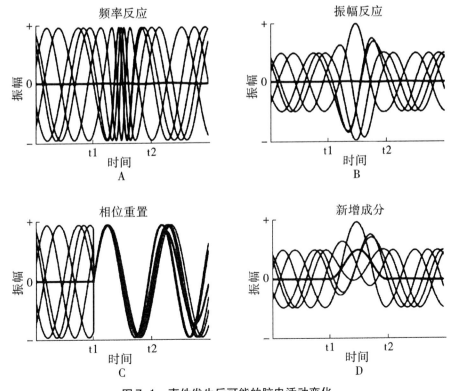

图7-1 事件发生后可能的脑电活动变化

由此可见,事件发生后,大脑对事件的认知加工过程可能表现为相位锁定的活动和非相位锁定的活动两类,相位锁定的活动可以通过时域 ERP 分析方法来分析,而相位不锁定的活动在时域 ERP 分析方法中被当作噪音去除了。而且时域 ERP 平均波形,可能有两种产生机制:相位重置(图 7-1C)和新增活动(图 7-1D),但时域 ERP 分析方法无法区分这两种机制。为了弥补时域 ERP 分析方法的不足,研究者们引入了时频分析方法。

一、时频分析方法原理

从头皮电极记录到的脑电信号是一种时域内的信号,包含了事件诱发的短时暂变信号、自发电活动以及随机噪声等强度随时间变化的信号。可以通过傅立叶变换将信号从时域变换至频域,获得频域内 EEG 活动的各种频率成分,可以对不同频率成分进行独立分析。但心理学实验获得的 EEG 信号是一种非稳恒信号,事件诱发的信号有产生和衰减的时间进程。将信号完全转换到频域会失去时变信息,导致频域结果难以解释。而时频分析则可以在分析频率成分的同时给出时间信息,使得对时变信号的分析变得直观和容易理解。在结果中包含信号的频域和时域信息的分布被称为时频分布,对信号做时频分布的分析就是时频分析。

时频分析算法主要有窗口傅立叶变换、小波变换、Hilbert 变换、Hilbert-Huang 变换和 Wigner-Ville 分布等方法(Torrence & Compo,1998),其中在心理学脑电研究领域最常用的是小波变换和 Hilbert 变换。小波变换常应用于计算各个波段活动的能量(Mishra,Martínez,Schroeder & Hillyard,2012);对相位的计算中,则常会用到 Hilbert 变换(Song,Meng,Chen,Zhou & Luo,2014)。窗口傅立叶变换也是一种时频分析算法,但高频和低频波段信号的分辨率相同,在心理学脑电研究中应用较少。而传统的傅立叶变换则是一种频域分析方法,不适合时变信号分析。

(一)傅里叶变换和窗口傅里叶变换

这两段不同时变信号的傅立叶变换结果完全相同(分别见图 7-2C 和 D)。由此可见,傅立叶变换对于时变信号并不适用。傅立叶变换只适用于分析一些能产生相对稳恒的脑电振荡模式的实验数据,如对稳态视诱发(SSVEP)的分析(Norcia,Appelbaum,Ales,Cottereau & Rossion,2015)。

为了适用于时变信号分析,对傅里叶变换进行了改进,提出了窗口傅立叶变换,又叫短时傅立叶变换(short time Fourier transform,STFT,Allen,1977)。在对信号进行分析时,加了一个短暂的时间窗口,在窗口内对信号

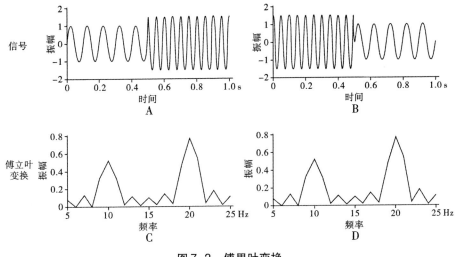

图 7-2　傅里叶变换

进行傅立叶变换。因为窗口时间短暂,窗口内的信号可近似看作稳恒信号,通过傅立叶变换就可以得到短暂窗口内的频率信息,然后再将时间窗口依次施加于信号中不同的时间位置,从而获得原信号不同时间位置的频率信息。采用的窗口一般是 Hanning 窗、Hamming 窗或者高斯窗口(Pampu,2011)。选择了窗口后,窗口长度在信号分析过程中便不再改变,高频和低频信号有相同的时间分辨率和频率分辨率。

但高低频信号代表的心理功能存在很大差异。低频波段相差数赫兹的频率可能代表了不同的心理功能。例如 α 波段(8 ~ 12 Hz)与记忆的提取相关;θ 波段(4 ~ 8 Hz)与记忆编码相关(Klimesch,1999),两个波段频率只相差几赫兹。而高频段,往往较广频段范围内的信号代表了同一种心理功能,γ 波段(30 Hz 以上)往往是一大段频率具有同样的认知功能(Siegel,Donner,Oostenveld,Fries & Engel,2008)。这就需要在分析脑电信号时,对于低频有较高的频率分辨率,对于高频无需很高的频率分辨率,小波变换可以满足这种需求。

(二)小波变换

小波是一种时间长度有限并向两端快速衰减的振荡波形。小波的振荡形态有很多种,每一种形态被称为一种母小波,不同形态的母小波会对分析结果造成影响,分析数据时要根据所分析数据的特点,选择合适的母小波(Ngui,Leong,Hee & Abdelrhman,2013)。脑电研究中最常用的是复 Morlet 小波分析(连续小波分析,Roach & Mathalon,2008)。复 Morlet 小波可以看做是由余弦振荡为实部和正弦振荡为虚部构成的复振荡函数加一个高斯窗口组成,正余弦振荡向窗口两端迅速衰减(Lieuw,2015),如图 7-3 所示。

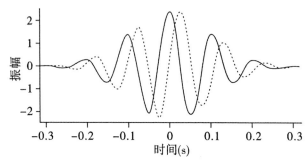

图 7-3　复 Morlet 小波示意图

实线是小波的实部,虚线是小波的虚部。复 Morlet 小波的实部和虚部相位相差 90°,可以看作是正余弦信号加了高斯窗口构成的向两端急剧衰减的震荡信号。

脑电信号分析时,Morlet 母小波经过压缩和扩张可生成一个小波族(wavelet family,图 7-4B),不同压缩和扩张程度的小波可以理解为代表着不同频率的小波,然后将小波族的子小波分别与信号做卷积,从卷积结果中提取出信号的时频能量和相位。各个子小波具有不同的时间长度,高频小波的时间长度比低频小波更短,但是两者在各自时间长度内的周期数是一样的。小波分析中低频波段时间窗口长,频率窗口短,因而可以得到较高的频率分辨率但时间分辨率较差;高频波段,时间窗口短,频率窗口长,因而有较高的时间分辨率和较差的频率分辨率(图 7-4B)。

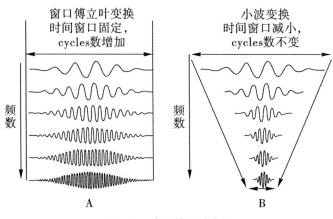

图 7-4　窗口傅里叶变换

图7-4 窗口傅里叶变换和小波变换小波族(wavelet family)子小波对比。图7-4A 窗口傅里叶变换的时间窗口长度固定,对于高低频信号都有同样的时域和频域分辨率;图7-4B 小波变换高低频的子小波有相同的周期数,时间窗口长度并不相等。对于低频信号,时间窗口更长,时域分辨率更差,频域分辨率更好;高频信号则时间窗口短,时域分辨率好,频域分辨率差。

(三)Hilbert 变换

Hilbert 变换是将信号与 $1/(pi×t)$ 做卷积,使得信号的相位旋转 $90°$,而本身的振幅大小不变。在 EEG 数据分析中,Hilbert 变换主要是通过解析信号的构造来求解信号的能量和相位的。Hilbert 变换常和滤波结合在一起用,通过无相位偏差的带通滤波将要分析的信号限定在所要分析的较窄频段内,然后再由 Hilbert 变换求解该频段信号的振幅和相位大小。一般认为,Hilbert 变换拥有较高的频率分辨率,而时间分辨率稍差,在边界处的计算误差(边界效应)比较大。一些研究者采用了信号两端补零和加 Hanning 窗的办法减少 Hilbert 变换的边界效应(Song,Meng,Chen,Zhou & Luo,2014)。

总之,窗口傅立叶变换、小波变换以及 Hilbert 变换都可以有效地分析时变信号,三种方法之间没有实质的差别(Bruns,2004)。

二、时频分析的计算指标及心理学意义

时频分析脑电分析有三大类指标:能量,相位一致性以及耦合,不同计算指标帮助揭示认知加工过程的不同方面,通过这些指标揭示脑电中非相位锁定成分的心理意义。

(一)能量

能量指信号分析结果中某频率成分在某时刻点的能量值,代表了该频率成分振荡强度(振幅亦可以代表振荡强度,为能量的平方根)。时频分析求能量有两种求解顺序,分别对应不同的事件相关脑电活动:一种是先对不同试次的信号叠加平均得到平均波形(ERP),然后求平均波形的能量(evoked 能量,代表相位锁定于刺激发生时刻的能量);另一种是求单个试次的能量,然后把不同试次的相应时频能量进行叠加平均(包含了 evoked 能量和 induced 能量)。由此可见,时频分析比传统的时域 ERP 分析方法可以挖掘出更多的事件诱发脑活动,弥补了传统方法的局限。

有研究表明,induced γ 活动可能受到微眼动的影响(Muthukumaraswamy,2013)。但去除了微眼动对研究结果的影响后,同样发现了特征捆绑过程中 γ 活动的存在(Hassler,Barreto & Gruber,2011)。刺激出现 200 ms 后持续较

长时间的 γ 活动与特征捆绑相关,这种 γ 活动代表了一种将大脑加工的特征信息整合起来的过程(Hassler, Friese, Martens, Trujillo-Barreto & Gruber, 2013)。

α 能量在清醒闭眼的时候比较显著,是清醒时大脑后部区域能量最为显著的波段(Valipour, Shaligram & Kulkarni, 2013)。大量研究发现 α 与注意密切相关,α 能量低预示着注意状态(Marshall, O'Shea, Jensen & Bergmann, 2015),选择性注意研究发现 α 能量的高低预示着注意选择过程。在 Posner 中央线索范式来研究空间选择性注意研究中,发现线索提示后约 500 ms(此时目标尚未出现),会在提示空间对侧枕区皮层诱发比同侧更低的 α 能量,代表了对线索提示位置的注意增强(Kelly, Gomez-Ramirez, & Foxe, 2009)。在外周 Posner 线索任务中,无关声音刺激在左右视野空间出现,也会引起目标出现前线索对侧大脑皮层枕区 α 能量的降低。说明在外周 Posner 任务中,α 能量的减小同样代表了被试对一侧空间的注意(Störmer, Feng, Martinez, McDonald & Hillyard, 2016)。基于特征的注意和基于物体的注意研究有类似的发现,即特征加工相应脑区或者物体加工相应脑区 α 能量的降低代表了对该特征或物体的注意(Knakker, Weiss & Vidnyánszky, 2015)。在情绪性注意的研究中,α 能量大小预示着对情绪刺激的注意和抑制(Uusberg, Uibo, Kreegipuu & Allik, 2013)。前额中区的 θ 能量与认知控制功能有关(Cavanagh, Frank, Klein, & Allen, 2010)。Anguera 等人使用多任务的视觉游戏训练老年人,发现多任务视觉游戏训练后,老年人额中区的 θ 能量以及额中区 θ 相位和枕区的 θ 相位联系增强,说明增加的额中区能量对视觉任务的完成有更好的认知控制作用(Anguera et al.,2013)。有研究发现 β 能量与运动密切相关(Engel & Fries, 2010),也有研究发现 β 能量与被试注意有关(Gola, Magnuski, Szumska & Wróbel, 2013)。

(二)相位一致性

相位一致性(Phase Locking Index, PLI)是对某电极大量试次间相位一致性程度的衡量。相位一致性代表着大量试次在事件发生时刻以及后续较短时间内,相位在试次间是否一致。如果相位完全一致,PLI 为 1,相位完全随机,PLI 则为 0。计算时,将不同试次的某时刻相位用单位向量表示,然后计算不同试次间该向量的平均值。

相位一致性和时域 ERP 成分有密切的关系(Busch, Dubois & VanRullen, 2009)。相位一致性指标和能量指标结合起来,用于探讨 ERP 产生的机制(Mishra et al.,2012)。ERP 成分有两种可能的产生机制:相位重置和新增成分。一种区分两种机制的方法是检测刺激出现前后每个试次中的能量以及相位一致性;如果前后能量没有明显不同,但是平均结果中却有明显的 ERP 成分,那么便可以肯定相锁机制的存在;如果刺激出现后单个试次的能量有明显增加,且有中等强度的相位锁定性,那么可能说明新增成分机制的存在。但 ERP 机制还会受到 α 阻断效应的干扰(Mishra et al.,2012),增加了区分 ERP 机制的难度。研究者使用了更多的方法来尝试区分 ERP 产生的机制(Becker,Ritter & Villringer,2008)。

相位一致性还代表大脑认知加工过程的一些特点,Hebert 等人指出,α 活动的相位一致性指标标志着 α 活动相对于刺激输入的初始化,能够增强刺激随后加工的强度(Hebert,Lehmann,Tan,Travis & Arenander,2005);海马中振荡活动的相位锁定性和工作记忆有关(Kleen et al.,2016)。

(三)耦合

耦合(coherence)是计算不同电极间同步活动的指标,反映了认知加工过程中的一种整体网络功能(Bowyer,2016)。有多种不同的耦合指标,如同频率信号相位之间的耦合(即相位同步性),不同频率振幅、能量之间的耦合,低频信号相位和高频信号能量之间的耦合等。

1. 不同电极同频率信号的相位同步性的计算原理

大脑加工信息以一种网络化的方式进行,一个直接证据就是相距较远的脑部区域间的脑电信号存在耦合。远距离电极间同频率信号的相位同步变化被称为相位同步性(Phase Synchrony,Lachaux et al.,1999),是两个电极同频率信号对应试次间相位差恒定性程度的衡量。对应试次间的相位差越稳定,相位同步性越好;反之,相位同步性越差。

计算时,需要计算出两电极对应试次对应时刻某频率的相位值,然后相减。将此相位差异用复平面内的单位向量表示,不同试次之间的相位差对应的单位向量的末端分布在单位圆上。如果相位差异接近恒定,那么这些单位向量的平均向量的长度便会接近于 1;反之,相位差分布随机,平均向量的长度便会接近于 0。平均向量的长度就是两电极相位同步性的指标。

2. 相位同步性的心理学意义

相位同步性体现了长距离脑区的同步活动,反映了自下而上或者自上而下的信息传递和相互控制。Siegel 等(2008)将长距离的相位同步性视为神经网络功能的一个标志。Finger 等(2014)的研究也表明,相位同步性可能是大脑将分散于不同区域的信息整合在一起形成一个整体的主要机制。

相位同步性也是标记一些疾病的重要指标,可能暗示着病人的神经网络功能的紊乱。一些研究表明癫痫病人发病的时候相位同步性会有一个很大的增长(Franaszczuk & Bergey,1999),另外的研究也表明精神分裂症病人的 γ 同步性指标异常(Spencer et al.,2003)。这些不同的研究都说明相位同步性体现了大脑的各功能区联合为网络而显现出更高级的认知功能,可以帮助人们完成复杂的认知任务。

3. 低频信号相位和高频信号能量之间的耦合的计算原理

长距离脑区间的调控多借助于低频振荡,而高频信号往往是局部活动的一种体现(Canolty & Knight,2010),低频和高频之间的耦合(Phase-Amplitude Coupling,PAC)就具有了特殊的功能意义,局部脑加工体现局部的大脑的模块化加工,而与长距离的低频信号的耦合代表一种网络的信息整合。这种耦合在数据中表现为高频能量的高低起伏有一定的周期性,与信号中低频成分的相位变化相关。

这种耦合的计算方法有很多。首先,计算出原信号中的高频信号(如 γ)的振幅 amp γ(t)和低频信号(如 θ)的相位 phase θ(t),每个对应时刻的高频能量和低频相位组成的复数 amp γ(t)ephase θ(t),在复平面内对应一个点,许多个时刻的点构成了一个分布,如果复数点的分布偏向于一个象限,那么就说明高频能量多分布在某一个相位角内,两者有耦合。否则低频相位和高频能量则无耦合。实际计算时,还需要用置换检验(permutation test)的方法衡量耦合的相对强度(Canolty et al.,2006)。

低频相位和高频能量的耦合反映了多种认知机能,该耦合可能反映了这样的机制,即将信息从大的行为反应时间尺度转移到局部的尺度,进行进一步的运算和突触修饰,从而整合多个时空尺度功能(Canolty & Knight,2010)。低频相位和高频能量耦合反映了脑内不同大脑区域之间的信息交流以及信息控制,从而帮助被试完成各种高级认知任务,反映了大脑加工信息时的网络功能。

三、时频分析在序列学习脑电研究中的应用

许多理论模型认为神经震荡(oscillation)在序列学习中发挥着作用,但是具体是哪个频率震荡还不清楚。为了解决这个问题,Crivelli-Decker,Hsieh,Clarke 和 Ranganath(2018)记录下不同序列的脑电反应。要求被试对连续呈现的物体进行语义判断,在连续序列中,物体呈现的顺序是固定的;在随机序列中,物体呈现的顺序是随机的。结果发现连续序列中的语义判

断反应时比随机序列的快,即在连续序列中被试可以预测刺激。脑电分析表明连续序列中刺激诱发的额叶 θ 波(4~7 Hz)振幅小于随机序列刺激诱发的,连续序列和随机序列的 θ 波振幅在学习的第二阶段出现差异,在这个学习阶段被试能更有效地预测连续序列。而且还发现连续序列中对刺激反应前枕顶叶的 α(10~13 Hz)和 β(14~28 Hz)振幅大于随机序列的。结果表明 θ 波和序列的未来刺激预期反应有关,β 波和 α 波和当前刺激反应有关。

赵昕玥(2020)采用时间节律序列反应时任务,结果发现,存在知觉和动作时间节律或单独存在知觉时间节律时,规则刺激比随机刺激的反应时下降速度更快,诱发更强的 4.8~5.4 Hz 的 theta 频段神经震荡活动;单独存在动作时间节律时,序列学习效应消失。知觉学习在时间节律内隐学习中发挥主要作用,动作学习未发挥显著作用。知觉学习可不依赖动作学习独立发挥作用,知觉学习的贡献大于动作学习的贡献。需要注意的是,赵昕玥(2020)研究中只有一个按键反应,任务简单。

Tzvi,Verleger,Münte 和 Krämer(2016)发现序列学习过程中 αγ 相位振幅耦合(phase amplitude coupling, αγPAC)在双侧额叶(bilateral frontal cortex)和右侧顶叶(right parietal cortex)下降,αγ 相位振幅耦合的下降是由于序列学习编码完成后视觉刺激—按键反应匹配关系的需求下降。Tzvi,Bauhaus,Kessler,Liebrand,Wöstmann 和 Krämer(2018)进一步验证上述假设,采用的是完全知觉序列学习范式(存在颜色知觉序列,按键反应随机,不存在反应序列),完全知觉序列学习范式不存在视觉刺激—按键反应匹配关系。增加了简单条件组,简单条件下视觉刺激—按键反应匹配关系的需求最小。振荡功率(oscillatory power)分析发现完全知觉序列编码过程中枕叶和顶叶的 α 波下降。和随机实验组相比,完全知觉序列条件下的 αγ 相位振幅耦合在右侧额叶和右侧顶叶下降,重复了 Tzvi 等人(2016)的结果,但是和实验验证相反,不支持 αγ 相位振幅耦合的下降是由于序列学习编码完成后视觉刺激—按键反应匹配关系需求的下降。Kessler 等人进一步分析了静息态下的 αγ 相位振幅耦合,发现右侧顶叶位置的 αγ 相位振幅耦合比序列组、简单组和随机组更强。Kessler 等人认为右侧顶叶 αγ 相位振幅耦合反映了静息态下大脑功能联结,视觉规则编码对其产生干扰。

第四节 内隐学习新范式和新技术

近些年,随着内隐学习研究的深入,对内隐学习特别是内隐序列学习研究范式进行了改进,并且越来越多的新技术应用于内隐学习研究中。

一、新研究范式

(一)交替序列反应时任务

传统的确然序列容易外显,而且序列知识和一般知识混淆在一起。为了避免方框(boxes/borders)作为刺激出现位置的外部线索,降低序列知识的意识性,Lum,Lammertink,Clark,Fuelscher,Hyde,Enticott 和 Ullman(2019)对序列反应时任务进行了部分改进,使用了不同形状和不同颜色的视觉刺激。Howard 和 Howard(1997)在序列反应时任务基础上进行了改进,提出了交替序列反应时任务(alternating serial response time task,ASRT)(Remillard,2008;Janacsek,Fiser & Németh,2012)。将确然规则修改为或然规则,规则序列和随机序列交替呈现,规则序列遵循 1r2r3r4r(r 表示随机呈现)。水平方向上有 4 个空间位置,目标出现在一个位置中,被试按相应按键。为了保持平衡,共 6 种序列规则呈现给被试——1r2r3r4r、1r2r4r3r、1r3r2r4r、1r3r4r2r、1r4r2r3r 和 1r4r3r2r,每个被试接受其中一种。计算时可将几个组段(blocks)合并为一个部分(epoch)(Takács,Shilon,Janacsek,Kóbor,Tremblay,Németh & Ullman,2017)。交替序列反应时范式中序列学习的指标为高、低频三联体反应时的差异。随着学习次数增加,高频三联体的反应时和正确率成绩好于低频三联体的,称为三联体类型效应(triplet type effect),即高频三联体最后一个刺激成绩好于低频三联体最后一个刺激的,无论这个刺激属于规则刺激还是随机刺激(Howard,Howard,Japikse,Cara,Thompson & Somberg,2004)。其中规则刺激属于高频,1/4 随机刺激属于高频,16 个高频三联体概率为 62.5%,46 个低频三联体概率为 37.5%,高频三联体概率是低频三联体的 5 倍。其中反转三联体(trills,例如 121)和重复三联体(repetitions,例如 111)不参与数据分析。因为被试间不平衡,而且反转三联体和重复三联体成绩可能与反应倾向性有关(pre-existing biases),与序列学习无关(Remillard & Clark,2001;Song,Howard & Howard,2008)。

和经典序列反应时范式相比,交替序列反应时范式有以下优点:第一,被试很难意识到序列规则的存在,被试是内隐学习。第二,交替序列反应时范式更容易对每个被试序列学习的学习进展进行考察。因为交替序列反应时可以对每一个组段(block 或 session)中的序列材料和随机材料进行分析(Song et al.,2007)。经典序列反应时范式的被试内实验设计中,被试往往需要对序列材料学习 400 次或更多次后,刺激才随机呈现。经典序列反应时范式经过大量学习后成绩提高,很难确定是由于对序列发生了学习造成的成绩提高还是由于练习造成的。经典序列反应时范式的被试间实验设计中,也无法考察单个被试何时发生了序列学习。第三,交替序列反应时范式可以考察被试成绩得到提高,究竟学习了什么。Stadler(1992)发现序列学习量与序列统计结构有关。序列统计结构体现在几个水平上。例如 0 阶结构(zero-order)指某些事件发生的频率高于其他(例如,4231324321……),被试对高频事件会发生学习(例如 2 和 3)。1 阶结构指成对事件发生的频率不同(例如 4231324321……中 32 发生的概率高于其他)。2 阶结构指三联体发生的频率存在差异……经典序列反应时范式中,很难考察在序列结构的哪个具体水平发生了学习。交替序列反应时范式中,被试对序列的 2 阶结构或高阶结构(例如 4、6 阶)进行了学习,因为低于 2 阶结构不存在序列。比如 1r2r3r4r 序列,如果被试对 1234 规则刺激的成绩高于随机刺激的成绩,不能认为对 0 阶结构或 1 阶结构发生了学习,因为发生的频率相等。为了考察被试学习的是 2 阶序列结构还是高级序列结构,按照被试随机刺激的成绩分为两类:低频三联体(例如 r-p-r)和高频三联体(例如 p-r-p)。如果被试对 2 阶序列结构发生了学习,高频三联体条件下随机刺激的反应时和规则刺激的反应时和正确率没有差异(因为三联体频率相同)。如果被试对高级序列结构发生了学习,规则刺激的成绩高于高频三联体条件下随机刺激的成绩。如果被试只学习了 2 阶序列,规则刺激的成绩和高频三联体条件下随机刺激的成绩没有差异。但交替序列反应时范式需要更多试次才能对序列规则发生学习(25 组段)。第四,交替序列反应时范式可以考察统计学习(Nemeth et al.,2013)。

有人认为交替序列反应时任务反映了对规则的学习(pattern-learning task),只比较规则组试验和随机组试验即可。有人认为交替序列反应时任务是统计学习任务(statistical learning task),只对高频三连组和低频三连组进行比较即可。Szegedi-Hallgató,Janacsek 和 Németh(2019)对这两种类型学习都进行了比较,认为交替序列反应时任务中包含规则学习和统计学习。之前研究没有区分联合概率学习(joint probability learning,特定刺激组合发生的频率,例如 122)和条件概率学习(conditional probability learning,例如 12

后面跟随2的概率）。交替序列反应时任务可以将联合概率学习和条件概率学习分离，也可以将规则学习和高阶统计学习分离。Szegedi-Hallgató等人将试验概率和联合频率进行了总结，交替序列反应时任务试验和试验组合的统计特征如下：单个试验(1,2,3或4)或者二联体(duplets,例如12,13,14等)具有统一的统计特征。一半以规则试验结尾，一半以随机试验结尾。当3个及以上试验结合时(三联体、四联体等)，有些试验可预测性更高，有些结合频率更高，这些不同类型试验分布不均衡，例如四联体结合(quads)。高联合概率有时是高条件概率(例如三联体)，有时高联合概率是低条件概率(例如四联体)。三联体(triplets)水平下，结合概率和条件概率是统一的。

Szegedi-Hallgató等人对交替序列反应时任务几个不同模型进行了比较。

模型1：交替序列反应时任务是对规则的学习，不包括统计特征学习。

模型2：交替序列反应时任务是三联体学习(triplet learning task)，是一种统计学习。该模型没有考虑规则学习。

模型3：既考虑了统计学习(例如三联体类型：高频/低频)，也考虑了规则学习(规则试验/随机试验)。

模型4：交替序列反应时任务只是统计学习，不包含规则学习。

模型5：既考虑规则学习，也考虑四联体。

交替序列反应时任务的影响因素有疲劳(fatigue)、厌烦(boredom)、刺激呈现时间(stimulus timing)、反应数量(the number of response locations)、刺激组合方式(stimulus combinations)、反应方向的改变，例如1423比1234难(Lee,Beesley & Livesey,2016)。刺激组合方式例如同一个刺激重复多次，比其他刺激组合的反应快，称为序列效应(sequential effects)。序列效应中特别是反转试次(trills,例如a-b-a)和重复试次(例如a-a-a)。Song,Howard和Howard(2007b)认为"反转试次和重复试次反映了先前偏见(preexisting biases)，而不是序列学习"。为了消除先前偏见，Song,Howard和Howard将四联体(quads)分为7类：两个重复(例如1122)；第一重复(例如1124)、第二重复(例如1224)和最后重复(例如1244)；前三个重复(例如1112)；第一个位置反转(例如1213)和没有重复(例如1243)。当把四联体的重复因素剔除后，高低频三联体还存在差异。

目前交替序列反应时范式被广泛使用，截至2019年Howard和Howard(1997)被引用317次，自2015年已发表87篇ASRT相关论文(Szegedi-Hallgató,Janacsek & Németh,2019)。例如Kóbor,Horváth,Kardos,Nemeth和Janacsek(2020)要求被试完成交替序列反应时任务，在规则组段中，按照序列规则呈现刺激；在非规则组段中，三联体发生的概率相等。从形式上看，规则组段和非规则组段试验是相同的。让一半被试首先完成规则组段，然后完成非规则组段；另一半被试则相反。结果发现首先完成规则组段的被试，规则组段和非规则组段的高概率三联体反应速度变快；而首先完成非规则组段的被试，只有规则组段中高概率三联体的反应速度变快。结果表明当序列规则消失后，已习得的统计知识会对后面的认知加工产生影响，对于不存在规则的刺激仍旧按照已习得的统计知识进行加工。当对不存在规则的刺激加工足够多次数后，已习得的统计知识开始消退，统计知识消退需要的时间比形成统计知识需要的时间更长。结果说明习得的序列统计知识会对后续认知加工产生影响。

（二）完全知觉序列学习范式

为了将知觉序列和反应序列相分离，学者提出了不同的解决方案。Remillard（2003）要求被试对 XO 或 OX 字母对进行反应，XO 或 OX 字母对出现在水平排列的 4 个位置中的一个。字母对出现的位置遵循序列规则，但字母对随机呈现，所以不存在反应序列。内隐学习可以分为知觉和动作两个部分，在序列反应时任务中，知觉部分对应目标序列或目标位置序列，这是被试通过感官来感知的；而动作部分则对应着反应序列，这是被试需要通过手指、手臂、脚等效应器来完成的。在传统序列反应时任务中，目标位置序列和反应序列是一一对应的关系，知觉学习和动作学习是交织在一起的，无法分离开来。对于传统序列反应时任务来说，目标位置和反应键是一一对应的，也就是说当其中一个目标位置出现时，意味着必须按下相对应的键盘上的键。因此，如果想要将动作和知觉分离开来，就要控制动作部分，其中一个办法就是将目标位置序列与反应序列相分离。知觉序列反应时任务，运用上述方法，使得目标位置不能决定反应键。通过在目标位置和反应键两者间加入"目标"这个中介，这样就使目标位置与反应键分离了。具体来讲就是，目标位置代表着屏幕上出现的从左边到右边顺次出现的几个位置，而"目标"仅仅是指 XO 与 OX 这两个字母对，在知觉序列反应时任务中"目标"和"反应键"同样是一一对应关系，但它们与目标位置序列没有一一对应关系。通过这种方法，就达到了分离目标位置序列和反应序列的目的，使二者变得没有关系，因而将知觉序列和动作序列分离（彭琳，2017）。彭琳（2017）采用完全知觉序列反应时任务，操纵了位置序列的概率：高概率和低概率，目标位置序列有高低概率之分，但目标刺激 XO 和 OX 出现的概率均为 0.5。出现位置有一定的约束条件：其中位置 1 对应位置 6，位置 2 对应位置 5,位置 3 对应位置 4,对应的两个位置要使用不同的字母对,这样的约束条件就可以确保低概率与高概率使用的是不同字母对。如果高概率与低概率的反应时有显著的差别,同时被试不可能通过动作反应键进行概率学习,则这种差别就证明了发生了纯净的知觉学习(彭琳,2017)。Remillard (2009)通过改变材料的开口方向,左开口或右开口,实现了位置序列和反应序列的分离,得到了完全知觉序列学习(pure perceptual sequence learning paradigm)。

Coomans,Deroost,Vandenbossche,Van den Bussche 和 Soetens(2012)考察在禁止眼动条件下,对视觉空间知觉序列是否发生序列学习。进一步增加了分心刺激,分心刺激 YQ\QY 或 MN\NM 不需要做出反应,目标刺激为 XO 或 OX。分心刺激和目标刺激的相似度不同,YQ 或 QY 和目标刺激相似度高,MN 或 NM 和目标刺激相似度低。需要说明的是,Deroost,Coomans 和 Soetens(2009)和 Coomans、Deroost、Zeischka 和 Soetens(2011)研究中,目标刺激和分心刺激水平排列。Coomans 等人(2012)不是水平排列,而是上下左右四个位置排列。对目标刺激进行按键反应(XO 按左键,OX 按右键)。OX 或 OX 随机呈现,反应不存在序列,目标刺激出现位置遵循长度为 8 的确然序列。结果发现,禁止眼动时,存在知觉序列学习。由于知觉序列学习效应是由手按键反应时接推测出来的(刺激辨别反应),刺激辨别反应和刺激位置知觉相互独立,为了排除手按键反应对结果的影响,进行了反应效应(Motor effect)分析,包括反应重复效应(Response repetition effects)和匹配效应(Compatibility effects)分析。反应重复效应指重复按键时是否受序列类型的影响(学习过的序列和未学习过的序列)。匹配指的是刺激位置和反应位置是否一致,(比如 XO 出现在左侧或 OX 出现在右侧,刺激位置和反应位置一致;XO 出现在右侧或 OX 出现在左侧,刺激位置和反应位置不一致)。结果发现手按键反应对知觉序列学习没有影响。

为了将知觉序列和反应序列相分离,Rose,Haider,Salari 和 Büchel (2011)设计了新的任务,要求被试对中央颜色进行相应按键,刺激和反应不是固定关系,每个试次都发生改变。反应序列条件下,颜色随机呈现,反应遵循序列;知觉序列条件下,中央颜色序列呈现,反应随机。后来 Haider,Eberhardt,Kunde 和 Rose(2013)进一步进行了修订。屏幕上方呈现目标刺激(不同颜色词),共 7 个位置;屏幕中央呈现随机排列的颜色词,不是固定的,每个试次都发生改变。被试根据目标刺激做出相应的按键反应。经过这种设计,刺激位置序列、颜色序列和反应位置序列是相互独立的。Deroost 和 Coomans(2018)采取了与 Rose,Haider,Salari 和 Büchel(2011)类似的操作,要求被试对菱形的颜色进行按键反应,菱形颜色出现的顺序为固定序列:绿色—红色—蓝色。每个试次中反应按键出现在下方,颜色和按键不是固定关系,每个试次随机呈现。需要注意的是,通过按键反应随机化,可以实现知觉序列和反应序列的分离,但会导致反应干扰效应(包括和预期反应不同导致的惊奇效应)。为了在反应时数据中,将序列学习效应、练习效应和反应干扰效应分离开,Taesler,Jablonowski,Fu 和 Rose(2019)使用了数学建模的方法(Cleeremans & Dienes,2008 chap. 15),结果发现存在跨感觉通道的完全知觉序列学习。

(三)任务序列学习范式

经典序列反应时任务包含知觉序列和反应序列,为了将知觉序列和反应序列相分离,提出了任务序列学习范式(Task sequence learning,TSL),任务序列学习范式学习的是建立在更高级认知加工基础上更抽象的序列知识。在任务序列学习任务中,被试对几个不同任务做出反应。例如,第一个试次要求对刺激颜色进行反应;第二个试次要求对形状进行反应;第三个试次对刺激大小进行反应……。被试不知道任务的出现顺序遵循序列规则。当存在任务序列存在时,反应时下降;当任务序列不存在时,反应时增加,以此作为发生任务序列学习的证据。Meier 和 Cock(2010),Weiermann 和 Meier(2012b)在动物任务中,要求被试判断呈现的动物是鸟还是哺乳动物;在植物任务中,要求被试判断呈现的是树还是花;在工具任务中,要求被试判断呈现的是厨具还是乐器。每个试验中共有 2 个按键,可以操纵被试的按键序列和任务序列。实验共包括 11 个组段,其中第八组段(任务序列全部为随机)和第十组段(反应序列全部为随机)称为关键组段。序列学习的指标为干扰分数(disruption scores),计算方法为关键组段反应时和两侧组段反应时平均数的差值。结果发现单独任务序列或反应序列不存在序列学习,任务序列和反应序列相关时才发生序列学习。有研究表明,任务序列学习建立在相关信息基础上,例如当任务序列和反应序列或刺激位置序列存在相关时发生任务序列学习(Cock & Meier,2007;Meier & Cock,2010)或任务序列和反应匹配序列(response-mapping)存在相关时也会发生(Weiermann,Cock & Meier,2010)。只单独存在任务序列时,不会发生任务序列学习。任务序列学习有三种解释:①认为被试学习的是刺激知觉特征;②认为任务序列学习建立在任务定势自动激活基础上;③认为相关信息是内隐任务序列学习必需的,无论是哪种类型的信息,例如建立在任务序列和反应序列整合基础上。

(四)三联体学习任务

Howard,Howard,Dennis 和 Kelly(2008)提出了三联体学习范式(Triplets learning task,TLT)。在三联体学习范式中,先呈现两个刺激—红色圆,不需要做出反应;第三个刺激为目标刺激—绿色圆,需要做出反应。这 3 个连续刺激称之为三联体。被试不知道三联体存在一定规则,有些三联体发生概率高(HP),有些三联体发生概率低(LP)。三联体学习范式经典指标有两个:①差异分数,即高、低频率三联体刺激的反应时差异,差异越大学习量越大;②相关分数(associative),由于被试反应时本身的差异会影响差异分数成绩,为此计算相关分数。相关分数计算方法是计算每个被试三联体出现次数和反应时的相关性。相关性越小学习量越多,三联体出现次数越多,反应越快(Stillman,Feldman,Wambach,Howard & Howard,2014)。

(五)修订版序列反应时任务

经典序列反应时任务存在两点不足:一是该任务只提供了 1 个序列学习指标,无法得知序列学习的发生发展特征;二是没有采用连续指标以排除注意等因素对序列学习的影响。

为 此 Hedenius, Persson, Tremblay, Adi-Japha, Verissimo, Dye, Alm, Jennische,Tomblin 和 Ullman(2011)对序列反应时任务进行了修改,提出了修订版序列反应时任务(Adapted-Serial Reaction Task,AD-SRT)。在改编版序列反应时任务中,目标刺激可能出现在上下左右 4 个不同位置,被试必须根据目标刺激所在位置做出相应按键反应。和经典序列反应时任务不同的是实验的呈现方式不同。修订版序列反应时任务中先呈现 100 个随机试次,10 个连续试次称为一个试次集(trial set),类似于组段概念,再呈现 200 个规则试次。并对序列学习成绩进行 3 次考察,得到序列学习随着时间的发生发展特征。和经典序列反应时相似,Hedenius 等人(2011)也假设规则刺激的反应时快于随机刺激的。序列学习成绩计算方法为:最后 3 组随机试次的平均反应时作为随机学习平均值(Random learning average,RL avg),3 组规则试次的平均反应时作为序列学习平均值(sequence learning average,SL avg)。为了获取序列学习的发生发展特征,共计算了 3 组序列学习平均值,分别为8 组、9 组和 10 组的序列学习平均值(SL avg1);14 组、15 组和 16 组的序列学习平均值(SL avg2);18 组、19 组和 20 组的序列学习平均值(SL avg3)。序列学习指标(index of sequence learning,ISL)计算公式为 RL avg-SL avg。需要注意的是,该范式的缺陷是随机试次和规则试次没有随机呈现

（Sengottuvel & Rao,2013）。

（六）时间节律序列反应时任务

时间节律序列反应时任务（temporal-rhythm-based serial reaction time task）探讨时间节律的内隐学习效应。Nobre 和 Van Ede（2018）将时间结构信息划分为序列、关联以及节律三种形式。序列是典型的时间先后顺序结构，在内隐序列学习研究中得到广泛关注。关联（association）指连续刺激之间的预测性时间关系，表现为人们根据线索对刺激出现的时间产生预期。例如，短跑运动员听到"预备"后对发令枪的时间进行预期。节律（rhythm）是一种周期性的时间结构，最简单的节律规则是等时节率（isochronous rhythm）。在时间节律序列反应时任务中，每个试次依次呈现一个注视点、一个目标界面和一个反应界面。注视点持续一定时间后，进入目标界面，在目标界面中，一个空心圆呈现在屏幕中央，同时在圆圈中间呈现一个实心黑点（目标刺激）。目标界面持续一定时长后，实心黑点消失，只呈现空心圆圈，被试需要在看到黑点消失后（反应界面）尽快做出按键反应。被试按键后反应界面消失，进入下一个试次。通过操纵注视点呈现时长、目标刺激呈现时长和总时长，构成符合时间节律的规则刺激和随机刺激（赵昕玥,2020）。

（七）其他研究范式

除此之外，研究者提出了其他研究范式。Goschke,Friederici,Kotz 和 Van Kampen（2001）提出了序列搜索任务范式（serial search task）。向被试呈现字母串，字母串包含 A、B、C 和 D 四个字母，四个字母每次呈现的位置是变化的。目标字母以听觉形式呈现，听到目标字母后，要求被试对目标字母所在位置进行既快又准的按键反应。被试不知道字母所在位置存在序列、听觉字母存在序列、反应存在序列。为了考察不同类型分心任务对不同序列造成的影响，比较了空间—反应分心任务（spatio-motor distractor task）和语音分心任务（phonological distractor task）对结果的影响。空间—反应分心任务要求被试随机呈现的 X 所在位置进行按键反应，由于 X 随机呈现，对反应序列造成了干扰。语音分心任务随机呈现一个字母，由于听觉字母随机呈现，对听觉字母序列造成了干扰。

为了考察内隐学习和认知控制（cognitive control）的关系，Deroost,Van-denbossche,Zeischka,Coomans 和 Soetens（2012）将序列学习范式和 stroop 范式相结合，提出了序列 stroop 任务范式（sequential stroop task）。在序列 stroop 任务中被试对词的颜色进行命名，而忽略词所表达的含义。和传统 stroop 任务不同的是，词的颜色遵循或然序列规则，但是被试不知道规则的存在。通过序列 stroop 任务范式，可以判断被试是否内隐获取了颜色序列知识，以及是否使用颜色序列知识对下一个刺激颜色进行预测，从而提高成绩。如果颜色判断成绩提高的话，表明内隐学习有助于认知加工。

Leonora，Teo，Ignacio，Rothwell 和 Marjan（2010）采用连续序列反应时任务（Serial response time task，SRTT）考察程序性运动学习（曹娜、孟海江、王艳秋、邱方晖、谭晓缨、吴殷和张剑，2020）。目标刺激出现在 4 个可能位置之一，受试者进行按键，对刺激出现位置尽可能快地做出反应。被试坐在安静的实验室中，双眼与屏幕距离约 80 cm，白色的屏幕中间显示 1 个黑色箭头。箭头可能出现在 4 个不同的方向（9、11、1 和 3 点钟方向），每个方向需要被试用不同手指按下对应按钮（食指、中指、无名指和小指）。序列学习组，黑色箭头的呈现顺序是固定的，将按照 1-9-3-1-11-3-11-9-1-3-9-11 点钟的方向重复出现。随机学习组，每个组段 120 个试次的出现顺序为伪随机状态，每个组段顺序都遵循以下限制条件：箭头出现在每个位置的概率相同、没有直接重复（如 1111）、没有顺串（如 1234）、没有部分重复（如 1212）。

二、新技术

（一）鼠标轨迹追踪

Kachergis，Berends，De Kleijn 和 Hommel（2014）提出了序列反应时的鼠标轨迹追踪范式，为了记录轨迹的需要，序列学习材料做了修订，不是水平排列，而是上下两列，左右位置各一个方框。目标刺激出现在其中一个方框中。因变量为鼠标轨迹，结果和序列反应时的传统按键反应结果相类似。

Ruitenberg，Duthoo，Santens，Seidler，Notebaert 和 Abrahamse（2016）以帕金森病人为被试，采用了鼠标轨迹追踪范式。4 个反应位置呈现在屏幕上方，每个反应位置内有对应的颜色词，从左到右依次是红、蓝、黄和绿。"开始"键呈现在屏幕下方中央位置，点击"开始"键后，目标刺激呈现在"开始"键上方，目标刺激为红色、蓝色、黄色、绿色其中的一种。点击"开始"键后鼠标光标定位于同一位置，所有的鼠标运动都是从同一个位置开始。要求被试既快又准地将鼠标从"开始"位置移动到目标颜色相对应的反应位置。通过鼠标追踪软件可以记录下鼠标移动过程中的 x、y 坐标，记录鼠标运动轨迹，采样频率为 70 Hz。可以进一步分析做出序列反应的起始时间（initiation time）、运动时间（movement time）、运动正确率（movement accuracy）和运动速率（velocity）。鼠标原始轨迹数据转化为标准坐标数据（x 轴范围从 -1 到 1；y 轴范围从 0 到 1.5），轨迹运动时间数据进行标准化处理（Freeman &

Ambady，2010）。我们分析的指标有起始时间（initiation time，IT）、运动时间（movement time，MT）、运动速率（velocity）和 AUC。起始时间指从刺激呈现到鼠标开始运动的时间（例如鼠标对应的 x、y 坐标第一次发生改变）。运动时间指被试将鼠标从起始位置移动到反应位置，并做出按键反应所对应的总时间。AUC 指鼠标移动轨迹和理想移动轨迹（起始位置到反应位置的直线）之间的几何面积。鼠标运动速度反映了被试做出反应选择的自信程度。刚开始鼠标移动速度慢表明被试对做出反应比较犹豫，然后鼠标移动速度变快，接着又变慢表明做出了反应选择，正在向这个反应位置进行移动。帕金森病人治疗当天和治疗次日分别完成序列学习任务。为了排除起始时间的地板效应对结果的影响，将每个被试每个组段的起始时间按照从快到慢分为三类：最快、中间和最慢。结果发现起始时间的快慢对结果没有影响，排除了起始时间地板效应可能对结果的影响。

（二）在线实验

内隐学习研究中，被试往往在实验室有限时间内完成实验。为了提高实验的生态学效度（ecological validity），Sævland 和 Norman（2016）比较了糖工厂任务（sugar factory task）和交替序列反应时任务（dynamic system control task），被试可以在集中时间或分散时间通过网络在家完成实验。除了反应时和正确率指标外，Sævland 和 Norman 还比较了完成任务的总时间（time usage）。结果发现糖工厂任务和序列学习任务都发生了内隐学习。糖工厂任务不受学习时间集中度的影响，集中时间和分散时间的学习成绩没有差异。交替序列学习任务在分散时间学习条件下的成绩提高得更多。通过网络在线实验，无法控制周围环境，存在以下 3 点不足之处。第一，由于被试选择实验时间，每个被试周围环境的干扰不同，而且分散学习组被试随着练习进行所受到的干扰也不相同。第二，被试使用的电脑不同，分辨率不同，记录下来的反应时结果受到影响。使用反应时中位数（median RT）作为因变量，一定程度上可以缓解这点不足。第三，被试做实验过程中可能会休息，网络实验无法避免此种情况的发生。但是数据表明被试实验过程中极少休息（只有 11 个试验时间超过 5 秒）。交替序列反应时任务对规则试次和随机试次的反应时进行比较时，需要被试进行大量练习，经常超过 10 000 次（Howard & Howard，1997；Howard，Howard，Japikse，DiYanni，Thompson & Somberg，2004）。本研究中被试进行了 2080 试次，要求被试进行 10 000 次试次是不合理的，特别是对于集中学习组被试，一次性学习 10 000 次时间太长。有研究通过比较高频三联体和低频三联体成绩，可以减少被试需要学习的次数（Németh & Janacsek, 2011; Németh, Fazekas, Adám, Elemérné & Csányi, 2013）。

（三）脚序列反应时

经典序列反应时任务主要考察序列学习的认知成分，忽视了动作成分，因为手指一直放在按键上，没有移动位置。序列学习的指标是反应时间，反应时间是运动时间和响应时间的总和。脚序列反应时任务、手臂序列反应时任务和眼动序列反应时任务包含了空间移动，将响应时间作为序列学习的认知成分，将运动时间作为序列学习的动作成分（Du & Clark, 2018）。Du 和 Clark（2017）提出了脚序列反应时范式（foot-stepping task），在该任务中，被试用脚做出反应。被试站在电脑屏幕前，电脑屏幕上有 6 个空间位置，目标刺激将会出现在其中一个位置。目标刺激出现后，被试用脚在"键盘"对应位置上用脚做出反应，做出反应后脚放回中央位置，要求被试既快又准地做用脚做出相应反应。刺激出现的位置遵循一定的规则，例如 3615425214 或 3615425214。通过运动捕捉系统（motion capture system），记录下反应时间（reaction time）、运动时间（movement time）、响应时间（response time）和重心移动轨迹（trajectory of the center of mass）。反应时间指刺激呈现到动作结束的时间；响应时间指刺激呈现到动作启动的时间；动作时间指动作启动到动作结束的时间。和经典 SRT 任务相比，脚序列反应时任务的优势在于：第一，脚序列反应时任务要求被试在站立状态下移动脚，经典序列反应时任务只是简单地按压手指。脚序列反应时任务包含了更多的动作成分，更适合探究动作序列学习。第二，动作过程包含多个阶段：目标选择（goal selection）、动作计划（motor planning）和动作执行（movement execution）。经典序列反应时任务只是按键反应，任务强调目标选择而不是动作执行。序列学习的反应时指标包含了目标选择和动作执行，脚序列反应时任务可以将目标选择和动作执行分离。第三，内隐序列学习包含意识成分，经典序列反应时任务只能事后对意识成分进行整体评估，无法得知意识何时发生及其发展规律。脚序列反应时任务可以得知序列知识发生外显的时间及其发展规律。Du 和 Clark（2018）结果发现，响应时间指标上存在序列学习，运动时间指标上没有发生序列学习；当序列知识外显或部分外显时，身体重心表现出预测性，当序列知识内隐时，身体重心没有预测性。结果表明动作执行没有发生序列学习，目标选择和动作计划发生了序列学习，只有意识到序列知识才会产生预期反应。

(四)手移动序列反应时

动作序列学习加工过程包含两个独立成分:序列规则知识的获取和序列规则知识的外在反应。传统的序列反应时行为研究,往往以反应时作为指标。由于指标单一,无法通过对反应时的分析,将序列规则知识的获取成分和序列规则知识的外在反应成分区分开,无法得知序列学习两个独立成分的学习情况。序列学习的强度,特别是复杂的、较长的序列,容易受到时间影响而减弱,而且序列学习受其他因素的影响,例如插入的随机序列。Pascual-Leone,Grafman,Clark,Stewart,Massaquoi,Lou 和 Hallett(1993)认为反应时包含了启动时间(onset time)和运动时间(movement time),启动时间和运动时间分别反映了认知加工和运动反应加工。启动时间的下降主要反映了可预测性,表明序列规则知识的获取;运动时间的下降或增加反映了运动反应的最优化加工。当目标不能被预测时,运动时间的下降表明发生了运动反应最优化加工;当目标可预测时,运动时间的增加表明最优运动反应化加工已经完成。Moisello,Crupi,Tunik,Quartarone,Bove,Tononi 和 Ghilardi(2009)采用手移动序列反应时范式(arm-reaching task)。屏幕中央呈现光点,将右手放在中央光点所在位置。当目标光点出现在四周某个位置时,既快又准地将手移动到目标光点所在位置。记录下的因变量有最大速率(peak velocity)、最大加速度(peak acceleration)、反应时间、启动时间(onset time,OT)、运动时间(movement time,MT)、方向误差(directional error)、空间误差(spatial error)、标准化手移动路径面积(normalized hand path area)、正确预测运动次数(number of correct anticipatory movements)。反应时间指从刺激呈现到反应结束,包含启动时间和运动时间;启动时间指从刺激呈现到运动反应开始,等同于响应时间概念;运动时间指从运动开始到返回原点的时间;方向误差指目标方向和最大速率时运动方向的差异;空间误差指运动终止位置和目标中心位置的差异;标准化手移动路径面积指手移动路径面积除以路径长度,是手移动路径形状和动作重叠度指标;正确预测运动次数指运动方向正确的反应次数。在随机组段中启动时间和反应时间成正比;在规则组段中启动时间和反应时间成反比,表明在刺激呈现前已经做出预期反应。通过手移动序列反应时范式可以将序列学习的两个独立成分相分离。序列规则知识的获取成分,可以通过正确预测反应数量的逐渐增加指标反映出来,启动时间是更直接的指标,启动时间包含了刺激加工、决策和计划反应。启动时间的下降可能反映了刺激—反应加工和计划反应能力的提高,这种情况下规则序列组段和随机序列组段的启动时间下降应该相同,表现为练习效应。启动时间的下降还可能反映了对下一个刺激的意识,该成分影响决策和预测行为。当刺激可预测时这种情况更可能发生。序列学习的第二个成分,对序列规则知识做出反应的能力,可以比较预测反应和非预测反应的运动特征(kinematic characteristics),并将其作为指标。运动反应可预测时,运动时间增加,速率峰值和加速度峰值下降,运动反应准确率增加。运动时间增加而不是减小是因为习得序列规则知识后,运动反应更好,运动反应的准确率增加;节约了运动能量,速率峰值和加速度峰值降低,是最优化加工过程(optimization process)。为了和经典序列反应时任务相比较,计算了反应时间的学习成绩和启动时间的学习成绩。对于无意学习组,学习成绩的计算方法为随机组段 6 和规则组段 5 的差异,以及最后一个规则组段 8 和两侧随机组段(7 和 9)平均反应时的差异。对于有意学习组,计算了每个序列组段(8 个组段)和两侧随机组段平均反应时的差异,得到了 8 个学习成绩。Moisello 等人发现随机序列的运动时间逐渐下降,规则序列的运动时间增加;规则序列的启动时间下降,启动时间和运动时间表现出不同的发展趋势。结果表明对序列规则和一般反应能力都发生了学习。需要指出的是,序列学习的运动时间增加,速率峰值和准确率下降,看上去有些不符合常识。这是由于人的运动反应系统在不同情形下采取了不同策略。在不可预测性的序列反应时任务中,采取的是省时间(time-saving)、费精力(energy costly)策略;而在可预测性的序列反应时任务中,采取的是省精力(energy-saving)策略(Todorov,2004)。当习得(部分)序列规则后,动作最优化加工表现为运动时间的增加和正确率的提高。运动时间的增加、正确率的提高,说明对于动作序列学习而言,正确率发挥了重要的作用。

(五)经颅交流电刺激和经颅直流电刺激

经颅交流电刺激(transcranial alternating current stimulation,tACS)通过震荡激活可以直接考察大脑激活与序列学习的因果关系,传统的 EEG、fMRI、MEG 等技术考察序列学习的认知神经机制,但这些方法属于相关研究。

Savic,Müri 和 Meier(2017)考察了经颅直流电刺激(transcranial direct current stimulation,tDCS)作用于背外侧前额叶皮层,是否影响序列学习。实验 1 在序列学习任务开始之前使用经颅直流电刺激;实验 2 在序列学习任务进行中使用经颅直流电刺激。两个实验结果发现内隐任务序列学习不受经颅直流电刺激的影响,结果表明背外侧前额叶皮层在单时间段(single session)经颅直流电刺激影响下,对内隐序列学习任务没有影响。Lum,Mills,Plumridge,Sloan,Clark,Hedenius 和 Enticott(2018)采用阳极经颅直流电刺激(anodal transcranial direct current stimulation, a-tDCS),发现不同序列结构的脑机制不同。Lum 等人让被试完成 1 阶序列和 2 阶序列,两序列间隔时间为 7 天,考察了左侧额下回(left inferior frontal gyrus)对内隐序列学习保持阶段(rentention)的影响。结果发现阳极经颅直流电刺激提高了 2 阶序列的保持成绩,对 1 阶/2 阶或然序列学习阶段没有影响。结果表明序列学习阶段和保持阶段具有不同脑机制,1 阶序列与运动脑区有关,2 阶序列与左侧前额叶(left prefrontal cortex)有关。Zavecz, Horvath, Solymosi, Janacsek 和 Németh(2020)首次使用非侵入式经颅交流电刺激,考察了额顶叶中线 θ 同步震荡和或然序列学习的关系,结果发现额顶叶中线 θ 同步震荡对或然序列学习没有影响。

(六)经颅磁刺激

Clark, Barham, Ware, Plumridge, O'Sullivan, Lyons, Fitzgibbon, Buck, Youssef, Ullman, Enticott 和 Lum(2019)采用经颅磁刺激法(Transcranial magnetic stimulation, TMS),在初级运动区或顶叶持续 θ 波脉冲刺激(continuous theta burst stimulation, cTBS)或虚假脉冲刺激,发现初级运动区在 1 阶序列和 2 阶序列学习中的作用不同。初级运动区持续 θ 波脉冲刺激条件下 1 阶序列学习成绩低于 2 阶的,顶叶持续 θ 波脉冲刺激和虚假脉冲刺激对 1 阶序列和 2 阶序列的学习没有影响。结果表明 1 阶和 2 阶序列学习的神经机制不同,初级运动区对于简单序列学习发挥着重要作用。

(七)其他新技术

除了上述新技术应用于内隐学习研究中,还有其他新的技术。例如 Sense 和 Van Rijn(2018)使用虚拟现实技术,采用了或然序列。由于虚拟现实技术的要求,手柄反应需要做出不同的肌肉运动,对序列学习的材料进行了修订。研究结果和传统的序列学习实验相类似,发现存在序列学习效应。Van Abswoude, Buszard, Van der Kamp 和 Steenbergen(2020)提出了屈臂动作序列反应时任务。角度显示器呈现手臂弯曲的角度,弯曲角度遵循序列规则。根据角度显示器呈现的角度来弯曲手臂,记录下弯曲手臂到指定角度花费的时间和正确率。如果手臂弯曲角度和指定角度误差在±5°内,角度显示器的绿灯点亮;如果手臂弯曲角度和指定角度误差超出±5°,角度显示器的红灯点亮。李菲菲和刘宝根(2018)使用神经网络模拟方法,为远距离规则内隐学习提供了新的研究视角和证据。采用和人类被试相同的实验材料和程序,考察了简单循环网络模拟(SRN)对汉语声调远距离规则——倒映和逆行规则的学习。结果发现,SRN 能够学会倒映和逆行规则,简单循环网络模型的记忆缓冲器可以模拟人类远距离规则的内隐学习。SRN 学习倒映规则比逆行规则成绩更好,表明远距离规则内隐学习可能优先使用了先进先出的记忆存储器及信息加工模式。

第五节　内隐序列学习指标探析

自从 Reber(1967)提出内隐学习概念,经过半个多世纪的发展,内隐学习成为心理学研究的热点领域(Cleeremans et al. ,2019),其中使用最多的是序列反应时范式(Nissen & Bullemer,1987)。在经典序列反应时范式中,要求被试对刺激所在位置进行反应,刺激出现的位置遵循序列规则,但被试不知道规则的存在。该任务典型结果是:在学习阶段,规则序列的反应时下降速度大于随机序列的;当从规则序列转移到随机序列时,反应时有所增加(郭秀艳等,2008)。

随着内隐序列学习研究的深入,内隐序列学习取得较大进展。一方面新的实验技术不断应用到内隐序列学习研究中,例如眼动记录法(卢张龙,2021;闫国利、白学军, 2018; Koch, et al. , 2020)、ERP(郭秀艳等,2008;Kóbor,et al. ,2018,2019)、fMRI(Zhang,et al. ,2021;Zhang & Liu,2021)、经颅磁(Cao,et al. ,2018;Clark,et al. ,2019)、经颅电(Savic,et al. ,2017;Zavecz,et al. ,2020)、虚拟现实(Sense & van Rijn,2018)等技术。另一方面序列反应时范式不断改进。Hedenius, Persson, Tremblay, Adi-Japha, Verissimo, Dye, Alm,Jennische,Tomblin 和 Ullman(2011)认为经典序列反应时范式只提供了1 个序列学习指标,无法得知序列学习的发生发展特征,为此提出了改编版序列反应时任务(Adapted-Serial Reaction Task,AD-SRT),可以获取多个序列学习成绩指标,从而获取了序列学习的发生发展特征。由于确然序列容易外显,而且序列知识和其他知识混淆在一起,Howard 和 Howard(1997)提出了交替序列反应时任务(Alternating Serial Reaction Time task,ASRT),将确然规则修改为或然规则(例如 1r2r3r4r, r 表示随机呈现)(Ambrus, Vékony, Janacsek, Trimborn, Kovács & Németh, 2020; Takács, Shilon, Janacsek, Kóbor, Tremblay, Németh & Ullman, 2017)。为了将知觉序列和反应序列分离,Remillard(2009),Haider, Eberhardt, Kunde 和 Rose(2013), Deroost 和 Coomans(2018),Taesler,Jablonowski,Fu 和 Rose(2019)提出了完全知觉序列学习范式(pure perceptual sequence learning paradigm),在该范式中,通过按键反应随机化,实现了知觉序列和反应序列的分离。Savic, Müri 和 Meier

（2017）提出了任务序列学习范式（task sequence learning paradigm，TSL），通过改变实验任务，例如对刺激的颜色、形状或大小做出反应，实现了知觉序列和反应序列的分离。

　　内隐序列学习研究无论采取何种具体实验范式、使用何种实验技术，都离不开一个基本问题，即序列学习成绩如何计算。目前还没有研究专门探讨过序列学习成绩如何计算，下面就序列学习成绩计算问题展开论述。

一、序列学习指标及算法

（一）序列学习指标

　　序列学习研究中，序列学习的指标主要包括正确率和反应时。正确率和反应时可能反映了序列学习的不同加工机制，正确率和有意注意有关，反应时和无意注意、直觉加工有关（Janacsek，Fiser & Németh，2012）。由于序列反应时任务较简单，正确率高而不敏感，有的研究没有将正确率作为序列学习指标（Schorn & Knowlton，2021）。

　　但需要注意的是，正确率会影响反应时结果。Tamayo 和 Frensch（2015）认为分析数据时，错误反应数据和错误反应的下一个正确反应数据不参与统计，因为错误反应意味着被试对试验的注意减少，错误反应的反应时减小；错误反应紧随出现的正确反应变快（Sanchez-Mora & Tamayo，2021；Tamayo & Frensch，2015；Villa-Sánchez，Andani，Cesari & Fiorio，2021）。为此 Vandierendonck（2017）将反应时和正确率进行了整合，提出了线性速度—准确性整合分数（linear integrated speed-accuracy score，LISAS），计算公式为 $LISAS_i = RT_{Ci} + PE_i \times \dfrac{SD_{RTi}}{SD_{PEi}}$。其中 RT_{Ci}-组段 i 正确反应平均反应时；PE_i-组段 i 错误率；SD_{RTi}-组段 i 反应时的标准差；SD_{PEi}-组段 i 错误率的标准差。线性速度—准确性整合分数在错误反应数量基础上对反应时进行了调整，可以反映出被试的速度—准确性权衡策略。线性速度—准确性整合分数将反应速度和准确性整合在一起。LISAS 分值最小时表示既快又准反应；LISAS 分值最大时表示既慢错误率又高；LISAS 分值偏中时表示慢但准确或者快但错误率高反应。为了进一步控制反应时的个体差异性，可以将线性速度—准确性整合分数转换为 z 分数 $Z_{i,j,k} = \dfrac{X_{i,j,k} - M_k}{SD_k}$，其中 $X_{i,j,k}$-第 i 段，组别 k，类型 j 的线性速度—准确性整合分数，M-平均数，SD-标准差（Villa-Sánchez，Andani，Cesari & Fiorio，2021）。

（二）序列学习算法

1. 绝对分数

序列学习成绩有绝对分数和比例分数两种形式。绝对分数的计算方法有两种，一种经典计算方法为：在序列反应时任务后期，插入转移组段（和主序列的序列特征相匹配的新序列或随机序列），将转移组段与其前后规则组段平均反应时之差作为内隐学习量的经典指标，即转移学习量（transfer learning）（D'Angelo, Milliken, Jiménez & Lupiáñez, 2013）。但转移组段作为新异刺激，会影响序列学习的意识程度和内隐学习量，该指标并不是纯粹的内隐学习量（黄建平、张剑心和刘电芝，2015；张剑心、武燕、陈心韵和刘电芝，2014）。新异刺激对序列学习的意识程度和内隐学习量产生影响，究其深层原因可能是新异刺激加速促进内隐学习，促进了内隐成分和外显成分达到一定配比并协同的边缘意识状态，从而达到了迁移的效果（D'Angelo, Milliken, Jiménez & Lupiáñez, 2013）。Avrahamse, Van der Lubbe 和 Verwey（2009）认为"序列学习效应不能总是被认为是序列学习的干净指标，序列学习效应反映了序列学习效应和建立在序列反应时任务基础上知识表达的总和"。为此，不同研究间考察序列学习效应时，很难直接比较序列学习效应的大小（Remillard, 2011）。

为此，有人考察了新异刺激对序列学习的影响。戴惠、朱传林和刘电芝（2018）在表征质量和新异刺激理论研究基础上，打破了经典数据分析模式，比较了新异刺激出现前后的内隐学习量和内隐迁移量。分离出了表征质量内隐学习量（RT8-RT7，即学习阶段 SOC1 序列随机组段反应时和前一个规则组段反应时之差）和受新异刺激影响的学习量（RT8-RT9，即学习阶段 SOC1 序列随机组段反应时和后一个规则组段反应时之差），表征质量内隐迁移量（RT15-RT14，即迁移阶段 SOC2 序列随机组段反应时和前一个规则组段反应时之差）和受新异刺激影响的迁移量（RT15-RT16，即迁移阶段 SOC2 序列随机组段反应时和后一个规则组段反应时之差）。戴惠等人发现在 RSI 较小时新异刺激作用更为明显，造成这种情况可能是由于新异刺激对内隐学习的促进作用更大，RSI 越小内隐学习越纯粹，越接近完全内隐，更容易受到新异刺激的影响；而随着 RSI 的逐渐增大，外显成分越多，新异刺激的促进作用会越小。Vandenbossche, Coomans, Homblé 和 Deroost（2014）采用戴惠等人（2018）类似方法，考察了插入的新异刺激对序列学习成绩的影响，将序列学习效应分为插入随机组段部分（即规则组段转换为随机组段）和恢复规则组段部分（即随机组段转换为规则组段），并用 Z 分数代替了传统的反应时。Z 分数计算方法如下:取每个组段反应时中位数(median),减去所有组段的平均反应时,然后除以所有组段反应时中位数的标准差(Faust,Balota,Spieler & Ferraro,1999)。

序列学习绝对分数的另一种经典算法:把第一组段反应时作为反应基线,将第一组段和规则组段的平均反应时进行比较来衡量被试的学习效果(Norman,Price,Duff & Mentzoni,2007;黄建平、张剑心和刘电芝,2015;张剑心、武燕、陈心韵和刘电芝,2014)。张剑心、武燕、陈心韵和刘电芝(2014)除了测量经典的转移学习量,还考察了转移组段之前的学习量,即组段 8 和组段 1 的差异;转移组段之后的学习量,即组段 11 和组段 1 的差异即转移组段之后的学习量。黄建平、张剑心和刘电芝(2015)采用了类似分析方法,除了采用了经典的转移学习量,还采用了另一个学习量指标:第一个学习组段和最后一个规则组段反应时的差值。但是这种算法将规则组段和第一组段进行比较,内隐学习量指标不可避免地受到练习效应和疲劳效应的影响。

2. 比例分数

序列学习另一种计算方法即比例分数。Kalra,Gabrieli 和 Finn(2019)采用比例分数计算序列学习成绩,计算方法为:[(随机组段 3 和组段 7 的平均反应时)-(规则组段 5 和组段 6 的平均反应时)]/(随机组段 3 和组段 7 的平均反应时)。其中组段 3 和组段 7 是最后两个随机组段,组段 5 和组段 6 是最后两个规则组段(Galea,Albert,Ditye & Miall,2010)。

有学者同时使用了绝对分数和比例分数。Weiermann 和 Meier(2012)对练习效应和序列学习转移效应进行了分析。练习效应计算方法:第 6 组段反应时减去第 3 组段反应时,即随机组段前面一个序列组段减去第一个序列组段。序列学习转移效应计算方法:随机组段 7 和序列组段 6、8 平均反应时的差值。由于不同年龄组反应基线存在差异,进一步计算了转移效应的比例分数:(随机组段 7 和序列组段 6、8 平均反应时的差值)/(随机组段 7 和序列组段 6、8 平均反应时之和)(Meulemans,Van der Linden,Perruchet,1998;Thomas & Nelson,2001)。Sanchez,Yarnik 和 Reber(2015)用规则序列与随机序列正确率的差值作为学习量和迁移量的定量指标,并用迁移量与学习量的比值作为迁移程度的指标。

Chan,Immink 和 Lushington(2017),Immink,Colzato,Stolte 和 Hommel(2017)使用了更为全面的比例分数指标。除了进行经典的练习效应和转移效应分析之外,还进一步分析了整体成绩提高百分比(overall performance improvement percentage)、序列学习百分比(sequence-specific learning percentage score)和序列学习稳定性(stability of the learned sequence)。在 Chan 等人的研究中,共18个组段,前三个组段的刺激随机呈现,4～15组段和第18组段的刺激序列呈现,第16和17组段为插入的干扰组段,按照新的序列呈现,类似于随机呈现。整体成绩提高百分比的计算方法为:(1-Block15/Block 4)×100。整体提高成绩百分比越大,表明组段4～15序列学习的效果越明显。序列学习百分比计算方法为:(Block 16/Block15 -1)×100,序列学习百分比分值越大,序列学习效果越明显。为了评估序列学习稳定性,采用了指标序列干扰百分比(sequence interference percentage score),计算方法为:(Block18/Block15-1)×100,分值越高,表明插入的随机序列干扰越大,习得序列的稳定性越差。为了排除反转试验(reversal trials)可能对实验结果造成的影响(Vaquero,Jiménez & Lupianez,2006),前3个组段刺激随机呈现。反转试验指第 n 个试验中出现了目标反应,第 n+2 个试验中又出现了目标反应(例如232)。由于前3个组段中反转试验出现的次数不等,对前3个组段反转试验出现的次数进行方差分析,结果表明三个组别的反转试验次数没有显著差异,排除了反转试验对结果的影响。

Meissner,Krause,Südmeyer,Hartmann 和 Pollok(2018)对比了帕金森病人和正常人的序列学习,进行了类似计算。实验组段分为五大部分,前80个试验中刺激随机呈现,称为随机组段(Random);接着进行了120次试验,刺激按照序列呈现,称为练习组段;后面再进行80个试验,刺激按照序列呈现,称为序列学习结束组段(End of Acquisition,EoA)。序列学习结束组段后有80个随机试验,称为干扰组段(Interference);最后是80个按照序列呈现的刺激,称为干扰敏感性组段(Susceptibility to interference,Sin)。序列学习成绩计算方法为:(Random-EoA)/ Random × 100,分值越大表示序列学习越好。序列抗干扰敏感性成绩计算方法为:(Interference-Sin)/ Interference × 100),分值越大表示序列越不容易受干扰。

二、反应基线问题

序列学习的反应基线问题表现为两个方面,一方面序列学习的实验设计中,为获取反应基线经常增加随机组或随机组段。这种设计存在问题,加入的随机组段和规则组段在学习时间特征上不匹配,而且随机组段使用的随机序列和规则序列的序列特征不同。Tal 和 Vakil(2020)的方法可以较好地解决这些问题,他们将组块分为习得组块和未习得组块,以未习得组块作为控制组,保障了两组的序列特征相同、学习次数相同和疲劳度相同,不会由于刺激背景环境发生改变(例如随机刺激)对学习产生干扰,并且每个被试的未习得组块因人而异,不再需要事先假定组块是否会发生学习。另一方面手反应的正确率和预期手反应频率不符合正态分布,需要对数据进行反正弦转化(arcsine transformation,Kirk,1995,P.106)。针对反应基线差异大,采取了如下3种措施。

(一)对数法

反应基线差异过大,特别是序列学习的发展研究,会对序列学习结果产生影响。针对反应基线差异过大问题,采取了不同方法。第一种方法是对反应时和正确率原始数据取对数。Deroost,Coomans 和 Soetens(2009)为了消除高、低注意负荷条件下反应基线差异对反应时数据的影响,对反应时原始数据进行线性化处理(取以 10 为底的对数)。Coomans,Vandenbossche,Homblé,Van den Bussche,Soetens 和 Deroost(2014)对错误率进行了线性化处理(取以 10 为底的对数)。由于不同年龄组的反应基线不同,首先对不同年龄组的原始分数进行方差分析,结果表明不同年龄组的反应基线确实存在显著差异,年龄较小儿童反应慢并且错误率高。然后对手反应时和正确率数据的对数值(log proportional scores)进行统计分析。选取对数值是由于:一方面增加了不同年龄组的方差齐性(homogeneity of variance);另一方面允许乘法效应(multiplicative effects)(例如,反应基线成绩越差,成绩差异越明显)(Karatekin,Marcus & White,2007)。Coomans,Deroost,Zeischka 和 Soetens(2011)为了提高方差齐性,进行了数据转换,对反应时原始数据取以 10 为底的对数。为了排除反应基线差异对序列学习成绩的影响,计算了序列学习的比例分数(proportional scores),比例分数的计算方法:[第 13 组段反应时-(第 12 和第 14 组段平均反应时)]/[第 13 组段反应时+(第 12 和第 14 组段平均反应时)](Meulemans,Van der Linden & Perruchet,1998;Thomas & Nelson,2001)。

(二)Z 分数法

第二种方法是对反应时和正确率原始数据进行 Z 分数转换。Clark,Barham,Ware,Plumridge,O'Sullivan,Lyons,Fitzgibbon,Buck,Youssef,Ullman,Enticott 和 Lum(2019)使用 120 张真实材料图片,要求被试对图片所在位置进行按键反应,记录下按键反应时。在初级运动区或顶叶持续 θ 波脉冲刺激(continuous theta burst stimulation,cTBS)或伪脉冲刺激。以转移学习量(rebound)为因变量,计算方法为随机组段 3 和前后两个规则组段平均反应时之差。为了控制反应时的个体差异性,将反应时原始数据转换为 Z 分数,对反应时原始数据和 Z 分数同时进行了分析。考虑到儿童和老人的反应速度、正确率和成人差异太大,Coomans,Vandenbossche 和 Deroost(2014)对儿童和成年人的反应时和错误率进行了 Z 分数转换;Vandenbossche,Coomans,Homblé 和 Deroost(2014)对老年人和成年人反应时和错误率进行了 Z 分数转换(Faust,Balota,Spieler & Ferraro,1999)。Kavacki 和 Dollaghan(2019)以4、5 和 6 岁儿童为被试,以眼跳反应时作为指标。由于儿童年龄较小,为了控制个体差异,反应时数据进行 Z 分数转换。但 Janacsek,Fiser 和 Németh(2012)发现 Z 分数结果和原始反应时结果可能不一致,Coomans,Vandenbossche 和 Deroost(2014)也发现计算方法不同,结果不同。Janacsek等人认为 Z 分数不是为了控制反应速度,而是为了对反应分布进行标准化。被试的反应分布相同时适合使用 Z 分数,发展研究中使用 Z 分数可能是一种误导。反应速度差异性是发展研究中的重要组成部分,Z 分数将发展研究中的差异性排除在外,使得 Z 分数结果很难理解和解释(Coomans,Vandenbossche & Deroost,2014)。

(三)相关学习分数法

第三种方法是采用相关学习分数。Stillman,Feldman,Wambach,Howard和 Howard(2014)采用了相关学习分数指标(Associative learning scores)。Stillman 等人考察集中注意(mindfulness)对内隐序列学习的影响。被试为18～26 岁年轻人。序列学习的指标有两个:一个是差异分数(difference scores),差异分数的计算方法为:高频三联体和低频三联体的差值,分值越大表示学习越多。为了排除个体反应时差异对差异分数的影响,还有一个指标是相关学习分数(Associative learning scores),相关学习分数的计算方法为:三联体平均反应时和三联体出现次数的相关。相关系数越小,学习越多,对高频三联体反应速度越快(Howard,Howard,Dennis & Kelly,2008)。结果发现差异分数和集中注意存在边缘负相关;相关学习分数和集中注意存在显著负相关。Stillman 等人首次发现集中注意和内隐序列学习存在负相关,过于集中注意不利于内隐序列学习。

三、研究展望

序列学习任务包含两个独立成分:认知成分(序列规则知识的获取)和动作成分(序列规则知识的外在反应),但传统序列反应时任务主要考察序列学习的认知成分,而忽视了动作成分。实际上反应时是启动时间(onset time,OT)和运动时间(movement time,MT)的总和。启动时间反映了序列学习的认知成分,运动时间反映了序列学习的动作成分(Du & Clark,2017,

2018；Ruitenberg，Duthoo，Santens，Seidler，Notebaert & Abrahamse，2016）。启动时间的下降主要反映了任务可预测性，表明序列规则知识的获取；运动时间的下降或增加反映了运动反应的最优化加工。启动时间包含了刺激加工、决策和计划反应。启动时间的下降可能反映了刺激—反应加工和计划反应能力的提高，这种情况下规则序列组段和随机序列组段的启动时间下降应该相同，表现为练习效应。启动时间的下降还可能反映了对下一个刺激的判断，该成分影响决策和预测行为，当刺激可预测时这种情况更可能发生。在随机组段中启动时间和反应时间成正比；在规则组段中启动时间和反应时间成反比，表明在刺激呈现前已经做出预期反应。

　　运动反应可预测时，运动时间增加，运动反应准确率增加。运动时间增加而不是减小是因为习得序列规则知识后，运动反应的效率提高，运动反应的准确率增加，是最优化加工过程（optimization process）。需要指出的是，序列学习的运动时间增加，看上去有些不符合常识，这是由于人的运动反应系统在不同情形下采取了不同策略。在不可预测性的序列反应时任务中，采取的是省时间（time-saving）、费精力（energy costly）策略；而在可预测性的序列反应时任务中，采取的是省精力（energy-saving）策略。当习得序列规则后，动作最优化加工表现为运动时间的增加和正确率的提高。Moisello，Crupi，Tunik，Quartarone，Bove，Tononi 和 Ghilardi（2009）发现随机序列的运动时间逐渐下降，规则序列的运动时间增加；规则序列的启动时间下降，启动时间和运动时间表现出不同的发展趋势。结果表明对序列规则和一般反应能力都发生了学习。Ruitenberg，Duthoo，Santens，Seidler，Notebaert 和 Abrahamse（2016），Du 和 Clark（2018）等人研究得到类似结果。

　　传统的序列反应时研究，没有将序列学习的认知成分和动作成分区分开，无法得知序列学习两个独立成分的学习情况。为了获取序列学习认知成分和动作成分，今后研究可以采用序列反应时的眼动范式。眼动序列反应时任务包含空间移动，可以将启动时间作为序列学习的认知成分，将运动时间作为序列学习的动作成分（Du & Clark，2018）。通过眼动记录法，得到眼跳启动时间和眼跳运动时间，从而实现了序列学习认知成分和动作成分的分离。而且眼跳反应时的个体差异小，可以有效避免反应基线差异过大对结果的影响（卢张龙，2021）。在分析眼动数据时，可以采用基于被试的项目分析法（Tal & Vakil，2020），进一步区分出习得组块和未习得组块，确保习得组块和未习得组块的序列特征相同、学习次数相同和疲劳度相同，不会由于刺激背景环境发生改变（例如随机刺激）对学习产生干扰，并且每个被试的未习得组块因人而异，不再需要事先假定组块是否会发生学习。以未习得组块的成绩作为反应基线,计算出的序列学习成绩更为精准。当然眼动记录法在序列学习研究中存在一些问题。眼动作为一种反应形式,实际上对被试的反应提供了正误反馈(正确率100%),提高了序列知识的外显性。眼动记录法提供了丰富的数据,但目前眼动数据分析中仅使用了部分数据,需要对眼动数据进一步深入挖掘(Kavakci & Dollaghan,2019;Koch et al.,2020;Tal & Vakil,2020)。

内隐序列学习的统计方法,除了进行经典的方差分析,未来研究可以使用混合线性模型、贝叶斯分析等统计方法。Chan,Lushington 和 Immink (2018);Singh,Daltrozzo 和 Conway(2017)采用了混合线性模型(linear mixed model,LMM)对视觉统计学习的反应时数据或脑电数据进行了分析。混合线性模型和方差分析相比有两点优势:第一,混合线性模型包含了更丰富的随机因素模型,更好地分析随机因素效应,可以进一步控制随机因素对反应时数据造成的影响(Konovalov & Krajbich,2018)。第二,混合线性模型可以有效地解决缺失数据和非球形问题(non-sphericity),不需要再进行非球形纠正(Daltrozzo,Emerson,Deocampo,Singh,Freggens,Branum-Martin & Conway,2017)。为了避免混合线性模型/方差分析的加法属性和交互作用的乘法属性不一致造成交互作用效应发生错误(例如 I 型错误),对脑电数据进行纠正(Dien & Santuzzi,2005)。经过转化后的数据,可以保证交互作用的真实性(authenticity)。反应时数据和脑电数据类似,进行了方根转换(square root transformation)。Song 和 Cohen(2014)使用 k 均值聚类法(k-means clustering),将反应分为快反应和慢反应,通过每个组段快反应和慢反应的反应时差值来划分组块。Fu,Sun,Dienes 和 Fu(2018)使用了贝叶斯分析,贝叶斯因子可以有效评估确证性强度(strength of evidence)(Wagenmakers,Verhagen,Ly,Matzke,Steingroever,Rouder et al.,2017)。

参考文献

一、中文文献

[1] 褚勇杰,刘电芝. 内隐学习意识性动态发展的 ERP 特征[J]. 心理科学, 2010(5):1070-1073.

[2] 戴惠,朱传林,刘电芝. 内隐知识具有抽象性吗?:来自内隐序列学习迁移的证据[J]. 心理学报,2018(9):965-974.

[3] 董月晴,孟迎芳. 内隐学习会随年龄改变吗[J]. 宁波大学学报(教育科学版),2020(5):126-132.

[4] 杜碧煊,张明明,张珂烨,等. 肢体形状和肢体动作表征的早期发展[J]. 心理科学进展,2019(10):1702-1712.

[5] 丁锦红,袁汝兵,郭春彦,等. 中小学生内隐序列学习的机制[J]. 心理学报,2004(4):476-481.

[6] 杜建政,杨治良. 关于高级内隐认知研究方法的一点浅见[J]. 心理科学, 2000(5):533-536.

[7] 段海军,连灵. 国内近十年来意识和无意识关系研究的新成就[J]. 心理科学,2012(3):740-744.

[8] 付秋芳,傅小兰. 样例数量对内隐序列学习的影响[J]. 心理科学,2005(4):801-805.

[9] 付秋芳,傅小兰. 内隐学习中表征与意识的关系[J]. 心理科学进展,2006(1):18-22.

[10] 付秋芳,傅小兰. 内隐序列学习与注意的关系[J]. 心理科学进展,2006(6):817-821.

[11] 付秋芳,傅小兰. 第二任务对内隐序列学习的影响[J]. 心理科学,2010(4):861-864.

[12] 高湘萍,徐欣颖,李慧渊. 儿童绘图作业内隐学习智力独立性研究[J]. 心理科学,2005(4):863-867.

[13] 葛操,白学军,沈德立. 注意负荷对内隐序列学习的影响研究[J]. 心理

科学,2007(5):1029-1032.

[14]耿海燕,朱滢.Stroop 效应及其反转:无意识和意识知觉[J].心理科学,
2001(5):553-556.

[15]关守义,郭秀艳.内隐学习中的知识习得及其无意识性测量[J].心理与
行为研究,2016(2):191-201.

[16]郭秀艳.内隐学习[M].上海:华东师范大学出版社,2003.

[17]郭秀艳.内隐学习和外显学习关系评述[J].心理科学进展,2004(2):
185-192.

[18]郭秀艳.内隐学习研究方法述评[J].心理科学,2004(2):434-437.

[19]郭秀艳,高妍,沈捷,等.同步内隐/外显序列学习:事件相关的 fMRI 的
初步研究[J].心理科学,2008(4):887-891.

[20]郭秀艳,姜珊,龚嵘.序列学习的 ERP 研究综述[J].心理科学,2008
(2):404-407.

[21]郭秀艳,姜珊,凌晓丽,等.直觉对内隐学习优势效应的特异性贡献[J].
心理学报,2011(9):977-982.

[22]郭秀艳,杨治良.意识—无意识成分贡献的权衡现场:非文字再认条件
下[J].心理学报,2003(4):441-446.

[23]郭秀艳,朱磊.神经网络模型对内隐学习的探索[J].心理科学,2006
(2):480-484.

[24]郭秀艳,朱磊,魏知超.内隐学习的人工神经网络模型[J].心理科学进
展,2006(6):837-843.

[25]郭秀艳,朱磊,邹庆宇.内隐学习的主观测量标准[J].心理科学,2005
(5):192-1195.

[26]郭秀艳,邹玉梅,李强,等.非文字内隐学习特征的实验研究[J].心理科
学,2003(2):292-296.

[27]韩秀,裴燕红.大学生智力与认知风格对内隐序列学习的影响[J].心理
发展与教育,2010(1):48-53.

[28]胡伟,吕勇.发展地看待知识内隐性的辨别方法:内隐与外显学习区分
的新途径[J].心理学探新,2011(4):326-331.

[29]黄建平,张剑心,刘电芝.内隐序列学习中转移组块的数量和位置效应
[J].心理科学,2015(6):1326-1333.

[30]李秀君,石文典.选择性注意对听觉内隐学习的影响[J].心理学报,
2016(3):221-229.

[31]李艳芬,赵宁宁,周铁民.不同内隐学习任务在不同认知风格个体上的

成绩差异[J].心理与行为研究,2017(5):606-612.

[32]林颖,周颖.内隐序列学习的表征机制及年龄效应研究[J].心理科学,
2006(4):882-886.

[33]卢张龙.眼动记录法在序列学习研究中的应用[J].心理研究,2021(6):
512-517.

[34]卢张龙,刘梦娜,刘玉洁,等.内隐序列学习表征机制研究:眼动证据
[J].心理学报,2022(7):779-788.

[35]卢张龙,吕勇,沈德立.内隐序列学习与注意负荷关系的实验研究[J].
心理发展与教育,2011(6):561-568.

[36]卢张龙,吕勇,白学军.内隐序列学习不受注意负荷的影响:来自眼动的
证据[J].心理与行为研究,2011(3):214-218.

[37]吕勇,胡伟,吴国来,等.序列反应时任务中内隐和外显学习表征方式的
实验研究[J].心理科学,2008(4):770-773.

[38]孙鹏,李雪晴,张庆云,等.睡眠对知觉与动作序列内隐学习离线巩固效
应的影响[J].心理学报,2022(12):1467-1480.

[39]武侠,钟楚鹏,丁玉珑,等.利用时频分析研究非相位锁定脑电活动[J].
心理科学进展,2018(8):1349-1364.

[40]闫国利,白学军.眼动分析技术的基础与应用[M].北京:北京师范大学
出版社,2018.

[41]杨海波,郭成,刘电芝.内隐序列学习中的渐进意识:来自习得知识的发
展与遗忘的证据[J].心理科学,2019(2):287-292.

[42]杨海波,刘电芝.片段再认任务在内隐序列学习研究中的有效性检验
[J].心理学报,2016(3):230-237.

[43]杨治良,高桦,郭力平.社会认知具有更强的内隐性:兼论内隐和外显的
"钢筋水泥"关系[J].心理学报,1998(1):1-6.

[44]张剑心,汤旦,查德华,等.内隐序列学习意识的具身机制[J].心理科学
进展,2016(2):203-216.

[45]张剑心,武燕,陈心韵,等.高低情感开放性概率内隐序列学习进程差异
[J].心理学报,2014(12):1793-1804.

[46]张润来,刘电芝.人工语法学习中意识加工的渐进发展[J].心理学报,
2014(11):1649-1660.

二、英文文献

[1] Amalric, M. , Wang, L. , Pica, P. , Figueira, S. , Sigman, M. , & Dehaene, S. (2017). The language of geometry: fast comprehension of geometrical primitives and rules in human adults and preschoolers. PLoS Computational Biology, 13, e1005273.

[2] Ambrus, C. G. , Vékony, T. , Janacsek, K. , Trimborn, A. B. C. , Kovács, G. , & Nemeth, D. (2020). When less is more: Enhanced statistical learning of non−adjacent dependencies after disruption of bilateral DLPFC. Journal of Memory and Language. 114, 104144.

[3] Amer, T. , Campbell, K. L. , & Hasher, L. (2016). Cognitive control as a double−edged sword. Trends in Cognitive Sciences, 20(12), 905−915.

[4] Amso, D. , & Davidow, J. (2012). The development of implicit learning from infancy to adulthood: Item frequencies, relations, and cognitive flexibility. Developmental Psychobiology, 54, 664−673.

[5] Andresen, D. R. , & Marsolek, C. J. (2012). Effector−independent and effector−dependent sequence representations underlie general and specific perceptuomotor sequence learning. Journal of Motor Behavior, 44, 53−61.

[6] Andrieux, M. , & Proteau, L. (2013). Observation learning of a motor task: Who and when? Experimental Brain Research, 229, 125−137.

[7] Anton, E. S. , Cleeremans, A. , Destrebecqz, A. , Peigneux, P. , & Schmitz, R. (2018). Spontaneous eyeblinks are sensitive to sequential learning. Neuropsychologia, 119, 489−500.

[8] Augusto, L, M. (2016). Lost in dissociation: the main paradigms in unconscious cognition. Consciousness & Cognition, 42, 293−310.

[9] Badzakova−Trajkov, G. , Corballis, M. , & Häberling, I. (2015). Complementarity or independence of hemispheric specializations? A brief review. Neruopsychologia, 93, 386−393.

[10] Baetens, K. , Firouzi, M. , Overwalle, F. V. , & Deroost, N. (2020). Involvement of the cerebellum in the serial reaction time task (SRT) (Response to Janacsek et al.). NeuroImage, 220, 117114.

[11] Barakat, B, Seitz, A. R. , & Shams, L. (2015). Visual rhythm perception improves through auditory but not visual training. Current Biology, 25(2), R60−R61.

[12] Barham, M. P. , Lum, J. A. G. , Conduit, R. , Fernadez, L. , Enticott, P. G. , &

Clark, G. M. (2021). A daytime nap does not enhance the retention of a first-order or second-order motor sequence. Frontiers in Behavioral Neuroscience, 15, 659281.

[13] Bastiaansen, M., Mazaheri, A., & Jensen, O. (2012). Beyond ERPs: Oscillatory neuronal dynamics. In S. J. Luck & E. S. Kappenman (Eds.), The Oxford handbook of event-related potential components (pp. 31-50). New York: NY: Oxford University Press.

[14] Batterink, L., & Neville, H. J. (2013). The human brain processes syntax in the absence of conscious awareness. Journal of Neuroscience, 33, 8528 - 8533.

[15] Berry, C. J., Shanks, D. R., & Henson, R. N. (2008). A unitary signal-detection model of implicit and explicit memory. Trends in Cognitive Sciences, 12, 367-373.

[16] Bird, G., Osman, M., Saggerson, A., & Heyes, C. (2005). Sequence learning by action, observation and action observation. British Journal of Psychology. 96, 371-388.

[17] Bloch, A., Tamir, D., Vakil, E., & Zeilig, G. (2016). Specific deficit in implicit motor sequence learning following spinal cord injury. Plos One, 11 (6), e0158396.

[18] Block, N. (2014). Rich conscious perception outside focal attention. Trends in Cognitive Science, 18(9), 445-447.

[19] Boon, P. J., Zeni, S., Theeuwes, J., & Belopolsky, A. V. (2018). Rapid updating of spatial working memory across saccades. Scientific Reports, 8(1), 1072.

[20] Bowyer, S. M. (2016). Coherencea measure of the brain networks: Past and present. Neuropsychiatric Electrophysiology, 2, 1.

[21] Broadbent, D. P., Causer, J., Williams, A. M., & Ford, P. R. (2017). The role of error processing in the contextual interference effect during the training of perceptual-cognitive skills. Journal of Experimental Psychology: Human Perception and Performance, 43(7), 1329.

[22] Brosowsky, N. P., Murray, S., Schooler, J. W., & Seli, P. (2021). Attention need not always apply: mind wandering impeds explicit but not implicit sequence learning. Cognition, 209, 104530.

[23] Bulf, H., de Hevia, M. D., Gariboldi, V., & Macci, Cassia, V. (2017). In-

fants learn better from left to right: A directional bias in infants' sequence learning. Scientific Reports,7,2437.

[24] Buss,A. T. ,Fox,N. ,Boas,D. A. ,& Spencer,J. P. (2014). Probing the early development of visual working memory capacity with functional near-infrared spectroscopy. Neuroimage,85,314-325.

[25] Cao,N. ,Pi,Y. L. ,Liu,K. ,Meng,H. ,Wang,J. ,Zhang,J. ,…Tan,X. (2018). Inhibitory and facilitatory connections from dorsolateral prefrontal to primary motor cortex in healthy humans at rest-an rTMS study. Neuroscience Letters,687,82-87.

[26] Chan,R. W. ,Lushington,Ku. ,& Immink,M. A. (2018). States of focused attention and sequential action: A comparison of single session meditation-and computerised attention task influences on top-down control during sequence learning. Acta Psychologica,191,87-100.

[27] Chan,R. W. ,Immink,M. A. ,& Lushington,K. (2017). The influence of focused-attention states on the cognitive control of sequence learning. Consciousness and Cognition,55,11-25.

[28] Clark,G. M. ,Barham,M. P. ,Ware,A. T. ,Plumridge,J. M. A. ,O'Sullivan, B. ,Lyons,K. ,Fitzgibbon,T. ,Buck,B. ,Youssef,G. J. ,Ullman,M. T. ,Enticott,P. G. ,& Lum,J. A. G. (2019). Dissociable implicit sequence learning mechanisms revealed by continuous theta-burst stimulation. Behavioral Neuroscience,133,341-349.

[29] Clark,G. M. ,& Lum,J. A. (2017). Procedural learning in Parkinson's disease, specific language impairment, dyslexia, schizophrenia, developmental coordination disorder,and autism spectrum disorders: A second-order meta-analysis. Brain and Cognition,117,41-48.

[30] Clark,G. M. ,Lum,J. A. G. ,& Ullman,M. T. (2014). A meta-analysis and meta-regression of serial reaction time task performance in Parkinson's disease. Neuropsychology, 28,945-958.

[31] Cleeremans, A. (2007). Consciousness: The radical plasticity thesis. Progress in Brain Research,168,19-33.

[32] Cleeremans, A. (2008). Consciousness: the radical plasticity thesis. In R. Banerjee,& B. K. Chakrabarti (Eds.),Models of Brain and Mind: Physical, Computational and Psychological Approaches. Progress in Brain Research (pp. 19-33). Elsevier.

[33] Cleeremans, A. (2014) Connecting conscious and unconscious cognition. Cognitive Science, 38 (6), 1286-1315.

[34] Cleeremans, A. (2019) Consciousness (unconsciously) designs itself. Journal of Consciousness Studies, 26 (3-4), 88-111.

[35] Cleeremans, A., Achoui, D., Beauny, A., Keuninckx, L., Martin, J. R., Muñoz-Moldes, S., Vuillaume, L., & Heering, A. D. (2020). Learning to be conscious. Trends in Cognitive Sciences, 24 (2), 112-123.

[36] Cleeremans, A., Allakhverdov, V., & Kuvaldina, M. (2019). Implicit learning: 50 years on. Hove: Routledge.

[37] Cleeremans, A., & Dienes, Z. (2008). Computational models of implicit learning. In R. Sun. (Ed.). The Cambridge handbook of computational psychology (pp. 396-421). New York, NY, US: Cambridge University Press.

[38] Conway, C. M. (2012). "Sequential learning," in Encyclopedia of the Sciences of Learning, Ed. R. M. Seel. New York, NY: Springer Publications, 3047-3050.

[39] Conway, C. M., Arciuli, J., Lum, J. A., & Ullman, M. T. (2019). Seeing problems that may not exist: A reply to West et al. ´s (2018) questioning of the procedural deficit hypothesis. Developmental Science, 22, e12814.

[40] Conway, C. M., Bauernschmidt, A., Huang, S. S., & Pisoni, D. B. (2010). Implicit statistical learning in language processing: word predictability is the key. Cognition, 114, 356-371.

[41] Conway, C. M., & Christiansen, M. H. (2001). Sequential learning in non-human primates. Trends in Cognitive Science, 5, 539-546.

[42] Conway, C. M., & Christiansen, M. H. (2005). Modality-constrained statistical learning of tactile, visual, and auditory sequences. Journal of Experimental Psychology: Learning, Memory, and Cognition, 31, 24-39.

[43] Conway, C. M., & Christiansen, M. H. (2006). Statistical learning within and between modalities: Pitting abstract against stimulus-specific representations. Psychological Science, 17: 905-912.

[44] Conway, C. M., & Christiansen, M. H. (2009). Seeing and hearing in space and time: Effects of modality and presentation rate on implicit statistical learning. European Journal of Cognitive Psychology, 21, 561-580.

[45] Coomans, D., Deroost, N., Vandenbossche, J., Van den Bussche, E., & Soetens, E. (2012). Visuospatial perceptual sequence learning and eye

movements. Experimental Psychology,59（5）:279-285.

[46]Coomans,D. ,Deroost,N. ,Zeischka,P. ,& Soetens,E. (2011). On the automaticity of pure perceptual sequence learning. Consciousness and Cognition,20,1460-1472.

[47] Coomans,D. ,Vandenbossche,J. ,& Deroost,N. (2014). The effect of attentional load on implicit sequence learning in children and young adults. Frontiers in psychology,5,1-11.

[48] Coomans, D. , Vandenbossche, J. , Homblé, K. , Van den Bussche, E. , Soetens,E. ,& Deroost,N. (2014). Does consolidation of visuospatial sequence knowledge depend on eye movements? Plos One, 9(8),e103421.

[49]D'Angelo,M. C. ,Milliken,B. ,Jiménez &Lupiáñez. (2013). Implementing flexibility in automaticity:Evidence from context-specific implicit sequence learning. Consciousness and Cognition,22,64-81.

[50]Daltrozzo,J. ,& Conway,C. M. (2014). Neurocognitive mechanisms of statistical-sequential learning:what do event-related potentials tell us? Frontiers in Human Neuroscience,8,437.

[51]Daltrozzo,J. ,Emerson,S. N. ,Deocampo,J. ,Singh,S. ,Freggens,M. ,Branum-Martin,L. ,& Conway,C. M. (2017). Visual statistical learning is related to natural language ability in adults:An ERP study. Brain & Language,166,40-51.

[52]Dehaene,S. ,Charles,L. ,King,J. R. ,& Marti,S. (2014). Toward a computational theory of conscious processing. Current Opinion in Neurobiology, 25,76-84.

[53]Dehaene,S. ,Meyniel,F. ,Wacongne,C. ,Wang,L. ,& Pallier,C. (2015). The neural representation of sequences:from transition probabilities to algebraic patterns and linguistic trees. Neuron,88(1),2-19.

[54]Dehaene, S. , Sergent, C. , & Changeux, J. (2003). A neuronal network model linking subjective reports and objective physiological data during conscious perception. Proceedings of the National Academy of Sciences,USA, 100,8520-8525.

[55]Dennis,N. ,& Cabeza,R. (2011). Age-related dedifferentiation of learning stystems:an fMRI study of implicit and explicit learning. Neurobiology of Aging,32(12),2318. e17-2318. e30.

[56]Deroost,N. ,& Coomans,D. (2018). Is sequence awareness mandatory for

perceptual sequence learning: an assessment using a pure perceptual sequence learning design. Acta Psychologica,183,58-65.

[57] Deroost N, Coomans D,& Soetens E. (2009). Perceptual load improves the Expression but not learning of relevant sequence information. Experimental Psychology,56(2),84-91.

[58] Deroost, N. , Kerckhofs, E. , Coene, M. , Wijnants, G. , & Soetens, E. (2006). Learning sequence movements in a homogenous sample of patients with Parkinson's disease. Neuropsychologia,44,1653-1662.

[59] Deroost, N. , & Soetens, E. (2006a). The role of response selection in sequence learning. The Quarterly Journal of Experimental Psychology, 59, 449-456.

[60] Deroost, N. , & Soetens, E. (2006b). Perceptual or motor learning in SRT tasks with complex sequence structures. Psychological Research, 70, 88 - 102.

[61] Deroost, N. , & Soetens, E. (2006c). Spatial processing and perceptual sequence learning in SRT tasks. Experimental Psychology,53,16-30.

[62] Deroost, N. , Vandenbossche, J. , Zeischka, P. , Coomans, D. , & Soetens, E. (2012). Cognitive control: a role for implicit learning? Journal of Experimental Psychology: Learning, Memory, and Cognition, 38(5),1243-1258.

[63] Dienes, Z. , & Scott, R. (2005). Measuring unconscious knowledge: Distinguishing structural knowledge and judgment knowledge. Psychological Research,69,338-351.

[64] Doyon, J. , Gabitov, E. , Vahdat, S. , Lungu, O. , Boutin, A. (2018). Current issues related to motor sequence learning in humans. Current opinion in behavioral sciences,20,89-97.

[65] Drouillet, L. , Stefaniak, N. , Declercq, C. , & Obert, A. (2018). Role of implicit learning abilities in metaphor understanding. Consciousness and Cognition, 61,13-23.

[66] Du, Y. , & Clark, J. E. (2017). New insights into statistical learning and chunk learning in implicit sequence acquisition. Psychonomic Bulletin& Review. 24(4),1225-1233.

[67] Du, Y. , & Clark, J. E. (2018). The "Motor" in implicit motor sequence learning: a foot-stepping serial reaction time task. Journal of Visualized Experiments,135,e56483.

[68] Eberhardt,K. ,Esser,S. ,& Haider,H. (2017). Abstract feature codes:The building blocks of the implicit learning system. Journal of Experimental Psychology:Human Perception and Performance,43(7),1275-1290.

[69] Foti, F. , De Crescenzo, F. , Vivanti, G. , Menghini, D. , & Vicari, S. (2015). Implicit learning in individuals with autism spectrum disorders:a meta-analysis. Psychological Medicine,45(05),1-14.

[70] Franklin,M,S. ,Smallwood,J. ,Zedelius,C,M. ,Broadway,J,M. ,& Schooler,J,W. (2016). Unaware yet reliant on attention:Experience sampling reveals that mind-wandering impedes implicit learning. Psychonomic Bulletin & Review,23(1),223-229.

[71] Friederici,A. D. ,Mueller,J. ,& Oberecker,R. (2011). Precursors to natural grammar learning:preliminary evidence from 4-month-old infants. Plos One,6,e17920.

[72] Friedman,D. ,& Johnson,R. Jr. (2000). Event-related potential (ERP) studies of memory encoding and retrieval:A selective review. Microscopy Research and Techniques,51,6-28.

[73] Frost,R. ,Armstrong,B. C. ,Siegelman,N. ,& Christiansen,M. H. (2015). Domain generality versus modality specificity:the paradox of statistical learning. Trends in cognitive science,19,117-125.

[74] Fu,Q. F. ,Bin,G. Y. ,Dienes,Z. ,Fu,X. L. ,& Gao,X. R. (2013). Learning without consciously knowing:Evidence from event-related potentials in sequence learning. Consciousness and Cognition,22(1),22-34.

[75] Fu,Q. F. ,Dienes,Z. ,& Fu,X. L. (2010a). The distinction between intuition and guessing in the SRT task generation:A reply to Norman and Price. Consciousness & Cognition,19,478-480.

[76] Fu,Q. F. ,Dienes,Z. ,& Fu,X. L. (2010b). Can unconscious knowledge allow control in sequence learning? Consciousness and Cognition,19,462-474.

[77] Fu,Q,F. ,Sun,H,M. ,Dienes,Z. ,& Fu,X,L. (2018). Implicit sequence learning of chunking and abstract structures. Consciousness and Cognition,62,42-56.

[78] Gamble,K. R. ,Howard,J. H. Jr. ,& Howard,D. V. (2014). Does a simultaneous memory load affect older and younger adults´ implicit associative learning? Aging,Neuropsychology & Cognition,21(1):52-67.

[79] Gaschler, R. , Zhao, F. , Röttger, E. , Panzer, S. , & Haider, H. (2019). More than hitting the correct key quickly−Spatial variability in touch screen response location under multitasking in the Serial Reaction Time Task. Experimental Psychology, 66(3), 207−220.

[80] Gheysen, F. , Van Opstal, F. , Roggeman, C. , Van Waelvelde, H. , & Fias, W. (2010). Hippocampal contribution to early and later stages of implicit motor sequence learning. Experimental Brain Research, 202(4), 795−807.

[81] Gola, M. , Magnuski, M. , Szumska, I. , & Wróbel, A. (2013). EEG beta band activity is related to attention and attentional deficits in the visual performance of elderly subjects. International Journal of Psychophysiology, 89(3), 334−341.

[82] Goschke, T. , & Bolte, A. (2012). On the modularity of implicit sequence learning: independent acquisition of spatial, symbolic, and manual sequences. Cognitive Psychology, 65, 284−320.

[83] Haider, H. , Eberhardt, K. , Esser, S. & Rose, M. (2014). Implicit visual learning: How the task set modulates learning by determining the stimulus−response binding. Consciousness & Cognition, 26, 145−161.

[84] Haider, H. , Esser, S. , & Eberhardt, K. (2020). Feature codes in implicit sequence learning: perceived stimulus locations transfer to motor response locations. Psychological Research, 84(1), 192−203.

[85] Hardwick, R. M. , Rottschy, C. , Miall, R. C. , & Eickhoff, S. B. (2013). A quantitative meta−analysis and review of motor learning in the human brain. NeuroImage, 67, 283−297.

[86] Hazeltine, E. , & Schumacher, E. H. (2016). Understanding central processes: The case against simple stimulus−response associations and for complex task representation. In B. Ross (Ed.), Psychology of learning and motivation, 64, 195−245. Cambridge, MA: Elsevier.

[87] Henderson, L. M. , & Warmington, M. (2017). A sequence learning impairment in dyslexia? It depends on the task. Research in Developmental Disabilities, 60, 198−210.

[88] Hendricks, M. A. , Conway, C. M. & Kellogg, R. T. (2013). Using dual−task methodology to dissociate automatic from nonautomatic processes involved in artificial grammar learning. Journal of Experimental Psychology: Learning, Memory, and Cognition, 39(5), 1491−1500.

[89] Hervé, P - Y. , Zago, L. , Petit, L. , Mazoyer, B. , & Tzourio - Mazoyer, N. (2013). Revisiting human hemispheric specialization with neuroimaging. Trends in Cognition Science, 17, 69-80.

[90] Higuchi, Y. , & Saiki, J. (2017). Implicit learning of spatial configuration occurs without eye movement. Japanese Psychological Research, 59 (2), 122-132.

[91] Horváth, K. , Kardos, Z. , Takacs, A. , Csépe, V. , Nemeth, D. , Janacsek, K. , & Kóbor, A. (2020). Error Processing During the Online Retrieval of Probabilistic Sequence Knowledge. Journal of Psychophysiology, 35, 76-88.

[92] Howard, D. V. , & Howard, J. H. Jr. (2001). When it does hurt to try: Adult age differences in the effects in the effects of instructions on implicit pattern learning. Psychonomic Bulletin and Review, 8, 798-805.

[93] Howard, D. V. , and Howard, J. H. Jr. (2012). "Dissociable forms of implicit learning in aging," in M. Naveh-Benjamin, & N. Ohta (Eds.), Memory and Aging: Current Issues and Future Directions (pp. 125 - 151). New York, NY: Psychology Press.

[94] Howard, D. V. , Howard, J. H. Jr. , Japikse, K. , Cara, D. Y. , Thompson, A. , & Somberg, R. (2004). Implicit sequence learning: Effects of level of structure, adult age, and extended practice. Psychology and Aging, 19, 79-92.

[95] Howard, D. V. , & Howard, J. H. Jr. , Japikse, K. , DiYanni, C. , Thompson, A. , & Somberg, R. (2004). Implicit sequence learning: Effects of level of structure, adult age, and extended practice. Psychology and Aging, 19, 79-92.

[96] Howard, J. H. Jr. , & Howard, D. V. (2013). Aging mind and brain: is implicit learning spared in healthy aging? Frontiers in psychology, 4, 817.

[97] Howard, J. H. Jr. , Howard, D. V, Dennis, N, A. & Kelly, A. J. (2008). Implicit learning of predictive relationships in three-element visual sequences by young and old adults. Journal of Experimental Psychology: Learning, Memory, and Cognition, 34, 1139-1157.

[98] Howard, J. H. Jr. , Howard, D. V. , Japikse, K. C. , & Eden, G. F. (2006). Dyslexics are impaired on implicit higher-order sequence learning: But not on implicit spatial contextlearning. Neuropsychologia, 44, 1131-1144.

[99] Immink, M. A. , Colzato, L. S. , Stolte, M. , & Hommel, B. (2017). Sequence learning enhancement following single-session meditation is dependent on

metacontrol mode and experienced effort. Journal of Cognitive Enhancement, 1(2),127–140.

[100] Ivanchei, I. I. , & Moroshkina, N. V. (2018). The effect of subjective awarenessmeasures on performance in artificial grammar learning task. Consciousness and Cognition,57,116–133.

[101] Jablonowski,J. ,Taesler,P. ,Fu,Q. ,& Rose,M. (2018). Implicit acoustic sequence learning recruits the hippocampus. Plos One,13,e0209590.

[102] James, H. , Howard, JR. , Howard, D. V. , Dennis, N. A. , & Kelly, A. J. (2008). Implicit learning of predictive relationships in three–element visual sequences by young and old adults. Journal of Experimental Psychology:Learning,Memory,and Cognition,34,1139–1157.

[103] Janacsek, K. , Borbély–Ipkovich, E. , Németh, D. , & Gonda, X. (2018). How can the depressed mind extract and remember predictive relationships of the environment? Evidence from implicit probabilistic sequence learning. Neuropsychopharmacology &Biological Psychiatry,81,17–24.

[104] Janacsek, K. , Fiser, J. , &Németh, D. (2012). The best time to acquire new skills:age–related difference in implicit sequence learning across human life span. Developmental Science,15 (4),496–505.

[105] Janacsek, K. , Shattuck, K. F. , Tagarelli, K. M. , Lum, J. A. G. , Turkeltaub,P. E. , & Ullman, M. T. (2020). Sequence learning in the human brain:A functional neuroanatomical meta–analysis of serial reaction time studies. NeuroImage,207,116387.

[106] Janczyk,M. ,Pfster,R. ,Hommel, B. ,& Kunde,W. (2014). Who is talking in backward crosstalk? Disentangling response–from goal–conflict in dual–task performance. Cognition,132(1),30–43.

[107] Jiang,Y. V,Capistrano,C,G,Esler, A. N,& Swallow,K. M. (2013). Directing attention based on incidental learning in children with autism spectrum disorder. Neuropsychology. 27(2),161–169.

[108] Jiménez,L. (2003). Attention and implicit learning. Amsterdam:John Benjamins.

[109] Jiménez,L. (2008). Taking patterns for chunks:Is there any evidence of chunk learning in continuous serial reaction–time task? Psychological Research,72(4),387–396.

[110] Jiménez,L. , Vaquero, J. M. , & Lupiáñez,J. (2006). Qualitative differ-

ences between implicit and explicit sequence learning. Journal of Experimental Psychology: Learning Memory and Cognition, 32(3), 475-490.

[111] Jiménez, L. , & Vázquez, G. A. (2005). Sequence learning under dual-task condition: Alternatives to a resource-based account. Psychological Research, 69, 352-368.

[112] Jongbloed-Pereboom, M. , Nijhuis-van der Sanden, M. W. G. , & Steenbergen, B. (2019). Explicit and implicit motor sequence learning in children and adults: the role of age and visual working memory. Human Movement Science, 64, 1-11.

[113] Jordan, C. D. , Liang-Tien, H. , Alex, C. , & Charan, R. (2018). Theta oscillations promote temporal sequence learning. Neurobiology of learning and memory, 153, 92-103.

[114] Juhasz, D. , Németh, D. , & Janacsek, K. (2019). Is there more room to improve? The lifespan trajectory of procedural learning and its relationship to the between-and within-group differences in average response times. Plos One, 14(7), e0215116.

[115] Kachergis, G. , Berends, F. , De Kleijn, R. , & Hommel, B. (2014). Trajectory Effects in a Novel Serial Reaction Time Task. Proceedings of the Annual Meeting of the Cognitive Science Society, 36.

[116] Kalra, P. B. , Gabrieli, J. D. E. , & Finn, A. S. (2019). Evidence of stable individual differences in implicit learning. Cognition, 190, 199-211.

[117] Kavakci, M. , & Dollaghan, C. (2019). A new method for studying statistical learning in young children. Journal of Speech, Language, and Hearing Research, 62(7), 2483-2490.

[118] Kemény, F. , & Lukács, Á. (2019). Sequence ina sequence: Learning of auditory but not visual patterns within a multimodal sequence. Acta Psychologica, 199, 102905.

[119] Kemény, F. , & Lukács, Á. (2019). Abstraction in sequence learning. In A. Cleeremans, V. Allakhverdov, & M. Kuvaldina (Eds.), Implicit learning: 50 years on (pp. 232-251). Hove: Routledge.

[120] Kemény, F, & Meier, B. (2016). Multimodal sequence learning. Acta psychologica, 164, 27-33.

[121] Kemény, F. , & Németh, K. (2017). Stimulus dependence and cross-modal interference in sequence learning. The Quarterly Journal of Experimen-

tal Psychology,70 (12),2535-2547.

[122]Kenward,B.,Koch,F. S.,Forssman,L.,Brehm,J.,Tidemann,I.,Sundq-
vist,A.,et al. (2017). Saccadic reaction times in infants and adults:Spa-
tiotemporal factors, gender, and interlaboratory variation. Developmental
Psychology,53,1750-1764.

[123]Kinder,A.,Rolfs,M.,& Kliegl,R. (2008). Sequence Learning at Optimal
Stimulus-Response Mapping:Evidence from a Serial Reaction Time Task.
Quarterly Journal of Experimental Psychology,61(2),203-209.

[124]Kinder,A.,Shanks,D. R.,Cock,J.,& Tunney,R. J. (2003). Recollec-
tion,fluency, and the explicit/implicit distinction in artificial grammar
learning. Journal of Experimental Psychology:General,132,551-565.

[125]Kleen,J. K.,Testorf,M. E.,Roberts,D. W.,Scott,R. C.,Jobst,B. J.,
Holmes,G. L.,& Lenck-Santini,P. -P. (2016). Oscillation phase loc-
king and late ERP components of intracranial hippocampal recordings cor-
relate to patient performance in a working memory task. Frontiers in Hu-
man Neuroscience,10,287.

[126]Knakker,B.,Weiss,B.,& Vidnyánszky,Z. (2015). Objectbasedattention-
al selection modulates anticipatory alpha oscillations. Frontiers in Human
Neuroscience,8,1048.

[127]Kóbor,A.,Horváth,K.,Kardos,Z.,Nemeth,D.,& Janacsek,K. (2020).
Perceiving structure in unstructured stimuli: Implicitly acquired prior
knowledge impacts the processing of unpredictable transitional probabili-
ties. Cognition,205,104413.

[128] Kóbor, A., Horváth, K., Kardos, Z., Takács, Á., Janacsek, K., Csépe,
V.,& Németh, D. (2019). Tracking the implicit acquisition of nonadja-
cent transitional probabilities by ERPs. Memory & Cognition, 47 (8),
1546-1566.

[129] Kóbor, A., Takács, Á., Kardos, Z., Janacsek, K., Horváth, K., Csépe,
V.,& Németh, D. (2018). ERPs differentiate the sensitivity to statistical
probabilities and the learning of sequential structures during procedural
learning. Biological Psychology,135,180-193.

[130]Koch,F. S.,Sundqvist,A.,Thornberg,U. B.,Nyberg,S.,Lum,J. A. G.,
Ullman,M. T.,Barr,R.,Rudner,M.,& Heimann,M. (2020). Procedural
memory in infancy:Evidence from implicit sequence learning in an eye-

tracking paradigm. Journal of Experimental Child Psychology, 191, 104733.

[131] Koch, I. , Blotenberg, I. , Fedosejew, V. , & Stephan, D. N. (2020). Implicit perceptual learning of visual−auditory modality sequences. Acta Psychologica, 202, 102979.

[132] Koch, I. , Philipp, A. M. , & Gade, M. (2006). Chunking in task sequences modulates task inhibition. Psychological Science, 17, 346−350.

[133] Koch, F. S. , Sundqvist, A. , Thornberg, U. B. , Nyberg, S. , Lum, J. A. G. , Ullmann, M. T. , Barr, R. , Rudner, M. , & Heimann, M. (2020). Procedural memory in infancy: Evidence from implicit sequence learning in an eye−tracking paradigm. Journal of Experimental Child Psychology, 191, 104733.

[134] Konovalov, A. , & Krajbich, I. (2018). Neurocomputational dynamics of sequence learning. Neuron, 98, 1282−1293.

[135] Lam, S. , Gunraj, C. , Vesia, M. , Jegatheeswaran, G. , Hui, J. , & Chen, R. (2015). Effects of age on motor learning and prefrontal−motorcortical excitability. Brain Stimulation, 8(2), 313.

[136] Lee. J. C. , Beesley. T. , & Livesey. E. J. (2016). Sequential effects and sequence learning in a three−choice serial reaction time task. Acta Psychol (Amst), 170, 168−176.

[137] Lee, J. C. , Nopoulos, P. C. , & Bruce Tomblin. J. (2013). Abnormal subcortical components of the corticostriatal system in young adults with DLI: A combined structural MRI and DTI study. Neuropsychologia, 51(11), 2154−2161.

[138] Levy, N. K. , Lavidor, M. , & Vakil, E. (2018). Prosaccade and antisaccade paradigms in persons with Alzheimer′s disease: a meta−analytic review. Neuropsychology Review, 28, 16−31.

[139] Lu, Z. L. , Huang, L. J. Q. , & Li, X. Y. (2018). An Experimental Study on Relationship Between Subliminal Emotion and Implicit Sequence Learning: Evidence From Eye Movements. International Journal of Psychological and Brain Sciences, 3(1), 1−6.

[140] Lu, Z. L. , & Li, X. Y. (2018). An Eye Movement Study on the Relationship Between Multiple Implicit Sequence Learning and Attention. Psychology and Behavioral Sciences, 7(1), 8−13.

[141] Luck, S. J. (2005). An introduction to the Event-Related Potnetial Technique. The MIT Press.

[142] Lukács, Á., & Kemény, F. (2015). Development of different forms of skill learning throughout the lifespan. Cognitive Science, 39, 383-404.

[143] Lum, J. A. G. (2020). Incidental learning of a visuo-motor sequence modulates saccadic amplitude: Evidence from the serial reaction time task. Journal of Experimental Psychology: Learning, Memory, and Cognition, 46 (10), 1881-1891.

[144] Lum, J. A. G., & Clark, G. M. (2022). Implicit manual and oculomotor sequence learning in developmental language disorder. Developmental Science, 25(2), e13156.

[145] Lum, J. A. G., Conti-Ramsden, G., Morgan, A. T., & Ullman, M. T. (2014). Procedural learning deficits in specific language impairment (SLI): A meta-analysis of serial reaction time task performance. Cortex, 51, 1-10.

[146] Lum, J. A. G., Lammertink, I., Clark, G. M., Fuelscher, I., Hyde, C., Enticott, P. G., & Ullman, M. T. (2019). Visuospatial sequence learning on the serial reaction time task modulates the P1 event-related potential. Psychophysiology, 56(2), e13292.

[147] Lum, J. A. G., Mills, A., Plumridge, J. M. A., Sloan, N. P., Clark, G. M., Hedenius, M., & Enticott, P. G. (2018). Transcranial direct current stimulation enhances retention of a second (but not first) order conditional visuo-motor sequence. Brain & Cognition, 127, 34-41.

[148] Lum, J. A. G., Ullman, M. T & Conti-Ramsden, G. (2013). Procedural learning is impaired in dyslexia: Evidence from a meta-analysis of serial reaction time studies. Research in Developmental Disabilities, 34, 3460-3476.

[149] Magen, H., & Cohen, A. (2007). Modularity beyond perception: Evidence from single task interference paradigms. Cognitive Psychology, 55(1), 1-36.

[150] Massing, M., Blandin, Y., & Panzer, S. (2016). Magnifying visual target information and the role of eye movements in motor sequence learning. Acta Psychologica, 163, 59-64.

[151] Massing, M., Blandin, Y., & Panzer, S. (2018). The influence of eye-

movements on the development of a movement sequence representation during observational and physical practice. Acta Psychologica,182,1-8.

[152]Mcgovern, D. P. , Astle, A. T. , Clavin, S. L. , & Newell, F. N. (2016). Task-specific transfer of perceptual learning across sensory modalities. Current Biology,26(1),R20-21.

[153]Medimorec, S. , Milin, P. , & Divjak, D. (2021). Inhibition of eye movements disrupts spatial sequence learning. Experimental Psychology, 68 (4),221-228.

[154]Meier, B ,. Weiermann, B. , Gutbrod, K. , Stephan, M. A. , Cock, J. , Müri, R. M. ,& Kaelin-Lang, A. (2013). Implicit task sequence learning in patients with Parkinson´s disease, frontal lesions and amnesia: The critical role of fronto-striatal loops. Neuropsychologia,51(14),3014-3024.

[155]Meissner, S. N. , Krause, V. , Südmeyer, M. , Hartmann, C. J. , & Pollok, B. (2018). The significance of brain oscillations in motor sequence learning: Insights from Parkinson´s disease. NeuroImage:Clinical,20,448-457.

[156]Moisello, C. , Crupi, D. , Tunik, E. , Quartarone, A. , Bove, M. , Tononi, G. , & Ghilardi, M. F. (2009). The serial reaction time task revisited:a study on motor sequence learning with anarm-reaching task. Experimental Brain Research,194(1),143-155.

[157] Muthukumaraswamy, S. D. (2013). High-frequency brain activity and muscle artifacts in MEG/EEG:A review and recommendations. Frontiers in Human Neuroscience,7,138.

[158]Nejati, V. , Farshi, M. T. G. , Ashayeri, H. , & Aghdasi, M. T. (2008). Dual task interference in implicit sequence learning by young and old adults. International journal of geriatric psychiatry,23,801-804. C

[159]Németh, D. , Hallgató, E. , Janacsek, K. , Sándor, T. , & Londe, Z. (2009). Perceptual and motor factors of implicit skill learning. Neuroreport,20, 1654-1658.

[160]Németh, D. , Janacsek, K. , Balogh, V. , Londe, Z. , Mingesz, R. , Fazekas, M. ,et al. (2010). Learning in autism:Implicitly Superb. Plos One,5(7), e11731.

[161]Németh, D. , Janacsek, K. , Király, K. , Londe, Z. , Németh, K. , Fazekas, K. , Adám, I. , Elemérné, K. , & Csányi, A. (2013). Probabilistic sequence learning in mild cognitive impairment. Frontiers in Human Neuro-

science,7,318.

[162]Németh,D. ,Janacsek,K. ,& Fiser,J. (2013). Age-dependent and coordinated shift in performance between implicit and explicit skill learning. Frontiers in Computational Neuroscience,7,1-13.

[163]Németh, D. ,Janacsek, K. , Londe, Z. , Ullman, M. T. , Howard, D. V. , & Howard,J. H. Jr. (2010). Sleep has no critical role in implicit motor sequence learning in young and old adults. Exprimental Brain Research,201 (2),351-358.

[164]Newell,B. R. ,& Shanks,D. R. (2014). Unconscious infuences on decision making:a critical review. Behavioral and Brain Sciences,37(1),1-19.

[167]Nobre, A. C. , & Van Ede, F. (2018). Anticipated moments:temporal structure in attention. Nature Reviews Neuroscience,19,34-48.

[168]Norman,E. (2010). The unconscious in current psychology. European Psychologist,15(3),193-201.

[169]Norman,E. ,Price,M. ,C. & Duff,S. C. (2006). Fringe consciousness in sequence learning:The influence of individual differences. Consciousness and Cognition,15(4),723-760.

[170]Norman,E. ,Price,M. ,C. ,Duff,S. C. ,& Mentzoni,R. A. (2007). Gradations of awareness in a modified sequence learning task. Consciousness and Cognition,16,809-837.

[171]Norman,E. ,Price,M. C. ,& Jones,E. (2011). Measuring strategic control in artificial grammar learning. Consciousness and Cognition, 20, 1920 - 1929.

[172]Parmentier, F. B. R. , & Gallego, L. (2020). Is deviance distraction immune to the prior sequential learning of stimuli and responses? Psychonomic Bulletin & Reivew,27,490-497.

[173]Pereg,M. ,& Meiran,N. (2017). Evidence for instructions-based updating oftask-set representations:the informed fadeout effect. Psychological Research,82(3),549-569.

[174]Perruchet,P. & Pacton,S. (2006). Implicit learning and statistical learning:one phenomenon, two approaches. Trends in cognitive sciences, 10 (5),233-238.

[175]Persaud, N. , Mcleod, P. , & Cowey, A. (2007). Post-decision wagering

objectively measures awareness. Nature Neuroscience,10(2),257-261.

[176] Persaud,N.,Mcleod,P.,& Cowey,A. (2008). Reply to Note by Seth:Experiments show what post-decision wagering measures. Consciousness and Cognition,17(3),984-985.

[177] Pothos,E. M. (2007). Theories of artificial grammar learning. Psychological Bulltein,133(2),227-244.

[178] Pothos,E. M.,Chater,N.,& Ziori,E. (2006). Does stimulus appearance affect learning? The American Journal of Psychology,119,277-301.

[179] Poznanski,Y.,& Tzelgov,J. (2010). Models of knowledge acquisition and retrieval in artificial grammar learning. The Quarterly Journal of experimental psychology,63(8),1495-1515.

[180] Press,C. M.,& Kilner,J. M. (2013). The time course of eye movements during action observation reflects sequence learning. Neuroreport, 24 (14),822-826.

[181] Prutean, N., Martín – Arévalo, E., Leiva, A., Jiménez, L., Vallesi, A., &Lupiáñez,J. (2021). The causal role of DLPFC top-down control on the acquisition and the automatic expression of implicit learning:state of the art. Cortex,141,293-310.

[182] Prutean, N., Wenk, T., Leiva, A., Vaquero, J. M. M., Lupiáñez, J., & Jiménez,L. (2022). Cognitive control modulates the expression of implicit sequence learning:Congruency sequence and oddball-dependent sequence effects. Journal of Experimental Psychology:Human Perception and Performance,48(8),842-855.

[183] Raichle, M. E. (2006). The brain´s dark energy. Science,314,1249 - 1250.

[184] Remillard,G. (2003). Pure perceptual-based sequence learning. Journal of Experimental Psychology:Learning, Memory, and Cognition, 29, 581 - 597.

[185] Remillard,G. (2008). Implicit learning of second-,third,and fourth-order adjacent and nonadjacent sequential dependencies. The quarterly journal of experimental psychology. 61(3),400-424.

[186] Remillard, G. (2009). Pure perceptual-based sequence learning:A role for visuospatial attention. Journal of Experimental Psychology:Learning, Memory,and Cognition,35(2),528-541.

[187] Remillard, G. (2010). Implicit learning of fifth- and sixth-order sequential probabilities. Memory & Cognition, 38(7), 905–915.

[188] Remillard, G. (2011). Pure perceptual-based learning of second-, third-, and fourth-order sequential probabilities. Psychological Research, 75, 307–323.

[189] Remillard, G. (2014). The study of sequence learning in individuals with schizophrenia: A critical review of the literature. Journal of Neuropsychology, 8, 231–245.

[190] Remillard, G., & Clark, J. M. (2001). Implicit learning of first-, second-, and third-order transition probabilities. Journal of Experimental Psychology: Learning, Memory, and Cognition, 27, 483–498.

[191] Rhein, Z., & Vakil, E. (2018). Motor sequence learning and the effect of context on transfer from part-to-whole and from whole-to-part. Psychological Research, 82, 448–458.

[192] Rieckmann, A., & Bäckman, L. (2009). Implicit learning in aging: extant patterns and new directions. Neuropsychology Review, 19(4), 490–503.

[193] Rieckmann, A., Fischer, H., & Bäckman, L. (2010). Activation in striatum and medial temporal lobe during sequence learning in younger and older adults: Relations to performance. Neuroimage, 50, 1303–1312.

[194] Riedel, B. & Burton, A. M. (2006). Auditory sequence learning: differential sensitivity to task relevant and task irrelevant sequences. Psychological Research, 70, 337–344.

[195] Roach, B. J., & Mathalon, D. H. (2008). Event-related EEG time-frequency analysis: An overview of measures andan analysis of early gamma band phase locking in schizophrenia. Schizophrenia Bulletin, 34(5), 907–926.

[196] Robertson, E. M. (2007). The serial reaction time task: implicit motor skill learning? Journal of Neuroscience, 27(38), 10073–10075.

[197] Robertson, E. M., Pascual-Leone, A., & Press, D. Z. (2004). Awareness modifies the skill-learning benefits of sleep. Current Biology: CB, 14(3), 208–212.

[198] Robertson, E. M. Tormos, J. M., Maeda, F., & Pascual-Leone, A. (2001). The role of the dorsolateral prefrontal cortex during sequence learning is specific for spatial information. Cerebral Cortex, 11, 628–635.

[199] Rohrmeier, M. , Dienes, Z. , Guo, X. & Fu, Q. F. (2014). " Implicit learning and recursion. " In F. Lowenthal, & L. Lefebvre (Eds.), Language and Recursion (pp. 67-85). London: Springer Verlag.

[200] Rosas, R. , Ceric, F. , Tenorio, M. , Mourgues, C. , Thibaut, C. , Hurtado, E. , & Aravena, M. T. (2010). ADHD children outperform normal children in an artificial grammar implicit learning task: ERP and RT evidence. Consciousness and Cognition, 19, 341-351.

[201] Rose, M. , Verleger, R. , & Wascher, E. (2001). ERP correlates of associative learning. Psychophysiology, 38, 440-450.

[202] Rosenthal, D. M. (2005). Consciousness and mind. Oxford: Clarendon Press.

[203] Rowland, L. A. , & Shanks, D. R. (2006a). Sequence learning and selection difficulty. Journal of Experimental Psychology: Human Perception and Performance, 32, 287-299.

[204] Rowland, L. A. , & Shanks, D. R. (2006b). Attention modulates the learning of multiple contingencies. Psychonomic Bulletin & Review, 13, 634-648.

[205] Röttger, E. , Haider, H. , Zhao, F. , & Gaschler, R. (2019). Implicit sequence learning despite multitasking : the role of across-task predictability. Psychological Research, 83, 526-543.

[206] Röttger, E. , Zhao, F. , Gaschler, R. , & Haider, H. (2021). Why does dual-tasking hamper implicit sequence learning? Journal of Cognition, 4 (1), 1-22.

[207] Ruitenberg, M. F. L. , Duthoo, W. , Santens, P. , Seidler, R. D. , Notebaert, W. , & Abrahamse, E. L. (2016). Sequence learning in Parkinson´s disease: focusing on action dynamics and the role of dopaminergic medication. Neuropsychologia, 93, 30-39.

[208] Rünger, D. (2012). How sequence learning creates explicit knowledge: The role of response-stimulus interval. Psychological Research, 76, 579-590.

[209] Rünger, D. , & Frensch, P. A. (2010). Defining consciousness in the context of incidental sequence learning: theoretical considerations and empirical implications. Psychological Research, 74(2), 121-137.

[210] Rünger, D. , & Frensch, P. A. (2008). How incidental sequence learning

creates reportable knowledge: The role of unexpected events. Journal of Experimental Psychology learning Memory and Cognition, 34, 1011-1026.

[211] Rüsseler, J. , Hennighausen, E. , Münte, T, F. , & Rösler, F. (2003). Differences in incidental and intentional learning of sensorimotor sequences as revealed by event-related brain potentials. Cognitive Brain Research, 15, 116-126.

[212] Rüsseler, J. , Hennighausen, E. , & Rösler, F. (2001). Response anticipation processes in the learning of a sensorimotor sequence. Journal of Psychophysiology, 15, 95-105.

[213] Rüsseler, J. , Kuhlicke, D. , & Münte, T. F. (2003). Human error monitoring during implicit and explicit learning of a sensorimotor sequence. Neuroscience Research, 47, 233-240.

[214] Rüsseler, J. , Münte, T. F. , & Rösler, F. (2002). Influence of stimulus distance in implicit learning of spatial and nonspatial event sequences. Perceptual and Motor Skills, 95, 973-987.

[215] Rüsseler, J. , Münte, T, F. , & Wiswede, D. (2018). On the influence of informational content and key-response effect mapping on implicit learning and error monitoring in the serial reaction time (SRT) task. Experimental Brain Research, 236 (1), 259-273.

[216] Samiee, S. , & Baillet, S. (2017). Time-resolved phase-amplitude coupling in neural oscillations. NeuroImage, 159, 270-279.

[217] Sanchez, D. J. , Yarnik, E. N. , & Reber, P. J. (2015). Quantifying transfer after perceptual-motor sequence learning: How inflexible is implicit learning? Psychological Research, 79 (2), 327-343.

[218] Sanchez-Mora, J. & Tamayo, R. M. (2021). From incidental learning to explicit memory: The role of sleep after exposure to a serial reaction time task. Acta Psychologica, 217, 103325.

[219] Savic, B. , Müri, R. , & Meier, B. (2017). A single session of prefrontal cortex transcranial direct current stimulation does not modulate implicit task sequence learning and consolidation. Brain Stimulation, 10, 567-575.

[220] Schendan, H. , Searl, M. , Melrose, R. , & Stern, C. (2003). An fMRI study of the role of the medial temporal lobe in implicit and explicit sequence learning, Neuron, 37, 1013-1025.

[221] Schlaghecken, F. , Stürmer, B. , & Eimer, M. (2000). Chunking processes

in the learning of event sequences:electrophysiological indicators. Memory & Cognition,28,821-831.

[222]Schorn,J. M. ,& Knowlton,B. J. (2021). Interleaved practice benefits implicit sequence learning and transfer. Memory & Cognition, 49, 1436 - 1452.

[223]Schuck,N. W. ,Gaschler,R. ,& Frensch,P. A. (2012). Implicit learning of what comes when and where within a sequence:The timing-course of acquiring serial-position item and item-item associations to represent serial order. Advances in Cognitive Psychology,8(2),83-97.

[224]Schumacher,E. H. ,Cookson,S. L. ,Smith,D. M. ,Nguyen,T. V. N. ,Sultan,Z. ,Reuben,K. E. ,& Hazeltine,E. (2018). Dual-task processing with identical stimulus and response sets:Assessing the importanceof task representation in dual-task interference. Frontiers in Psychology,9,1031.

[225]Schumacher,E. ,H. ,& Schwarb,H. (2009). Parallel response selection disrupts sequence learning under dual task conditions. Journal of Experimental Psychology:General,138,270-290.

[226]Schvaneveldt,R. W. ,& Gomez,R. L. (1998). Attention and probabilistic sequence learning. Psychological Research,61,175-190.

[227]Schwager,S. ,Rünger,D. ,Gaschler,R. ,& Frensch,P. A. (2012). Data-driven sequence learning or search:What are the prerequisites for the generation of explicit sequence knowledge? Advances in Cognitive Psychology,8(2),132-143.

[228]Schwarb,H. ,& Schumacher,E. H. (2006). The effect of dual-task processing overlap on sequence learning. Paper presented at the Psychonomic Society Annual Meeting.

[229]Schwarb,H. ,& Schumacher,E. H. (2009). Neural evidence of a role for spatial response selection in the learning of spatial sequences. Brain Research,1247,114-125.

[230]Schwarb,H. ,& Schumacher,E. H. (2010). Implicit sequence learning is represented by stimulus-response rules. Memory & Cognition,38,677-688.

[231]Schwarb,H. ,& Schumacher,E. H. (2012). Generalized lessons about sequence learning from the study of the serial reaction time task. Advances in Cognitive Psychology,8 (2),165-178.

[232]Schwizer Ashkenazi,S. ,Raiter-Avni,R. ,& Vakil,E. (2021). The benefit of assessing implicit sequence learning in pianists with an eye-tracked serial reaction time task. Psychological Research,86,1426-1441.

[233]Schwizer Ashkenazi,S. ,Sacher,Y. ,& Vakil,E. (2020). New insights in implicit sequence learning of adults with traumatic brain injury:as measured by an ocular serial reaction time (O-SRT) task. Neuropsychology, 35(2),172-184.

[234] Scott, R. B. , & Dienes, Z. (2009). Fluency does not express implicit knowledge of artificial grammars. Cognition,114(3),372-388.

[235]Sengottuvel,K. ,& Rao,P. K. S. (2013). An adapted serial reaction time task for sequence learning measurements. Psychological Studies,58(3), 276-284.

[236]Sense,F. ,& van Rijn,H. (2018). Probabilistic motor sequence learning in a virtual reality serial reaction time task. Plos One,13 (6),e0198759.

[237]Seth,A. K. (2008). Theories and measures of consciousness develop together. Consciousness and Cognition,17(3),986-988.

[238]Shanks,D. R. (2003). Attention and awareness in "implicit" sequence learning. In L. Jiménez (Ed.),Attention and implicit learning. Amsterdam:John Benjamins.

[239]Shanks,D. R. ,& Channon,S. (2002). Effects of a secondary task on "implicit" sequence learning:learning of performance? Psychological Research,66:99-109.

[240]Simon,J. R. ,Stollstorff,M. ,Westbay,L. C. ,Vaidya,C. J. ,Howard,J. H. Jr. ,& Howard,D. V. (2011). Dopamine transporter genotype predicts implicit sequence learning. Behavioural Brain Research,216,452-457.

[241] Simor, P. , Zavecz, Z. , Horváth, K. , Éltetö, N. , Török, C. , Pesthy, O. , Gombos,F. ,Janacsek,K. ,& Nemeth,D. (2019). Deconstructing procedural memory:Different learning trajectories and consolidation of sequence and statistical learning. Frontiers in Psychology,9,2708.

[242]Singh,S. ,Daltrozzo,J. ,& Conway,C. M. (2017). Effect of pattern awareness on the behavioral and neurophysiological correlates of visual statistical learning. Neuroscience of Consciousness,3(1),nix020.

[243]Song,S. B. ,Howard,J. H. Jr. ,& Howard,D. V. (2007a). Sleep does not benefit probabilistic motor sequence learning. The Journal of Neuro-

science,27(46),12475-12483.

[244]Song. S. ,Howard,J. H. Jr. & Howard. D. V. (2007b). Implicit probabilistic sequence learning is independent of explicit awareness. Learn Mem, 14,167-176.

[245]Song,S. B. ,Howard,J. H. Jr. ,& Howard,D. V. (2008). Perceptual sequence learning in aserial reaction time task. Experimental Brain Research,189,145-158.

[246]Stahl,C. ,Barth,M. ,& Haider,H. (2015). Distorted estimates of implicit and explicit learning in applications of the process-dissociation procedure to the SRT task. Consciousness & Cognition,37,27-43.

[247] Staels, E. , & Broeck, W. V. D. (2017). A specific implicit sequence learning deficit as an underlying cause of dyslexia? Investigating the role of attention in implicit learning tasks. Neuropsychology, 31 (4), 371-382.

[248]Stark-Inbar,A. ,Raza,M. ,Taylor,J. A. ,& Ivry,R. B. (2017). Individual differences in implicit motor learning:Task specificity in sensorimotor adaptation and sequence learning. Journal of Neurophysiology, 117, 412-428.

[249]Steel,A. ,Baker,C. I. ,& Stagg,C. J. (2020). Intention to learning modulates the impact of reward and punishment on sequence learning,Scientific Reports,10(1),8906.

[250]Stefaniak,N. ,Willems,S. ,Adam,S. ,& Meulemans,T. (2008). What is the impact of the explicit knowledge of sequence regularities on both deterministic and probabilistic serial reaction time task performance? Memory & Cognition,36(7),1283-1298.

[251] Stillman,C,M. ,Feldman,H. ,Wambach,C,G. ,Howard,J,H. ,& Howard,D,V. (2014). Dispositional mindfulness is associated with reduced implicit learning. Consciousness and Cognition. 28,141-150.

[252]Störmer,V. ,Feng,W. F. ,Martinez,A. ,McDonald,J. J. ,& Hillyard,S. A. (2016). Salient,irrelevant sounds reflexively induce alpha rhythm desynchronization in parallel with slow potential shifts in visual cortex. Journal of Cognitive Neuroscience,28(3),433-445.

[253] Stroop,J. R. (1935). Studies of interference in serial verbal reactions. Journal of Experimental Psychology,18,643-662.

[254] Sun, R. , Cynthia, C. , Hsiao, J. , & Tang, A. C. (2020). EEG Artifact to Signal: Predicting Horizontal Gaze Position from SOBI – DANS Identified Ocular Artifact Components. Biorxiv, doi: 10. 1101/2020. 08. 29. 272187.

[255] Suzuki, K. , Kita, Y. , Oi, Y. , Okumura, Y. , Okuzumi, H. , & Inagaki, M. (2018). Right prefrontal cortex specialization for visuospatial working memory and developmental alterations in prefrontal cortex recruitment in school–age children. Clinical Neurophysiology, 129, 759–765.

[256] Szegedi–Hallgató, E. , Janacsek, K. , & Nemeth, D. (2019). Different levels of statistical learning – Hidden potentials of sequence learning tasks. Plos One, 14(9), e0221966.

[257] Taesler, P. , Jablonowski, J. , Fu, Q. F. , & Rose, M. (2019). Modeling implicit learning in a cross–modal audio–visual serial reaction timetask. Cognitive Systems Research, 54, 154–164.

[258] Takács, Á. , Shilon, Y. , Janacsek, K. , Kóbor, A. , Tremblay, A. , Németh, D. , & Ullman, M. T. (2017). Procedural learning in Tourette syndrome, ADHD, and comorbid Tourette–ADHD: Evidence from a probabilistic sequence learning task. Brain and Cognition, 117, 33–40.

[259] Tal, A. , Bloch, A. , Cohen–Dallal, H. , Aviv, O. , Schwizer Ashkenazi, S. , Bar, M. , & Vakil, E. (2021). Oculomotor anticipation reveals a multitude of learning processes underlying the serial reaction timetask. Scientific Reports, 11, 6190.

[260] Tal, A. , & Vakil, E. (2020). How sequence learning unfolds: Insights from anticipatory eye movements. Cognition, 201(6), 104291.

[261] Tamayo, R. , & Frensch, P. A. (2015). Temporal stability of implicit sequence knowledge: Implications for single–system models of memory. Experimental Psychology, 62(4), 240–253.

[262] Tanaka, K. , & Watanabe, K. (2014). Implicit transfer of reversed temporal structure in visuomotor sequence learning. Cognitive Science, 38(3), 565–579.

[263] Tanaka, K. , & Watanabe, K. (2015). Effects of learning duration on implicit transfer. Experimental Brain Research, 233(10), 2767–2776.

[264] Tanaka, K. , & Watanabe, K. (2018). Effects of model types in observational learning on implicit sequential learning. Quarterly Journal of Experimental Psychology, 71(7), 1596–1606.

[265]Timmermans,B. ,& Cleeremans,A. (2015). How can we measure aware-ness? An overview of current methods. In M. Overgaard. (Ed.),Behavior-al methods in consciousness research (pp. 21 –46). Oxford:Oxford Uni-versity Press.

[266] TóthFáber, E. , Janacsek, K. , & Németh, D. (2021). Statistical and se-quence learning lead to persistent memory in children after a one–year off-line period. Scientific Reports,11,12418.

[267] Trofimova, O. , Mottaz, A. , Allaman, L. , Chauvigné, L. A. S. , & Guggis-berg, A. G. (2020). The "implicit" serial reaction time task induces rapid and temporary adaptation rather than implicit motor learning. Neurobiology of leanring and memory. 175 ,207297.

[268] Tunney,R. J. ,& Shanks,D. R. (2003). Subjective measures of awareness and implicit cognition. Memory and Cognition,31,1060–1071.

[269]Tunney,R. J. ,& Shanks,D. R. (2003). Does opposition logic provide evi-dence for conscious and unconscious processes in artificial grammar learn-ing?. Consciousness and Cognition,12,201–218.

[270] Tzvi, E. , Bauhaus, L. J. , Kessler, T. U. , Liebrand, M. , Wöstmann, M. , & Krämer, U. M. (2018). Alpha – gamma phase amplitude coupling sub-serves information transfer during perceptual sequence learning. Neurobiol-ogy of Learning and Memory, 149, 107–117.

[271]Tzvi,E. ,Münte,T. F. ,& Kramer,U. M. (2014). Delineating the cortico-striatal–cerebellar network in implicit motor sequence learning. Neuroim-age,94C,222–230.

[272]Tzvi,E. ,Verleger,R. ,Münte, T. F. ,& Kramer, U. M. (2016). Reduced alpha–gamma phase amplitude coupling over right parietal cortex is asso-ciated with implicit visuomotor sequence learning. Neuroimage, 141, 60–70.

[273] Ullman, M. T. , Earle, F. S. , Walenski, M. , & Janacsek, K. (2020). The neurocognition of developmental disorders of language. Annual Review of Psychology,71,389–417.

[274] Vakil, E. , Bloch, A. ,& Cohen, H. (2017). Anticipation measures of se-quence learning:manual versus oculomotor versions of the serial reaction time task. The Quarterly Journal of Experimental Psychology,70(3),579–589.

[275] Vakil, E. , Hayout, M. , Maler, M. , & Schwizer Ashkenazi, S. (2022). Day versus night consolidation of implicit sequence learning using manual and oculomotor activation versions of the serial reaction time task : reaction time and anticipation measures. Psychological Research, 86, 983-1000.

[276] Valipour, S. , Shaligram, A. D. , & Kulkarni, G. R. (2013). Spectral analysis of EEG signal for detection of alpha rhythm with open and closed eyes. International Journal of Engineering and Innovative Technology, 3(6), 1-4.

[277] Van Abswoude, F. , Buszard, T. , Van der Kamp, J. , & Steenbergen, B. (2020). The role of working memory capacity in implicit and explicit sequence learning of children : Differentiating movement speed and accuracy. Human movement science, 69, 102556.

[278] Vandenbossche, J. , Coomans, D. , Homblé, K. , & Deroost, N. (2014). The effect of cognitive aging on implicit sequence learning and dual tasking. Frontiers in psychology, 5(1), 154.

[279] Vandierendonck, A. (2017). A comparison of methods to combine speed and accuracy measures of performance : A rejoinder on the binning procedure. Behavior Research Methods, 49(2), 653-673.

[280] Vasuki, P. R. M. , Sharma, M. , Ibrahim, R. K. , & Arciuli, J. (2017). Musicians´ online performance during auditory and visual statistical learning tasks. Frontiers in Human Neuroscience, 11, 114.

[281] Verwey, W. B. & Abrahamse, E. L. (2012). Distince modes of executing movement sequences : Reacting, associating, and chunking. Acta Psychologica , 140(3), 274-282.

[282] Verwey, W. B. & Clegg, B. A. (2005). Effector dependant sequence learning in the serial RT task. Psychological Research, 69, 242-251.

[283] Verwey, W. B. , Shea, C. H. , & Wright, D. L. (2015). A cognitive framework for explaining serial processing and sequence execution strategies. Psychonomic Bulletin & Review, 22(1), 54-77.

[284] Verwey, W. B. , & Wright, D. L. (2014). Learning a keying sequence you never executed : Evidence for independent associative and motor chunk learning. Acta Psychologica, 151, 24-31.

[285] Vieluf, S. , Massing, M. , Blandin, Y. , Leinen, P. , & Panzer, S. (2015). The role of eye movements in motor sequence learning. Human Movement

Science, 40, 220-236.

[286] Villa-Sánchez, B. , Andani, M. E. , Cesari, P. , & Fiorio, M. (2021). The effect of motor and cognitive placebos on the serial reaction time task. European Journal of Neuroscience, 53, 2655-2668.

[287] Vinter, A. , & Perruchet, P. (2000). Implicit learning in children is not related to age: evidence from drawing behavior. Child Development, 71(5), 1223-1240.

[288] Wagenmakers, E. J. , Verhagen, A. J. , Ly, A. , Matzke, D. , Steingroever, H. , Rouder, J. N. , et al. (2017). The need for Bayesian hypothesis testing in psychological science. In S. O. Lilienfeld, & I. Waldman (Eds.), Psychological science under scrutiny: Recent challenges and proposed solutions. John Wiley and Sons.

[289] Walk, A. M. , & Conway, C. M. (2016). Cross-domain statistical-sequential dependencies are difficult to learn. Frontiers in Psychology, 7, 250.

[290] Wang, L. P. , Amalric, M. , Fang, W. , Jiang, X. J. , Pallier, C. , Figueira, S. , Sigman, M. , & Dehaene, S. (2019). Representation of spatial sequences using nested rules in human prefrontal cortex. NeuroImage, 186, 245-255.

[291] Weiermann, B. , & Meier, B. (2012). Incidental sequence learning across the lifespan. Cognition, 123, 380-391.

[292] Weiermann, B. , Cock, J. , & Meier, B. (2010). What matters in implicit task sequence learning: perceptual stimulus features, task sets, or correlated streams of information? Journal of Experimental Psychology: Learning, Memory, and Cognition, 36(6), 1492-1509.

[293] West, G. , Vadillo, M. A. , Shanks, D. R. , & Hulme, C. (2018). The procedural learning deficit hypothesis of language learning disorders: we see some problems. Developmental Science, 21: e12552.

[294] Wiegand, I. , Westenberg, E. , & Wolfe, J. M. (2021). Order, Please! Explicit sequence learning in hybrid search in younger and older age. Memory & Cognition, 49, 1220-1235.

[295] Wierzchoń, M. , Asanowicz, D. , Paulewicz, B. , & Cleeremans, A. (2012). Subjective measures of consciousness in artificial grammar learning task. Consciousness and Cognition, 21(3), 1141-1153.

[296] Wierzchoń, M. , Gaillard, V. , Asanowicz, D. , & Cleeremans, A. (2012).

Manipulating attentional load in sequence learning through random number generation. Advances in cognitive psychology,8(2),179-195.

[297] Wierzchoń,M. ,& Derda,M. (2019). Implicit learning under attentional load. In A. Cleeremans,V. Allakhverdov,& M. Kuvaldina(Eds.),Implicit learning:50 years on (pp. 232-251). Hove:Routledge.

[298] Wilkinson,L. ,& Jahanshahi, M. (2007). The striatum and probabilistic implicit sequence learning. Brain Research,1137(1),117-130.

[299] Wilkinson,L. ,& Shanks,D. R. (2004). Intentional control and implicit sequence learning. Journal of Experimental Psychology:Learning,Memory, and Cognition,30(2),354-369.

[300] Willingham, D. B. , Wells, L. A. , Farrell, J. M. , & Stemwedel, M. E. (2000). Implicit motor sequence learning is represented in response locations. Memory,& Cognition,15,1047-1060.

[301] Witt,A. ,& Vinter,A. (2012). Artificial grammar learning in children:abstraction of rules or sensitivity to perceptual features? Psychological research,76(1),97-110.

[302] Yamamoto,U. ,Mashima,N. ,& Hioyasu,T. (2018). Evaluating working memory capacity with functional near-infrared spectroscopy measurement of brain activity. Journal of Cognitive Enhancement. 2(3),217-224.

[303] Yang,Y. Y. ,& Song,Q. Y. (2021). Visual statistical learning in children and adults:evidence from probability cueing. Psychological Research,85 (9),1-11.

[304] Yordanova,J. ,Kolev,V. ,Wagner,U. ,Born,J. ,&Verleger,R. (2012). Increased alpha (8 ~ 12 Hz) activity during slow wave sleep as a marker for the transition from implicit knowledge to explicit insight. Journal of Cognitive Neuroscience,24(1),119-132.

[305] Young,L. R. ,& Sheena,D. (1975). Eye-movement measurement techniques. American Psychologist,30,315-330.

[306] Zavecz,Z. ,Horvath,K. ,Solymosi,P. ,Janacsek,K. ,& Németh, D. (2020). Frontal-midline theta frequency and probabilistic learning:A transcranial Alternating Current Stimulation study,Behavioural Brain Research,93,112733.

[307] Zhang,J. X. ,& Liu,D. Z. (2021). The gradual subjective consciousness fluctuation in implicit sequence learning and its relevant brain activity.

Neuropsychologia,160,107948.

[308] Zhang, J. X. , Wang, X. P. , Zhang, D. D. Chen, A. T. , & Liu, D. Z. (2021). The ecological validity of MET was favourable in sitting implicit sequence learning consciousness by eyes closed and eyes open resting states fMRI. Scientific Reports,11,13396.

[309] Zhao, F. , Gaschler, R. , Nöhring, D. O. , Röttger, E. , & Haider, H. (2020). Sequential modulation of across–task congruency in the Serial Reaction Time Task. Acta Psychologica,205,103043.

[310] Zhao, F. , Gaschler, R. , Schneider, L. , Thomaschke, R. , Röttger, E. , & Haider,H. (2019). Sequence knowledge on when and what supports dual tasking. Journal of Cognition,2(18),1–14.

[311] Ziori, E. , Pothos, E. M. & Dienes, Z. (2014). Role of prior knowledge in implicit and explicit learning of artificial grammars. Consciousness and Cognition,28,1–16.

[312] Zolnai,T. ,Dá vid,D. R. ,Pesthy,O. ,Nemeth,M. ,Kiss,M. ,Nagy,M. ,& Nemeth,D. (2022). Measuring statistical learning by eye–tracking. Experimental Results,3,e10,1–17.

[313] Zwart,F. S. , Vissers,C. T. W. M. , Kessels,R. P. C. , & Maes,J. H. R. (2019). Procedural learning across the lifespan:A systematic review with implications for atypical development. Journal of Neuropsychology, 13, 149–182.

[314] Zwart,F. S. ,Vissers,C. T. W. M. ,& Maes,J. H. R. (2018). The association between sequence learning on the serial reaction time task and social impairments in autism. Journal of Autism and Developmental Disorders, 48,2692–2700.